国家级精品课程配套教材
国家级精品资源共享课配套教材
科学出版社“十四五”普通高等教育本科规划教材
物流管理专业新形态精品系列教材

现代企业物流管理

ENTERPRISE LOGISTICS MANAGEMENT（第三版）

黄福华　周　敏　编著

科学出版社
北　京

内 容 简 介

本书系统地阐述了现代企业物流管理的基本理论及典型行业应用，旨在提升读者综合运用理论知识解决现实问题的能力。在阐明现代企业物流管理基本理论的基础上，本书系统地阐述了物流运作管理职能，并介绍了制造企业和商业企业的物流管理内容。全书共十四章，具体内容涵盖现代企业物流管理的各方面：概论、战略、组织、采购管理、运输管理、仓储管理、库存管理、配送管理、信息管理、工程管理、供应链管理、制造企业物流管理、商业企业物流管理、物流绩效管理。

本书可供物流管理、采购管理、物流工程及工商管理类专业的本科生、研究生使用，也可作为各类企业管理者和相关研究人员的参考用书。

图书在版编目（CIP）数据

现代企业物流管理 / 黄福华，周敏编著. —3 版. —北京：科学出版社，2024.6

国家级精品课程配套教材　国家级精品资源共享课配套教材

科学出版社"十四五"普通高等教育本科规划教材

物流管理专业新形态精品系列教材

ISBN 978-7-03-074114-1

Ⅰ. ①现…　Ⅱ. ①黄…　②周…　Ⅲ. ①企业管理-物流-物资管理-高等学校-教材　Ⅳ. ①F273.4

中国版本图书馆 CIP 数据核字（2022）第 232727 号

责任编辑：方小丽 /责任校对：贾娜娜

责任印制：张　伟 /封面设计：楠竹文化

科学出版社出版

北京东黄城根北街 16 号

邮政编码：100717

http://www.sciencep.com

三河市骏杰印刷有限公司印刷

科学出版社发行　各地新华书店经销

*

2010 年 2 月第　一　版　开本：787 × 1092　1/16

2017 年 3 月第　二　版　印张：21 1/4

2024 年 6 月第　三　版　字数：504 000

2024 年 6 月第十六次印刷

定价：58.00 元

（如有印装质量问题，我社负责调换）

前言

党的二十大报告提出要“建设高效顺畅的流通体系，降低物流成本”。物流业是融合运输、仓储、货代、信息等产业的复合型服务业，是支撑国民经济发展的基础性、战略性产业。加快发展现代物流业，对于促进产业结构调整、转变发展方式、提高国民经济竞争力和建设生态文明具有重要意义。随着现代信息技术的发展，现代物流管理通过应用智能软硬件、物联网、大数据等智慧化技术手段，实现了物流各环节精细化、动态化、可视化管理，提高了物流系统智能化分析决策和自动化操作执行能力，提升了物流运作效率。为满足数字经济时代企业物流管理发展对物流人才的需求，需要对高校人才培养模式、教育教学改革、课程体系建设等方面进行创新。本书自 2010 年出版并投放市场以来，已经于 2017 年再版，并得到市场的良好反响，经过多次印刷，印数已达 2 万册。使用过本书的读者对本书给予了较高评价，普遍认为本书兼顾理论与实践，内容丰富，体例设计合理，对于培养学生综合能力具有很好的指导价值。在出版社和广大读者的支持下，作者着手本书第三版的修订工作。在建设湖南工商大学物流管理专业国家级一流本科专业建设点和“智慧供应链运营仿真实验”国家级虚拟仿真实验教学一流课程过程中，我们立足高等学校物流教育的实际需要，牢牢把握本科物流管理专业人才培养的目标，分析了本科院校物流管理专业学生知识结构和能力结构，在上一版教材编写的基础上，将企业物流管理的一般理念方法与不同类型企业的特性结合起来设计了全书体系，形成如下三大特色。

（1）思政引领。贯彻《高等学校课程思政建设指导纲要》精神，落实教育部关于课程思政的相关要求，围绕价值塑造、知识传授、能力培养三个维度，提炼专业知识体系中蕴含的思想价值和精神内涵，充分发挥课程育人功能，选取一批具有导向性、代表性、引领性的课程思政案例作为每一章的导入案例，形成特色课程思政案例库，创新课堂教学模式。

（2）观点新颖。本书从企业物流管理实践中总结经验，把握企业物流管理发展规律并积极创新企业物流管理理论和方法。在具体的管理实施过程中，深入地了解与把握其企业所属的行业类型，然后针对其行业类型的特征有针对性地对企业物流战略、组织、运作、绩效等方面进行管理，提升其管理效率，降低物流成本。将丰富的案例与阅读资料制作成二维码，供学生课外阅读。

（3）结构合理。本书以企业物流管理为主线，在结构上从企业物流管理的一般概念与发展创新阐述开始，接着对企业物流管理的战略、组织进行分析，对物流的主要职能（采购管理、运输管理、仓储管理、库存管理、配送管理、信息管理等）展开讨论，并结合现代企业物流管理发展趋势，探讨物流工程管理、供应链管理、服务管理和绩效管理等内容，逻辑体系完整。另外，针对制造企业和商业企业的物流管理特点进行典型行业分析，具有较强的实践价值。本书第三版较第二版在内容上进行了较大幅度修订完善，在保持原版内容体系的稳定性和完整性的同时，对部分章节进行了补充和完善，并更新了每章节的先导案例。全书集实用性、理论性和资料性于一体，适合作为高校物流管理、供应链管理及相关专业开设企业物流管理课程的教材使用，也可作为相关从业人员的参考用书和相关培训机构的参考教材。

本书是全体研究人员共同努力的成果，由黄福华教授、周敏教授统稿。黄福华教授提出全书内容大纲，具体编写与再版修订人员及分工如下：黄福华教授（第一、二章），周敏教授（第五、十三、十四章），王松副教授（第三章），朱桂菊副教授（第四、八章），戴博副教授（第十章），文金艳副教授（第十二章），李佳玲博士（第六、七章），黄冕博士（第九章），曹仙叶博士（第十一章）。在本书研究与撰写过程中，学习借鉴了不少学者的研究成果，得到了科学出版社编辑老师的大力支持与帮助，不少使用过本书前两版的高校教师对本书提出了很好的修改建议，在此一并表示衷心感谢。

现代企业物流管理是不断发展的，需要进一步的研究与探索。在本书的编写过程中，我们在体例和内容的安排上作了很大的努力，但囿于作者的水平和编写时间有限，难免会存在一定疏漏之处。在此，恳请广大读者批评指正。

编　者

2024 年 5 月

目录

第一章

现代企业物流管理概论

【思政案例导入】

中国移动通信集团广西有限公司（以下简称广西移动）于 2000 年 12 月 26 日在中国注册成立，注册资本 234 075.01 万元，是中国移动通信有限公司的全资子公司之一，属于信息传输、软件和信息技术服务业，主营行业为信息传输、软件和信息技术服务业，是广西区域通信行业的主导运营商和协助政府推进广西经济社会信息化发展的主力军。

广西移动长期关注自身采购管理水平的提升，深入探索和构建一体化的供应链智慧合规体系，积极响应公司发展战略。广西移动将秉承中国移动通信集团有限公司“正德厚生、臻于至善”的核心价值观内涵，以“创无限通信世界、做信息社会栋梁”为使命、以“成为卓越品质的创造者”为愿景，不断追求卓越，努力做世界一流企业，实现从优秀到卓越的新跨越。

近年来，推动数字化、智能化采购，构建有效的风险管理体系是国家政策发展的趋势，是政府监管的重要对象，同时受到广泛监督。因此，合规管理既是治理的一个方面，也是党风廉政建设的重要战场，赢得民心的重要窗口。

采购的发展历程分为四个阶段，最早期是以完全的线下采购为主，逐步向信息化、数字化、智能化采购发展。当前采购产业处于第四阶段，采购业务已在充分数字化的基础上实现智能化，目前采购产业链已普遍向智能化看齐。

从中国移动通信有限公司到广西移动，各层级领导纷纷提出推动数字化、智能化采购理念，推动供应链创新应用，切实提升采购数智化能力、实现全流程风险管控。有效开展现代化供应链合规管理，是新时代和公司最迫切的需要，对促进公司干部员工增强合规意识，集中力量解决供应链发展的“六大”风险问题，为推进公司精益管理、增强公司防范风险以及推进公司高质量健康发展提供强大动力。

数字化、智能化采购项目着眼于国家和行业政策发展的需要，遵照集团 2021 年计划建设暨采购工作会议和广西移动 2021 年采购工作会议的要求，是改变公司供应链“六大”合规风险的紧迫需要，符合公司战略发展方向，可解决评审效率低，项目流标率高，现场监管难等问题以及有效进行廉洁风险防控。它将推动公司进一步向着合规、高效、共享、阳光的智慧供应链前行，保障公司依法依规运行，推进公司改革的进一步深化，降低风险控制成本，促进业务健康发展，进一步提升公司经营管理水平，从而增加公司价值，在实践中具有积极意义。

资料来源：《广西移动构建一体化的供应链智慧合规体系》，http://www.chinawuliu.com.cn/xsyj/202308/21/614422.shtml[2023-08-21]。

物流产业在国民经济产业结构的划分中属于第三产业的第一层次——流通产业。物流产业融合了运输业、仓储业、货代业和信息业等各个行业，属于现代复合型服务产业。企业普遍认为它是“第三利润源”的主要来源，也是连接消费者与生产者的纽带，能够促进商品与物流的分离，缩短货物在途时间，为企业创造更大的时间效益和空间效益。在目前经济全球化及资源相对紧缺的时代背景下，物流对企业及国民经济的发展起着极为重要的作用，这也是现代物流产业受到极大重视并被大力推广的重要原因。本章在总结分析现代物流的基本概念与发展趋势后，着重讨论现代企业物流战略和物流运作管理的理论与策略。

第一节　现代企业物流发展概述

一、物流的概念

物流概念的提出晚于物流活动的开展，关于物流概念的由来，主要有以下两种观点。

一种观点认为物流是由经济产生的，即物流的产生是由于人们对经济活动中物流及其相关活动的协调。美国经济学家阿奇·萧 1915 年发表了一篇关于流通领域的文章——《市场流通中的若干问题》，他在这篇文章中指出“物流是销售活动中所伴随的物质资料从产地到消费地的种种企业活动，包括服务过程”。他是从消费需求的角度对物流提出要求，强调物流在消费中的重要性。阿奇·萧被认为是最早对物流概念进行界定并进行实际探讨的学者。

另一种观点认为物流概念是由军事（logistics）原因而产生的。“logistics”原义是指军事后勤，该词本身就有“兵站”“联合后勤补给基地、设施”的意思。美国军官琼西·贝克从军事后勤的角度来研究物流，认为物流是“军备的物理性移动与供应有关的战争艺术的分支”。第二次世界大战后，军事战争外的其他领域也广泛地应用了战争期间所积累的大量军事后勤保障理论及战争实践经验。

国家标准《物流术语》（GB/T 18354—2021）对物流的定义是：根据实际需要，将运输、储存、装卸、搬运、包装、流通加工、配送、信息处理等基本功能实施有机结合，使物品从供应地向接收地进行实体流动的过程。

二、企业物流的概念

企业物流指企业在生产经营活动过程中发生的物品实体流动及其相关活动，一般可分为企业内部物流和企业外部物流。企业内部物流主要是企业内部的生产经营过程中所发生的加工、检验、搬运、储存、包装、装卸、配送等物流活动。企业外部物流指企业生产经营活动中与供应链各企业或各环节相联系的物流活动。具体包括以下五个方面。

（1）生产物流。生产过程中的原材料、在制品、半成品、产成品等在企业内部的实体流动，称为生产物流。生产物流是指与企业生产工艺流程相伴生的物流活动，是企业生产工艺过程的不可缺少的组成部分。企业生产物流不仅表现为伴随生产加工过程各个环节而存在和运动，更重要的是在生产加工过程中表现为具有自身特性的系统运动。

（2）供应物流。为生产企业提供原材料、零部件或其他物品时，在提供者与需求者之间的实体流动称为供应物流。企业为保证生产加工过程的顺利展开，需要不断组织原材料、零部件、燃料、辅助材料供应的物流活动。企业供应物流不仅保证供应，而且还应满足成本最低、消耗最少的组织供应物流活动的需要。

（3）销售物流。生产企业、流通企业出售商品时，物品在供方与需方之间的实体流动称为销售物流。销售物流是企业伴随商品销售活动过程，实现商品使用价值有效转移的物流活动。企业销售物流便是通过包装、配送等一系列物流方式实现销售。

（4）回收物流。不合格物品的返修、退货以及周转使用的包装容器从需方返回到供方所形成的物品实体流动称为回收物流。企业在生产、供应、销售的活动中总会产生各种边角余料和废料，这些东西回收是需要伴随物流活动的，而且，在一个企业中，回收物品处理不当，往往会影响整个生产环境，甚至影响产品质量，也会占用很大空间，造成浪费。

（5）废弃物物流。将经济活动中失去原有使用价值的物品，根据实际需要进行收集、分类、加工、包装、搬运、储存等，并分送到专门处理场所时所形成的物品实体流动称为废弃物物流。企业废弃物物流是指对企业排放的无用物进行运输、装卸、处理等的物流活动。

三、现代企业物流系统

（一）企业物流系统与流通

流通作为一种经济形式而存在，是伴随着商品生产和商品交换而产生与发展的。流通过程不仅要解决商品所有权交换的问题，更要解决商品从生产地到使用地以实现商品使用价值转移的问题。商品所有权转移的活动称为商流。物流是指商品实体从供给方向需求方的转移，这种转移既要通过运输来解决空间位置的变化，又要通过储存来调节供求双方时间位置的矛盾。但是，在现实经济生活中，企业商流和物流各自具有不同的活动内容与规律。

企业商流与物流分离方式主要有：集中运输，使交易活动和配送活动分离；强化区域物流中心功能，提高物流系统效率；实现“门到门”直通物流，减少中间环节。企业商流与物流分离的优点表现在以下三个方面。

（1）配送中心的仓库规模大，物流作业集中。同一地点处理的物流量大，便于采用机械化、自动化的保管设施和装卸机械，可以大幅度地提高物流生产率，同时也可以降低物流成本。

（2）配送中心实行回路配送，提高了运输设备利用率，降低了运输费用，用户的服务质量也可得到改善。

（3）商流与物流分离使各部门的职能单纯化，可以提高工作效率。但是，也应注意实现商流与物流分离必须创造一定的条件，如商品标准化、合同标准化等，还应该建立完善的信息系统，保证企业、工厂、配送中心及批发站之间的信息交换协同统一。

（二）企业物流系统与生产

企业生产系统为了制造产品，必须占据一定的生产空间，拥有一定数量的加工设备，按照制造工序逐步将原材料加工成半成品、成品。物料在加工环节的运动就是物流活动。在物流系统中，“物”不改变本身的形状、尺寸和性质，只有时间或空间位置的状态变化。加工活动和物流活动是生产系统的两个支柱。物流系统对生产的影响表现为以下三个方面。

（1）物流为生产的连续性提供了保障。原材料的供应、半成品在加工点之间的流转、成品的运出，只有依赖物流系统才能不间断进行，使生产活动得以继续。

（2）物流费用在生产成本中往往占有很大比重。物流系统合理化对生产系统降低生产过程消耗、增强市场竞争优势具有促进作用。企业生产系统只有提升物流效益才能改善自身的发展条件。

（3）物流状况对生产环境和生产秩序有着决定性的影响。在生产空间中，加工点处于固定位置，只要加工设备能正常运转，就不会对系统产生干扰，而物流在生产空间中始终处于运动的状态，物流路线纵横交叉，上下升降，形成了遍布生产空间的立体动态网络。

四、企业物流系统合理化

企业物流系统合理化就是指企业物流系统活动中各要素、各环节、各功能之间的优化组合、协调运行，能适应和促进经济发展从而取得最佳效益的一种经济准则，即在一定的条件下，企业物流系统的运行速度最快、资源消耗最低、服务最优、效率最高。

（一）企业物流系统合理化的作用

企业物流贯穿企业生产和经营的全过程，企业物流系统合理化具有重要作用。

（1）降低物流费用、减少产品成本。物流费用在产品成本中占有相当比重，企业物流合理化可以提高物流作业效率，减少运输费用及仓储包装费用，从而直接达到降低成本的目的。

（2）缩短生产周期、加快资金周转。企业通过合理制订生产计划可以使物流均衡化，通过减少库存、减少物流中间环节可以有效地缩短生产周期。

（3）压缩库存、减少流动资金的占用。库存控制是企业物流合理化的重要内容，库存控制的目的是通过各种控制策略和控制方法使企业的原材料、中间在制品与成品库存在满足生产要求的前提下，将库存控制在合理范围之内。

（4）通过物流改善提高企业的管理水平。物流系统涉及企业的各个领域，在物流科学的系统观念指导下，从整体效益出发，对物流环节的任何改善都会对企业管理水平的提高起到促进作用。

（二）企业物流系统合理化的目的

企业物流系统合理化的目的是适应现代企业生产经营活动的实际需要，优化配置企业物流资源，充分发挥企业物流各项功能、各个环节、各种要素的效应，提高企业物流效益。一般有以下五个基本目标。

（1）优质服务：无缺货，无损伤和丢失现象，且费用便宜。

（2）迅速及时：按用户指定的时间和地点迅速送达。

（3）节约空间：发展立体设施和有关的物流机械，以充分利用空间和面积，缓解城市土地紧缺的问题。

（4）规模适当：物流网点的优化布局，合理的物流设施规模、自动化和机械化程度。

（5）合理库存：合理的库存策略，合理控制库存量。

（三）企业物流系统合理化模式

企业物流系统合理化是通过建立物流合理化模型来组织实施的。企业物流合理化模式主要包括以下三个方面的内容。

（1）供应角度的物流合理化模式。企业在选择专业物流时：在运输上依靠专业运输组织；在保管上选用专业仓库保管；在服务上选用专业物流组织并选择合理的存货仓库以节省物流费用，提高服务质量。选择合理的包装方式，必须根据物流形式来考虑，不同的物流形式需要采用不同的包装方式。

（2）销售角度的物流合理化模式。销售物流合理化的形式是多种多样的，一般表现为计划化、大量化、共同化、简短化。计划化是实现物流合理化的首要条件，也是提高物流服务质量的重要标志。大量化是一种增大一次物流批量折扣的办法，或者称为“大量发货减少收费制”。共同化是实行“共同配送”，打破一个企业物流合理化的局限，而采取与其他企业联合起来，集中配送量，提高配送车辆的利用率，实现进一步的物流合理化。

（3）服务角度的物流合理化模式。从服务角度来看，第三方物流甚至第四方物流的新概念和新思维在不断发展，物流企业提供物流服务合理化的方式也在不断丰富和发展。目前物流服务合理化主要表现为：以顾客需求为导向的物流整体服务意识；以整合物流资源为目的的供应链管理系统和网络化物流管理；以实现快速响应和敏捷制造的柔性化物流组织。

五、不同类型企业物流运作管理的重要特征

（一）生产企业

生产企业物流进一步可以细分为采购物流、厂内物流、销售物流、退货物流和废弃物回收物流等物流活动,现代化的生产物流系统往往采用计算机进行动态的现代化管理。工厂生产物流有以下几个重要特点。

（1）工厂生产物流是生产工艺的一个组成部分。物流过程和生产工艺过程几乎是密不可分的，它们之间的关系有许多种，有的是在物流过程中实现生产工艺所要求的加工和制造，有的是在加工制造过程中同时完成物流，有的是通过物流对不同的加工制造环节进行链接。

（2）工厂生产物流有非常强的“成本中心”的作用。在生产中，物流对资源的占用和消耗，是生产成本的一个重要组成部分，在生产中，物流活动频繁，所以对成本的影响很大，工厂物流的观念，应当主要是一个成本观念。

（3）工厂生产物流是专业化很强的“定制”物流。它必须完全适应生产专业化的要求，面对特定的物流需求，而不是面对社会上的、普遍的物流需求，因此，工厂生产物流具有专门的适应性而不是普遍实用性，可以通过“定制”，取得很高的效率。

（4）工厂生产物流是小规模的精益物流。由于只面对特定对象，工厂生产物流的规模取决于生产企业的规模，这和社会上的成百上千家企业所形成的物流规模的集约比较起来，相差甚远。由于规模有限并且在一定时间内，规模固定不变，这就可以实行准确、精密的策划，可以运用资源管理系统等有效手段使生产过程中的物流“无缝衔接”，实现物流的精益化。

（二）商贸流通企业

商贸流通企业的物流可以分为采购物流、商贸流通企业内部物流和销售物流三种形式。采购物流是商贸流通企业组织货源，将物资从生产厂家集中到流通部门的物流。商贸流通企业内部物流，包括商贸流通企业内部的储存、保管、装卸、运送、加工等各项物流活动。销售物流是商贸流通企业将物资转移到消费者手中的物流活动。

根据我国商贸流通企业的类型，商贸流通企业的物流可分为批发企业的物流、零售企业的物流、仓储企业的物流、配送中心的物流、第三方物流企业的物流。

商贸流通企业物流业务模式概括起来就是自主发展与合作发展模式，这两者若分合有度，企业是可以实现风险小、收效快的效果的。商贸流通企业物流业务模式有以下八个方面的特点。

（1）流通业务和物流结合。内部的物流需求是客观存在的，但企业由于某些错误因素的作用，便形成了内部有需求，物资资源却被闲置的矛盾局面。这些企业可通过制度来解决自身业务带动物流的问题，使业务资源和物流资源共同发展。

（2）区域性的配送。商贸流通企业特别是仓储资源较丰富的企业，通过提高服务和

风险意识，从单纯的仓储或储运业务提升到具备物流意义的配送，从本地做起，逐步实现省际大规模的服务。

（3）跨区域的物流。对于拥有仓储或运输网络资源的商贸流通企业，拥有遍布全国的分支机构，更适合跨地区的物流。这样能有效整合资源，发挥系统及集团优势。

（4）重新融入特大型企业集团。物资供销企业应当积极参与集团的资源整合（包括电子商务），建立并发展内部物流模式，成为面向集团的物资供应、产品销售、仓储运输企业，逐步成为现代物流企业。

（5）并入主要用户的物流体系。国内的大型制造企业正在利用自身和社会资源建立开放的物流系统，如果某些商贸流通企业已为这类企业提供了物流服务，那么在平等互利的条件下，这些企业可以拥有长期发展空间。

（6）物流代理。物流代理是在统一的营销策略和市场体系下，代理方利用被代理方的业务及物流资源发展业务，扩大市场和用户资源。

（7）特许经营。对于那些资源较贫乏、没有任何品牌的商贸流通企业可以选择这种方式，通过与大型物流企业合作，以被特许者的身份利用特许者的商标、品牌、技术和业务模式等资源，在特许者的经营指导下，发展物流业务。

（8）第三方物流。第三方物流是企业的必然选择，它作为一种目标模式，物流企业必然成为第三方或第四方物流的一部分。企业应借鉴国内其他企业的成功经验，形成自己的经营理念，逐步实现第三方物流的理想境界。

（三）第三方物流企业

第三方物流的概念源于管理学中的外包（outsourcing），意指企业动态地配置自身和其他企业的功能与服务，利用外部的资源为企业内部提供相应的生产经营服务。将外包引入物流管理领域，就产生了第三方物流的概念。第三方物流是指生产经营企业为集中精力搞好主业，把原来属于自己处理的物流活动，以合同方式委托给专业物流服务企业，同时通过信息系统与物流企业保持密切联系，以达到对物流全程管理和控制的一种物流运作与管理方式。因此第三方物流又叫合同制物流。

第三方物流企业的经营业态

六、现代物流的发展趋势

（一）现代物流运作系统化

物流是一种系统性的经济运动，是由一些相互联系的，并有一定目的和功能的相关要素组合而成的系统。现代企业呈现物流运作系统化发展趋势，主要表现在以下四个方面。

（1）物流目标合理化。企业从系统角度统筹规划各种物流活动，必须设立合理化物流目标，理顺物流活动过程中各环节、各功能要素与各物流需要之间的关系，通过物流资源的有效配置，形成物流运作的高效体系，实现物流活动的整体优化。

（2）物流作业规范化。物流更加强调物流作业流程、作业方法、作业标准，使复杂的物流操作变成简单的易于推广和考核的物流作业，不断提升物流作业的质量和效率。

（3）物流功能集成化。现代通信技术和信息技术的发展为企业将多种物流功能进行集成提供了技术支持。物流不仅可以提供单一的仓储、运输、包装功能服务，还可以开展以供应链为基础的物流功能的集成和整合，包括物流渠道的集成、物流功能的集成、物流环节的集成等。

（4）物流技术一体化。物流必须使用先进的物流技术、设备与管理为生产经营提供服务，并以现代信息技术为基础，融合各种先进物流技术，实现物流技术一体化。

（二）现代物流服务网络化

现代物流服务网络化以较低的物流成本提供高质量的物流服务，这要求物流服务由原来单一、分散的状况向多样化、综合化、网络化发展。这主要表现在以下四个方面。

（1）增加便利的物流服务。一切能够简化手续、简化操作的物流服务都是增值性服务。在提供电子商务的物流服务时，推行“门到门”一条龙服务、提供完备的操作或作业提示、免费培训、免费维护、物流全过程追踪等都是物流的增值性服务。

（2）降低成本的物流服务。企业需要提供不断降低物流成本的物流服务。企业必须考虑采用供应链管理办法，建立系统各方相互协作、相互联合的物流服务网络，采取物流共同化计划，通过采用先进的物流技术和设施设备，推行物流管理技术，提高物流的效率和效益，降低物流成本。

（3）延伸功能的物流服务。物流强调物流服务功能的恰当定位、完善化、网络化，除了一般的储存、运输、包装、流通加工等服务，还在功能上扩展至市场调查与预测、采购及订单处理、物流管理咨询、物流方案的选择与规划、库存控制策略建议、货款回收与结算、教育与培训、物流系统设计与规划方案的制作等。

（4）强化支持的物流服务。企业为了保证为生产经营活动提供快速、全方位的物流支持，必须强化、完善和健全物流服务网络体系，实现物流服务网络的系统性和一致性，以保证整个物流网络优化。企业只有形成物流服务网络才能满足现代生产经营的需要。

（三）现代物流管理信息化

物流管理最重要的是物流过程中的信息管理，以电子商务技术应用为代表的信息革命，为物流的信息管理提供了非常丰富的技术手段和解决方案，大幅度提高了信息管理水平和客户服务质量。物流发展呈现物流管理信息化趋势，主要表现在以下三个方面。

（1）应用现代信息技术改造传统物流管理。物流管理是一门专业性非常强的技术，但从物流过程来说，80%的物流程序是相似的，可以通过技术手段设计物流专家管理系统，为传统企业改造物流管理提供指导，在企业录入生产计划和销售计划后，物流专家管理系统可以为企业特别设定物流管理方案，供企业参考运行。同时根据企业相关计划的调整，对此方案进行修正，实现物流管理信息化。

（2）利用低成本物流信息交换平台，大幅度降低企业生产经营成本。随着电子商务的发展，出现了越来越多的企业对企业（business to business，B2B）交易平台，为传统企业提供了丰富多样的贸易机会，大大降低了企业的采购和销售成本。

（3）利用现代信息技术，迅速完善物流管理信息网络。通过有效的信息渠道，将物流过程中实物库存暂时用信息代替，形成信息虚拟库存，建立需求端数据自动收集系统，在供应链的不同环节采用电子数据交换（electronic data interchange，EDI）交换数据，建立基于互联网的数据实时更新和浏览查询、共用数据库、共享库存信息的物流信息管理系统。

（四）现代物流经营全球化

由于全球经济发展的一体化，促进了商品与生产要素在全球范围以空前的速度自由流动，现代企业呈现物流经营全球化趋势，主要表现在以下三个方面。

（1）物流经营战略的全球化定位。为了在更广泛更多变的全球市场上提供综合物流服务、形成核心发展能力，需要企业在全球化物流经营上进行战略定位，树立以供应链为基础的国际化物流新观念，确立物流经营发展方向和目标，以适应经济全球化的发展需要。

（2）物流经营资源的全球化配置。现代企业开展全球化物流经营就必须从国际贸易实际情况出发，面向全球进行物流资源的配置，提高物流资源转化效能，降低物流运作成本，以适应物流经营的全球化竞争需要。

（3）物流经营运作的全球化组织。物流经营运作必须从企业自身、国内市场扩展到国际市场，借鉴国际物流经验，采取国际化惯例进行物流经营，谋求物流经营的规模化发展。

第二节　现代企业物流运作管理

一、现代企业物流运作管理的基本理论

（一）交易费用理论

在科斯看来，交易费用是“通过价格机制组织生产的最明显的成本就是所有发现相对价格的成本”，交易成本可以看作一系列制度成本，包括信息成本、监督管理的成本和制度结构变化的成本。

随着现代科学技术的迅猛发展和全球经济一体化的加强，现代物流作为一种先进的组织方式和管理技术，被广泛地认为是企业降低内部成本和外部交易费用、提高劳动生

产率的又一方式。现代物流在企业发展中发挥着重要作用。

（1）物流是资源配置的重要途径。生产要素通过市场重新优化组合，更好地发挥效益。企业之间通过市场采购生产资料，在价格和品质上有较大的选择空间，能节省采购时间、节约采购成本、提高经济效益，从而降低产品价格、强化竞争优势。

（2）物流的发展能改变传统的流通方式和流通增长方式，使物流、资金流、信息流的运转速度加快，促进企业间的竞争，优化产业结构，提高资源利用率。

（3）发展物流就是要利用高度专业化的社会分工，充分发挥社会资源的作用，减少商品在流通领域的流通环节，降低商品流通费用，低成本、高效率地向消费者提供价廉物美的商品和服务。

（二）资源基础理论

1984 年，沃纳菲尔特（Wernerfelt）的《企业的资源基础论》的发表意味着资源基础理论的诞生。资源基础理论认为，企业是各种资源的集合体。由于各种不同的原因，企业拥有的资源各不相同，具有异质性，这种异质性决定了企业竞争力的差异。

（1）资源基础理论观点。20 世纪 80 年代中期，资源学派在以潘罗斯倡导的“企业内在成长论”的基础上提出了基于资源基础的公司战略理论。其认为，具有行政组织结构的企业之所以盈利，是因为它们拥有企业特有的稀缺资源，这种资源依附于企业内在组织，具有无形性和知识性，难以模仿，为企业专有。

（2）可持续发展的物流资源观。持续发展强调对不同属性的资源采取不同的对策。对可更新物流资源，要提高其利用率，加强循环利用，尽可能用可更新资源代替不可更新资源。对可更新物流资源的利用，要限制在其再生产的承载力限度内，同时促进可更新资源的再生产。

（3）可持续发展的物流效益观。持续发展与资源保护相统一的生态经济观，为企业物流持续发展提供了指导思想。发展企业物流和提高物流能力，需要以企业内部物流资源和良好的外部环境为依托。一个资源管理系统所追求的，应该包括生态效益、经济效益和社会效益，并把系统的整体效益放在首位。

（4）可持续发展的物流系统观。一个可持续发展的企业物流系统，有赖于资源持续供给的能力，有赖于生产、生活和生态功能的协调，有赖于企业各部门之间的协调行为，需要打破部门和专业的条块分割以及地区的界限，从全局着眼，从系统的关系进行综合分析和资源配置。

（三）企业核心能力理论

1. 企业核心能力理论观点

现代管理理论认为未来企业的竞争更突出表现为企业核心能力的竞争，企业应该集中资金、人才、资源等优势于核心竞争力的业务环节，将其他从属业务采取外包等方式，交给专业的企业来完成。

企业核心能力理论认为，企业是一个特殊的能力体，企业核心能力是企业拥有的最主要的资源，能力是企业进行分析的基本单元。企业核心能力的差异决定了企业的效率差异，进而决定了企业绩效的高低。

2. 企业核心能力内容

企业核心能力是指企业获取、配置最基本的资源，能使整个企业保持长期稳定的竞争优势、获得稳定超额利润的能力。企业核心能力主要包括以下三个方面。

（1）企业获取各种资源或技术并将其集成、转化为企业技能或产品的能力。

（2）企业组织、调动各生产要素进行生产，使企业各个环节处于协调统一高效运转的能力。

（3）企业在其发展过程中建立与发展起来的一种资产与知识的互补体系，是企业赖以生存和稳定发展的根基，通过企业的产品和服务体现出来。

（四）企业流程再造理论

1. 企业流程再造理论观点

哈佛大学的哈默于 1990 年提出的企业流程再造指出：企业的使命是为顾客创造价值，能够为顾客带来价值的是企业流程；企业的成功来自优异的流程业绩，优异的流程业绩需要有优异的流程管理。

为使企业的流程能够预见并响应内外环境的变化，企业的流程必须保证资源的敏捷畅通。要提高企业供应链管理的竞争力，必然要求企业流程的再造，必然要求供应链上的所有关系企业与部门的整个流程再造。

2. 企业流程再造的内容

（1）职能机构内部的流程再造。企业传统物流运作流程必然存在很多重复或无效的处理环节，各职能管理机构重叠、中间层次多，将企业整个经营环节都放在供应链网络上，进行信息化管理，必然带来职能部门内部的流程再造。

（2）职能机构部门之间的流程再造。企业物流运作是一个由采购、运输、库存管理、订单确认、生产、销售等经营活动组成的经营过程，为了提高效率和降低成本，就要求企业内部各部门之间进行流程再造，以实现全过程的信息化管理。

（3）企业与企业之间的流程再造。由于供应链延伸到供应商和客户，管理人员控制企业的广度和深度都在增加。供应链上各企业之间的信息交流大大增加，这就要求企业之间必须保持业务过程的一致性，要求企业与企业之间必须进行流程再造，以实现对整个供应链的有效管理。

（五）物流管理创新

（1）柔性化物流管理。进入 20 世纪 90 年代末，全世界的制造者和分销商面临着产品订单更小、更频繁，产品需求不断变化且更加用户化和服务价值升高的经营新环境。必须采取一定的策略来适应要求不断提高的库存管理、运行的柔性以及各种过程集成的程度。柔性化管理包括适时适量、生产同步化、看板方式、生产均衡化、弹性配置作业人数及质量保证。

（2）标准化物流管理。根据国际惯例，应高标准制定企业物流运作技术标准体系与管理标准体系。并对员工进行技术培训，学习和运用标准化及先进方法，这样可以大大提高生产效率、产品质量、组织知识化程度。

（3）时间管理。时间是物流的重要资源，时间价值是企业物流的核心价值。企业物流管理核心是效率的提高，只有加强计划控制、分工协作、分类管理及准时管理，才能真正实现企业物流的快速发展。

（4）同步化管理。同步化管理指将逐步渐进的多项工作安排同步完成。同步化管理可以在企业物流经营的各个环节和物流发展中实施。

二、现代企业物流运作管理模式

（一）现代企业物流一体化运作管理模式

物流一体化是20世纪末最有影响力的物流运作模式之一，是指不同的职能部门之间或不同的企业之间形成的物流合作，达到提高物流效率、降低物流成本的效果。物流一体化又可以分为三种运作形式：垂直一体化物流、水平一体化物流和网络一体化物流。

（1）垂直一体化物流。垂直一体化物流以战略为管理导向，要求企业的物流运作管理人员从面向企业内部转变为面向企业同供货商以及用户的业务关系。企业将超越现有的组织机构界限，将提供产品或运输服务等的供货商和用户纳入管理范围，作为物流运作管理的一项中心内容。

（2）水平一体化物流。水平一体化物流是通过同一行业中各企业之间物流的合作以获得整体上的规模经济，从而提高物流效率。不同商品的物流过程不仅在空间上是矛盾的，而且在时间上也有差异。水平一体化物流就要靠掌握大量的有关物流需求和物流供应能力信息来完成整个物流过程。必须有大量的企业参与，并且有大量的商品存在，这时企业间的合作才能提高物流效益。

（3）网络一体化物流。网络一体化物流是一体化物流的第三种形式，是垂直一体化物流与水平一体化物流的综合体。当一体化物流的某个环节同时又是其他一体化物流系统的组成部分时，以物流为联系的企业关系就会形成一个网络关系。

（二）现代企业物流JIT运作管理模式

1. 准时物流的概念

准时物流是准时方式在物流领域的延伸。准时方式本来是生产领域里面的一种包含物流理念的生产方式，是在20世纪70年代后期日本丰田汽车公司将其成功应用之后，才被世界接受并广泛推广的一种先进管理方式。

准时方式的目标就是减少甚至消除物资运行全过程中的存货，使整个物流系统保持连贯的状态，中间没有停顿，也不需要设置节点。

2. 准时方式的应用

准时方式延伸发展到物流领域，形成了企业物流运作模式。准时物流运作系统的应用，需要在一定的环境条件之下，并且需要进行成本和准时服务的效益权衡以做出选择。

（1）要有可靠的资源保障。准时物流必然是在资源比较充沛的供大于求的资源环境中才能被有效建立，资源越丰富，系统的稳定性就越高。

（2）有比较完善的社会物流平台。社会物流平台可以监测运输线路、运输节点和当地的交通管理、道路通行状况。

（3）选择好的合作伙伴。采用准时方式，合作伙伴在相应的领域应该有快速反应的能力，并且要有高效的管理系统和运作经验。

（4）客户具备相应的接货和接入生产线的能力。接受准时物流服务的企业必须具备与准时供应相衔接的接货能力和接入生产线的能力。

3. 准时方式的关键

（1）准时交货。这是准时物流系统的目标，是根据准时的要求来决定价格、供应商、物流距离。准时系统的交货期的保障，是通过改善物流企业的服务，充分利用现代信息技术，实现供求之间的充分合作。

（2）避免意外事故。准时物流系统是一个精确的物流系统，完全依靠精密的计划和准确的衔接，一旦有突发事件，就会造成巨大的损失。采用准时物流运作方式，必须要消除物流设备的隐患；企业必须制定有效的应急措施，包括车辆、人员、道路、物资的应急替换；要求信息传递及时、准确，这样才能确保物流良好的运作。

（三）现代企业物流精益化运作管理模式

1. 精益化物流的基本认识

精益化物流是运用精益化思想对企业物流活动进行管理，从顾客的角度根据整个价值流运动过程确定供应、生产和配送产品中所有的步骤与活动。一般地，实现精益化物流必须正确认识以下四个问题。

（1）价值流是精益化物流的基础。价值流是企业产生价值的所有活动过程。认识价值流必须超出企业界限，去查看创造和生产一个特定产品所必需的全部活动，搞清每一步骤和环节，并进行描述和分析。

（2）价值流的顺畅流动是精益化物流的效率保证。首先，要明确流动过程的目标，使价值流动方向明确。其次，把价值流过程的所有参与企业集合起来，摒弃传统的各自追求利润最大化而相互对立的观点，以最终顾客的需求为共同目标，共同探讨最优物流路径，消除一切不产生价值的行为。

（3）顾客需求是精益化物流的关键。在精益化物流模式中，价值流的流动要靠下游顾客需求的拉动，当顾客需求发生后，则快速生产产品、提供服务。

（4）不断改善是精益化物流的追求。精益化物流是动态管理，对物流活动的改进和完善是不断循环的，每一次改进，会消除一批浪费，形成新的价值流的流动，同时又存在新的浪费而需要不断改进，这种改进使物流总成本不断降低，实现这种不断改进需要全体人员的参与，上下一心，各司其职，各尽其责，达到全面完善物流运作管理的境界。

2. 精益化物流的基本运作

精益化物流的运作一般采用过程活动图和实体结构图。

（1）过程活动图是一种传统的工业工程方法，由五阶段组成，即过程流研究、浪费识别、过程再思考、流向设计或运输路线的再优化。价值流中每项活动存在必要性的进一步确认。在运用过程活动图进行分析时，主要把握三个关键点：过程的总体考察；每次过程的详细记录，包括所花时间、所需人员、产品所移动距离、所用设备及场地面积；用 5W1H（why、who、what、where、when 和 how，活动为什么存在、谁来执行、用什么设备、在哪里、何时和怎样实施）法进行分析。

（2）实体结构图是从整个供应链角度识别价值流，有助于了解供应链的结构及供应链运行状况，一般由容量结构图和成本结构图两部分构成。通过实体结构图可消除不必要的活动，或简化、合并活动，或调整活动顺序达到减少浪费的目的。

（四）协同物流运作模式

协同物流又称协作物流，指各企业通过互联网提供服务并协调所有的商务活动，以增加利润和提高绩效，它创造协同环境使各企业共享信息和资源。

协同物流具有网络经济的成本优势，是供应链管理的进一步发展。它将企业控制范围扩大到供应链上所有节点企业，让企业及时获得供应链中完全的信息，最重要的是让企业知道产品的状态，如生产、运输及能否按时到达等。协同物流是以 Web 为基础的主机软件服务，可以使生产企业、零售企业、运输企业以更低的成本解决企业内外物流问题。

第三节　企业物流管理创新

一、物流管理创新概述

（一）物流管理创新的概念

综合各种思想，物流管理创新就是将管理创新的思想与方法应用在物流管理的全部领域，具体地说就是用新的更有效的方式来整合物流资源达成企业的物流目标。物流管理创新就是创造一种更有效的物流资源整合方式，既可以是新的有效整合资源以达到企业物流目标的全过程管理，也可以是新的具体物流资源整合及目标制定等方面的细节管理。

（二）物流管理创新的策略

1. 物流管理创新思路

1）物流经营创新

物流经营是为实现企业物流活动的市场价值而理顺各种关系的活动过程。经营创新具体包括新的物流经营方针及物流经营战略、新的物流经营理念及其推行、物流资本营运新思路、产生物流经营新思路的方法、企业物流发展方式等。

2）物流组织创新

现代企业的组织机构应是一个柔性的、有学习能力的有机体。物流组织的创新主要包括物流组织机构基本形式的发展、物流部门机构职责权限的发展及岗位设置与个人才能的发挥、集权分权的新方式、物流组织的柔性化设计与学习能力、物流组织系统的信息流程及网络的重构。

3）物流管理方式创新

管理方式是企业资源整合过程中所使用的工具，管理方式直接涉及企业资源的有效配置。物流管理方式创新主要分为单一性的管理方式创新和综合性的管理方式创新。物流管理方式创新具体包括新的领导方式与决策制度、物流人力资源管理方式的发展、新的物流管理手段。

2. 物流管理创新策略

1）企业物流管理创新目标

管理创新目标就是创新主体在创新时想要达到的最终结果。一般地，创新目标应具有适当性、协调性和经济性。企业物流管理创新就必须坚持创造顾客价值的基本原则，借助现代信息技术手段，合理配置物流资源，强化物流供应链管理，优化服务质量，完善全方位物流服务，提升企业核心竞争能力，创造更多的价值。

2）企业物流管理模式创新

企业物流管理模式创新主要包括以下三种方式。

第一，网络管理模式创新。积极采用电子商务技术加强企业物流运作过程的物流信息网络和物流运作网络的建设，提供现代化、个性化、合理化的物流服务。

第二，供应链管理模式创新。扩展和强化企业物流运作的功能，将物流的范围延伸到服务领域，实现与企业经营活动的互相协作支持，形成一个布局合理、高效有序、物流功能一体化的供应链管理体系。

第三，特色化物流管理模式创新。企业物流可充分利用物流网络系统，合理有效地配置物流资源，形成专门化、自动化、柔性化的物流运作服务体系。

3）企业物流管理创新策略

真正树立现代物流管理思想，把物流运作管理作为企业参与市场竞争、形成经营优势的战略内容进行研究和决策，建成一个以满足经营需要为目标的供应链体系。物流管理制度创新：要全面创新传统管理制度，建立现代管理新机制，形成高效率管理新流程；要以现代物流运作管理为基础，借助现代信息技术全面改造企业物流的信息系统，建立以网络组织为核心的现代管理组织系统；要利用现代工程技术全面改造企业物流运作的设施设备，不断提高企业物流的服务水平。

二、共同化物流

（一）共同化物流的意义

共同化物流的本质在于发挥企业、人、财、物、时间等物流经营资源的最大效率，同时改进和提高物流服务及其社会效益。具体来讲，发展共同化物流具有以下三个方面的意义。

（1）改进物流服务质量。共同化物流强调将共同的货物或商品集中起来运输，满足了中小企业生产经营过程的少数量、多频度运输需求，并通过共同化物流实现货物的统一验收管理，有力地促进了物流发展，有利于不断改进物流服务质量。

（2）提高物流运作效率。实行共同化物流不仅有效地降低了物流成本，而且通过货物或商品的共同运输提高了装载效率和运送效率。更重要的是促进了输送设备大型化、信息网络化和车辆调度合理化的发展，有助于物流运作体系的完善和高效运行。

（3）实现全面协调发展。共同化物流解决了交错运输问题，减少了在途车辆，实现了防止环境污染的社会目标。

（二）共同化物流的基本模式

1. 横向共同化物流模式

1）同产业的共同化物流

同产业的共同化物流是指处于相同产业范围的生产经营企业，为了提高物流效率，通过配送中心或物流中心集中运输货物的一种物流组织方式。同产业共同化物流有以下两种具体形式。

（1）在企业各自分散拥有运输工具和物流中心的情况下，根据运输货物量，采取委托或受托的形式开展共同化物流，即将本企业物流数量较少的商品委托给其他企业来运输，而本企业运输数量较多的商品，则在接受其他企业委托运输的基础上实行统一运输，这样企业间相互实现了物流效率化。此形式比较适合在百货店企业中使用。

（2）完全的统一化，即在开展共同化物流前，企业间的包装货运规格实现完全统一，然后共同建立物流中心或配送中心，共同购买运载车辆，企业间的货物运输统一经由共同的配送中心来开展。此形式主要适合家电企业和以经营冷冻食品为主的食品企业。

2）异产业的共同化物流

异产业的共同化物流是指将不同产业范围的企业所生产经营的商品集中起来，通过配送中心或物流中心向顾客输送的一种物流组织方式。异产业共同化物流的商品范围比较广泛，可以分为以下三种具体形式。

（1）大型零售企业主导的异产业共同化物流。这是大型零售企业为了追求物流效率，并保证物流活动能够满足各门店经营的要求，由指定供应商统一几种不同厂商的产品进行集中管理、统一运输或配送的物流组织方式。

（2）批发企业主导的异产业共同化物流。以批发企业为骨干来组织设立以不同产业为基础的共同化物流中心或企业，为地域内小型超市、便民店等中小零售企业统一配送商品的物流组织方式。

（3）生产企业与批发企业联合主导的异产业共同化物流。为了实现高速高质的配送，并使企业具有紧急配送的能力，且有效降低成本，出现了由生鲜食品、快餐、蔬菜生产企业和批发企业共同出资建立物流中心、统一开展物流配送活动的物流组织方式。

3）合作型共同化物流

合作型共同化物流是指由物流企业主导并统一集中货物，合作参与企业或批发企业将商品让渡给指定物流企业，再由物流企业实施配送的物流组织方式。该共同化物流组织方式的主要特征就是物流企业主导了货物和商品的组织管理、运输调度和配送活动。最大优点是实行统一运费，削减了物流成本，促进了物流合理化。

2. 纵向共同化物流模式

1）批发企业与生产企业的共同化物流

从现代物流的观点来看，流通过程的成本降低只有通过提高流通全过程的物流效率才能实现，需要生产企业与流通领域批发企业就经营业务管理达成共识并实现物流的共同化。

2）零售企业与批发企业的共同化物流

零售企业与批发企业的共同化物流有两种类型：一是大型零售企业建立自己的物流中心，批发企业经销的商品都必须经由该中心向零售企业的各店铺进行配送的物流组织方式；二是由批发企业建立零售企业专用型物流中心，并以此为零售企业提供物流配送服务的物流组织方式。

第四方物流

三、绿色物流

（一）绿色物流的概念

绿色物流，就是以降低环境污染、减少资源消耗为目标，利用先进物流技术规划和实施运输、仓储、装卸搬运、流通加工、配送、包装等物流活动。

绿色物流是部分学者近几年提出的一个新课题，从环境和可持续发展的角度建立的环境共生型的物流管理系统。

目前，学界对绿色物流还没有形成较为成熟的定义，随着供应链管理理论的发展，绿色供应链、生态供应链的概念也应运而生，绿色物流理论主要是将原来由“资源—产品—废弃物排放”所构成的开环型物质单向流动模式，变成一种由“资源—产品—再生资源”构成的闭环型物质流动模式。为此引入了逆向物流的概念。逆向物流是指在废弃物回收利用过程中产生的物流活动。

（二）绿色物流的管理

1. 绿色供应商管理

供应商的原材料、半成品的质量直接决定着最终产成品的性能，所以要实施绿色物流还要从源头上加以控制。由于政府对企业环境行为的严格管制，并且供应商的成本绩效和运行状况对企业经济活动构成直接影响，在绿色供应物流中，有必要增加供应商选择和评价的环境指标，即要对供应商的环境绩效进行考察。

2. 绿色生产管理

绿色生产包括绿色原材料、绿色设计与绿色制造及绿色包装。

绿色产品的生产首先要求构成产品的原材料具有绿色特性，绿色原材料应符合以下要求：环境友好型，不进行任何涂镀，废弃后能自然分解并能被自然界吸收；易加工且加工中无污染或污染很小；易回收、易处理、可重用；材料的种类尽可能少，这样有利于原材料的循环使用。

绿色设计要求面向产品的整个生命周期，即在概念设计阶段，就要充分考虑产品在制造、销售、使用及报废后对环境的影响，使得产品在再制造和使用过程中可拆卸、易收回，不产生毒副作用及保证产生最少的废弃物。

绿色制造追求两个目标，即通过可再生资源、二次能源的利用及节能降耗措施缓解资源枯竭，实施持续利用；减少废料和污染物的生成排放，提高工业品在生产过程和消费过程中的与环境的相容程度，降低整个生产活动给人类和环境带来的风险，最终实现经济和环境效益的最优化。

绿色包装指对生态环境和人类健康无害，能重复使用和再生，符合可持续发展的包装。它的理念有两个方面的含义：一个是保护环境，另一个是节约资源。这两者相辅相成，不可分割。其中保护环境是核心，节约资源与保护环境又密切相关，因为节约资源可减少废弃物，其实也是从源头上对环境的保护。从技术角度讲，绿色包装是指以天然植物和有关矿物质为原料研制成对生态环境和人类健康无害，有利于回收利用，易于降解、可持续发展的一种环保型包装。

3. 绿色运输管理

交通运输工具的大量能源消耗，运输过程中排放大量的有害气体，产生噪声污染，运输易燃、易爆化学品等危险原材料或产品可能引起的爆炸、泄漏等事故都会对环境造成很大的影响。因此构建企业绿色物流体系就显得至关重要。为了构建企业绿色物流体系，可以采取以下三点措施来降低交通运输对环境的不良影响。

（1）合理配置配送中心，共同配送是以城市一定区域内的配送需求为对象，人为地进行有目的、集约化的配送。它是由同一行业或同一区域的中小企业协同进行配送。共同配送统一集货、统一送货可以明显地减少货流；有效地消除交错运输缓解交通拥挤状况，可以提高市内货物运输效率、减少空载率。有效降低运输过程中的燃气排放，减少能源损耗。

（2）实施联合一贯制运输。联合一贯制运输是指以件杂货为对象，以单元装载系统为媒介，巧妙有效地组合各种运输工具，从发货方到收货方始终保持单元货物状态而进行的系统化运输方式。

（3）评价运输者的环境绩效。针对运输企业，进行环境绩效的评价是必要的。特别是对于危险品运输，应确保专门运输企业使用专门运输工具，并制定科学的应急保护措施。这有助于确保危险品运输的安全性，减少可能对环境造成的危害。

4. 绿色储存管理

储存在物流系统中起着缓冲、调节和平衡的作用，是物流的一个中心环节。储存的主要设施是仓库。现代化的仓库是促进绿色物流运转的物资集散中心。绿色仓储要求仓库布局合理，以节约运输成本。布局过于密集，会增加运输的次数，从而增加资源消耗；布局过于松散，则会降低运输的效率，增加空载率。仓库建设前还应当进行相应的环境影响评价，充分考虑仓库建设对所在地的环境影响。

5. 绿色流通加工管理

流通加工是指在流通过程中继续对流通中商品进行生产性加工，以使其成为更加适合消费者需求的最终产品。流通加工具有较强的生产性，也是流通部门对环境保护大有作为的领域。

绿色流通加工的途径主要分为两个方面：一方面是变消费者分散加工为专业集中加工，以规模作业方式提高资源利用效率，以减少环境污染；另一方面是集中处理消费品加工中产生的边角废料，以减少消费者分散加工所造成的废弃物污染。

6. 绿色装卸管理

装卸是跨越运输和物流设施而进行的，发生在输送、储存、包装前后的商品取放活动。实施绿色装卸要求企业在装卸过程中进行正当装卸，避免商品体的损坏，从而避免资源浪费以及废弃物造成的环境污染。另外，绿色装卸还要求企业消除无效搬运，提高搬运的活性，合理利用现代化机械，保持物流的均衡顺畅。

7. 产品绿色设计、绿色包装和标识

绿色物流建设应该起自产品设计阶段，用产品生命周期分析等技术提高产品整个生命周期环境绩效，在推动绿色物流建设上发挥先锋作用。包装是绿色物流管理的一个重要方面，白色塑料的污染已经引起社会的广泛关注：过度的包装造成了资源的浪费。再

生性包装由于容易回收的性质得到越来越广泛的使用，可以重复使用的集装箱也是绿色包装的例子。

四、全球化物流

全球化物流

五、物流服务贸易的发展

物流服务贸易的发展

案例分析

京东物流模式的选择

京东是国内最大的自营综合型网购平台，也是最受消费者喜爱的电商网站。京东2004年进军电商，2014年在美国上市，2019年交易额超过2万亿元。业务涉及零售、科技、物流、技术等领域。京东物流在全国建立了八大仓储中心，覆盖全国2691个区县，使98%的人口享受到服务，实现了“今日购，今日达”。京东在2022年与Shopify达成战略合作，不断挑战传统物流行业。

京东自营物流为满足第三方物流信息共享，打造了物流信息管理系统，准确保障数据信息，提高物流效率和服务质量。联营商户也享受同等的物流服务。京东不断拓宽业务覆盖，从自营物流向第三方物流转变，降低物流成本。京东建立的八大物流中心，覆盖全国各地，智能、自动化的仓储分拣系统提高了效率。京东运输和最后一公里服务关注物流调度和客户满意度。物流科技发展提高运营效率，提供更好的物流服务，增加竞争力。

京东在自营物流未覆盖地区采用第三方合作方式。第三方卖家可选择与第三方物流合作，在时效上较慢。京东选择自营物流和第三方物流相结合，提升物流系统，并为消费者提供更多选择。京东自营物流的模式在电商行业起到模范作用，改变了常规合作模式。京东通过与供应链相结合，解决了县级以下客户体验不佳的问题。政策支持和消费观念改变促进了电商行业的发展。

1. 教学目的和用途

本案例用于管理学硕士和本科生学习物流管理、营销管理、管理学、战略管理、人力资源管理等课程时使用。通过案例使学生能够学会企业物流管理模式、内部管理方法、组织创新、学习型组织构建等相关知识。硕士可以就本案例对传统型企业如何向现代物流企业转型升级进行讨论，希望他们在对京东物流模式研究的同时，可以对电子商务物流模式选择方面有一定的思考，探讨企业物流创新思路。本科生主要是通过本案例的学习与讨论，了解企业物流管理模式，尝试讨论京东在物流管理上存在的问题，研究优化对策。本案例的教学目的为掌握电子商务物流模式。

2. 启发与思考

（1）京东自营物流模式在目前电商行业当中起到模范作用，京东自营物流在保障时效性和服务质量的同时，改变了电商行业与第三方物流合作的常规化模式，但京东物流仍存在一些不足，请学生探讨京东物流存在的问题。

（2）在电商企业物流模式基础上，模式选择影响的因素有哪些?

3. 分析思路

本案例属于理论应用与分析型的教学案例，学生应重点分析企业物流管理模式选择问题，学会综合运用管理学和经济学方法，讨论公司物流管理中存在的相关问题。其次详细阅读案例资料，熟悉企业物流管理优化的框架，了解创新组织和学习型组织的构建方法。

4. 理论依据

本案例的理论依据：管理学、人力资源管理、学习型组织等。

5. 关键要点

物流管理分析，物流模式，学习型组织构建，战略管理。

6. 课堂计划

（1）建议教师先安排学生学习专业知识，并将本案例安排给学生学习，让学生重点思考提出的问题，对第2部分启发与思考中的问题进行逐条分析。

（2）本案例教学安排2课时。首先学生就思考问题进行分组讨论，并记录相关结论，此部分30分钟完成。接着安排小组发言，学生就主要问题进行辩论，此部分20分钟完成。最后安排企业内部管理优化方案撰写，学生以小组为单位编制一份优化方案，此部分1小时完成，教师进行课堂评判。

本章思考题

1. 如何正确理解物流与现代企业物流的概念?

2. 可以采取哪些措施来实施企业物流系统的合理化?
3. 不同类型的企业在物流管理运作方面存在哪些各自的特点?
4. 如何把握现代物流的发展趋势?
5. 如何选择适合自己企业的物流管理运作模式?
6. 可以从哪些方面尝试进行物流管理的创新?

第二章

现代企业物流战略

【思政案例导入】

京东智慧物流：构建智能化供应链网络

在现代企业发展中，物流战略扮演着至关重要的角色。物流的高效运作不仅关乎企业内部的成本控制和效率提升，更涉及顾客满意度和市场竞争力的提升。京东智慧物流作为中国电商巨头京东集团的物流战略实践案例，为我们展示了物流领域的创新与发展。

京东智慧物流始于2017年，这一数字化、智能化物流体系是京东集团长期以来持续改进和创新的成果。通过技术和数据的变革，京东智慧物流不仅实现了仓储、配送、运输等环节的高效管理，更注重用户需求的满足和体验提升。

其中，值得一提的是京东的智能仓库系统。京东在全国范围内建设了一系列智能仓库，通过人工智能、物联网和机器人技术实现了仓储作业的自动化和智能化。这些智能仓库配备了自动分拣和货架管理系统，能够快速准确地处理大量订单。通过智能仓库系统的应用，京东的订单处理效率显著提升，订单准确率也大幅度提高，为用户提供了更快捷、可靠的配送服务。此外，京东还采用了智能运输和配送技术，通过优化路径规划、实时交通监控和智能调度系统，提高了货物的运输效率和准时率。

京东智慧物流的成功离不开对大数据的充分利用。京东通过对海量的订单数据和用户行为数据进行分析和挖掘，能够准确预测用户的需求和行为，从而实现库存管理的精细化和准确化。同时，京东还通过数据驱动的智能客服系统，为顾客提供个性化的物流服务体验，包括订单跟踪、配送时间调整等。这种以数据为基础的精细化运营，不仅提升了物流效率，也增强了用户对京东的信任和忠诚度。

京东智慧物流的成功实践为其他企业提供了宝贵的借鉴和启示。它提醒我们，物流战略的核心在于运用创新科技和数据驱动，构建高效、智能、个性化的物流体系。只有通过不断的技术创新和数据应用，企业才能在竞争激烈的市场中取得竞争优势，提供更优质的物流服务，满足用户多样化的需求。同时，京东智慧物流的成功也反映了企业在物流战略中应以用户为中心的重要性，通过优化用户体验、提供个性化服务，增强用户黏性和忠诚度。

现代企业外部市场环境的变化和新型营销模式的出现，已成为现代企业在物流战略上不断求新、求变、追求竞争优势的压力和动力，准时供应制、限时配送制、订单生产制等新型企业物流运作方式在企业中逐渐得到普及。在此背景下，企业该如何根据自身的经营特点适时、有效地制定并实施物流战略成为现代企业谋求长远发展的重大课题。本章在对企业战略以及现代企业物流战略进行概述的基础上，详尽阐述了现代企业物流战略的制定、实施以及控制与评价。

引例：华为云携手德邦探寻智能快递解决方案

第一节　现代企业物流战略概述

一、战略及企业战略的内涵

战略一词自古有之，原是军事用语。在西方，战略一词源于希腊语的“strategos”，是指“将军指挥军队的艺术”。《中国大百科全书·军事》对战略一词的解释为“指导战争全局的方略”，在美国传统词典中对“strategy”的解释为“用于全局性策划与大规模作战指挥的科学与艺术”。著名德国军事指挥家冯·克劳塞维茨认为战略是为了达到战争目的而对战术的运用，战略必须为整个军事行动规定一个适应战争的目标。

战略一词从与企业经营联系在一起到广泛应用的时间并不太长，自 1965 年美国经济学家安索夫出版《企业战略论》一书后，企业战略一词才开始广泛应用。随着人类社会实践的发展，战略一词已经被广泛应用到企业经营管理领域，并被赋予新的含义。加拿大的明茨伯格认为企业战略的内涵如下。

（1）战略是一种计划，是一种有意识的、有预计的行动，一种处理某种局势的方针。

（2）战略是一种计策，在特定的环境下企业把它作为威慑和战胜竞争对手的手段。

（3）战略是一种模式，反映企业的一系列行动，无论企业是否事先对战略有所考虑，只要有具体的经营行为就有战略。

（4）战略是一种定位，是一个组织在自身环境中所处的位置，使企业的内部条件与外部环境更加融洽，把企业的重要资源集中到相应的地方，形成一个产品和市场的“生长圈”。

（5）战略是一种观念，体现组织中人们对客观世界固有的认识方式，通过组织成员的期望和行为形成共享。

二、企业战略的层次

企业战略一般分为三个层次：总体战略、竞争战略（或称业务层战略）和职能战略。总体战略是企业最高管理层为整个企业确定的长期目标和发展方向，它的主要任务是决定企业所涉及的业务范围种类，合理安排各类业务活动在企业业务总量中的比重和作用。竞争战略是确定业务的具体竞争方式和资源利用重点，它决定业务发展的方向和远景规划、覆盖范围、核心活动方面、基本竞争种类等。职能战略是按照总体战略或竞争战略对职能活动发展方向进行的策划和管理。相对于总体战略和竞争战略，它的内容要详细、具体得多。职能战略主要包括采购战略、制造战略、服务战略、财务战略、人力资源战略等。

总体战略、竞争战略和职能战略三者之间的关系如同太阳、地球和月亮之间的关系一样，如图 2-1 所示。这三个层次的战略都是企业战略管理的重要组成部分，各个层次之间是相互联系、相互配合的，但侧重点与影响的范围有所不同。高一层次的战略变动往往会要求低层次战略进行相应的变革，而低层次战略影响的范围较小，具体性更强，尤其是职能战略的问题几乎不涉及业务范围的选择，主要与资源配置和各部门间的协同作用有关。

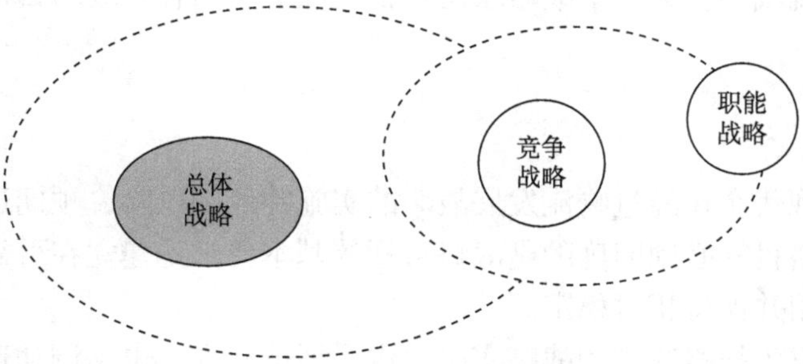

图 2-1　企业战略层次图

三、现代企业物流战略概念与特征

Cooper（库珀）等将物流战略定义如下：“一个通过提高价值和客户服务而实现竞争优势的统一、综合和集成的计划过程。该计划过程通过对物流服务的未来需求进行预测和对整个供应链的资源进行管理（如何实现目标），实现优异的客户满意度（希望实现什么目标）。这种计划过程是在企业总体目标和计划的背景下进行的。”可见物流战略的提出首先是基于将物流看作一个过程。通过识别物流过程的相互依赖性从而将整个物流过程的功能进行优化，并对各个物流功能进行分配。

我们认为企业物流战略是企业针对内部物流的目标、任务和方向而制定的相对具体的部门政策和措施，是企业为了更好地开展物流活动而制定的更为具体的、操作性更强的指南，它作为企业战略的一部分必须服从企业战略的要求，与之一致。

总之，企业物流战略是企业为实现经营目标，通过对企业的外部环境和内部资源的分析而制定的较长期的全局性的重大物流发展决策，具有以下四大特征①。

（1）目的性。现代企业物流战略的制定和实施服务于一个明确的目的，那就是引导现代企业在变化的竞争环境中生存和发展。

① 赵启兰. 企业物流管理. 北京：机械工业出版社，2005.

（2）长期性。企业物流战略的长期性是在环境分析和科学预测的基础上，展望未来，为现代企业谋求长期发展的目标与对策。

（3）竞争性。现代企业物流战略的发展必须面对未来进行全局性设计和谋划，设计现代企业的竞争战略以保持企业的竞争优势，从而使物流战略具有对抗性和战斗性。

（4）系统性。任何战略都有一个系统的模式，既要有一定的战略目标，也要有实现这一目标的途径和方针，还要制定政策和规划，企业物流战略也构成了一个战略网络系统体系。同时，物流过程并不是独立的，而是作为企业运作过程的一部分。因此，物流活动的统一化或过程化运作都与整个企业的运作密切联系，物流战略不具有独立性。

四、现代企业物流战略内容

现代企业物流战略作为一个战略系统包括三项基本内容：战略目标、战略方针和战略对策。

1. 战略目标

战略目标是现代企业经过物流发展战略的实施并经受风险，预期达到的总体经营成果指标。确定战略目标必须明确的是战略目标的基本要求是建立在可靠的基础上的，具有一定的激励作用并保持相对稳定。

战略目标不仅为战略决策和战略实施提供了评价标准，也是调动现代企业职工积极性的强大动力，战略目标决定了现代企业物流发展战略的成败。战略目标具有支配和控制现代企业全部战略经营活动的作用，贯穿了战略经营活动的全过程，因而决定了战略目标项目的多样性。一般来说，确定战略目标需要经历调查研究、拟定目标、评价论证和目标决断四个步骤。

2. 战略方针

物流发展战略方针是为了实现战略目标所制定的行为规范和政策性决定。一般情况下，现代企业物流发展战略方针是以现代企业的各个具有战略意义的经营要素为对象分别制定的。科学有效地制定物流发展战略方针应考虑为每一个经营要素分别解决发展方向、主导环节和自身的内在结构三个问题。战略方针在物流发展战略体系中居于关键和核心地位，对战略目标的实现起保证作用。

3. 战略对策

战略对策是根据战略目标制定的，用来指导现代企业在战略期内合理分配资源，有效达到目的的一整套手段的总称。战略对策一般包括三个内容。一是战略重点。选择战略重点一般要考虑围绕战略目标，收集有关信息和数据，列出影响战略目标实现的各种因素，通过分析比较，排出各种影响因素的主次顺序，通过协调平衡明确战略重点。二是战略阶段。一般来说，战略阶段划分为准备阶段、发展阶段、完善阶段。

三是战略措施。战略措施一般包括四个过程，即研究变化、捕捉战机、调整行动、改变态势。

五、现代企业物流战略地位

物流是企业生产经营活动的重要组成部分。企业物流发展水平反映了该企业对供应和销售进行服务的组织化与系统化的程度。企业的经营者越来越清楚地认识到物流与生产、销售紧密相连，如图 2-2 所示，它已成为支撑企业竞争力的三大支柱之一。

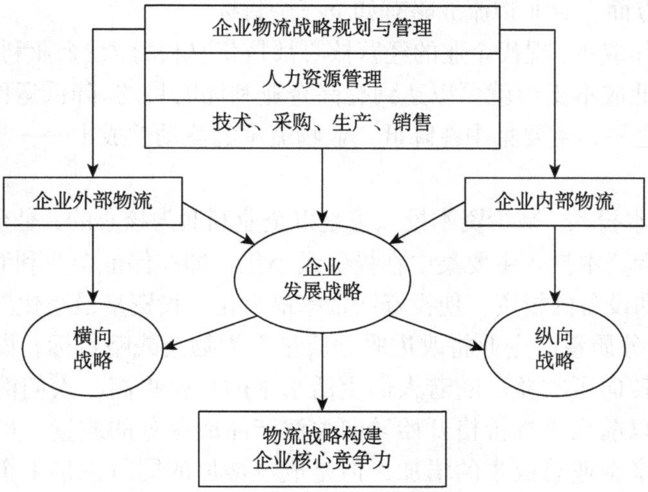

图 2-2　物流在企业发展战略中的地位

企业物流战略的重要性主要体现在以下四个方面。

（1）物流的涉及面非常广泛，需要有合理的战略。物流涉及企业的生产、供应、销售及服务各个方面，几乎涵盖了企业所有的经营活动，是一个非常庞大而且复杂的管理活动。企业物流管理还包括库存、运输等要素，对这些要素都有单个或局部的规划。但是企业缺乏对整体的沟通和协调，只从局部利益考虑，再加上局部资源的有限性，这往往不可避免地会破坏物流系统的有效性。所以，必须有一个更高层次的、全面的、综合的物流战略，围绕企业战略进行通盘考虑，才能够把企业的物流管理纳入有序的轨道。

（2）物流过程本身存在“悖反”现象，需要有战略的协调。物流过程由很多环节组成，物流系统的一个重要特性是这些环节之间往往存在“效益悖反”现象。

（3）企业物流由谁来做，也需要由战略决定。有些企业的物流活动如果由自己完成，可能没有专业的物流企业完成有效，这时就要考虑业务外包。

（4）要想跨越低水平的发展阶段，实现企业物流跨越式的发展，需要有战略的指导。我国企业的现代物流建设刚刚起步，已经与国外大型跨国公司有了几十年的差距，要实现追赶，需要跨越发达国家曾经用几十年时间经历的低水平发展阶段。

六、现代企业物流战略目标

企业战略目标是企业战略管理的指导思想，也是企业在战略管理过程中处理问题应遵循的原则。企业物流战略的目标与企业战略的目标是一致的，即在保证物流服务水平的前提下实现物流成本的最低化。具体而言，可以通过以下各个目标的实现来达到维持企业长期物流供应的稳定性、低成本、高效率，以企业的整体战略为目标，追求与生产、销售系统的良好协调，为企业整体战略提供预警信息和功能范围内的应变力，最后为企业产品谋求良好的竞争优势①。

基于以上四方面，企业物流战略有如下三个目标。

（1）降低运作成本。现代企业的经营核心都是获取利润，在企业利润不变的情况下，如果企业能够降低成本支出就可以达到提高企业利润的目的。降低运作成本是企业物流战略实施的目标之一，主要集中在降低企业物流中的流动性成本——与运输和库存有关的费用。

（2）减少资本投入。减少资本投入也是以企业利润为核心的，是企业物流战略实施的目标之一。减少资本投入主要集中在投资最小化，即在保证企业利润不变的情况下，减少对物流设施和设备的投资，使投资回报率最大化，投资量最小化。

（3）改进服务质量。企业将改进服务质量作为物流战略目标，说明企业经营所关注的焦点从成本转向了收益。随着人们生活水平的日益提高，人们消费观念也在逐渐地发生变化，从以前只重视价格开始转向关注产品或服务的质量。虽然企业物流服务水平的改进会带来企业总成本的增加，但是成本增加的同时也带来企业收益的增加。只要成本增加的幅度小于收益增加的幅度，企业改进服务的物流战略就有实施的可能性和必要性。

第二节　现代企业物流战略的制定

一、现代企业物流环境分析

（一）现代企业物流发展的基本环境

现代企业物流环境是指影响、制约企业物流活动的各种因素和力量的总和，主要包括以下三个方面②。

1. 现代企业物流发展的政策环境

在任何社会制度下，企业物流活动都必须受到一定政治和法律环境的规范、强制和约束。企业必须懂得本国和业务范围国家的法律法规，保护企业物流活动的合法权益，

① 钟小娜. 互联网背景下商贸物流企业发展的创新战略. 商业经济研究，2020，(18)：120-123.

② 刘维华. 现代物流企业战略发展问题研究. 商业经济研究，2021，(1)：131-133.

以更好地促进商品流、资金流、信息流的运行。

法规在一定时期内是相对稳定的，但是政府的具体方针政策则具有可变性，会随政治、经济形势的变化而变化。在社会主义市场经济中，政府为实现经济总量平衡和整体结构优化、促进经济健康发展，从宏观上对现代物流进行控制、协调、组织、监督，努力营造现代物流发展的宽松环境。

我国加入世界贸易组织以后，企业物流发展也必须遵循世界贸易组织的有关规定，按国际惯例和世界贸易组织框架规定开展物流经营活动。各地方政府还对物流企业设置了优惠政策，力图通过政策刺激，促进物流企业的发展。

2. 现代企业物流发展的经济环境

现代企业物流发展必须重视和分析影响、制约企业物流活动的经济因素。

（1）生产力的发展推进着企业物流的发展。一方面，生产力的发展创造了企业物流发展的机会，为物流发展提供技术及设备。另一方面，生产力的分布及结构也决定了企业物流能力的高低及物流生产力结构。改革开放以来，我国的生产力水平得到了极大的提高，科学技术得到长足发展，为我国企业物流的发展提供了充足的动力。

（2）市场经济体制的建立加快了企业物流的发展。一方面，市场经济体制的建立与完善，要求大力发展社会化大生产，形成大市场、大流通、大交通，为社会化的现代物流提供了广阔的发展舞台和生存空间。另一方面，为现代企业物流发展提供了新的管理制度，先进的组织管理方式，创造了更好的发展条件。

（3）工商企业不断壮大发展创造了对物流服务的新需求，引导和促进了企业物流的发展。企业物流的发展能优化供应链，节省经费，降低成本，提高产品的附加值和竞争力，不断快速发展的企业对交通运输、仓储配送、货运代理、专业物流等物流服务提出了新的要求。

（4）我国经济及产业结构正处于一个震荡和面临调整与整合的历史时期，物流产业的发展正面临着一次历史性的机遇，满足多样化的社会需求以及多个产业一体化的进程将聚集于企业物流的发展。企业物流的发展可以推动产业布局的合理化，各大产业的协调发展，可以推动现代企业物流的发展。

3. 现代企业物流发展的科技环境

（1）现代科技带给企业物流新的发展机会和发展动力。每一种新技术的运用都会使物流环节的效率得以提高，物流运作加速完成。随着新技术的采用，企业物流基础设施得以优化利用，物流工具更加现代化、智能化，为企业物流发展创造了新的动力。

（2）现代科技提高了企业物流管理水平。先进的设备、仪器、管理系统、信息系统在企业物流中得以运用，使得企业物流的经营管理效率得到极大的提高。

（3）现代科技促进了企业物流装备的现代化发展。一方面，如企业物流设备、集装设备、仓库设备、铁路货车、货船、货运航空器、装卸机具、输送设备、分拣与理货设备、物流工具、各种物流装备有了较大的发展。另一方面，与现代企业物流发展相适应的信息技术及网络设备得到较快发展。

（二）现代企业物流发展环境的影响因素

对现代企业物流发展环境进行分析，不仅要考虑现代企业物流发展环境的影响因素，而且还要对这些影响因素的复杂程度和变化速度进行分析。

1. 现代企业物流发展环境的不确定性分析

现代物流发展环境的两个不同特性组成了四种环境状况，形成了一个评估环境不确定性的框架。这两个特性如下：一是环境简单与复杂的程度，即与现代企业物流运作有关的外部因素的数量和差异程度；二是环境稳定与不稳定程度。“环境是否稳定”指的是外部环境变化的速度是否稳定。

于是，可以从四种环境状况来评估环境的不确定性。

（1）简单—稳定环境。在简单与稳定环境下，不确定性的程度很低，现代企业物流运作对环境比较容易把握。

（2）复杂—稳定环境。在复杂与稳定环境下，不确定性有所增加。外部环境的众多因素都会对现代企业物流运作生产经营造成影响。

（3）简单—不稳定环境。在简单与不稳定环境下，不确定性进一步增加。外部环境的影响因素较少，但难以预测。

（4）复杂—不稳定环境。在复杂与不稳定环境下，不确定性程度最高。现代企业物流运作面临着复杂多变的外部因素，对经营战略影响大。

2. 现代企业物流发展环境的不确定性处理

根据罗宾斯在 1990 年提出的内部战略和外部战略来讨论减少现代企业物流发展环境的不确定性程度。

（1）内部战略。即现代企业物流发展通过调整或改变自己的行动以适应环境。可考虑以下三种做法。

第一，重新定位。在面临不利环境状况时，最有效的对策是改变现代企业物流发展所处的环境，以适应环境变化的需要。

第二，弹性组织。在现代企业物流内部建立缓冲与调整机构，以消除环境中的不确定性。

第三，环境监测。了解环境、把握环境是现代企业物流发展对付环境不确定性的重要前提条件。现代企业应配备专门人员预测环境的变化，对有关环境信息进行交流、筛选，使现代企业物流运作能始终站在环境变化的前沿。

（2）外部战略。现代企业物流发展试图改变环境以适应经营的需要，可以考虑以下三种做法。

第一，创立品牌。现代企业物流创造品牌形象和价值，可以为经营发展创造一群忠诚的顾客，减少竞争压力和需求的不稳定性。

第二，强化法律意识。强化法律意识，按法规办事可以减少现代企业物流发展在供货、产品质量、价格服务等方面的不利影响。

第三，建立联盟。现代企业在发展时，可以与其他企业形成联盟，通过共同行动减少物流发展中的竞争，增加相互之间的依赖，从而减少环境的不确定性。

3. 现代企业物流发展的外部环境因素评价矩阵

外部因素评价矩阵可帮助企业归纳和评价经济、社会、文化、人口、环境、政治、政府、法律、技术及竞争等方面的信息，具体操作方法如下。

（1）列出所有现代企业物流发展的外部因素。先列举机会，后列举威胁。要求尽量采取具体数据，要采用百分比、比率和对比数字来反映各外部因素情况。

（2）为每个影响因素赋值，其数值范围为从 0（不重要）到 1（非常重要）。根据各因素影响的相对大小确定其权值。所有因素的权值之和等于 1。

（3）按照现代企业物流发展需要对各因素的有效反应程度进行评分，范围为 1 ~ 4，4 代表反应好，3 代表反应超过平均水平，2 代表反应为平均水平，1 代表反应很差。

（4）用每个因素的权值乘以评分，即得到每个因素的加权分数。

（5）将所有因素的加权分数相加，即得到企业的总加权分数。

无论矩阵所包含的关键机会与威胁数量多少，一个企业所能得到的总加权分数最低为 1，最高为 4，平均总加权分数为 2.5。如果总加权分数为 4，说明企业做出了最出色的反应。如果总加权分数为 1 则说明企业不能利用外部机会或回避外部威胁。

二、现代企业物流资源评价

（一）现代企业物流发展资源

1. 现代企业物流发展资源状况

现代企业物流发展资源主要包括资源积累、资源配置和资源运用三个方面。资源积累是指现代企业所拥有的人力、物力、财力等各种物流发展资源的状况，以及对物流发展的无形资源的积累情况。资源配置是指资源在现代企业各种市场–产品组合中的配置情况，即是否能够充分投入关键市场–产品组合所需的资源。同时，资源配置还涉及现代企业的管理体制和组织机构对资源配置是否会产生重大影响。资源运用则是建立在一定的资源积累和资源配置基础上的现代企业经营管理能力的体现。

2. 现代企业物流发展资源内容

现代企业物流发展资源内容丰富，主要有七大类。

（1）人力资源，包括人员数量、人员素质、人员结构、人员配置、人员培训、人力资源管理制度和运行机制、人员流动、人员的劳动保护等。

（2）物力资源，包括经营场地、设施设备、设备维修状况、能源供应状况、商品供应状况、存货状况等。

（3）财力资源，包括资产结构、负债和所有者权益结构、销售收入、销售成本、盈利状况、现金流量、融资渠道、投资风险等。

（4）技术资源，包括信息技术、工程技术、物质综合利用、环保、新技术应用等。

（5）组织资源，包括组织结构、领导班子结构、劳动纪律、管理效率等。

（6）信息资源，包括环境监测、竞争情报、内部信息、信息共享等。

（7）信誉资源，包括服务质量、品牌形象、经营信誉、管理模式等。

（二）现代企业物流发展资源评价

1. 现代企业物流发展资源价值评估

对现代企业物流发展资源进行合理的分配与协调是确定现代企业物流发展战略的核心内容，需要进行资源价值的评估。从现代企业物流发展战略出发，对资源进行价值分类、竞争权衡，确定优势资源，努力集中优势资源，共享优势资源，创造更大的资源价值。为此，可以通过价值、吸引力、持久力三个主要因素的评价来完成资源价值的整体评价。价值就是现代企业资源与顾客需求匹配的程度和形成的竞争优势；吸引力是对顾客形成吸引的现代企业资源力量，包括资源的独特性、传递方式和转移效用；持久力是现代企业优势资源积蓄和提高的速度、等级，以及资源可持续利用的能力。

2. 现代企业物流发展资源要素评价矩阵

（1）列出评价过程中确定的现代企业物流发展资源要素。先列出优势，后列出弱点。要求要素指标尽可能量化，要采用百分比、比率和比较数字刻画相应要素。

（2）对每个要素赋值，其数值范围为从 0（不重要）到 1（非常重要）。根据各要素影响的相对大小确定恰当的权值。所有要素的权值之和等于 1。

（3）对各要素进行评分。1 代表重要弱点；2 代表次要弱点；3 代表次要优势；4 代表重要优势。

（4）用每个要素的权值乘以评分，即得到每个要素的加权分数。

（5）将所有要素的加权分数相加，即得到企业的总加权分数。

无论矩阵包含多少个要素，总加权分数都是最低为 1，最高为 4，平均总加权分数为 2.5。如果总加权分数大大低于 2.5，则企业资源状况处于弱势；如果总加权分数大大高于 2.5，则企业资源状况处于强势。

三、现代企业物流战略方案选择

SWOT 分析是西方国家广为应用的一种战略选择方法。“SW”是指企业内部的优势和劣势（strengths and weaknesses），“OT”是指企业外部的机会和威胁（opportunities and threats）。SWOT 分析就是企业在选择战略时，对企业内部的优势和劣势以及企业外部的机会和威胁进行综合分析，据此对备选战略方案做出系统评价，最终达到选出一种适宜战略的目的。

企业内部的优势和劣势是相对于竞争对手而言的，表现在资金、技术设备、职员素质、产品市场、管理技能等方面。有两个标准用于衡量企业内部的优势和劣势：一是资金、产品、市场等一些单方面的优势和劣势；二是综合的优势和劣势，可以选定一些因素打分，然后根据重要程度进行加权，取各因素加权分数之和来确定企业是处于优势还是劣势。

企业外部是企业所无法控制的，企业外部环境中的因素有的对企业发展有利，可能给企业带来某种机会，如宽松的政策、技术的进步，就有可能为企业降低成本、增加销售量创造条件。有利条件可能对所有企业都有益，威胁也不仅仅是威胁本企业，因此，在有些情况下还要分析同样的外部环境到底对谁更有利或更不利。

SWOT 分析的做法是依据企业的方针列出对企业发展有重大影响的企业内部条件及企业外部因素，继而确定标准对这些因素进行评价，判定是优势还是劣势，是机会还是威胁，举例见表 2-1 及表 2-2。也可对这些因素逐项打分，然后按因素的重要程度加权求和，进一步推断优劣势有多大及外部环境的好坏。

表 2-1　SWOT 分析表

企业内部		企业外部	
优势	物流技术先进 服务管理好 职工素质高 管理工作基础好	机会	有出口的可能 运输价格下降
劣势	资金不足 物流设备老化 企业规模小	威胁	竞争对手增多 信贷紧缩

表 2-2　京东物流 SWOT 分析表

企业内部		企业外部	
优势	企业品牌形象良好 自营电商平台 自有大型仓库众多	机会	物流市场蓬勃发展 交通和科技进步 政府政策鼓励
劣势	市场占有率低 资本投入巨大 缺乏专业人才 环境污染严重	威胁	竞争激烈，市场无序 季节性网购 网购竞争加剧

资料来源：王学峰. 基于 SWOT 分析物流企业发展战略——以京东物流为例. 物流科技，2021，44（12）：51-53

在以上分析基础上，可以根据企业的得分来判定企业属于何种类型（图 2-3），企业得分处于第Ⅰ象限，外部有众多机会，又具有强大内部优势，宜采用发展型战略；企业得分处于第Ⅱ象限，外部有机会，而内部条件不佳，宜采取措施扭转内部劣势，可采用先稳定型后发展型战略；企业得分处于第Ⅲ象限，外部有威胁，内部状况又不佳，应设法避开威胁，消除劣势，可采用紧缩型战略；企业得分处于第Ⅳ象限，拥有内部优势而外部存在威胁，宜采用多种经营战略分散风险，寻求新的机会。

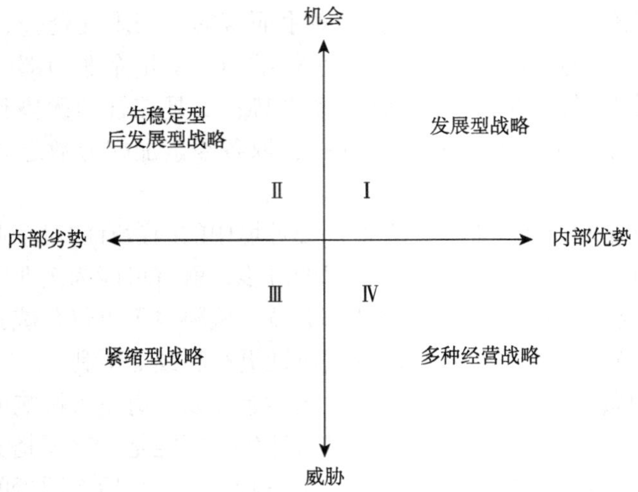

图 2-3 SWOT 战略选择图

物流战略方案选择的方法很多，除了本章介绍的 SWOT 分析法，还有波士顿矩阵、麦肯锡矩阵和生命周期矩阵等方法。

第三节 现代企业物流战略的实施

在战略实施过程中，战略制定与战略实施配合得越好，战略管理越容易获得成功。而企业战略计划系统则是两者之间的媒介，或者说，企业战略计划系统是战略实施的具体化。

一、现代企业物流战略实施的内容

1）对总体物流战略的说明

对总体物流战略的说明即说明什么是企业的总体物流战略，为什么做这些选择，实现此战略将会给企业带来什么样的重大发展机遇。这种说明还包括总体物流战略目标和实现总体物流战略的方针政策。被说明的物流战略目标是总体物流战略所预期的未来的目的地。对这些目的地可以进行定量描述，同样也可以进行定性描述[①]。

2）企业分阶段物流目标

企业分阶段物流目标是企业向总目标前进时，欲达到的有时间限制的里程碑。一般需要对分阶段目标进行尽可能具体与定量的阐述，这也是保障实现物流总目标的依据。企业的分阶段物流目标常常与具体的行动计划和项目捆绑，而这些行动计划与项目均为达成总目标的具体工具。

3）企业物流战略的行动计划和项目

行动计划是组织为实施其物流战略而进行的一系列资源重组活动的汇总。各种行动

① 李佳媛. 第三方物流企业客户关系管理战略构成与实施研究. 长春：吉林大学，2012.

计划往往通过具体的项目（通过具体的活动来进行资源分配以实现企业总目标）来实施。

4）企业物流的资源配置

物流战略计划的实施需要设备、资金、人力资源等，因此，对各种行动计划的物流资源配置的优先程度应在战略计划系统中得到明确规定。物流战略计划系统应指明在实施物流战略中需要的各种资源。

5）企业组织结构的物流战略调整及物流战略子系统的接口协调

为了实现企业的物流战略目标，必须以相应的组织结构来适应企业物流战略发展的要求。由于企业物流战略需要适应动态发展的环境，组织结构必须要具备相当的动态弹性。

6）制订应变计划

有效的物流战略计划系统要求一个企业必须具备较强的适应环境的能力。要获得这种能力，就要有相应的应变计划作为保障。要看到各种条件在一定时间内所可能发生的突如其来的变化，不能仓促应战。

二、现代企业物流战略实施的方法

1）指令型方法

指令型方法的特点是高层管理人员或者其委托者制定战略，并且下属的主要任务是实施，高层往往不参与实施。优点是在原有战略或常规战略变化的条件下，企业实施战略时不需要有较大的变化，实施的结果也就比较明显。缺陷是不利于调动企业职工的积极性。

2）转化型方法

转化型方法也称变革型方法，这种方法的特点是高层管理人员重点研究如何在企业内实施战略，并且要为有效地实施战略而设计适当的行政管理系统。因此企业要进行一系列变革和转化，如建立新的组织结构、优化业务流程等，以提高战略成功的机会。

3）合作型方法

合作型方法的特点是战略制定者充分调动各方面的积极性，各方在战略制定中可以充分发表自己的意见和方案，战略制定者实际上是一个协调员的角色。这种方法的优点是决策的科学性和民主性，能充分调动人员的积极性；不足之处在于讨论时间可能过长甚至争执不下以致错过战略机会，而且战略的稳定性和全局性容易受到职能部门倾向性和局部性的影响。

4）文化型方法

文化型方法扩大了合作型方法的范围，可以将企业基层的职工也包括进来。企业的战略制定者主要倡导企业使命、价值观并引导员工建立正确的价值、态度取向，然后鼓励企业职工根据企业使命去设计自己的工作活动，甚至让个人做决策。

5）增长型方法

为了使企业获得更好的增长，企业高层管理人员鼓励中下层管理人员制定与实施自己的战略。这种方法集中了来自实践第一线的管理人员的经验与智慧，而高层管理人员只是在这些战略中做出自己的判断，并不将自己的意见强加在下级人员身上。

三、现代企业物流战略资源的分配

资源分配是物流战略实施的重要内容。在企业的物流战略实施过程中，必须对所属资源进行优化分配。

企业物流战略资源是指企业用于物流战略行动及其计划推行的人力、物力、财力等的总和。具体来讲，战略资源包括采购与供应实力、生产能力和产品实力、财务能力、人力资源实力、物流技术开发实力、物流管理实力、时间和物流信息等无形资源的把握能力。

企业物流战略资源的分配是指按物流战略资源分配的原则方案，对企业所属物流战略资源进行的具体分配。企业在推进战略的过程中所需要的物流战略转换往往就是通过资源分配的变化来实现的。企业物流战略资源的分配一般分为人力资源的分配和资金的分配两种①。

1）人力资源的分配

人力资源的分配一般有三个内容。

第一，为各个物流战略岗位配备管理和技术人才，特别是关键岗位上关键物流人物的选择。

第二，为物流战略实施建立人才及技能的储备，不断为物流战略实施输送有效的人才。

第三，在物流战略实施过程中，注意整个队伍综合力量的搭配和权衡。

2）资金的分配

企业中一般采取预算的方法来分配物流资金资源。而预算是一种通过财务指标或数量指标来显示企业目标的方法。物流战略的文件通常采取以下几种现代预算方式。

第一，零基预算。即一切从零开始的预算。它不是根据上年度的预算进行编制，而是将一切经营活动都从彻底的成本—效益开始分析，以防止预算无效。

第二，规划预算。它是按照规划项目而非职能来分配物流资源。规划预算的期限较长，常与项目规划期同步，以便直接考察一项规划对资源的需求和成效。

第三，灵活预算。它允许费用随产出指标而变动，因而具有较好的弹性。

此外，企业组织结构是实施物流战略的一项重要工具，一个好的企业物流战略还需要通过与其相适应的组织结构来完成。还有一点在物流战略实施过程中也是很重要的，就是企业文化。它既可以成为物流战略的推动因素，又可能对物流战略的执行起抵触作用。

第四节 现代企业物流战略的控制与评价

一、现代企业物流战略控制

1. 物流战略控制的定义

控制是企业管理的重要职能之一。控制活动就是指管理者按照计划衡量计划的完

---

① 王静. 现代物流管理与战略：理论·方法·模式. 西安：陕西人民出版社，2016.

成情况和纠正计划执行中的偏差，以确保计划目标的实现。物流战略控制就是指企业物流战略管理者和一些参与物流战略实施的管理者，依据战略计划的目标和行动方案，对战略的实施状况进行全面的评价，发现偏差并纠正偏差的活动。明确而有效的控制不仅可以纠正偏差，而且还可能促使确立新的目标、提出新的计划、改变组织结构以及在指导和领导方法上做出巨大转变。物流战略控制行动可能会产生两种结果：一是物流战略的顺利进行，二是物流战略的结构性调整或新物流战略方案的采用。这两种情况都能保证企业物流生存与发展的途径[①]。

2. 物流战略控制的标准

从根本上来说，企业物流战略控制的标准是企业的使命和长期基本目标。在物流战略实施中任何控制活动都必须服从这个标准。不过使命和目标是未来的、长期的、综合的，而控制是现实的、及时的、具体的。物流战略控制必须借助战略实施的体系。在物流战略实施的体系中，会将企业使命和目标分解为企业各个部门在各个战略时期的目标和行为准则，这些具体的目标和行为准则就是物流战略控制的依据与标准。

3. 物流战略控制的特点

企业物流战略控制与经营控制有不同的特点。从时间上看，物流战略控制属于事前控制。物流战略控制注重的是还没有发生的重大事件，是控制未来，是向前看；同时，物流战略控制常常涉及新的业务或对现有业务将要进行的调整，因而面临着许多不确定因素。物流战略控制是把实际工作中预测的结果与标准进行比较，然后决定采取什么纠正行动。

4. 物流战略控制的步骤

物流战略控制大致有四个基本步骤：制定标准，衡量、评价物流战略实施的成效，信息反馈，实施纠正措施。

1）制定标准[②]

控制过程的衡量、评价标准是根据制订战略计划的前提假设和战略计划本身来确定的。因此在制定衡量、评价标准时，首先要弄清楚制订战略计划的前提假设其中包括对组织文化、组织环境、市场变化趋势、竞争对手等的分析和估计。其次要了解物流战略计划的进展状况和各个时期所要达到的目标。

定性的评价标准主要是指对企业内外部环境、市场动态、竞争状况、资源供给状况等变化趋势的粗略的定性估计。如果这些环境状况和资源供给趋势未能按预先估计的那样发展，也就意味着，这些前提假设未被较好地满足，那么在此前提条件下制订出来的物流战略计划和目标是不适合的或者是过时的。

这种根据定性评价标准来衡量企业的物流战略决策是否与形势变化相符或是否已过

---

① 谢泗薪，薛琳琳. 生鲜农产品冷链物流的风险分析与战略控制研究. 价格月刊，2018，(3)：50-56.

② 刘旭，谢泗薪. “一带一路”沿线国际物流园区的战略评价与发展构想——基于后疫情时代“双循环”视角. 价格月刊，2021，(3)：59-71.

时的过程，称为定性评价过程。要明确回答企业的物流战略决策是否与形势相符合或是否已过时，至少要弄清下面几个问题，一是对企业实现战略目标影响最大的关键因素是什么？如人力、物力、财力资源。二是企业在制定战略目标和计划时所遵循的基本假设前提有哪些？这些前提假设在战略实施过程中是否始终具备？三是在实施物流战略时，企业内外部环境的新变化，企业战略目标是否能适应这种变化？市场变化趋势，如市场需求趋势、资源的供给趋势、物流战略目标的实施对市场需求和资源供给有什么新的要求？企业决策者通过对上述问题的思考、分析、判断，就可以很明确地知道组织的物流战略目标是否合适或过时。

定量标准就是数量化了的标准。与定性标准相比，决策者更热衷于运用定量的标准来衡量、评价企业实施物流战略取得的成效。因为定量标准用起来方便，一目了然，可以帮助决策者迅速、明确地知道物流战略实施的进程和所取得的成效。

定量标准的制定要求企业物流决策者将计划和目标以及各个时期所要达到的各种指标数量化。对于企业的物流战略计划和战略目标可以从以下几个方面去考虑。盈利情况，物流战略实施过程中企业要实现的利润（营业额、投资回收额、纯利等）；市场状况，市场的需求状况和变动趋势，以及对物流战略实施过程中所要实现的产量、合格率、资源的利用率等进行数字说明；行业地位，企业决策部门应规定战略实施过程中企业要达到的行业地位，如企业资产、产量及质量在行业评比过程中的名次。

2）衡量、评价物流战略实施的成效

物流战略控制过程的第二步是运用制定的标准衡量企业战略实施的成效，掌握物流战略实施的状况、取得的成效、与预计目标的差距，估计战略实施的发展趋势。

根据确定的标准，特别是定量标准来衡量、评价企业物流战略的实施进程是比较容易的。困难的是决策者如何决定在什么时候、什么地点以及以什么方式、采用怎样的方法对战略实施过程进行评价。一个卓有远见、经验丰富的决策者能根据自身的经验，对这种现象进行恰如其分的分析、判断，从而推测出企业在物流战略实施过程中可能会出现的偏差以及发展趋势，以便及早地采取预防措施，避免企业蒙受损失。而缺乏远见和经验的决策者常常会因面临这种困难而使企业战略实施过程达不到预期的目的。但对资源供给状况的衡量，有时难以借由计量的方法。

3）信息反馈

信息反馈是将通过衡量和评价所获得的信息，及时地传递给有关决策者，这里的有关决策者是指对物流战略实施负有责任并具有相应权力的决策者。

信息反馈是必不可少的。因为没有信息反馈过程，企业物流决策者就无法准确、及时地得到信息，从而不能获得所需要的信息，企业物流管理者就无法采取有效的行动或做出合乎实际需要的决策。

4）实施纠正措施

物流战略方案在实施过程中发生偏差是正常现象，完全没有偏差是不可能的。当偏差在允许的范围内时，可以不采取纠正措施，当发生的偏差可能危及物流战略计划和物流战略目标实现时，应当采取纠正措施。当决定采取纠正措施时，实际上又开始了新一轮的决策过程。

二、现代企业物流战略评价

企业物流战略评价就是指对企业物流战略实施的衡量和评价，是物流战略控制的第二步。企业物流战略评价是物流战略控制的指南和前提。对于物流战略评价有许多方法，各个公司因时因地而异。跟踪评价控制法是在阿波罗飞船研制中提出的，并且取得了良好的效果。跟踪评价的大致步骤如下。

（一）监测各物流战略行动的进展

物流战略所示的行动目标分布在一系列具体的、局部的后果之中，每一物流战略行动的推进都应当分为若干具体步骤。对前期进行的步骤，应当制订详细的计划，充分利用并合理分配资源来完成那些早期步骤。这样，物流战略管理者就可以将大而泛的物流战略变为具体的、有计划的行动和结构。

物流战略行动与短期经营交织在一起，使物流战略监测变得模糊，迫切的短期问题常使人们无法专心关注战略。较好的办法是找出实施物流战略的关键因素，把这些因素同目前经营活动中的其他因素区别开来，并对此予以特别关注和监测。

（二）监测关键的外部环境变化

企业物流战略是在预测和假设的环境背景下制定的。跟踪控制的一个重要内容是检查这些前提是否始终可靠。如果一个关键假设不能成立，战略可能就应该修改了。如果修改战略的前提能够得到很快的确认，那么制定物流战略转变的机会就好把握。因此，每个企业都应该标识出关键外部变化因素，并对之进行监测，同时能在恰当的时候提出监测报告。

（三）分阶段全面评审

在物流战略实施过程中，企业内部和外部会发生一连串不断积累起来的小变化，逐渐使这个形势发生改变。跟踪控制原理则要求对新的条件具有适应性而进行调整。这种动态调整是战略本质的一部分。因此控制系统必须根据新的变化，重新评价物流战略及其进展。分阶段全面评审的目的就在于此。

分阶段全面评审是着眼于物流战略整体的一种全面检查工作。分阶段全面评审不仅要投入大量的时间和精力，还会给贯彻现行物流战略的各层管理者和职工带来一些疑虑。只有当下一步行动明确得到有效的保证时，才应该去分阶段全面评审。因此，评审阶段如何划分就是跟踪控制要解决的重要问题，一般有以下三种划分方法。

（1）里程碑法。里程碑法就是对事先划分的物流战略实施阶段进行评审，如在设计阶段完成后的评审，在市场调研阶段完成后的评审，或是在正式投资前进行全面生产之前的评审。采用这种方法，企业事先就应当把评审阶段的时间确定，以便有计划地收集情报。

（2）重大事件法。重大事件法即通过外部监测，发现有重大事件将发生，而且该重大事件会对物流战略实施产生影响，即使在评审阶段也要进行全面的评审。

（3）期限法。期限法即那些执行期限长的战略项目虽然没有到某一里程碑，而且也没有重大事件发生，但是经过了很长时间（如两年），这时很可能会存在一些问题，因此应根据物流战略项目的性质，确定评测期限。

评价、控制都是为了使工作正常开展，不致偏离轨道，以保证目标的实现。而跟踪评价控制方法则是物流战略实施控制中经常采用并被证明的一种最好的方法。

案例分析

易站与易流携手，共推食品零售物流数字化

供应链物流在食品零售行业竞争中变得越发重要。易站作为知名便利店品牌，以低调、稳健的经营方式快速发展。为了提升运营效率和创新突破，易站开始注重供应链物流管理升级，如全天候配送服务和物流技术赋能。易流通过软硬一体的解决方案，搭建了运输管理系统，实现了供应链物流可视化、数据化，解决了物流管理的问题。该系统实现了智能调度和快速调配，减少了物流成本；在途透明可视化，提前预知交付时间；司机结算更快、更准确。易流的技术赋能为易站实现物流数字化转型，助力业务飞跃。易流的解决方案已经应用于多家连锁品牌，提升了运输管理的安全、效率、成本和体验。

1. 教学目的和用途

本案例用于管理学硕士和本科生学习企业管理学、战略管理、物流系统规划、营销管理、物流工程、物流管理等课程时使用。这个案例能够帮助学生全面了解企业战略规划、物流管理以及数字化转型等方面的理论和实践。硕士可以就此案例进行讨论和战略规划设计，研究制定未来易站和易流发展战略问题，重点思考物流战略与公司整体战略之间的关联。本科生可以通过本案例的学习与讨论，利用战略规划设计相关工具，尝试总结梳理易站和易流战略上存在的问题，并尝试讨论更新易站和易流整体战略。教学目的为掌握企业战略规划理论与方法、物流战略计划设计与实施方案、物流战略与公司整体战略协同等。

2. 启发与思考

（1）非专业的物流企业是否有必要建立企业物流发展战略？
（2）不同规模、不同地域、不同行业的企业应如何确立自己的物流发展战略？
（3）物流发展战略如何与企业经营、企业管理建立协调机制？
（4）一个企业应由什么部门确定物流战略？

3. 分析思路

本案例属于理论应用与分析型的教学案例，学生应重点分析企业战略规划与物流战略协调的问题，学会综合运用战略规划设计的理论方法。其次详细阅读案例资料，对于

企业战略规划设计的框架熟悉掌握，对于制造企业物流重要性有深刻认识。

4. 理论依据

本案例的理论依据：战略规划理论、战略规划技术方法、物流系统规划与设计理论。

5. 关键要点

战略环境分析，战略资源分析，战略制定，战略实施计划。

6. 课堂计划

（1）建议教师先安排学生学习专业知识，并将本案例安排给学生学习，让学生重点思考提出的问题，对第2部分启发与思考中的问题进行逐条分析。

（2）本案例教学安排2课时。首先学生就思考问题进行分组讨论，并记录相关的结论，此部分20分钟完成。接着安排小组发言，学生就主要问题进行辩论，此部分30分钟完成。最后安排战略规划方案撰写，学生以小组为单位编制一份物流规划方案，此部分1小时完成，教师进行课堂评判。

本章思考题

1. 什么是企业战略，企业战略有哪些层次？
2. 什么是现代企业物流战略，现代企业物流战略包含哪些内容？
3. 现代企业物流战略的目标有哪些？
4. 如何进行现代企业物流环境分析？
5. 如何进行现代企业物流资源评价？
6. 现代企业物流战略的实施方法有哪些？
7. 现代企业物流战略控制的步骤是什么？
8. 如何对现代企业物流战略进行评价？

第三章

现代企业物流组织

【思政案例导入】

中央全面深化改革委员会第二十四次会议审议通过了《关于推进国有企业打造原创技术策源地的指导意见》。习近平在主持会议时指出，要推动国有企业完善创新体系、增强创新能力、激发创新活力，促进产业链创新链深度融合，提升国有企业原创技术需求牵引、源头供给、资源配置、转化应用能力，打造原创技术策源地①。

推进国有企业打造原创技术策源地，该如何破题？

首先，要把准战略方向。我国科技事业捷报频传，中国空间站、天问一号、北斗导航、时速600千米磁悬浮列车、高温气冷堆核电站等许多标志性重大科技成就，都离不开国有企业的重大贡献。不过，随着新一轮科技革命和产业变革的竞争日趋激烈以及世界局势的日趋复杂严峻，我国关键核心技术受制于人、顶尖科技人才和高水平创新团队比较缺乏等问题仍然十分突出。国有企业是中国特色社会主义的重要物质基础和政治基础，是中国特色社会主义经济的“顶梁柱”。

其次，要优化创新生态。国有企业要想成为原创技术策源地，就要勇挑重担、敢打头阵，在集聚创新要素、深化创新协同、促进成果转化、优化创新生态上下功夫。对此，一些国有企业已有足够认识，它们持续加强与海内外科研机构和企业的科技创新交流合作，打造跨界协同创新、国际产学研合作平台，强化关键核心技术攻关，共同推进高水平科技自立自强。

最后，要培育创新人才。推进国有企业打造原创技术策源地，必须让企业成为各类优秀人才创新创造活力竞相迸发的沃土，着力培养、引进、用好科技领军人才、卓越工程师和高水平创新团队。对增选院士以及引进国家级海外高层次人才且取得重大实效的企业进行考核加分；对关键共性技术、核心技术研发实施“揭榜挂帅”攻关，“揭榜”的研究人员不受职务、职级、职称等门槛限制；建立创新基金、科研奖励性后补助等方式多样的研发资金来源……

科技创新是全面创新的核心。只有加强科技创新特别是原始创新，才能在关键领域

---

① 《习近平主持召开中央全面深化改革委员会第二十四次会议强调 加快建设世界一流企业 加强基础学科人才培养 李克强王沪宁韩正出席》，http://jhsjk.people.cn/article/32361772[2022-02-23]。

不被“卡脖子”，才能建立完整稳定的产业链供应链，才能更好融入新发展格局。推进国有企业打造原创技术策源地，必须推动国有企业完善创新体系、增强创新能力、激发创新活力，促进产业链创新链深度融合。

资料来源：《着力提升国有企业原始创新能力》，http://www.qstheory.cn/qshyjx/2022-03/16/c_1128475336.htm[2022-03-16]。

物流活动的重要性及现代企业物流管理的科学化、规范化和专业化，有力促进了企业实施物流职能管理所需的组织机构不断发展，物流组织已逐渐成为现代企业组织的重要组成部分。不同企业由于成长背景、行业特征、信息化水平、企业规模等各不相同，物流活动的规模和管理水平差别很大，其物流组织也不尽相同。基于此，本章介绍现代企业物流组织的一些基本内容，包括企业物流组织的演变、现代企业物流组织的设计及现代企业物流组织的创新和发展。

第一节　企业物流组织的演变

对物流活动的管理已经成为现代企业经营管理活动的重要工作内容之一，但由于企业物流活动具有工作地理位置的分散性以及业务流程中的分割性，企业物流组织通常处于一种关系复杂、权责不明的境地之中。物流组织究竟具有什么样的作用和特点，企业物流系统又需要什么样的组织管理，这是企业物流活动在一体化趋势下要面对的首要问题。

一、企业物流组织的发展阶段

同整个企业组织结构与形式的发展一样，企业物流组织也经历过几个时期的演变过程，并且还正在酝酿着新的变革方向。组织的变革通常是与技术创新联系在一起的，技术的创新和发展是组织发展的重要动力之一，物流组织的发展亦然。从西方企业物流组织的发展过程来看，大体上经历了以下三个阶段。

（一）分离的职能结构时期

20 世纪 50 年代以前，企业的各种物流活动分散在其他主要职能之中，物流的职能仅局限于便利和支持工作方面，是生产经营的一种后处理活动，自身没有主体性。当时，物流活动工具十分简单，缺乏必要的技术支持体系，不可能进行大规模的流量转移，因此，物流的组织责任遍布企业的各个部门。这种部门分割的现象，意味着企业缺乏物流意识，物流活动没有实现专业化。各经营部门都有专门的物流人员，但他们同时兼顾其他生产经营业务，物流业务水平较差。

（二）功能集合和独立时期

当人们初步认识到分散化的组织使企业反应迟钝之后，便开始了对组织功能的合并和集合的尝试。最初将企业内分散的物流活动进行归类始于20世纪50年代末至60年代初。那时，“溢流”危机的出现，使企业为了适应迅速、高效处理大量物料或产品的要求，把物流的发展方向引向机械化和设备投资。集装箱、立体仓库、自动分拣系统等不断发展的物流技术和设施同时也促使企业物流组织作为专业化的分工组织从大企业中分离出来。这一时期的特点是各种专业化的物流职能被不断集合，起初是一部分物流职能集合在少数核心业务上，然后发展成为整个物流过程按专业化职能集合，成为相对独立的分工组织。此过程有三个发展阶段。

（1）小范围的专业化。例如，在市场营销领域，集中是围绕客户服务的物资配送；在制造领域，集中则发生在进入原材料或零部件采购及仓储的物料管理上。专业化的分工组织在内部较低层次得到实现，但大多数的部门并未改变，组织层次也未做大的改变，物流组织只有局部的专业流程协调作用，因此其功能整合的效果有限。专业分工程度一般取决于企业满足客户需求的相关工作的专业难度、专业分工所能带来的效率、培训合格员工花费的时间和难度等。一般而言，专业难度越高、专业分工带来的效率越高、培训合格员工越难且花费的时间越长，专业分工程度越高，分工越细。反之，则专业化分工程度越低，分工越粗。①

（2）物流管理功能独立。20世纪60年代末、70年代初，物流管理的重要性受到进一步的重视，此时，企业将物资配送和物料管理的功能独立出来，并提升至与制造、营销、财务平等的组织层次。尤其是随着市场需求量的逐渐增大，企业为了更快地、成本更低地做出反应，纷纷建立面向零售业的物流配送中心，更是将物流组织独立化并作为一种核心能力来处理。

（3）一体化物流组织。20世纪80年代初期，大型企业开始将实际可操作的物流计划和运作职能归类于一个权利与责任下，试图在一个高层经理的领导下对所有原料和产成品的运输与储存进行战略管理，以使其对企业产生最大的利益。

（三）从功能一体化向过程重构转移时期

传统组织改变的只是集权和分权的权重或是顾客、地区或产品之间的合作，而未对基本工作流程进行任何重大的重新设计。随着现代信息技术系统的完善，基于信息共享技术的企业流程再造成为可能，所以，人们就提出了要将流程的整合作为新的工作中心，改变传统的垂直职能组织的分割形式，将其转换成一个以过程为导向的水平组织的模式。这项工作目前正在欧美国家的企业中如火如荼地进行。

二、现代企业物流组织的多样性

不同行业的企业，物流管理的侧重点不同，物流组织的结构类型也是不同的。对于特定类型的组织，物流管理的重点还取决于物流费用是如何发生的，以及何处的物流服

---

① 熊杰. 企业组织设计“六步法”. 人力资源，2021，(14)：14-15.

务需求最重要。

（1）以原材料管理为中心的物流组织形式。企业中影响产品质量的重要因素就是原材料，原材料是企业重要的投入资金，也是企业流动资产的组成部分，企业在管理中加强过程控制首先就要提高原材料成本的管理控制，保证材料的安全，规范材料成本的核算，降低生产成本，实现企业经营利益最大化①。

（2）以库存为中心的物流组织形式。对于现代企业来说，库存管理则是企业正常运行的基础，良好的库存管理体系能为企业提供缓冲和应急功能，避免企业因特殊事件而出现问题②。医院、保险公司和运输公司等服务性企业主要是提供服务，具体的物质只是载体，它们采购多种商品以供服务过程的消耗。

（3）以产品分销为中心的物流组织形式。商品流通行业的特点是采购和运输活动以销售为目的，这一行业的主要组成者是分销商和零售商等。这些企业没有生产活动，经营集中在销售和物流活动。

（4）综合性管理的物流组织形式。多数制造企业则从许多供应商处购买各种各样的原材料以生产出价值相对较高的产品。这类企业原材料的获取和成品的分销中都有大量的物流活动，组织设计则要综合考虑物资管理和分销。

第二节　现代企业物流组织的设计

企业的组织结构是企业发展的保障，组织结构的优化可以促进企业的可持续发展，促进企业治理结构的持续完善、管理效率的持续提高，增强企业开拓市场和科技研发的能力，促进企业的持续长远发展③。不似生产部门和销售部门，无论企业结构怎么改变，其独立性不容改变，现实中物流部门的地位常常是不稳定的，业务的合并、分解甚至部门的新建或撤销，都比其他核心部门频繁、多变。

物流组织结构的设计与单纯确定如承担运输和保管之类的物流业务系统部门有着明显的差别，应将它置于能够全面看到整个企业物流的位置，从企业物流全面合理化的要求上进行，从物流效率的角度来考虑生产、营销活动，建立一个有效地协调供应商、工厂、分公司、分销商之间的运输、库存配置等工作的体制。

一、现代企业物流组织设计的依据

什么因素导致不同行业、不同企业在物流组织结构方面的差别呢？由于企业物流管理配置和控制着完成物流使命所必需的资源，物流管理活动发生在跨越多个时区的广阔地区，并且包括许多厂商功能，物流组织受到若干重要因素的影响，如企业战略、物流环境、物流规模和物流技术的发展等。企业管理者必须明晰这些因素与不同组织结构之间的关系，从而合理地设计物流组织结构。

---

① 罗荷花. 企业管理中加强过程控制的重要性. 中国中小企业，2020，（3）：106-107.

② 吴迪. 基于供应链管理环境下的采购和库存管理研究. 商展经济，2021，（15）：58-60.

③ 王智. 基于高质量发展的 A 勘察设计企业组织结构设计与优化研究. 铁道建筑技术，2021，（2）：169-173.

（一）物流战略体系

企业组织是为企业战略服务的，所以应当把对企业战略的解读作为企业组织设计的第一步。如果把组织设计比喻成建房子，那么首先就要明确为什么要建房子，或者说建房子能够解决什么问题[①]。不是每个企业都会把物流当作战略决策的重中之重，物流组织设计是服从企业整体战略需要而进行的。现代企业中，物流战略对物流组织的影响包含以下几个层次。

（1）全局性战略。物流管理的最终目标是把企业的产品和服务以最快的方式、最低的成本交付给用户。因此，用户服务应该成为物流管理的最终目标，即全局性的战略性目标。要实现用户服务的战略目标，就需要企业建立基于平均响应时间、订货满足率、平均缺货时间、供应率等服务评价指标的符合企业自身实际情况的物流组织管理体系。

（2）结构性战略。结构性战略是物流管理战略的第二层次，包括渠道设计和网络分析。企业通过优化渠道，提高物流系统的敏捷性和响应性，大大降低物流成本；而通过库存状况分析、用户服务的调查分析、运输方式和交货状况的分析以及物流信息及信息系统的传递状况分析等不断减少物流环节，消除不增加价值的活动，提高物流系统的效率。结构性战略直接对物流组织设计提出了实实在在的要求。

（3）功能性战略。功能性战略是物流具体业务系统中制定的战略，包括运输工具的使用与调度、采购供应与库存控制的方法和策略、仓库作业管理等功能确定，它是物流组织业务部门设计的基础和依据。

（4）基础性战略。基础性战略包括组织系统管理、信息系统管理、政策与策略和基础设施管理等，它为物流系统的运行提供基础性的保障。要健全物流系统的组织管理和人员配备，就要重视对企业有关人员的培训，提高他们的业务素质。

（二）物流规模

物流规模对物流组织的影响是不言而喻的，对于一个生产活动相对简单的企业来说，其物流活动可能呈现出经营量较小、费用相对较低的特点，物流规模可能并不被认为是制约企业经营活动的主要因素。然而，物流规模对物流组织的影响主要体现在以下三个方面。

（1）物流组织的复杂性或差异性。物流规模越大，参与物流活动过程的人员数量越多，各成员在受教育程度、专业方向和技能以及个人价值观、发展目标上就越存在差异，这种差异必然影响组织内物流专业化和部门结构的设置和它们之间的协调。

（2）组织的规范性。一个规范程度高的企业，其指导和限制各类人员活动的方针政策、规章制度、工作程序、工作过程的标准化程度就高，并且对每一项工作程序都有严格而详细的说明。实行标准化的好处是可以减少许多不确定因素，提高组织的效益。

---

① 熊杰. 企业组织设计“六步法”. 人力资源，2021,（14）：14-15.

（3）物流规模对企业物流部门是采取集权式管理还是分权式管理有着直接的影响。一般说来，物流规模小，集权管理较为妥当；物流规模大，分权管理能使物流活动更为合理化。

（三）物流组织技术环境

企业物流组织面临两大技术环境：一是物流技术环境，二是生产组织技术环境。

企业物流过程是一个包括从生产资料供应到产品或服务参与社会循环全过程的范围非常广泛的系统，而物流技术是与实现这个物流活动的全过程紧密相关的、必需的技术工具、设施与手段，既包括物品流动过程中，物品处于移动、停顿（或储存）等状态下所需要的材料、机具及各项设施等“硬技术”，也包括为实现物流活动所需要进行的管理、计划与组织等“软技术”。

企业的生产组织技术是企业面对竞争日益激烈的、消费需求个性化的时代更合理有效地利用资源，适应竞争环境变化的技术措施。从成组技术（group technology，GT）、柔性制造系统（flexible manufacturing system，FMS）、减少零件变化（variety reduction program，VRP）到计算机集成制造系统（computer integrated manufacturing system，CIMS），从基于虚拟企业或动态联盟为基础的敏捷制造（agile manufacturing，AM）模式到供应链管理，生产组织技术的发展无不对企业的内外部物流活动提出了更高的要求，物流的组织更加精细、协调更为密切、控制更为严密，企业物流组织形式相应地要随之改造或重构。

二、现代企业物流组织设计的方法

随着企业对物流重视程度的提高，企业物流发展中组织的完善与适应性变化已显而易见。但对一个企业来说，究竟如何设计好既符合企业现实情况又具有良好可调性与可变革能力的物流组织，则需要全面综合地考虑问题。物流组织设计的主要内容和方法有物流组织职能分析、职权设计、组织设计的影响因素等。

（一）物流组织职能分析

企业物流活动的分散性是其他各类活动所难以比拟的。无论物流组织如何进行一体化工作，企图用一个简单的部门承担其全部的管理和运作职能是不切实际的。因此，组织设计的第一要求就是对物流职能进行分析，以便为物流组织的层次、部门、职务和岗位的分工协作提供客观依据。

组织职能分析的主要作用，一是将企业物流战略转化为具体的物流管理业务，从而在战略与组织结构之间建立一种联系。二是物流部门的设置以职能分析为基础。

对物流组织职能进行分析，一般来说需做以下几个方面的工作。

（1）列出组织职能清单。具体地，就是先将企业中的全部物流作业归并为由若干不同的管理岗位承担的工作项目，再将若干工作项目归并为若干基本职能。企业物流组织职能一般有八项：采购、输入运输、生产进度日程安排、库存控制、仓储、输出运输、订单处理及顾客服务。对这些职能的组织安排既与组织战略相关，也受企业规模的影响。

（2）关键职能的确立。企业各项基本职能虽然都是实现企业目标所不可缺少的，但其由于重要性不同被区分为关键职能和非关键职能。职能分析就是要在各项基本职能中找出关键职能，以便确定企业物流的中心任务，避免平均使用力量，或者互相争当主角，造成摩擦与内耗。每个企业都需要考虑一个基本问题，企业的经营宗旨是什么？对体现这一宗旨具有重要价值的物流活动有哪些？

（3）职能分解。职能分解是将已确定的基本职能和关键职能逐步分解、细化为独立的、可操作的具体业务活动。企业中的各项物流职能，如顾客服务、采购、库存、运输等包括许多具体的工作内容，需要许多人员甚至几个部门来共同承担，通过职能分解，列出各项基本职能的具体业务工作内容，既可以作为分派工作、指定专人或某个部门负责执行的依据，又能够为部门的划分和组合、协调方式的选择、岗位职责的制定提供前提条件。

（4）落实各种职能的职责。尽管在列职能清单的过程中对各种职能的具体职责会有一个大致的考虑，但是，作为规范的职能设计，还必须在最后进一步对不同职能应负的职责做出详细规定，进行全面落实，以便指导组织设计中的其他操作（如部门设计、职权设计等）。

（二）职权设计

企业组织的职权有多种类型。决策权、指挥权、监督权和咨询权在企业物流活动的配置中应保持责权一致，同时，特别需要注意的是，到底应将负责企业物流综合管理的物流部门摆在什么位置，分配什么职权？实践中有的企业把物流部门放在咨询部门的位置上，具体的物流决策、指挥权却是由生产、销售部门执行。这种情况常常导致物流部门的软弱无力，从而使物流合理化难以推进。

企业是一个部门对物流责任和权限进行体系化的组织，其中，物流部门显然应是这个组织的中坚，对分散的物流业务系统拥有指挥权、命令权。也就是说，物流部门设定的管理标准和制订的计划等要一直渗透到物流业务系统的末端，使它能够确实起到控制作用。

（三）组织设计的影响因素

企业组织设计存在多种影响因素，对物流进行有效组织和管理，要求组织设计必须考虑以下三个主要因素。

1. 集权与分权

集权式组织结构的一个最大优点是组织所做决策往往是权衡各种利弊和互为消长的

因素而做出的最优决策，并且可以保证这些决策能切实得到执行。在企业生产的产品品种较少、市场需求稳定的情况下，物流作业部门所处的外部环境变化较少，碰到的各种紧急情况也不多，物流活动较简单，物流作业较为规范，物流作业部门无须拥有自主决策权，也就没有分权的必要，所以宜采用集权式的物流组织结构。

高集权组织一般适用于：客户需求稳定、变化小、不要求快速反应，企业生产技术成熟稳定、变化小、大规模生产，以及不同层级的员工素质要求差异大，对较低层级员工素质要求不太高等情形。低集权组织一般适用于：客户需求个性化、变化大、要求快速反应，企业生产技术不断变化、多批次小批量生产，以及对较低层级员工素质也有较高要求等情形。①

企业采用集权式或分权式的物流组织结构形式，需要企业高层管理人员综合考虑企业内部的人员状况、物流技术水平、产品特性、产品品种差异、产品的市场环境、客户服务水平目标等内外部因素，并做仔细深入的调查和分析，再综合分权式组织结构与集权式组织结构各自的优缺点，方可得出结论。

2. 纵向协调与横向协调

物流业务是一个整体性的业务，物流业务的目标和任务经分解落实到各个岗位，形成目标明确、职权清晰的各种不同的物流活动。一般来说，物流业务规模越大，专业化要求越高，分工越细，物流活动也就越多，从而越有必要加强物流活动之间的协调。纵向协调是通过上下级之间的有效沟通，本着权责对等和系统最优的原则，实现有效协作。横向协调是在明确各岗位的职责，规范物流活动流程的基础上，再通过某种横向沟通的渠道，实现横向协作，一般是设立系统性或项目性的管理机构。

企业可视其物流活动的繁简和物流活动间依赖关系的强弱，决定应采取强化纵向协调的物流组织结构还是强化横向协调的物流组织结构。一般来说，物流活动简单、依赖关系较弱的企业只采用强化纵向协调的物流组织结构；反之，则采用强化横向协调的物流组织结构。

3. 管理幅度

物流组织结构每个节点上的管理者直接有效管理其下属的人数在客观上是有限度的。企业在一定的物流组织下，安排具体人员时，应结合本企业物流活动的特点、物流人员的素质和物流信息化的水平，决定每个管理职位上的管理幅度。企业物流信息化程度越高，管理幅度越大；反之，管理幅度越小。

三、现代企业几种典型的物流组织形式

物流组织形式是指物流活动各种构成要素的结构、组成、编配及所属关系的存在状态。具体来说包括：物流组织的人、财、物的规模与构成，物流组织的结构特点与

---

① 熊杰. 企业组织设计“六步法”. 人力资源，2021，(14)：14-15.

管理制度，物流组织的资本、技术和管理的系统集成，物流组织社会经济职能的独立化程度，等等[①]。企业确定组织形式是为了方便管理，通过组织设计对管理劳动进行分工，将不同的管理人员安排在不同的管理岗位和部门中，并通过他们在特定环境、特定相互关系中的管理作业来使整个管理系统有机地运转起来。就企业物流系统来说，组织设计的任务就是如何确定物流部门，归纳物流业务，确立物流部门与其他部门之间的特定关系。

在不同的发展阶段，每个企业都需要根据自身的规模、战略、技术和生产方式来选择符合实际的组织结构形式。这里介绍五种比较典型的物流组织结构形式：功能型、顾问型、直线顾问型、矩阵型和物流子公司制。

（一）功能型物流组织结构

功能型物流组织结构将传统企业分散在各个部门内的关键物流业务集中成“部”和“科”的工作。一般情形是企业将核心的物资配送和物料管理的功能独立出来，形成与财务、生产及市场营销等相平等的专业部门（图 3-1）。由此，物流的经营职能可以在一定的范畴内明确下来，以适应企业物流经营比重的扩大和整个企业物流活动的增加，保证生产和营销的充分协调。但是，在这种结构中物流职能管理和物流现场作业还不能完全统一，因为许多物流具体作业是分散在生产和营销活动之中的，物流在生产和营销中，有时起被动地执行职能，这就会对变化迅速的交易和生产产生诸多的不适应，而且会产生组织职能与组织之间的协调问题。

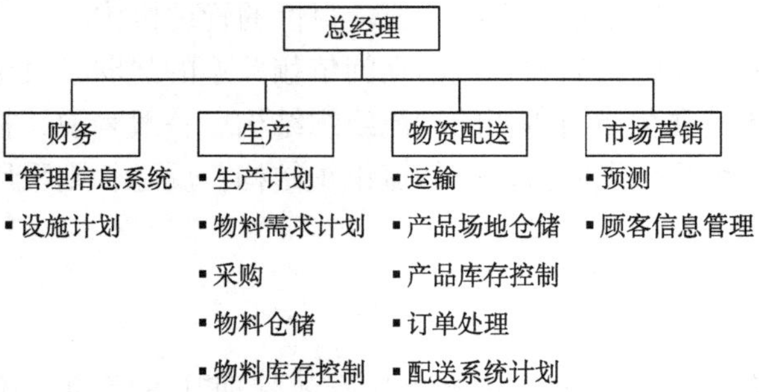

图 3-1　功能型物流组织结构

（二）顾问型物流组织结构

这是一种开始重视物流整体功能的物流组织结构。企业设立专业的物流部，但是在顾问型结构下，物流部在企业中只具有顾问、参谋的职能，只负责整体物流的规划、分析、协调和物流工程，并产生决策性的建议，对各部门的物流活动起指导作用，但物流活动的具体运作管理仍由各自所属的原部门负责，物流部无权管理，如图 3-2 所示。

---

① 王健. 物流组织形式与物流模式研究. 中国物流与采购，2003，（13）：16-17.

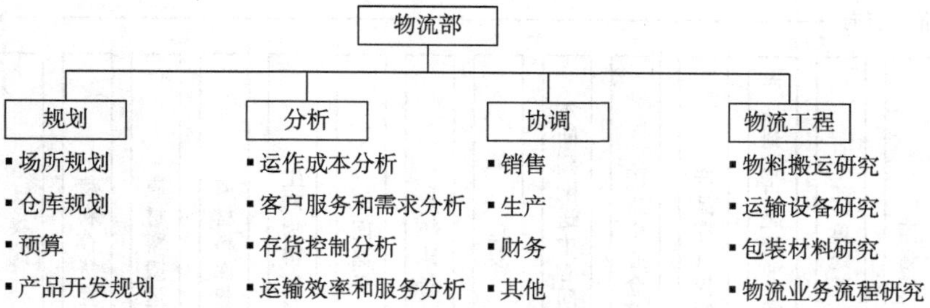

图 3-2 顾问型物流组织结构

这种组织结构带来的问题是：物流部对具体的物流活动没有管理权和指挥权，物流活动仍分散在各个部门，所以仍会出现物流效率低下、资源浪费及职权不明等弊病。

（三）直线顾问型物流组织结构

这是一种物流部门对所有物流活动具有管理权和指挥权的物流组织结构。物流经理全权负责所有的物流活动，对业务运作和整体物流的规划、分析、协调等均实行垂直式领导，具有指挥和命令权。如图 3-3 所示，物流部第一层的子部门是顾问部门，其职责是对现存的物流系统进行分析、规划和设计并向上级提出改进建议，它们对图中下层的业务部门没有管理和指挥权，只起到指导和监督的作用。物流部第二层的子部门是业务部门，负责物流业务的日常运作。

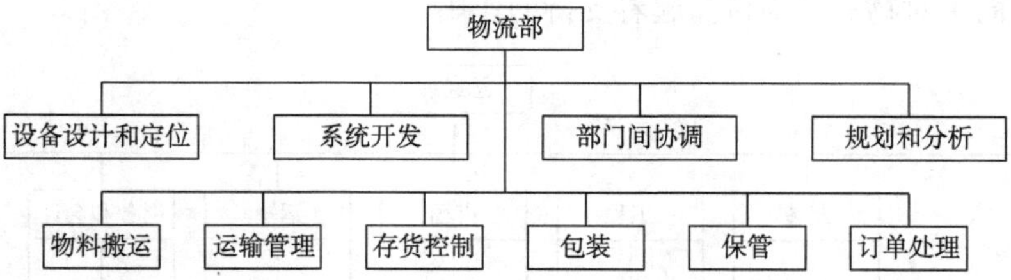

图 3-3 直线顾问型物流组织结构

这种组织结构方式消除了物流在企业中的从属地位，恢复了物流部门功能上的独立性。当然，这并不意味着物流部可以与企业其他部门隔绝而独自运作。物流部门中如规划、协调等顾问性功能仍有必要与其他部门紧密配合，才能使企业整体得到改进，而非仅仅是企业的物流功能得到改进。

（四）矩阵型物流组织结构

矩阵型物流组织结构由美国学者丹尼尔 · W. 蒂海斯和罗伯特 · L. 泰勒于 1972 年提出，设计原理是将物流作为思考问题的一种角度和方法，而不作为企业内的另外一个功能。例如，一个典型的物流业务所包含的内容如图 3-4 所示。

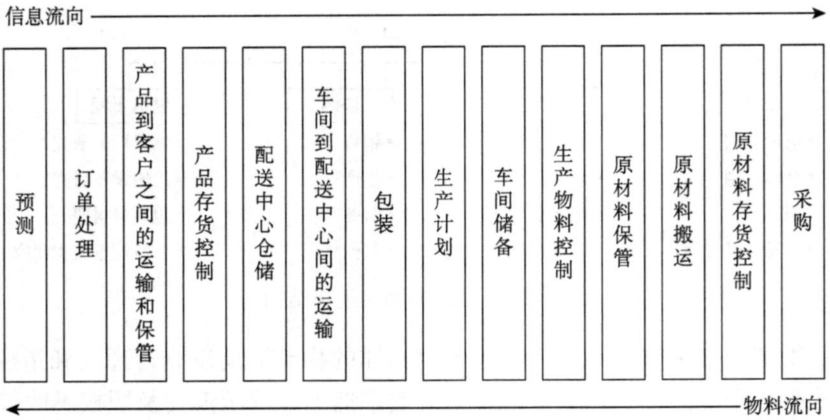

图 3-4　一个典型的物流业务内容

履行这样一个物流业务需要跨越多个部门，历时较长，涉及的人和事较多，所以在某种程度上，一个物流业务也可看作一个项目。蒂海斯和泰勒提出的矩阵型物流组织结构的大体内容是：履行物流业务所需的各种物流活动仍由原部门（垂直方向）管理，但水平方向上又加入类似于项目管理的部门（一般也称为物流部门），负责管理一个完整的物流业务（作为一个物流“项目”），从而形成了纵横交错的矩阵型物流组织结构。矩阵型物流组织结构如图 3-5 所示。在矩阵型物流组织结构下，物流“项目”总经理在一定的时间、成本、数量和质量约束下，负责整个物流“项目”的实施（水平流向），传统部门（垂直方向）对物流“项目”起着支持的作用。

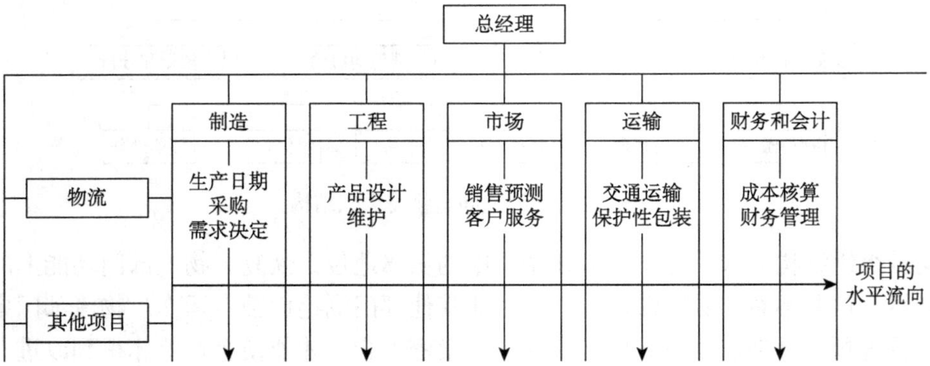

图 3-5　矩阵型物流组织结构

矩阵型物流组织结构有三个优点：第一，物流部门作为一个责任中心，允许其基于目标进行管理，可以提高物流运作效率；第二，这种形式比较灵活，适合于任何企业的各种需求；第三，它可以允许物流总经理对物流进行一体化的规划和设计，提高物流的整合效应。矩阵型物流组织结构的缺点是：由于采取双轨制管理，职权关系受“纵横”两个方向上的控制，这可能会导致某些冲突和不协调。

（五）物流子公司制物流组织结构

物流管理组织设置，存在企业内部或企业外部的差别，企业除了对内部物流功能进行整合，还有一种新的选择，即在外部设置物流管理组织——物流子公司。物流子公司（也称物流管理公司）是企业物流管理组织的一个新形式，特点是物流的一部分从原企业中分离出来，作为一个独立公司，专门负责物流工作。物流子公司处于能够代替母体企业物流部门全部或部分组织的地位，是把企业物流管理组织“另外公司化”。

企业物流管理采用物流子公司制，与企业内的物流管理组织相比较，具有以下几个方面的优点。

（1）物流费用的明确化。通常情况下有关企业物流成本的计算是十分困难的，含糊的地方有很多，并且常需要寻求特别的方式，需要财务、物流等部门的通力合作。然而，一旦物流单独公司化，物流的“核算”便是简单而明确了，同时母体企业也容易以交易方式来控制物流成本。

（2）减少阻碍物流改善的因素。在实际企业管理中，来自生产和销售方面的使物流不合理的事态时有发生，内部组织结构中的协调面临管理成本的限制往往不尽如人意。而作为独立的子公司，物流的合理化就容易通过市场交易的手段予以解决，回避外界对物流的冲击。

（3）能提高企业物流人员的工作积极性，也有利于对物流人才的选拔和培养，还有利于推动物流设备的更新。

（4）扩大物流活动的领域。一般地，企业内物流部门的对象，只是该企业的物流。对此，物流子公司是从母体企业独立出来的法人，其工作对象的领域跟内部物流部门相比要广泛得多，如与其他企业构建共同化物流、开拓多方物流业务等。这符合把物流作为一种经营的物流发展的要求。

当然，物流子公司的组织形式也存在许多问题，其中最主要的是母子企业之间关系的处理问题，有时，这种关系处理不得当，会损害企业的系统经营。

第三节　现代企业物流组织的创新和发展

现代社会的一个发展趋势是综合化。分工虽然使效率空前提高，但分工过细也使协调空前复杂。因此，当前管理领域正经历着一场世界范围内对传统层级式管理的根本变革，这种变革在组织管理上表现为虚拟型物流组织、学习型物流组织和面向供应链的物流组织等新型组织形式的发展，其对物流管理的影响已日益凸显。

一、虚拟型物流组织的发展

虚拟型物流组织指两个以上的独立的实体，为迅速向市场提供产品和服务，在一定时间内结成的动态联盟。它不具有法人资格，也没有固定的组织层次和内部命令系统，而是一种开放的组织结构，因此可以在拥有充分信息的条件下，从众多的组织中通过竞争招标或自由选择等方式精选出合作伙伴，迅速形成各专业领域中的独特优势，实现对外部资源的整合利用，从而以强大的结构成本优势和机动性完成单个企业难以承担的市场功能。

虚拟型物流组织的形成是由于信息技术的发展，企业内和企业间的通信十分便利，传统上在企业内部执行的物流活动更容易外包，物流的一体化发展和物流活动的完成不再需要将功能归组或集合进一个正式的组织单位，那些需要运输、仓储、库存及其他物流服务的企业只需要对自身的物流需求进行恰当的定位，然后利用电子网络，把物流工作交给精选的合作伙伴和专业公司来完成。虚拟型物流组织的主要特征有以下三点。

（1）具有较大的适应性，在内部组织结构、规章制度等方面具有灵捷性。虚拟型物流组织是一个以机会为基础的各种核心能力的统一体，这些核心能力分散在许多实际组织中，它被用来使各种类型的组织部分或全部结合起来以抓住机会。当机会消失后，虚拟型物流组织就会解散。

（2）虚拟型物流组织共享各成员的核心能力。虚拟型物流组织是通过整合各成员的资源、技术、顾客市场机会而形成的。它的价值就在于能够整合各成员的核心能力和资源，从而降低时间、费用和风险，提高服务能力。对于顾客而言，整合的特征是无形的、无边界的。

（3）虚拟型物流组织中的成员必须以相互信任的方式行动。合作是虚拟型物流组织存在的基础。但由于虚拟型物流组织突破了以内部组织制度为基础的传统的管理方法，各成员又保持着自己原有的风格，势必在成员的协调合作中出现问题。但各个成员为了获取一个共同的市场机会结合在一起，它们在合作中必须彼此信任，当信任成为分享成功的必要条件时，就会在各成员中形成一种强烈的依赖关系。

二、学习型物流组织的创建

信息和网络技术的广泛应用，使员工从繁重的体力劳动中解放出来，可以专门从事创造性的脑力劳动，这意味着新的组织必须处理大量的创意和信息，而且需要每个员工成为这些概念型任务方面的专家。员工也不再以效率为目标，而是在基于知识的组织内部能持续地学习，并能鉴别和解决属于其活动领域内的问题，而学习型物流组织正是当前环境下组织的一种新发展途径。

在学习型物流组织中，组织内的每个员工都有责任鉴别和解决问题，使组织能持续不断地改进和提高能力。学习型物流组织的目标是解决问题，从而区别于以效率为目标的传统型组织。在学习型物流组织中，成员需对所解决的问题进行鉴别，能理解客户的需求，并通常以组建团队的方式，联合各个领域的专家，形成自主式、智能型的团队以迎合客户的需求。组织通过定义新的需求并将其加以解决来为绩效增值，这需要的是更多创意和信息，而非可见性的物品。

传统型的物流组织结构，事实上是基于工业大生产的思维逻辑所设计的。传统型物流组织结构向学习型物流组织的跨越，需要克服旧有的惯性思维，如组织内部的权力、等级等工业时代典型的思维方式，必须树立知识经济时代新的思维方式，如尊重和重视普通员工的创造力，重视团队协作、自我组织等新思维方式。在新的思维方式下，管理人员与员工不再是对立的，而是和谐统一的，这需要思想和观念的重大转变，这种转变往往非常耗时。

在以创建学习型物流组织为基础的人力资源管理开发过程中，我们首先要在组织内部营造良好的学习氛围，其次要注重员工个人能力的培养，最后要建立健全完善的激励制度，在物质激励之外，更要重视精神激励，并保障激励制度的公平公正，只有这样，组织的人力资源管理工作才可以平稳高效开展①。

三、面向供应链的物流组织的管理

20 世纪 90 年代以后，物流管理的重点由商品存运管理转到了物流的战略管理方面。企业超越了现有的组织结构界限，将供货商（提供产品或运输服务等）和用户纳入管理范围，作为物流管理的一项中心内容，利用物流的自身条件建立并发展与供货商和用户的合作关系，形成一种联合力量，以赢得竞争优势。这要求企业物流人员从仅面向公司内部发展为面向企业同供货商以及用户的业务关系上。

供应链管理是在全球制造出现之后，在企业经营集团化和国际化的形势下提出的，它是物流的延伸。从系统的观点出发，物流管理是指通过对从市场到企业及其生产作业直到供应商的整个过程中物资流与资金流、信息流的协调，以此来满足顾客的需要。供应链管理是一种集成式管理和一体化管理，主要是通过打通企业采购、生产、销售等环节，形成链条化、系统化服务，提高服务质量，同时促进企业运营效果和生产成本优化②。

企业在处理物流方面存在不少问题，包括如下三种。

（1）许多企业没有足够重视供应商到消费者的通道长度，特别是在运输时间和中间库存方面。供应链中的库存无论是零部件、半成品还是成品都会使整个通道长度增加。在过去，库存是基于“保护”的原则，保护生产、流通或市场，避免受到上游或下游在供需上的影响。这种动机其实是不明智的，只会降低物流灵活性。重点应在发货与制造上贯彻准时制（just-in-time，JIT）原则，加快产品走向市场的步伐。

（2）在提高通道可见性方面，供应链上有限的合作引起物流通道可见性不足。传统的部门分割使人们看到的只是通道上自己特定的部分。“瓶颈”和超量库存不易发现，并阻碍了在通道上的顺畅和有效运动。因此，首先必须找到失效组织结构的根源并予以消除，从而建立转向市场关注的组织结构。这样便可以及时掌握供应链上每个环节的状况。

（3）在系统管理物流方面，由于现在的公司实质上处于扩大的供应链中，不得不面对一体化物流管理，市场的需求必须和生产作业能力相适应，不能只考虑保持成本最低而无视满足顾客需求的目标。要做到这种复杂的平衡，只有认识到连接供应市场与顾客供应链的相互关系和相互联系，且通过管理才能实现。

---

① 刘永杰. 如何创建学习型组织. 人力资源，2020，（24）：50-51.

② 方媛媛. 供应链管理下企业财务管理模式分析. 山西农经，2021，（6）：126-127.

案例分析

仓储企业数字化转型迫在眉睫，“两项标准”出台能否加速仓库数字化进程？

2022年8月22日，“数字化仓库系列标准新闻发布会”在北京举行，中国物流与采购联合会宣布国家发展和改革委员会已通过并发布了《数字化仓库基本要求》和《数字化仓库评估规范》。此举旨在推动数字供应链发展和统一大市场的高质量发展。同时，中小型仓储企业的数字化转型亟待加快，以满足产业链需求。

《数字化仓库基本要求》和《数字化仓库评估规范》两项行业标准获得通过，加快了仓储企业的数字化转型。目前大部分仓库已实现信息化建设，但数字化仓库的普及水平还不到10%。数字化仓库的建设有助于提升仓库效率、降低成本，并能提供数据增值服务。这两项行业标准填补了数字化仓库标准的空白，将帮助仓储企业提升数字化能力，并有助于整顿仓储市场，推动物流行业向高质量发展。

1. 教学目的和用途

本案例用于管理学硕士和本科生学习物流管理、组织管理、管理学、人力资源管理等课程时使用。通过案例使学生能够学会企业物流组织管理诊断分析方法、学习型物流组织结构等相关知识。硕士可以就此案例对传统物流企业如何向现代物流企业转型升级进行讨论，并讨论未来的组织学习方向。本科生主要是通过本案例的学习与讨论，利用企业管理诊断分析相关工具，尝试研究仓储企业数字化转型方案。

2. 启发与思考

（1）资料中提到的两项行业标准的发布和实施，能否加速仓库数字化进程？
（2）仓储企业通过数字化改造后，可以为产业链供应链提供哪些数字增值服务？

3. 分析思路

本案例属于理论应用与分析型的教学案例，学生应重点分析物流企业管理组织问题，学会综合运用管理学和经济学方法，讨论现代企业物流组织的最佳形式。详细阅读案例资料，熟悉企业整合社会物流资源的框架，了解学习型物流组织的构建方法。

4. 理论依据

本案例的理论依据：管理学、人力资源管理、组织理论等。

5. 关键要点

内部管理分析，数字化转型，战略管理。

6. 课堂计划

（1）建议教师先安排学生学习专业知识，并将本案例安排给学生学习，让学生重点思考提出的问题，对第 2 部分启发与思考中的问题进行逐条分析。

（2）本案例教学安排 2 课时。首先学生就思考问题进行分组讨论，并记录相关的结论，此部分 30 分钟完成。接着安排小组发言，学生就主要问题进行辩论，此部分 20 分钟完成。最后安排企业内部管理优化方案撰写，学生以小组为单位编制一份优化方案，此部分 1 小时完成，教师进行课堂评判。

本章思考题

1. 试述物流组织的重要性。
2. 物流组织的发展可以大致分为几个阶段，各个阶段的特征是什么？
3. 试述企业物流战略与物流组织结构的关系。
4. 企业如何进行物流组织结构设置？
5. 试分析功能型物流组织结构与直线顾问型物流组织结构的区别。
6. 矩阵型物流组织结构有什么优缺点？企业在什么情况下适宜采用此种物流组织结构？
7. 现代企业物流组织有哪些发展趋势？

第四章

现代企业采购管理

【思政案例导入】

干事创业，需要强大的精神激励。改革开放以来，一大批有胆识、勇创新的企业家茁壮成长，形成了具有鲜明时代特征、民族特色、世界水准的中国企业家队伍。广大企业家主动为国担当、为国分忧，顺应时代发展，勇于拼搏进取，为积累社会财富、创造就业岗位、促进经济社会发展、增强综合国力做出了重要贡献，在波澜壮阔的历史画卷中书写下企业家精神的华彩篇章。

改革开放激发市场活力，催生了一批批中国企业家。2018 年 12 月 18 日，庆祝改革开放 40 周年大会上，在获得改革先锋称号的人员中，不少是企业家。

他们勇于拼搏、敢闯敢试。

怀揣着“做老百姓买得起的好车”的理想，1997 年，李书福创办了我国第一家民营汽车企业。敢为人先、稳扎稳打，李书福带领吉利走出一条让民族品牌走向世界的造车之路。

经过 20 多年的发展，吉利集团将核心技术牢牢掌握在手中，部分车型成功打入欧美市场，成为沃尔沃集团第一大持股股东、戴姆勒公司第一大股东，连续多年入围世界 500 强。

它们追求卓越、永不停顿。

我国第一台按键免提电话、我国第一代大屏幕彩电、全球首款喷墨打印可卷绕柔性屏样机……40 多年发展历程中，TCL 创下许多第一。

从一家只能生产磁带的小企业起步，截至 2021 年在全球设有 42 个研发机构和 32 个制造基地，掌握高端显示技术，TCL 创始人、董事长李东生坦言，支撑 TCL 成功的最重要因素就是不断变革、超越自我。

回顾往昔，李书福感慨：“吉利从小山村走向全中国、走向全世界，这一切应归功于改革开放的好政策。”李东生表示：“是时代造就了 TCL。”

的确，时代造就了企业家。改革开放激发市场活力，催生了一批批中国企业家。

深化改革，让企业家有了大展身手的空间。

从实现产权有效激励、要素自由流动，到竞争公平有序、企业优胜劣汰，从支持民营企业发展、深化商事制度改革，到打破行政性垄断、防止市场垄断……一系列改革举措助推营商环境不断优化，让企业家群体更加担当作为，带动中国企业不断发展壮大。

扩大开放，让企业家走向更加广阔的舞台。

加入世界贸易组织，主动参与国际竞争与合作；共建"一带一路"，构建广泛朋友圈；签署《区域全面经济伙伴关系协定》，合作交流更深入……开放中国，机遇更多、舞台更大。加入世界贸易组织20年，我国对外直接投资从世界第二十六位上升到第一位，更多的中国企业走向全球。2021年，共有143家中国企业入围世界500强，比2009年增加100家，居世界第一。

资料来源：《弘扬企业家精神　推动高质量发展》，http://theory.people.com.cn/n1/2021/1206/c40531-32300176.html[2021-12-06]。

随着物流管理内涵的扩展，采购已成为现代物流的一项重要功能。企业为销售而生产，为生产而采购，在这个环环相扣的动态过程中，现代采购管理的目标就是以正确的价格、在正确的时间、从正确的供应商处购买到正确数量和合乎质量要求的商品或服务。现实中的采购活动很丰富，本章主要介绍企业物流中位于前端的采购管理的基本知识、供应商管理及企业采购管理策略。

第一节　采购管理概述

企业在市场中的竞争不仅是同行业企业之间的竞争，而且是企业的供应链之间的竞争。科学合理的采购管理工作是建立供应链管理模式的重要组成部分[①]。采购是企业向供应商获取商品或服务的一种商业行为，企业经营活动所需要的物资绝大部分是通过采购获得的，采购是企业物流管理的起点。企业要做好采购管理，首先要基于现代物流观念对采购活动进行新的认识，了解采购管理的重要性及重点管理内容。

一、采购活动

（一）企业采购的概念

采购，是指通过商品交换和物流手段从资源市场取得资源的过程。从学术上看，采购一般包含以下基本含义。

（1）所有采购，都是从资源市场取得资源的过程。

（2）采购，既是一个商流过程，也是一个物流过程。

（3）采购，是一种经济活动。它是企业经济活动的主要组成部分。

采购是通过商品交换和物流手段从资源市场取得资源的过程。采购既是一个商流过程，也是一个物流过程，采购过程实际上是商流过程与物流过程的统一。采购活动一般包括确定采购时机、确定采购量、确定采购方法、确定进货方法、商务谈判、签订采购合同、进货实施等事项。采购的一般过程如图4-1所示。

---

① 师广华，包旭，张雅. 供应链管理模式下的采购管理研究. 中国物流与采购，2021，（23）：49-50.

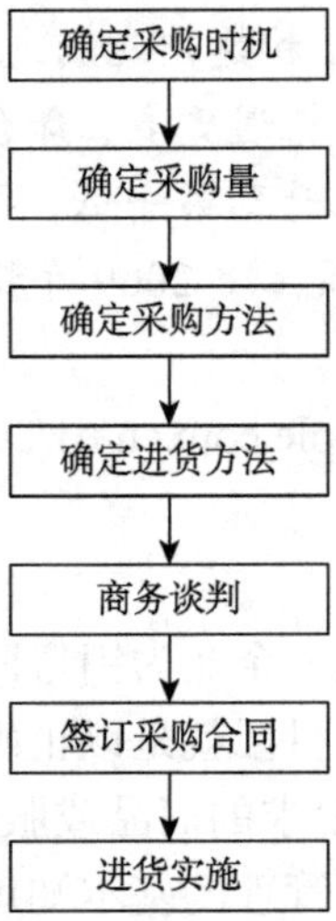

图 4-1 采购的一般过程

企业采购涉及企业的各个部门，要真正做到为企业提供低成本、高效率的物流服务，采购活动必须完成以下基本职责。

（1）配合设计部门和生产车间研究用料的品种、规格与质量，为择优采购与寻求代用品打下基础。

（2）收集和整理市场有关资料作为选择供应厂商、协商价格的依据，据以预测市场变化，为择优采购创造条件。

（3）根据库存，适时、适量地组织订货，控制物品储备。

（4）密切本企业与供应厂商的关系，派驻人员协助指导供应商生产经营，提高供应商的管理水平，借以保证对本企业需要物品的供应。

采购功能引起物料向企业内流动，故而也称为内向物流，它是企业与供应商相连接的环节。功能完善、运行良好的采购程序可以大大减少企业的损失，增加企业的利润。

（二）采购的重要性

采购在企业中占有非常重要的地位，因为采购的工作质量关系企业产品的质量和成本，并且采购资金在总成本中占很大比重。随着社会分工的进一步细化，企业经营方式向专业化、协作化方向发展，采购活动的作用将会越来越突出。

1. 对企业降低成本和提高资金使用效率的影响

在制造业中，为生产经营购进的各种原料、零部件和辅助材料一般要占到最终产品销售价值的 40%～60%，这意味着在采购方面所做的成本节约会对企业利润的增加产生影响，其效果要大于企业销售领域内相同成本节约带来的影响。采购往往可以通过一些简单的手段来大幅降低成本，如让两个供应商对同一产品报价、与供应商紧密协作来控制成本、利用供应商的数量折扣或者慎重选择货源、运输路线、运输方式等。这些方面成本下降的比例不需要很大就可以实现绝对成本的大幅下降、利润的大幅提高，这实际上体现了现代物流管理中的杠杆作用的原理。

另外，企业在采购过程中，加快采购的周转率，可提高资金的使用效率。合理的采购数量与恰当的采购时机，既能避免生产车间停工待料，又能降低物料库存，减少资金积压。

2. 满足制造产品的需求

企业生产部门对采购物品的要求不仅局限于数量方面，还有质量、性能与时间等方面的要求。采购物品的成本是直接的，所以每个组织的领导层都非常重视，而品质成本是间接的，往往容易被许多领导层忽视，但原材料和零部件的性能与质量却直接关系产品的性能和质量。在时间方面，采购必须及时供应生产中需要的物料，而为了达到这个要求，企业采购部门往往会采取大批量采购的办法来应对，这样又造成了过高的库存水平和较高的资金占用。

3. 采购的战略角色

随着市场竞争的日益激烈，企业内部的获利空间越来越小，企业开始发现，要进一步提高资源的利用率，只能把盈利的视角扩大到整个供应渠道上。这是因为：第一，传统的生产方式已经走到了尽头，大而全、小而全的企业结构已经越来越不能适应外部经营环境的变化，社会发展呼唤生产方式的变革；第二，人们发现在企业和其上下游企业组成的系统中，存在着巨大的改进空间，企业可以更好地利用整个供应渠道的资源，争取更多的获利条件。

4. 企业采购环节还存在巨大的改进空间

自 20 世纪 90 年代末以来，我国经济由卖方市场转向买方市场，从生产资料到生活资料，大多数商品供大于求，随之变化的是销售部门与采购部门在企业中的地位。面对激烈的竞争，巩固和开拓市场成为企业经营的重中之重，因此销售部门受到大多数企业的重视，采购部门反而成了上游企业销售人员的“工作对象”，采购部门人员几乎不用外出奔波，就有人送货上门。这说明，采购工作在我国企业管理中是一个很薄弱的环节，同时也说明企业采购环节存在着巨大的改进空间，所以，强化采购管理能使企业在市场竞争中领先一步，具有特殊意义。

二、企业采购管理的目标和内容

（一）采购管理的概念

采购管理，就是指为保障企业物资供应而对企业采购进货活动进行计划、组织、指挥、协调和控制的管理活动。

采购管理和采购不完全是一回事，二者之间有区别又有联系。采购管理是面向整个企业的，不仅面向企业全体采购员，而且面向企业组织其他人员（进行有关采购的协调配合工作），一般由企业的“采购科（部、处）长、供应科（部、处）长或企业副总”（以下统称采购科长）来承担，其使命就是要保证整个企业的物资供应，其权力是可以调动整个企业的资源。但是，采购本身也有具体管理工作，属于采购管理。采购管理本身又可以直接管到具体的采购业务的每一个步骤、每一个环节、每一个采购员。

（二）企业采购管理的目标

企业采购管理有四个基本目标：一是适时适量保证供应，二是保证原材料质量，三是费用最省，四是管理协调供应商、管理供应链。一个好的采购管理模式可以促进这个企业可持续发展，持续获得利润增加收入，增强竞争力，巩固企业在全球经济中的地位。加强物资管理对于资金管理、资金周转速度、企业利润、企业成本等方面和保障国家建设具有重要的意义①。

① 方琼. 论电力企业物资采购管理的重要性. 时代金融，2020,（15）：55-56.

适时适量保证供应。采购供应不是把货物进得越多越好，也不是进得越早越好。货物进少了会产生缺货，影响生产；而货物进多了，不但占用较多的资金，而且还要增加仓储，增加保管费用，造成浪费，增加成本。

保证原材料质量，就是要保证采购的货物能够达到企业生产所需要的质量标准，保证企业用它生产出来的产品都是质量合格的产品。保证质量，也要做到适度。质量太差不行；而质量太好，一是没有必要，二是成本高、增加购买费用，也是不经济的。

费用最省是企业采购要始终贯穿于各方面的准绳。在采购的每个环节、每个方面都要发生各种各样的费用：购买费用、进货费用、检验费用、入库费用、搬运装卸费用、保管费用和库存占用资金的银行利息等。因此，在采购的全过程中，企业要运用各种各样的采购策略，使总的采购费用最小。

有效管理和协调供应商以及整个供应链是实现采购目标的关键。与供应商建立良好的合作关系，进行有效的供应商管理，有助于确保及时供货、合理价格和稳定质量。同时，全面管理供应链，包括物流、库存和信息流，有助于提高供应链的可视性和协同性，优化整体供应链效率。

（三）企业采购管理的内容

为了实现采购管理的基本目标，企业采购需要有一系列的业务内容和业务模式。采购管理的基本内容和模式如图 4-2 所示。

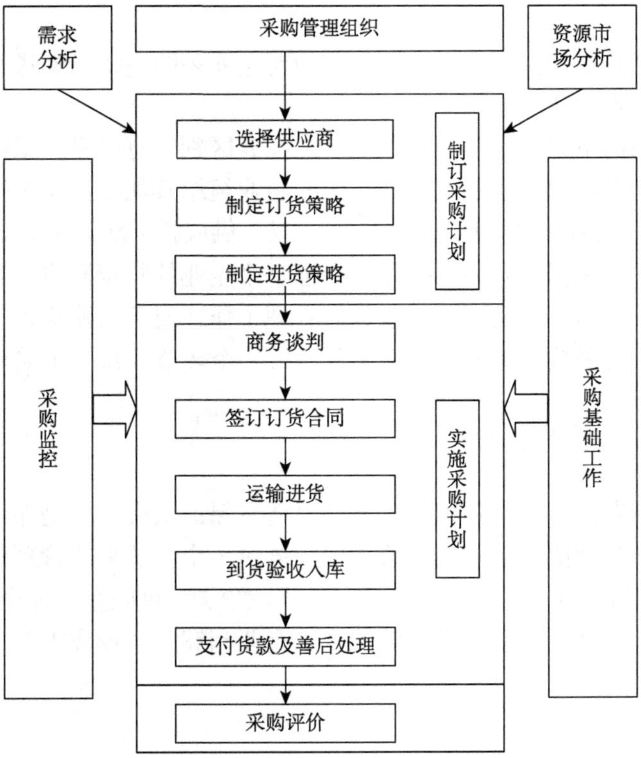

图 4-2 采购管理的基本内容和模式

从图 4-2 可以看出，一个完整的采购管理过程基本上包含八大块内容。

（1）采购管理组织。采购管理组织是采购管理最基本的组成部分，为了做好企业复杂繁多的采购管理工作，需要有一个合理的管理机制和一个精悍的管理组织机构，要有一些能干的管理人员和操作人员。

（2）需求分析。需求分析就是要弄清楚企业需要采购什么品种、需要采购多少、什么时候需要什么品种、需要多少等问题。作为全企业的物资采购供应部门，应当掌握全企业的物资需求情况，制订物料需求计划（material requirement planning，MRP），从而为制订出科学合理的采购订货计划做准备。

（3）资源市场分析。资源市场分析就是根据企业所需求的物资品种，分析资源市场的情况，包括资源分布情况、供应商情况、品种质量、价格情况、交通运输情况等。资源市场分析的重点是供应商分析和品种分析。分析的目的是为制订采购计划做准备。

（4）制订采购计划。制订采购计划是根据需求品种情况和供应商的情况，制订出切实可行的采购计划，包括选择供应商、制定订货策略、制定进货策略，以及实施具体的进度计划等。采购计划通过多对象、多元素的分解、分析，把企业的采购需求逐项分解为采购任务，使得需求更加具有可实施性①。

（5）实施采购计划。实施采购计划就是把上面制订的采购计划分配落实到人，并根据既定的进度实施。具体包括去联系指定的供应商进行商务谈判、签订订货合同、运输进货、到货验收入库、支付货款及善后处理等。这样的具体活动组成了一次完整的采购活动。

（6）采购评价。采购评价就是在一次采购完成以后对这次采购的评估，或月末、季末、年末对一定时期内的采购活动的总结评估，主要在于评估采购活动的效果、总结经验教训、找出问题、提出改进方法等。通过总结评估，可以肯定成绩、发现问题、制定措施、改进工作，不断提高采购管理水平。

（7）采购监控。采购监控是指对采购活动进行的监控活动，包括对采购有关人员、采购资金、采购事务活动的监控。

（8）采购基础工作。采购基础工作是指为建立科学、有效的采购系统，需要建立的一些基础建设工作，包括管理基础工作、软件基础工作和硬件基础工作。

企业采购管理的发展

三、战略采购

战略采购不同于传统的常规采购管理，其关注点在“最低总成本”，而并非传统常规

① 李晋红. 浅谈采购管理在企业发展过程中的重要性及对应措施. 电子质量，2020，（6）：88-90.

采购管理的“单一最低采购价格”[①]。战略采购是一种系统性的、以数据分析为基础的采购方法。简单地说，战略采购是以最低总成本建立服务供给渠道的过程，一般采购是以最低采购价格获得当前所需资源的简单交易。

战略采购要求公司确切了解外部供应市场状况及内部需求，通过对供应商生产能力及市场条件的了解，公司可以战略性地将竞争引入供应机制和体系以降低采购费用。另外，战略采购还通过协助公司更加明晰地了解内部需求模式，从而有效地控制其需求。通过深入有力的价值分析，公司甚至能比供应商自己更清楚供应商的生产过程和成本结构。有了这种以数据分析为基础的方法，公司可以在供应商选择、谈判及关系维持管理方面获得重大支持。最后，战略采购使公司重新定义如何与供应商交易，永久降低成本基础和提高供应商的价值贡献，从而降低成本费用。对很多公司而言，外部采购占公司平均成本费用的 60%~80%。所以，这部分的支出哪怕是微量减少都将对公司盈利带来相当大的影响。

战略采购的好处就在于充分平衡企业内外部优势，以降低整体成本为宗旨，涵盖整个采购流程，实现从需求描述直至付款的全程管理。

（一）战略采购的构成

战略采购作为整合公司和供应商战略目标与经营活动的纽带，包括四个方面的内容：供应商评价和选择、供应商发展（supplier development）、买方—卖方长期交易关系的建立、采购整合。前三个方面发生在采购部门和外部供应商之间，统称采购实践，第四个方面发生在企业内部。

1. 供应商评价和选择

供应商评价和选择是战略采购最重要的环节。供应商评价系统（supplier evaluation systems，SES）包括正式的供应商认证计划、供应商业绩追踪系统、供应商评价和识别系统。

供应商业绩评价的指标体系通常由定价结构、产品质量、技术创新、配送、服务等几方面构成。但根据公司战略不同，在选择供应商时所重视的业绩指标也有所不同。如果公司战略是技术在行业中领先，则供应商现有技术在行业中的领先程度和技术创新能力是首要的评价和选择供应商的标准，其次考虑产品质量、定价结构、配送和服务。而对于将战略定位于成本领先的公司来说，定价结构是最为敏感的指标，同时兼顾质量、技术、配送和服务。除了已有的业绩指标，潜在贡献能力也是一个重要考虑因素。这指的是供应商可能由于缺乏某些资源而目前无法提供的能力。通过买方企业投入这些资源，可以激发供应商的潜在贡献，对买方企业战略的实现具有重要帮助。

2. 供应商发展

由于在供应商选择时对供应商业绩有所侧重，有时目标供应商的业绩符合了买方企

① 邹瑜. 基于战略采购下的海洋石油工程建设项目服务采办供应商管理标准探究. 工程建设与设计，2020,（22）：185-186.

业的主要标准，而在其他方面不能完全符合要求，或有些潜在贡献能力未得到发挥，买方企业就要做一系列的努力，提高供应商的业绩。

3. 买方—卖方长期交易关系的建立

战略采购要和目标供应商完成战略物资的交易。战略采购使买方—卖方的交易关系长期化、合作化。这是因为战略采购对供应商的态度和交易关系的预期与一般采购不同。战略采购认为：①供应商是买方企业的延伸部分；②与主要供应商的关系必须持久；③双方不仅应着眼于当前的交易，也应重视以后的合作。

在这种观点的指导下，买方企业和供应商致力于发展一种长期合作、双赢的交易关系。采购部门改变一般采购多家比较和短期合同的采购手段，减少供应商的数量，向同一供应商增加订货数量和种类，使供应商取得规模效应，节约成本；并和供应商签订长期合同，使其不必卷入消极的市场竞争中，获得资源更高效的利用。在这种长期合作的交易关系中，供应商对买方企业有相应的回报：①供应商对买方企业的订单要求做出快速的反应；②供应商有强烈的忠诚于买方企业的意识；③愿意尽其所能满足买方企业的要求；④运用其知识和技术，参与买方企业产品的设计过程。

建立长期交易关系还要求双方信息高度共享，包括公开成本结构等敏感信息。忠诚是长期交易关系的基础。但单纯靠双方的自觉忠诚显然不够。为提高交易效率和交易双方经营绩效，并保证双方致力于长期合作关系，交易双方共同对与交易有关的资产进行投资。这种资产离开了交易双方的特定关系就会失去价值，称为交易特殊性资产。

4. 采购整合

随着采购部门在公司中战略地位的提高，采购逐渐由程序化的、单纯的购买向前瞻性、跨职能部门、整合的功能转变。采购整合是将战略采购实践和公司目标整合起来的过程。与采购实践不同，采购整合着眼于企业内部，目的是促进采购实践与公司竞争优势的统一，转变公司高层对采购在组织中战略作用的理解。

采购整合包括采购部门参与战略计划过程，进行战略选择时贯穿采购和供应链管理的思想，采购部门有获取战略信息的渠道，重要的采购决策与公司的其他战略决策相协调。

（二）战略采购的重要原则

战略采购包括以下几个重要原则。

（1）考虑总体成本。成本最优往往被许多企业的管理者误解为价格最低，只要购买价格低就好，很少考虑使用成本、管理成本和其他无形资本。采购决策影响着后续的运输、调配、维护、调换乃至产品的更新换代，因此必须有总体成本考虑的远见，必须对整个采购流程中所涉及的关键成本环节和其他相关的长期潜在成本进行评估。

（2）在事实和数据信息基础上进行协商。战略采购过程不是对手间的谈判，而应该是一个商业协商的过程，协商的目的不是一味比价压价，而是基于对市场的充分了解和企业自身长远规划的双赢沟通。在这个过程中需要通过总体成本分析、第三方服务供应商评估、市场调研等为协商提供有力的事实和数据信息，帮助企业认识自身的议价优势，从而掌握整个协商的进程和主动权。

（3）采购的终极目标是建立双赢的战略合作伙伴关系。在实际执行过程中，采购部门要关注到供应商的期望和合理诉求，与供应商合作，谋取共赢，不能只追求己方的利润最大化而不断压榨供应商，一个良好的生态应是“共赢”，最基本的是对供应商的款项支付和对现场的实施条件提供一定的支持[①]。

（4）制衡是双方合作的基础。企业和供应商本身存在一个相互比较、相互选择的过程，双方都有其议价优势，如果对供应商所处行业、供应商业务战略、运作模式、竞争优势、长期经营状况等有充分的了解和认识，就可以帮助企业本身发现机会，在互赢的合作中找到平衡。

（三）战略采购实施的方式

1. 集中采购

通过采购量的集中来提高议价能力，降低单位采购成本，这是一种基本的战略采购方式。目前，虽有企业建立集中采购部门进行集中采购规划和管理，以期减少采购物品的差异性，提高采购服务的标准化，减少了后期管理的工作量，但很多企业在发展初期因采购量和种类较少而进行集中采购，随着企业的集团化发展，在采购上就出现分公司各自为政的现象，这在很大程度上影响了采购优势。因此集中采购方式一般运用于采购数量较大，金额较大的物资[②]。

2. 扩大供应商基础

通过扩大供应商选择范围引入更多的竞争、寻找上游供应商等来降低采购成本是非常有效的战略采购方法，它不仅可以帮助企业寻找到最优的资源，还能保证资源的最大化利用，提升企业的水准。

3. 优化采购流程

制定明确的采购流程有助于企业实现对采购的控制，通过控制环节（要素）避免漏洞，实现战略采购的目的。采购流程可采用的要素有：货比三家引入竞争，发挥公开招标中供应商间的博弈机制，选择最符合自身成本和利益需求的供应商；通过电子商务方式降低采购处理成本（交通、通信、运输等费用）；通过计算合理安排采购频率和批量，降低采购费用和仓储成本；对供应商提供的服务和产品进行“菜单式”购买。

需要注意的是：供应商提供的任何服务都是有价格的，只不过是通过直接或间接的形式包含在价格中。企业可以通过“菜单”选择所需的产品及服务，这种办法往往更能有效降低整体采购成本。

---

① 王春利. EPC 总承包模式下水厂设备采购管理的探讨. 建筑与预算，2020,（12）：98-100.

② 梁樱. 供应链管理模式下的企业采购管理相关研究. 全国流通经济，2020,（33）：36-38.

4. 产品和服务的统一

在采购时就充分考虑未来储运、维护、消耗品补充、产品更新换代等环节的运作成本，提高产品和服务的统一程度，减少差异性带来的后续成本。这是技术含量更高的一种战略采购，是整体采购优化的充分体现。

采购产品差异性所造成的无形成本往往被企业所忽略，这需要企业决策者的战略规划以及采购部门的执行连贯性。

战略采购是企业采购的发展方向和必然趋势。在企业创业之初由于采购量和种类的限制，战略采购的优势并不明显，但在企业向更高层次和更大规模发展的过程中其优势会日益明显，有远见的企业应该在发轫之初就有组织地构建战略采购框架，实施战略采购。

第二节　供应商管理

战略采购中最主要的环节是战略供应商管理，与优秀的战略供应商建立良好的关系是实现从内部管理到外部资源管理的重要标志[①]。供应商管理最主要的三个研究领域及成果是供应商评估与选择、供应商关系管理、供应商绩效管理与激励。

一、供应商评估与选择

供应商评估的含义包括五个方面：确定供应商如何完成供应任务的方法、确定企业认可供应商名单的基础、制订供应商发展计划的基础、建立供应商等级体系的基础、与供应商建立业务关系的开始。

企业之间的竞争将逐渐转变为企业供应链之间的竞争，因此从供应链的角度来提升企业的竞争力已成为企业的必然选择。选择良好的供应商并同其维持稳定的合作关系将会使企业整体的供应链更具竞争力。但在供过于求的市场环境下，企业面临着诸多可供选择的供应商，并且许多企业推行国际化战略，在全球范围进行采购，这使企业对供应商的选择与评估变得更加复杂。

（一）供应商评估与选择的目标

现代企业处于一种动态的环境之中，必须随时根据内外环境的变化调整其行动策略。供应商管理便是其中一个方面，企业从选择供应商开始就必须将其纳入整个企业管理系统之中，为了适应这一管理的需要，供应商评估与选择的目标有以下五个方面。

（1）获得符合企业总体质量和数量要求的产品与服务。每一个采购企业都会有一套战略规划和方针。在选择供应商时，必须充分考虑该供应商与本企业的发展方向是否一致，所提供的产品和服务能否满足本企业的质量及数量的要求。

（2）确保供应商能够提供最优质的服务、产品及最及时的供应。企业在选择供应商

① 金钟，陈剑飞. 中国石油企业海外项目采购管理探析. 国际石油经济，2020，28（9）：84-90.

时以及在双方的供需关系确立以后，都必须将这一点作为评价供应商的根本原则。

（3）力争以最低的成本获得最优的产品和服务。企业总是以追求利润为根本目标。因此，在供需关系发生后，采购方也会采取多种措施来降低自己取得最优产品和服务的成本，能够提供最大供应价值的供应商是所有采购企业都希望与之合作的。

（4）淘汰不合格的供应商，开发有潜质的供应商，不断推陈出新。采购企业与供应商之间并非从一而终的既定关系。双方都会不断地审视和衡量自身利益是否在和对方的合作中得以实现，不符合自身利益的合作伙伴最终会被摒弃。

（5）维护和发展良好的、长期稳定的供应商合作关系。越来越多的企业意识到，同供应商发展战略伙伴关系更加有利于自身的长远发展，这是经过市场检验的基本规律，采购企业谋求的应该是同供应商的长期伙伴关系。

（二）供应商评估与选择的操作步骤

供应商的评估与选择程序可以归纳为图 4-3 所示的七个步骤。在实际操作时，企业必须确定各个步骤的开始时间。每一个步骤对企业来说都是动态的（企业可以自行决定先后和开始时间）、一次改善业务的过程。

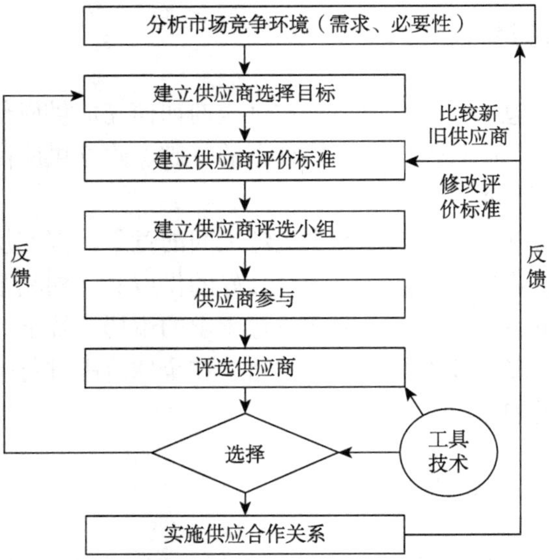

图 4-3　供应商的评估与选择程序

1）分析市场竞争环境

分析市场竞争环境的目的在于找到针对哪些产品市场开发供应合作关系才有效，企业必须知道现在的产品需求是什么、产品的类型和特征是什么，以此来确认客户的需求，确认是否有建立供应关系的必要。如果已建立供应合作关系，则根据需求的变化确认供应合作关系变化的必要性，同时分析现有供应商的状况，总结企业存在的问题。

2）建立供应商选择目标

企业必须确定供应商评价程序如何实施，而且必须建立实质性的目标。供应商评估与选择不仅是一个简单的过程，它本身也是企业自身的一次业务流程重构过程。如果供应商评估与选择实施到位，就可以带来一系列的利益。

3）建立供应商评价标准

供应商评价标准是企业对供应商进行综合评价的依据和标准，是反映企业本身和环境所构成的复杂系统的不同属性的指标，是按隶属关系、层次结构有序组成的集合。

4）建立供应商评选小组

企业必须建立一个专门的小组来控制和实施供应商评价，这个小组的组员以来自采购、质量、生产、工程等与供应链合作关系密切的部门为主。这些组员必须有团队合作精神，而且还应具有一定的专业技能。另外，这个评选小组必须同时得到采购企业和供应商企业最高领导层的支持。

5）供应商参与

一旦企业决定实施供应商评选，评选小组必须与初步选定的供应商取得联系，确认他们是否愿意与企业建立供应关系，是否有获得更高业绩水平的愿望。所以，企业应尽可能早地让供应商参与到评选的设计过程中。然而，企业的力量和资源毕竟是有限的，只能与少数关键的供应商保持紧密的合作关系，所以参与的供应商应该是尽量少的。

6）评选供应商

评选供应商的一个主要工作是调查、收集有关供应商生产运作等全方位的信息。在收集供应商信息的基础上，就可以利用一定的工具和技术方法进行供应商的评选了。

7）实施供应合作关系

在实施供应合作关系的过程中，市场需求将不断变化。企业可以根据实际情况的需要及时修改供应商评选标准，或重新开始供应商评估选择。在重新选择供应商的时候，应给予新旧供应商以足够的时间来适应变化。

（三）供应商选择的方法

基于战略采购，在选择供应商时，须进行综合考量，以了解供应商的整体情况①。下面列举了几种常见的选择方法。

1）直观判断法

直观判断法是指通过调查、征询意见、综合分析和判断来选择供应商的一种方法。直观判断法是一种主观性较强的判断方法，主要是倾听和采纳有经验的采购人员的意见，或者直接由采购人员凭经验做出判断。这种方法的质量取决于对供应商资料掌握得是否正确、齐全和决策者的分析判断能力与经验。这种方法运作方式简单、快速、方便，但是缺乏科学性，受采购人员掌握信息的详尽程度限制，常用于选择企业非主要原材料的供应商。

2）评分法

评分法是指依据供应商评价的各项指标，按供应商的优劣档次，分别对各供应商进

① 时嘉松，方剑，王钢. 基于战略采购的TG钢铁企业供应商绩效管理分析. 中外企业家，2020，(18)：79.

行评分，得分最高者为最佳供应商。供应商的评估与选择是一个多对象多因素（指标）的综合评价问题，有关此类问题的决策已经建立了几种数学模型。这些数学模型的基本思路是相似的，先对各个评估指标确定权重，权重可用数字 1 ~ 10 的某个数值表示，也可以是小数（也可取 0 ~ 1 的某个数值，并且规定全部的权重之和为 1）；然后对每个评估指标打分，最后根据每个供应商的总得分进行排序、比较和选择。

3）采购成本比较法

对于采购商品质量与交付时间均满足要求的供应商，通常是进行采购成本比较，即分析不同价格和采购中各项费用的支出，以选择采购成本较低的供应商。采购成本一般包括售价、采购费用、交易费用、运输费用等各项支出。采购成本比较法是通过计算分析针对各个不同供应商的采购成本，选择采购成本较低的供应商的一种方法。

4）招标法

当采购物资数量大、供应市场竞争激烈的时候，可以采用招标法来选择供应商。它是由采购单位提出招标条件，各投标单位进行竞标，然后采购单位决标，与提出最有利条件的供应商签订协议。招标法可以是公开招标，也可以是选择性招标。公开招标对投资者的资格不予限制，选择性招标则由采购单位预先选择若干个供应商，再进行竞标和决标。

5）协商选择法

在可供单位多、采购单位难以抉择时，也可以采用协商选择法，即由采购单位选出供应条件较为有利的几个供应商，同它们分别进行协商，再确定合适的供应商。和招标法比较，协商选择法因双方能充分协商，在商品质量、交货日期和售后服务等方面较有保证。

二、供应商关系管理

从传统供应商关系管理发展到现代供应商关系管理，企业在供应商管理方面有了很大的创新。通过表 4-1 的比较可以看出，这两种管理模式有着根本区别。在就物流管理在企业中的地位与作用有了更加清醒的认识之后，许多企业已将供应商关系管理提高到了公司战略的高度来对待，并且在实践中继续不断探求管理与供应商关系的合适方法与途径。

表 4-1 传统供应商关系管理与现代供应商关系管理的比较

指标	传统供应商关系管理	现代供应商关系管理
供应商数目	多数	少数
供应商关系	短期、买卖关系	长期合作、伙伴关系
企业与供应商的沟通	仅限于采购部与供应商销售部之间	双方多个部门沟通
信息交流	仅限于订货收货信息	多项信息共享
价格谈判	尽可能低的价格	互惠的价格，双赢
供应商选择	凭采购员经验	完善的程序
供应商对企业的支持	无	提出建议
企业对供应商的支持	无	技术支持

（一）供应商关系分类

企业与供应商关系可以大致分成五种，即短期目标型、长期目标型、渗透型、联盟型、纵向集成型。

1）短期目标型

短期目标型企业与供应商关系的最主要特征是双方之间的关系是交易关系，即买卖关系。双方希望能保持比较长期的买卖关系，获得稳定的供应，但是双方所做的努力只停留在短期的交易合同上。各自关注的是如何谈判，如何提高自己的谈判技巧，使自己获利，而不是考虑如何改善自己的工作，使双方都获利。

2）长期目标型

对于适合发展为伙伴关系的供应商，企业通常采用长期合作的策略①。长期目标型企业与供应商关系的特征是建立一种合作伙伴关系，双方的工作重点是从长远利益出发，相互配合，不断改进产品质量与服务质量，共同降低成本，提高供应链的竞争力。合作的范围遍及企业内的多个部门。

3）渗透型

渗透型企业与供应商关系是在长期目标型基础上发展起来的。其管理思想是把对方企业看成自己企业的延伸，是自己的一部分，因此，对对方的关心程度大大提高。为了能够参与对方的业务活动，有时会在产权关系上采取适当的措施，如互相投资、参股等，以保证双方利益的共享与一致性。

4）联盟型

联盟型企业与供应商关系是从供应链的角度提出的。它的特点是从更长的纵向链条上来考虑问题，难度提高了，要求也更高。由于成员增加，往往需要一个处于供应链上核心地位的企业出面协调成员之间的关系，这个企业被称为主导者。

5）纵向集成型

纵向集成型企业与供应商关系被认为是最复杂的关系类型，即把供应链上的成员整合起来，像一个企业一样，但各成员是完全独立的企业，决策权属于自己。在这种关系中，要求每个企业在充分了解供应链的目标、要求以及充分掌握信息的条件下，能自觉做出有利于供应链整体利益的决策。

（二）供应商控制

企业的不断发展要求企业逐步走上合作、联盟的道路。但很容易看出，在行业供应链的各个节点企业之间或多或少都存在着利益上的矛盾。因此在供应商关系管理中，供应商控制也是企业需要重视的一个领域，它包括控制供应商和防止被供应商控制两个内容。

---

① 于悦，崔怀文. 上市公司供应商关系管理策略选择与经营绩效研究——以老板电器为例. 财务管理研究，2020，(11)：23-31.

1. 控制供应商的方法

1）完全竞争控制

在研究如何最优地管理供应商问题上存在着两个截然不同的观点：供应商管理的正常交易模型和供应商管理的伙伴模型。完全竞争控制是正常交易模型中的典范，它通过采购企业对其上游供应商的控制来引起其供应商之间的竞争。

2）合约控制

合约控制是采购企业通过与供应商进行谈判、协商，根据双方的利益达成某种一致，并由双方签署框架协议。它的目的是使双方在今后的具体购销活动中能更好地履行各自的权利和义务，基于该合同产生的一切买卖行为都要以框架协议的规定为准。

3）股权控制

市场竞争的激烈使得采购企业日趋与其供应商建立一种比较亲密的伙伴关系，从而达到对供应商控制的目的。同时，作为供应商也希望能够与企业进行较长期的合作，实现稳定销售及发展。

4）管理输出控制

管理输出控制是属于伙伴型供应商管理模式的一种控制方法，它往往与股权控制并存，是在股权控制或其他形式合作的企业之间，通过向对方企业输出管理人员，进行技术和管理支持，实现对对方企业状况的掌握、信息的了解。

5）供应商激励机制

要保持长期的供需合作伙伴关系，对供应商的激励是非常重要的，没有有效的激励机制，就不可能维持良好的供应关系。这种供应商控制方法日益被现代企业管理者所接受，尤其是在供应链管理思想出现以后，得到了快速的发展和广泛的应用。

2. 防止被供应商控制的方法

许多企业对某些重要材料过于依赖同一家供应商。这种供应商常常能左右采购价格，对采购企业施加极大的影响。这时采购企业已落入供应商垄断供货的控制之中。在与供应商的关系中，防止被供应商控制是企业采购管理中的一个重要方面。

1）全球采购

当采购企业得到许多商家的竞价时，就很有把握找到最佳供应商。全球采购往往可以打破供应商的垄断行为。

2）再找一家供应商

独家供应有两种情况，一是供应商仅此一家。二是供应商不止一家，但仅向其中一家采购。第一种情况是卖方造成的，如独占性产品的供应者或独家代理商等，企业对此难以进行控制。第二种情况则大多是由买方造成的，如仅向关系企业采购，或将原来许多家供应商削减到只剩下最佳的一家。

3）增强相互依赖性

增加供应商业务量，这样就提高了供应商对采购企业的依赖性。

4）更好地掌握信息

要清楚地了解供应商对采购企业的依赖程度。例如，有家公司所需的元件只有一家货源，但它发现自己在供应商仅有的三家客户中是采购量最大的一家，供应商离不开这家公司，结果在要求降价时供应商做出了相当大的让步。

5）利用供应商的垄断形象

一些供应商为自己所处的垄断地位而惴惴不安。在受到指责利用垄断地位时，他们都会极力辩解，即使一点不利宣传的暗示也会让他们坐立不宁。

6）注意业务经营的总成本

供应商知道采购企业没有其他供应源，可能会咬定价格不放，但采购企业可以说服供应商在其他非价格条件上做出让步。采购企业应注意交易中的每个环节，并全都加以利用，总成本中的每个因素都可能使企业节约费用。

7）一次性采购

如果采购企业预计所采购产品的价格可能要上涨时，根据相关的支出和库存成本，权衡将来价格上涨的幅度，与营销部门紧密合作，获得准确的需求数量，进行一次性采购。

8）协商长期合同

企业长期需要某种产品时，可以考虑订立长期合同。一定要保证持续供应和价格的控制，采取措施预先确立产品的最大需求量以及需求增加的时机。

9）与其他用户联手

与其他具有同样产品需求的公司联合采购，由一方代表所有用户采购会惠及各方。

三、供应商绩效管理与激励

供应商绩效管理是指在企业经营管理的过程中，利用供应商管理工作的评价结果，可以判断供应商的水平，以及供应商对企业发展的作用，然后就可以更加科学地指导供应商的综合服务水平提升①。

（一）供应商绩效管理的目的和原则

供应商绩效管理的主要目的是确保供应商供应的质量，同时在供应商之间比较，以继续同优秀的供应商进行合作，而淘汰绩效差的供应商。供应商绩效管理同时也是为了了解供应存在的不足之处，将不足之处反馈给供应商，促进供应商改善其业绩，为其日后更好地完成供应活动打下良好的基础。

供应商绩效管理的基本原则有以下三个方面。

（1）供应商绩效管理必须持续进行，要定期检查目标达成的程度。当供应商知道会定期地被评估时，自然就会致力于改善自身的绩效，从而提高供应的质量。

① 王明磊. 供应商绩效管理综合评价模型研究. 商场现代化，2020，（7）：12-13.

（2）要从供应商和企业自身各自的整体运作方面来进行评估，确立整体的目标。

（3）供应商绩效总会受到各种外来因素的影响，因此对供应商的绩效进行评估时，要考虑到外在因素带来的影响，不能仅仅衡量绩效。

（二）供应商绩效评价指标体系

为了科学、客观地反映供应商供应活动的运作情况，应该建立与之相适应的供应商绩效评价指标体系。在制定评价指标体系时，应该突出重点，对关键指标进行重点分析，尽可能地采用实时分析与评价的方法，要把绩效度量范围扩大到能反映运营情况的信息上，因为这要比做事后分析有价值得多。

1. 质量指标

供应商质量指标是供应商考评的最基本指标，包括来料批次合格率、来料抽检缺陷率、来料在线报废率、来料免检率等。其中，来料批次合格率是最常用的质量评价指标之一。

此外，有的公司还将供应商体系、质量信息、供应商是否使用以及如何将统计过程控制（statistical process control，SPC）纳入质量控制等，以及是否通过了 ISO9000 认证或供应商的质量体系审核是否达到一定的水平也纳入考核的内容。

2. 供应指标

供应指标又称企业指标，指同供应商的交货表现以及供应商企业管理水平相关的考核因素，其中最主要的是准时交货率、交货周期、订单变化接受率等。

值得一提的是供应商能够承受的订单增加接受率与订单减少接受率往往不同，前者取决于供应商生产能力的弹性、生产计划安排与反应速度以及库存大小与状态（原材料、半成品或成品），后者主要取决于供应商的反应速度、库存（包括原材料与在制品）大小以及因减少订单带来可能损失的承受能力。

此外，有些公司还将本公司必须保持的供应商供应的原材料或零部件的最低库存量、供应商的后勤体系水平、供应商所采用的后勤系[MRP、ERP(enterprise resource planning，企业资源计划)]供应商、本公司是否实施“JIT 供应”等纳入考核。

3. 经济指标

供应商考核的经济指标总是与采购价格和成本相联系。与质量及供应指标不同的是质量与供应指标通常每月进行一次，而经济指标则相对稳定，多数企业是每季度考核一次，此外经济指标往往都是定性的，难以量化的。具体考核点有：价格水平；报价是否及时，报价单是否客观、具体、透明；降低成本的态度及行动；等等。

4. 支持、配合与服务指标

同经济指标一样，考核供应商在支持、配合与服务方面的表现通常用的也是定性的指标，通常每季度一次，相关的指标有反应与沟通效率、合作态度、参与本公司的改进与开发项目情况、售后服务等。

（三）供应商的激励机制

只有给予供应商充足的激励措施，才能促使双方更好地开展合作[①]。在激励机制的设计上，要体现公平、一致的原则。给予供应商价格折扣和柔性合同，以及采用赠送股权等，使供应商和本企业共同分享成功，同时也使供应商从合作中体会到供需合作双赢机制的好处。一般而言，有以下几种激励模式可供参考。

1. 价格激励

供应商管理的思想虽然要求供需企业在战略上是相互合作关系，但是各企业的利益是不能被忽视的。供应链的各个企业间的利益分配主要体现在交易价格上。价格对企业的激励是显然的。高的价格能增强企业的积极性，不合理的低价会挫伤企业的积极性。

但是，价格激励本身也隐含着一定风险，即采购企业在挑选供应商时，由于过分强调低价格的谈判，结果影响了产品的质量、交货期等。看重眼前的利益是导致这一现象的一个不可忽视的原因，但出现这种差供应商排挤好供应商的最为根本的原因是在签约前对供应商情况的不了解，没意识到报价越低，意味着违约的风险越高。

2. 订单激励

供应商获得更多的订单是一种极大的激励，在供应链内的企业也需要更多的订单激励。一般地说，一个制造商拥有多个供应商。多个供应商竞争来自制造商的订单，多的订单对供应商来说是一种激励。

3. 商誉激励

商誉是一个企业的无形资产，对于企业极其重要。商誉来自供应链内其他企业的评价和在公众中的声誉，反映企业的社会地位（包括经济地位、政治地位和文化地位）。委托—代理理论认为，在激烈的竞争市场上，代理人的代理量（决定其收入）取决于其过去的代理质量与合作水平。从长期来看，代理人必须对自己的行为负完全的责任。因此，即使没有显性激励合同，代理人也会积极努力工作，因为这样做可以改进自己在代理人市场上的声誉，从而提高未来收入。

4. 信息激励

在信息时代里，信息对企业意味着生存。企业获得更多的信息意味着企业拥有更多的机会、更多的资源，从而获得激励。信息对供应链的激励实质属于一种间接的激励模

---

① 何宇晨. 供应商选择与设备采购流程的优化. 企业改革与管理，2020，（17）：15-16.

式，但是它的激励作用不可低估。如果能够快捷地获得合作企业的需求信息，本企业能够主动采取措施提供优质服务，必然使合作方的满意度大为提高。这对与合作方建立起信任有着非常重要的作用。

5. 淘汰激励

淘汰激励是一种负激励。优胜劣汰是世间事物生存的自然法则，供应商管理也不例外。为了使供应链的整体竞争力保持在一个较高的水平，供应链必须建立对成员企业的淘汰机制，同时供应链自身也面临淘汰。淘汰激励是在供应链系统内形成一种危机激励机制，让所有合作企业都有一种危机感。这一点对防止短期行为和“一锤子买卖”给供应链群体带来的风险也起到一定的作用。

6. 新产品/新技术的共同开发

新产品/新技术的共同开发也是一种激励机制，可以让供应商全面掌握新产品的开发信息，有利于新技术在供应链企业中的推广和开拓供应商的市场。供应链管理实施得好的企业，都将供应商、经销商甚至用户结合到产品的研究开发工作中来，按照团队的工作方式展开全面合作。因此，每个人都会关心产品的开发工作，这就形成了一种激励机制，构成对供应链上企业的激励作用。

7. 组织激励

在一个较好的供应链环境下，企业之间的合作愉快，供应链的运作也通畅，少有争执。也就是说，一个良好组织的供应链对供应链及供应链内的企业都是一种激励。减少供应商的数量，并与主要的供应商保持长期稳定的合作关系是制造商采取的组织激励的主要措施。

第三节 企业采购管理策略

采购是企业计划过程中的一个环节，企业采购决策直接影响物流渠道中商品和服务的流动。现代企业采购管理已经不能局限于简单的库存补充，而应该纳入企业全面的实时计划管理过程。

一、基于准时战略下的采购策略

JIT 采购是 JIT 生产系统的一个重要组成部分，所以人们也把它称作 JIT 采购。在 JIT 系统中，要保持生产物流的连续性、平行性、均衡节奏性、柔性等组织生产的要求，位于生产前端的采购物流必须是准时化的，即在采购部门根据生产经营的情况形成订单时，供应商立刻着手准备作业。与此同时，在详细采购计划编制的过程中，生产部门开始调整生产，并做到敏捷生产。而在订单交给供应商的时候，供应商要在最短的时间内将最优的产品交付给用户。由此，如果企业从“准时”的战略高度重视其采购、生产、销售各环节，就形成了 JIT 采购战略和物流策略。

JIT 采购的基本思想是制造商与供应商签订合同规定“在需要的时候，向需要的地点，提供能保证质量的所需要数量的物料”。采购方根据自己生产线需求的节拍，向供应商发出看板指令，要求供应商根据看板指令的需求品种、需求数量，在指定的时间将物料送到指定的需求地点。这样连续地多频次小批量地送货，采购方不设库存，实现零库存生产，供应商也可以不设库存，与采购方实行同步生产，按照采购方生产线的节拍进行生产和送货，生产出来的产品都直接送到采购方的需求点。JIT 采购的主要特点有以下六个方面。

1. 单源供应

单源供应指的是对某一种原材料或外购件只从一个供应商那里采购。或者说，对制造商的某一种原材料或外购件的需求，仅由一个供应商供货。JIT 采购认为，最理想的供应商的数目是对于每一种原材料或外购件，只有一个供应商。因此，单源供应是 JIT 采购的基本特征之一。

2. 小批量采购

购买的小批量是 JIT 采购的又一基本特征。企业生产对原材料和外购件的需求是不确定的，而 JIT 采购又旨在消除原材料和外购件库存，为了保证准时、按质、按量供应所需的原材料和外购件，采购必然是小批量的。

3. 合理选择供应商

由于 JIT 采购采用单源供应，对供应商的合理选择就显得尤其重要。可以说，选择合格的供应商是 JIT 采购能否成功实施的关键。合格的供应商具有较好的技术、设备条件和较高的管理水平，可以保障采购的原材料和外购件的质量，保证准时按量供货。

4. 从根源上保障采购质量

实施 JIT 采购后，企业的原材料和外购件的库存很少甚至为零。所以，为了保障企业生产经营的顺利进行，采购物资的质量必须从根源上抓起。也就是说，购买的原材料和外购件的质量应由供应商负责，而不是企业的物资采购部门。为此，供应商必须参与制造商的产品设计过程，制造商也应帮助供应商提高技术能力和管理水平。

5. 可靠的送货

由于 JIT 采购消除了原材料和外购件的缓冲库存，供应商交货的失误和送货的延迟必将导致企业生产线的停工待料。所以，可靠的送货是实施 JIT 采购的前提条件。而送货的可靠性，常取决于供应商的生产能力和运输条件，一些不可预料的因素，如恶劣的气候条件、交通堵塞、运输工具的故障等，都可能引起送货迟延。当然，最理想的送货是直接将货送到生产线上。

6. 有效的信息交换

只有供需双方进行可靠而快速的双向信息交流，才能保证所需的原材料和外购件准时、按量供应。同时，充分的信息交换可以增强供应商的应变能力。所以，实施 JIT 采购，就要求供应商和制造商之间进行有效的信息交换。信息交换的内容包括生产作业计划、产品设计、工程数据、质量、成本、交货期等。信息交换的手段包括电报、电传、电话、信函、卫星通信等。现代信息技术的发展，如 EDI、e-Mail 等，为有效的信息交换提供了强有力的支持。

JIT 采购策略的实施

二、基于数量和价格的采购策略

采购的数量和时间安排始终是企业采购最为重要的决策问题，前面介绍的准时战略下的 JIT 采购是仅在需求产生时购买，采购量就是需求量的采购策略。在企业采购的实践中，企业也可以采用其他方法，如某种形式的先期采购或预测采购，还有采购者为回避未来价格上涨的风险而采用的投机性采购策略等。此外，企业的采购量在很多情况下一定程度地受到供应商价格折扣的影响，因此，在价格折扣条件下采购的方法和策略也是值得重视的。

（一）混合采购策略

混合采购策略是指企业既有遵循 JIT 采购原则的按需采购，也有先期采购（物料需要生产之前的预测采购）。当某种物料采购存在可以预测的价格周期性变化或季节性变化时，采用混合采购策略能使企业物料采购价格比单纯的适时按需采购得到的平均价格更低，从而节约物料成本。先期采购指采购的数量大于当前的需求量，但不超过未来可预见的需求量，在物料价格上涨时（主要是如铜、银、金等一些原材料），这种采购对企业来说是很有吸引力的，因为可以以较低的价格购买更多的产品，但也由此产生了一定量的库存，从而必须权衡价格优势与库存增加引起的成本负担。

（二）价格折扣采购策略

供应商为了享受规模经济的利益，通常愿意通过价格折扣来鼓励大量购买行为。企业在日常采购中对此应该给予关注，在考虑需求和采购成本时应采用某种折扣价格采购策略，获得一定的经济效益。实施价格折扣采购策略的基本点是要比较折扣前后的总成本，包括购买成本、订货成本和保管成本。选择合适的采购批量，企业可以从中节省费用，采购批量不合适的话，可能增加费用。

企业在进行此类采购时，可以用节约比较法和成本比较法。节约比较法，即比较折扣前后的费用，节约量大于零，就接受折扣，节约量小于零，就不接受折扣。成本比较法，即比较折扣前后的总成本，当折扣后的总成本小于折扣前的总成本，则可以接受折扣。

三、基于品种的采购策略

（一）品种采购的一般策略

基于品种的采购策略主要是根据品种的市场性质和需求性质来选择合适的采购策略。例如，该品种是紧缺品还是供大于求的品种，是重要品还是非重要品，是高价品还是低价品等。因此要认真进行品种分析。采购品种分析工作包括三个方面。一是用户需求分析，就是对企业各个品种用户对于品种需求情况的分析，了解品种在生产中的重要程度，能否代用，需求的数量、质量要求等。二是市场供应分析，主要是了解品种在市场上的紧缺情况、市场前景情况等；有些品种供应商特别多，供应充足，甚至供大于求，有些品种非常紧缺，供应商少，甚至是独家供应商；有些品种处在成长期，前景广阔，可以放心大胆采购；有些品种可能处在需求衰退甚至淘汰过程之中，要谨慎采购、限制采购。三是品种性质分析，主要弄清品种的物理化学性质、用途、价值、装运特性等，为制定采购策略提供依据。

一般地，品种采购策略如图 4-4 所示。

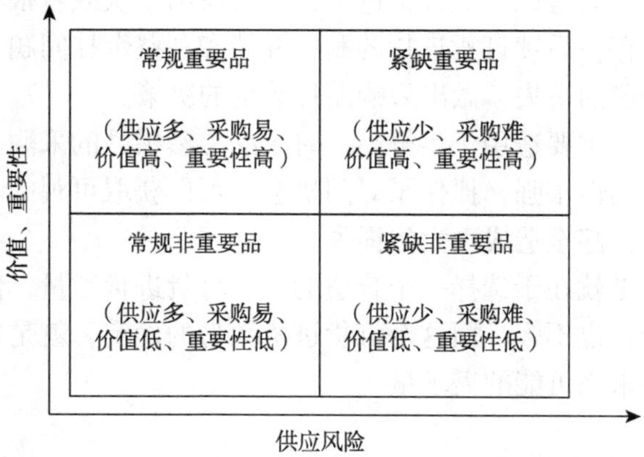

图 4-4　品种采购策略

1. 常规品采购

常规品，就是大路品种。它们共同的特点，就是供大于求。供应商多，供应品种数量多，采购容易，到处都可以买到。或者代用品多，想什么时候采购就能够在什么时候采购得到、想采购多少就能够采购多少，即使采购不到，也可以用代替品替代。这一类品种按品种重要性的不同又可以分成重要品和非重要品。这里重要性是指价值高、关键、紧要、竞争性强等（具备一项或同时具备几项）。这样就形成两类性质的品种，对它们应当采用不同的采购策略。

（1）对于常规重要品，一般采用集中竞价采购。订货点采购可以采用定期订货采购策略。

（2）对于常规非重要品，可以实行一般化、系统化、程序化的采购。在订货点采购中可以采用定量订货采购策略。

2. 紧缺品采购

紧缺品的共同特点，就是求大于供。供应商少，供应品种数量少，不容易买到。想什么时候采购不一定在什么时候就能够采购得到、想采购多少不一定就能够采购多少。这一类品种根据品种重要性的不同也可以分成重要品和非重要品两类，对它们也应当采用不同的采购战略。

（1）对于紧缺重要品采购，一般与供应商建立战略伙伴关系，当然视情况也可以采用代用、自制来确保供应。在订货点采购中，可以采用定期订货采购策略。

（2）对于紧缺非重要品，如果有代用品就应该采购代用品；如果能够自制就应该采用自制品；如果既没有代用又不可能自制（或自制不合算），则可以采取高价格、高库存或者与供应商建立某种契约、联盟关系等策略。在订货点采购中采用定量订货或定期订货采购策略均可。

（二）一次性采购策略

一次性采购，就是只考虑一次订货进货，不考虑第二次或者根本就没有第二次订货进货，因而也不可能存在后续订货进货的利益补偿和利益牵挂问题。所以这次采购时，就只权衡考虑这次采购的得失，做出采购品种数量的决策。

一次性采购策略，主要适用于生鲜品、时令品、珍稀品的采购。此类物品的共同特点就是商品价值的时间性很强，抓住了时间机会，可以获取可观的利益，时间一过，获利的可能性急剧变小，甚至造成极大的损失。

一次性采购，关键就在于选择一个合适的一次订货进货数量，使它能够恰好满足有效期内的需要，不少，也不多。而这个订货进货数量的确定，就是要认真分析、预测，确定好一次性采购品未来可能的需求量。

（三）多品种联合采购策略

企业在采购中按采购品种的多寡可以分为单一品种采购和多品种联合采购。同类多品种、同地多品种联合采购可以降低订货成本、提高订货效率、降低运输成本、提高运输效率。所以应当尽可能地实现多品种联合采购。

联合采购策略可以分为定量联合采购和定期联合采购。定量联合采购，是以各品种经济订货批量（economic order quantity，EOQ）为基础的定量订货采购策略。联合采购中的主品用 EOQ，副品视运输包装单元情况可以用 EOQ 或附属经济批量。定期联合采购是以各品种经济订货周期为基础的定期订货采购策略。联合采购中的各品种的订货周期都化为某个标准周期的简单倍数，然后以标准周期为单位进行周期运行，在不同的运行周期中实现不同品种的联合采购。

四、招标采购策略

招标采购，就是通过招标方式寻找最好的供应商进行采购的采购方法。招标可以分成两种方式：公开招标和邀请招标。公开招标，是指招标人以招标公告的方式邀请不特定的投标者。邀请招标，是指招标人以投标邀请书的方式邀请特定的投标者。二者除邀请方式不同外，其他步骤都大体相同。

招标采购是在有众多供应商情况下选择最好供应商的有效方法。它有很多优越性，体现了公开、公正和公平，招标采购的操作过程全部公开，接受公众的监督，防止了暗箱操作；体现了竞争，利用竞争机制，造成一种力争上游的局面，使得投标活动生机勃勃，提高了投标的水平和质量；体现了优化，最后的中标方案一般都是在集中了众多投资者智慧的基础上所形成的最优方案。

招标采购是一个复杂的系统工程，涉及各个方面、各个环节。一个完整的招标采购过程，基本上可以分为五个阶段，当然在特殊的场合，招标采购的步骤和方式也可能有一些变化。

（1）策划。招标活动是一次涉及范围很大的大型活动。因此，开展一次招标活动，需要进行很认真的周密的策划。

（2）招标。在招标方案得到公司的同意和支持以后，就要进入实际操作阶段。招标采购的第二个阶段就是招标阶段。招标阶段的工作主要有：形成招标书；对招标书的标底进行仔细研究确定；招标书发送。

（3）投标。投标人在收到招标书以后，如果愿意投标，就要进入投标程序。首先就是要准备投标书等有关文件，投标方应按招标文件中提供的投标文件格式填写，并将投标文件装订成册，在册面上填写“投标文件资料清单”。

（4）评标。招标方收到投标书后直到招标会开始之前不得事先开封。只有当招标会开始，投标人到达会场，才将投标书邮件交投标人检查签封完好后，当面开封。开封后，投标人可以持自己的投标书面对全体评标小组陈述自己的投标书，并且接受全体评委的质询，甚至参加投标辩论。陈述辩论完毕，投标者退出会场，全体评标人员进行分析评比，最后投票或打分选出中标人。

（5）定标。在全体评标人员投票或打分选出中标人员以后，将结果交给投标方，通知中标方。

五、电子商务采购策略

电子商务采购，也就是网上采购，是在电子商务环境下的采购模式。电商采购以网络媒体和网络技术为载体，通过大型、正规网络商城进行网上交易，极大地提高了采购效率、降低了交易成本[①]。

电子采购是现代非常流行的一种采购方式，电子采购离不开供应链环境的支持，随着信息化技术的兴起，企业物资采购管理模式在供应链环境下实行电子采购，很多企业已经在物资处采购管理模式中融入了全球电子采购系统，不断地更新采购方式，提高企业物资采购的水平[②]。

案例分析

化采购红利为发展机遇 多地加快推进政府采购促进中小企业发展

中小企业是国家经济的重要力量，贡献了50%以上的税收和60%以上的GDP。政府采购应支持中小企业实现高质量发展。然而，中小企业参与政府采购面临诸多难题，如信息不透明、程序复杂、资质要求高等。中小企业与大企业竞争时处于劣势，部分中小企业也缺乏诚信。解决这些问题需要建立透明的采购管理办法，缩短采购决策层级，优化采购流程。同时，政府应提供新的机会，如开通融资平台和建立供应商诚信榜等。中小企业也需要不断提升竞争力和履约信用，将政府采购变为推动自身发展的机遇。

1. 教学目的和用途

本案例用于管理学硕士和本科生学习物流管理、采购管理等课程时使用。通过案例使学生能够学会企业采购管理基本方法等相关知识。硕士可以就此案例对企业供应商管理进行讨论。本科生可以通过本案例的学习与讨论，利用相关分析工具，尝试讨论供应商评价与管理、供应商关系管理等内容。

2. 启发与思考

（1）政府采购对中小企业的支持是否能够加速其发展和实现高质量发展？

（2）中小企业参与政府采购面临多种难题和劣势，如何解决这些难题和劣势以促使其更好地参与政府采购并获得机会？

3. 分析思路

本案例属于理论应用与分析型的教学案例，学生应重点分析企业采购管理相关问题，学会综合运用管理学和经济学方法，讨论供应商评价与管理的问题。详细阅读案例资料，对于企业如何形成供应商管理策略进行思考。

4. 理论依据

本案例的理论依据：管理学、采购管理、组织理论等。

---

① 何翔. 国有企业采购内控制度优化策略. 招标采购管理，2020，(12)：37-38.

② 施继华. 基于供应链环境下的企业物资采购管理模式研究. 营销界，2020，(3)：90-91.

5. 关键要点

采购管理，供应商管理。

6. 课堂计划

（1）建议教师先安排学生学习专业知识，并将本案例安排给学生学习，让学生重点思考提出的问题，对第 2 部分启发与思考中的问题进行逐条分析。

（2）本案例教学安排 2 课时。首先学生就思考问题进行分组讨论，并记录相关结论，此部分 30 分钟完成。接着安排小组发言，学生就主要问题进行辩论，此部分 20 分钟完成。最后安排企业内部管理优化方案撰写，学生以小组为单位编制一份优化方案，此部分 1 小时完成，教师进行课堂评判。

本章思考题

1. 结合实际谈谈如何进行供应商的选择和评估。
2. 供应商关系有哪些类型？它们的特征是什么？
3. JIT 采购的主要优势是什么？企业在实施 JIT 采购时可能会遇到什么困难？

第五章

现代物流运输管理

【思政案例导入】

在党的正确领导下，我国交通运输事业发生沧桑巨变，大踏步赶上了时代发展。特别是党的十八大以来，以习近平同志为核心的党中央领导的交通运输事业取得了历史性成就，发生了历史性变革，建成了交通大国，部分领域交通运输现代化水平已跻身世界先进行列，正阔步向着加快建设交通强国的奋斗目标迈进。

京杭大运河是古代交通文明成果和现代内河航运成果的历史见证。作为我国南北向的水上运输大动脉，京杭大运河在我国综合运输体系建设和长三角地区经济社会发展中具有重要的地位和作用。

截至2021年底，全国铁路营业总里程已突破15万千米，其中高铁超过4万千米；全国公路总里程超过520万千米，高速公路覆盖98%的20万以上人口城市；全国港口万吨级及以上泊位约2660个；城市轨道交通运营里程8708千米，超特大城市轨道交通加快成网；全国颁证运输机场达248个；“快递进村”比例超过80%，末端服务体系不断完善。

旅客出行更加便捷舒适，动车组列车承担铁路客运量的比例约为70%，“坐着高铁看中国”成为广大旅客享受美好旅行生活的真实写照。

51个城市开通运营城市轨道交通，网络出行、共享骑行等新业态新模式蓬勃发展。

“四好农村路”引领乡村巨变，超过440万千米农村公路修到了村口，为农村带去了人气、财气，也让广大农民“出门硬化路、抬脚上客车”的愿望一步步变成现实。

货运物流服务更加经济高效，大宗物资“公转铁”“公转水”深入推进，集装箱铁水联运量5年平均增长20%，取消高速公路省界收费站实现全国“一网畅行”，单日快递处理量最高接近7亿件，我国已成为世界上运输最繁忙的国家之一。

新能源汽车占全球总量一半以上，新能源公交车占城市公交的比例超过66%。综合交通运输法律法规体系基本形成，包括8部法律、43部行政法规、282件部门规章等。

建成了世界级港口群，港口货物吞吐量和集装箱吞吐量位居全球第一，我国已经成为全球海运连接度最高、货物贸易额最大的经济体。

中欧班列通达23个欧洲国家，国际道路运输合作范围拓展至19个国家，水路国际运输航线覆盖100多个国家，国内航空公司经营国际定期航班通航44个国家的75个城市。

我国积极服务"一带一路"高质量发展，签署了 22 项政府间国际道路运输便利化协定、72 个双边和区域海运协定、131 个双边航空运输协定，中欧班列、丝路海运、中欧陆海快线、空中丝绸之路极大便利了国际运输，"六廊六路多国多港"互联互通架构基本形成。

资料来源：《逐梦新时代，"数"说交通运输发展新就》，http://www.qstheory.cn/laigao/ycjx/2022-02/25/c_1128415031.htm[2022-02-25]。

运输改变了物品的时间状态和空间状态，能使物品潜在的使用价值成为可以满足社会消费需要的、现实的使用价值。本章主要介绍物流运输的含义及作用、物流运输管理的原则及运输合理化、物流运输的六种主要方式及运输方式选择。

第一节　物流运输概述

一、物流运输的含义及作用

（一）物流运输的含义

运输是利用载运工具、设施设备及人力等运力资源，使货物在较大空间上产生位置移动的活动[①]。

运输与搬运的区别在于，运输是较大空间范围的活动，而搬运是在同一地域之内的活动。

运输是物流的主要功能之一，它改变了物品的空间状态。在现代物流观念诞生之前，甚至到了今天，仍有不少人将运输等同于物流，其原因就是物流中很大一部分责任是由运输承担的，它是物流的主要功能之一。

物品由其生产地至消费地的空间位移，都是依靠运输来完成的。运输能使物品潜在的使用价值成为可以满足社会消费需要的现实的使用价值。

运输条件的便捷与否也是企业选择工厂、仓库、配送中心等地点需要考虑的主要因素之一，直接影响着物流的运输费用。

（二）物流运输的作用

物流运输将空间上相隔的供应商和需求者联系起来，使供应商能在合理时间内将物品提供给需求者。因此，运输的作用主要体现在物品位移和物品短期库存两方面的职能。

（1）物品位移。运输能实现物品在空间上的位移。运输能将物品从原来所处的地点转移到规定的地点，其主要目的就是要以最少的费用及时保质保量地完成物品的运输任务。

① 全国物流标准化技术委员会. 物流术语：GB/T 18354—2021. 北京：中国标准出版社，2021.

（2）物品短期库存。运输还可以对物品进行临时储存。一方面，如果运输中的物品需要储运且在短时间内又将再次运输，卸货和装货的费用可能会超过储存在运输工具（如汽车）中的费用时，就可考虑将运输工具作为物品暂时的储存地点；另一方面，当仓库空间有限时，也可考虑选择利用运输工具作为物品暂时的储存地点。

二、物流运输管理的原则

（一）物流运输管理的内涵

物流运输管理是对整个运输过程的各个部门、各个环节及运输计划、发运、接运、中转等活动中的人力、运力、财力和运输设备，进行合理组织、统一使用、实时控制、监督执行，以求用同样的劳动消耗，创造更多的运输价值，取得更好的经济效益[①]。

运输管理包括运输市场的宏观管理（即政府主管部门对运输行业的管理）和物流运输业务的微观管理（即企业对物品运输过程的管理）两个层面。其中，物流运输业务的微观管理包括以下四个方面。

（1）发送管理。发送业务是根据交通运输部门的规定，按照运输计划，将物品从起运地运往目的地的第一个环节。发送业务对整个运输工作有很大影响，关系到物品运输的及时性和安全性。因此，各有关当事人应协调行动：托运人应做好发送前的落实货源、组织配装、检查包装标志、安排短途搬运、办理托运手续等一切准备工作；承运人应做好及时安排运输工具等工作，最终保证衔接工作顺利进行，并按时完成发送任务。

（2）运输安全管理。在运输过程中，物品要经过多次装卸和搬移等环节，其中容易发生各种事故。因此，必须加强运输安全管理，减少货损货差。要努力防止运输事故的发生，建立和健全各项运输安全制度，并严格执行。应及时处理运输事故，一旦发生运输事故，有关各方当事人要立即采取措施，减少损失，并分清责任，及时处理。

（3）接运管理。接运业务是将到达的物品在办理了交接手续后，及时地接运到指定地点的工作。它关系到整个运输所需时间的长短，涉及物品质量、物品能否及时入库和使用或出售等问题。

（4）中转管理。当物品从起运地到目的地之间不能依靠一次运输直达时，就要经过二次运输而发生中转作业。中转作业起着承前启后的作用，它既要及时接运前一程运输的物品，又要通过工程运输，及时发送该物品。因此，对提高运输工作质量而言，加强中转管理就显得极为重要。

（二）物流运输管理的基本原则

无论是物流企业，还是企业物流中，对运输组织管理应贯彻“及时、准确、经济、安全”的基本原则。

（1）及时，就是按照产、供、运、销等实际需要，能够及时将物品送达指定地点，

① 黄福华. 现代商业企业物流运作管理. 长沙：湖南科学技术出版社，2003.

并尽量缩短物品的在途时间。

（2）准确，就是在运输过程中，要求防止各种差错事故的发生，准确无误地将物品送交指定的收货人。

（3）经济，就是通过合理地选择运输方式和运输路线，有效地利用各种运输工具和设备实施配货方案，节约人力、物力和运力，提高运输经济效益，合理地降低运输费用。

（4）安全，就是在运输过程中，能够防止物品霉烂、残损及危险事故的发生，保证物品的完好无损。

三、运输合理化

运输方式的选择是实现物流运输合理化的重要内容。这种选择不仅限于单一的运输方式，还可以通过多种运输方式的有机组织来实现物流运输的合理化。

在运输的物品种类方面，应根据物品的形状、单件重量、单件容积、物品特性等选择运输方式；在运量方面，一次运输的批量不同，则所选择的运输方式也会不同，通常对于大批量的运输可以选择水路运输或铁路运输；在运输距离方面，运输距离的长短也直接影响运输方式的选择，通常中短距离运输选择公路运输比较合适；在运输时间方面，运输时间长短与交货期有关，所以应根据交货期来选择适当的运输方式；在运输价格方面，应根据物品价格来选择运输方式。随着现代物流概念的提出，对物流运输也提出了更高的要求，就是在传统运输的基础上，更合理地选择运输方式和运输线路，做到运力省、速度快、费用低，更大程度上实现物流运输合理化。物流合理化在很大程度上也依赖于运输合理化。影响物流运输合理化的因素很多，而起决定作用的有以下五个主要因素，即合理运输的“五要素”。

（1）运输距离。在运输过程中，运输时间和运输费用等技术经济指标都与运输距离有关，运输距离的长短是影响合理运输的一个基本因素。

（2）运输环节。每增加一个运输环节都会增加运输的装卸、包装等辅助作业，各项技术经济指标也会因此发生变化。所以，减少运输环节对合理运输有利。

（3）运输工具。每种运输工具的优劣势、适合运输的货物、运输价格都不一样，所以，合理选择运输工具，可以减少货物的损坏与灭失，从而利于满足客户的需求①。

（4）运输时间。在全部物流时间中，尤其是在远程运输中，运输时间占了绝大部分，因此，缩短运输时间对缩短整个流通时间有决定性的作用。此外，缩短运输时间还有利于加速运输工具的周转，有利于发挥运力效能，提高运输线路通过能力，还可不同程度地改善不合理运输状况。

（5）运输费用。运输费用在全部物流费用中占很大比例，运输费用的高低是判断运输是否合理的一个重要标志，也是各种合理化措施是否行之有效的判断依据之一。

有关运输合理化的措施，将在第三节中详述。

---

① 叶杭成. 物流运输合理化方式的探讨. 中国物流与采购，2020，（9）：49-50.

第二节 运输方式

一、铁路运输

（一）铁路运输特点

铁路是以铺设的钢轨引导列车向前运行的。铁路车辆在钢轨上运行，其行走阻力较小，因而铁路运输一般速度较快。

铁路按若干单个车辆组成列车的方式组织运输，列车的动力部分（机车）和载运部分（装载旅客和货物的车辆）是分开的。这样就整个列车的载重而言，载重方面几乎没有限制。但是由于铁路固定设施的工程费用、建筑材料和器材设备等需要量很大，基本建设投资巨大。尽管如此，其运输成本却是较低的（仅次于水运）。此外，铁路运输受气候和自然条件的影响较小，能基本保证全年运输。另外，铁路按列车组织运行，因此，在运输过程中就需要有列车的编组、解体、中转、改编等作业环节。

我国幅员辽阔，铁路被认为是国民经济的大动脉，铁路运输在各种现代化运输方式中占有重要地位，主要担负着中、长途旅客和大宗货物的运输任务。

铁路运输发展的趋势

（二）铁路货物运输组织

1. 铁路货物运输分类

（1）整车运输。一批属于同一发（收）货人的货物且其重量、体积、形状或性质需要以一辆（或多辆）货车单独装运，并据此办理承托手续、组织运送和计费的运输活动[1]。

（2）零担运输。一批货物的重量、体积、形状和性质不需要单独使用一辆货车装运，并据此办理承托手续、组织运送和计费的运输活动。

（3）集装箱运输。适合以集装箱运输的货物，可按集装箱运输方式办理。并不是所有货物都适合用集装箱运输，有些货物虽然从技术角度看是能够用集装箱运输，但从经济角度看并不一定适合。集装箱运输是铁路运输发展趋势，从铁路运输市场形势变化看，发展集装箱运输是促进货运增量的必然选择[2]。

---

① 全国物流标准化技术委员会. 物流术语：GB/T 18354—2021. 北京：中国标准出版社，2021.

② 刘清芳. 铁路集装箱运输发展对策探讨. 铁道运输与经济，2020，42（9）：34-39.

2. 铁路货物运输基本作业

铁路货物运输的基本作业包括货物发送作业、途中作业和到达作业。

（1）发送作业。货物在发站所进行的各项货运作业，统称为货物的发送作业。发送作业主要包括托运、受理、进货、验收、制票、承运、装车等环节。

（2）途中作业。货物在运输途中需要进行的各项货运作业，统称为货物的途中作业。主要包括途中货物的交接和检查、换装整理、运输变更、整车分卸及运输障碍处理等。上述途中作业中的货物交接、检查和整车分卸属于正常作业，而换装整理作业、运输变更和运输障碍处理属于由某种原因引起的非正常作业。为了提高货物运输质量，运输过程中的各个作业环节必须密切配合，严格按规定操作，尽可能减少非正常途中作业的发生。

除上述作业，零担货物和集装箱货物的中转作业、易腐货物的途中加冰加盐或控温作业也属于货物的途中作业。

（3）到达作业。货物在到站所进行的各项货运作业，统称为货物的到达作业。主要包括货运票据的交接、货物的卸车及货物的交付与搬出。

（三）铁路特种货物运输技术

铁路运输的货物中，有一部分具有危险、长大笨重、易腐、贵重等特点。它们对装卸、运送和保管等作业有特殊要求，统称为特种货物。

铁路特种货物一般可分为三大类，即危险货物、鲜活货物和阔大货物。

1. 铁路危险货物运输技术

铁路运输中，那些具有爆炸、易燃、毒害、腐蚀、放射性等性质，在运输、装卸和储存保管过程中，容易造成人身伤亡和财产毁损而需要特别防护的货物，均称为危险货物。

（1）危险货物的分类。由于危险货物的性质不尽相同，发生事故的原因和后果也有区别。为了对性质相近的货物确定相应的运输条件，以保证运输安全和提高运输效率，在交通运输中把危险货物分成了若干类，每一类中又分为若干项和危险性级别。

（2）危险货物安全运输措施。铁路运输的危险货物，在整个运输过程中都会受到不同程度的摩擦、震动和冲击、冷热变化、风雨侵袭以及与不同性质的货物接触等。为保证危险货物的运输安全，《铁路危险货物运输管理规则》就如何防止危险货物在运输过程中造成人身伤亡和财产毁损，制定了承运人和托运人均必须遵循的条例。其范围涉及整个危险货物运输过程中的各个方面。

2. 铁路鲜活货物运输技术

铁路鲜活货物是指在铁路运输过程中，需要采取制冷、加温、保温、通风、上水等特殊措施，以防止病残死亡或腐烂变质的货物。鲜活货物分为活动物和易腐货物两大类。其中活动物包括禽、畜、兽、蜜蜂、活鱼等。易腐货物包括肉、鱼、蛋、水果、蔬菜、冰鲜活植物等，按其热状态又分为冻结货物、冷却货物、未冷却货物。

3. 铁路阔大货物运输技术

铁路运输的货物中，有些具有长、大、重的特点。一般将超限货物、超长货物和集重货物统称为阔大货物。

超限货物是指一件货物装车后，在平直线路上停留时，货物的高度和宽度有任何部位超过机车车辆限界或特定区段装载限界者，即超限货物。另外，在平直线路上停留虽不超限，但行经半径为 300 米的曲线线路时，货物的内侧或外侧的计算宽度，仍然超限的，也为超限货物。

超长货物是指一车负重，突出车端，需要使用游车（游车是在运输大型的货物中才使用的。由于所装货物太大用一个车厢放不下或者太长需要跨装一头在一个车厢上而另一头跨过一个车厢在另外一个车厢上，中间起连接作用的这一节车厢就是游车）或跨装运输的货物，称为超长货物。

集重货物是指重量大于所装车辆负重面长度的最大容许载重量的货物。

（1）阔大货物的装载技术。阔大货物外形复杂、体积庞大、价格昂贵、对运送条件要求高，经由铁路运送时，不仅在车辆使用上要严格挑选，而且必须遵守《铁路货物装载加固规则》和《铁路超限货物运输规则》所规定的装载加固技术条件与其他各项规定。

超长货物的装载方法有两种：一种是一车负重加挂游车装运；另一种是两车（或加挂游车）跨装运送。

集重货物的特点是重量较大，支重面长度较小，因而货物装车后，重量将较为集中地落在车底板上。因此，装载集重货物时，应选择合适的车辆，确定合理的装载方案，使货物装车后所产生的工作弯曲力矩不大于车辆最大容许弯曲力矩，以保证货物和车辆的安全。

（2）阔大货物的加固。在列车运行或调车作业过程中，装在车辆上的货物可能受到各种外力的作用而相对于车底板发生纵向或横向的位移、滚动或倾覆。因此货物装车后，应采取必要的加固措施，使之在运输全过程中，不发生移动、滚动、倾覆、倒塌或坠落等情况。

二、公路运输

（一）公路运输特点

公路运输一般是指汽车运输，它与铁路、水路、航空和管道运输相比较，具有如下主要特点。

（1）机动、灵活、适应性强，能满足多方面多种运输需要。

（2）可做到取货（接客）上门，送货（送客）到家（“门到门”运输），实现直达运输，不需中途换装（换乘）。

（3）运送速度较快。

（4）始建投资较少，较易兴办，资金、设施转移的自由度大。

（5）单位运输成本较高。

（6）运行持续性较差。

（7）安全性较低，对环境有较大影响，且客运的舒适性较差。

因此，公路运输一般从事中、短途运输，是一种地区性的"面"上的运输方式，为铁路、水运、航空运输起集疏运作用，是厂矿企业内部运输及城市旅客运输的主要方式。在铁路、水运尚不发达的地区，也担负着长途干线运输任务。

正因为公路运输活动的广泛性和灵活性，所以，借助于公路运输的发展，才能把各种运输方式连接成网，形成一个分工合作、协调发展的综合运输体系，充分发挥运输业在经济和社会发展中的重要作用，并提高综合运输能力和综合运输效益。公路的这种独特的作用是其他各种运输方式所不能替代的。

（二）公路货物运输组织

1. 公路货物运输分类

1）整车运输

整车运输是指一辆货车或一辆列车专门用于承载同一货物或同一货主的货物，整车从出发地点到目的地点不间断运输的方式。货物充分填满整个运输工具，不与其他货物混装混载。

2）零担运输

零担运输是指将多个货主、多个货物合并在同一运输工具（通常是货车或货柜）中进行运输的方式。在整个运输过程中，货物会与其他货物混装混载，但会采取相应的分隔和包装以确保货物的完好性。

3）集装箱运输

适合以集装箱运输的货物，应按集装箱运输办理。

2. 公路货物运输作业

公路货物运输过程是指货物从受理托运开始，到交付收货人为止的生产活动。货运过程一般包括货物装运前的准备工作、装车、运送、卸车、保管和交付等环节。按照货运过程的不同阶段，车站货运工作可分为发送工作、途中工作和到达工作。

1）发送工作

货物在始发站的各项工作统称为发送工作。发送工作主要由受理托运、组织装车和核算制票等三部分组成。

受理托运必须做好货物包装、确定重量和办理单据等作业。货物装车前必须对车辆进行技术检查和货运检查，以确保运输安全和货物完好。组织装车时要注意码放货物，改进装载技术，在严格执行货物装载规定的前提下，充分利用车辆的载重量和容积。核算制票指货物装车后，应严格检查货物的装载情况是否符合规定的技术条件。车站办理货物承运时，应按规定向托运人核收运杂费，并开具承运凭证——货票。

2）途中工作

货物在运送途中发生的各项货运作业，统称为途中工作。途中工作主要包括途中货物交接、整理或换装等内容。

为了保证货物运输的安全与完好，分清运输责任，货物在运输途中如发生装卸、换装、保管等作业，驾驶员之间、驾驶员与站务人员之间应认真交接检查手续。一般情况下，交接双方可按货车状况及货物装载状态进行，必要时可按货物件数和重量交接，如接受方发现有异状，由交出方编制记录备案。

3）到达工作

货物在到站发生的各项货运作业统称为到达工作。到达工作主要包括货运票据的交接、货物卸车、保管和交付等内容。车辆装运货物抵达卸车地点后，收货人或车站货运员应组织卸车。卸车时，对卸下货物的品名、件数、包装和货物状态等应做必要的检查。

3. 公路货物运输车辆管理

1）车辆行驶线路

在组织运输生产活动时，选择时间短、费用省、效益好的行驶线路是一项十分重要的工作。

车辆在运输生产活动中，按预定计划的道路运行路线，即车辆行驶线路。车辆行驶线路大致有往复式、环形式和汇集式三种类型。

（1）往复式行驶线路。往复式行驶线路是指车辆在两个作业点之间的线路上，作一次或多次重复运行的行驶线路。它又可分为单程有载往复式、回程部分有载往复式和双程有载往复式三种。

（2）环形式行驶线路。环形式行驶线路是指车辆在由若干个装卸作业点组成的封闭回路上，作连续单向运行的行驶线路。这种行驶线路主要有简单环形式、交叉或三角形式和复合环形式三种。

（3）汇集式行驶线路。汇集式行驶线路是指车辆沿分布于运行路线上各装卸作业点，依次完成相应的装卸作业，且每运次的货物装（卸）量均小于该车核定载重量，直到整个车辆装满（卸空）后返回出发点的行驶线路。这种行驶线路主要有分送式、收集式和分送收集式三种形式。

2）车辆运行组织方式

科学、合理地组织车辆运行，可以取得十分显著的效果。车辆运行方式主要有双班运输、拖挂运输和甩挂运输等，应从实际情况出发加以选用，并加强对它们的组织。

（1）双班运输。在其他条件不变的情况下，延长出车时间能增加平均车日行程，进而提高运输效率，出车时间的长短，取决于车辆运行组织和驾驶员劳动组织的方式。汽车运输采用双班甚至多班制方法，其基本做法是“停人不停车”，这是增加车辆出车时间，提高车辆生产率的有效措施之一。

（2）拖挂运输。不同用途的车辆按照一定的要求进行组合、搭配，便构成了各类汽车列车。拖挂运输比较常见的搭配形式，一种是由载重汽车和全挂车两部分组成的汽车列车；另一种是由牵引车和半挂车组成的汽车列车。集装箱牵引车按拖挂方式分类如图 5-1 所示。

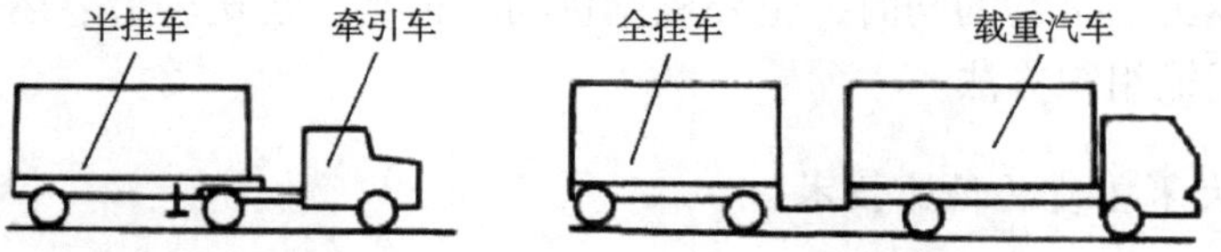

图 5-1 集装箱牵引车按拖挂方式分类

拖挂运输也称汽车运输列车化，是以汽车列车形式参加生产活动的一种运行方式。通常讲的拖挂运输，是指汽车列车在完成运行和装卸作业时，载重汽车（或牵引车）与全挂车（或半挂车）一般不予分离，这种主车定挂的组织形式也称为定挂运输。它在运行组织和管理工作方面基本上与单车相仿，易于推广，收效较好，是开展拖挂运输的一种主要形式。

（3）甩挂运输。甩挂运输也称甩挂装卸，是指用牵引车拖带挂车至物流节点，将挂车甩下后，牵引另一挂车继续作业的运输组织方式①。由于甩挂车既保留了定挂运输的优点，又避免了增加载重量后造成车辆过长的装卸作业停歇时间，车辆载重量和时间均能得到充分的利用，具有较佳的经济效益。

（三）公路特种货物运输技术

公路特种货物一般分为三大类，即危险货物、鲜活货物和长大笨重货物。

1. 公路危险货物运输技术

危险货物的危险性主要取决于它们自身的理化性质，但在一定外界条件的影响下，如摩擦、撞击、震动、接触火源、日光暴晒、雨水受潮、温度变化或与其他性质相抵触的物质接触，往往会酿成爆炸、燃烧、毒害等严重事故。因此，运输危险货物时，必须在掌握各类危险货物性质及其变化规律的前提下，按《汽车危险货物运输规则》的有关规定，认真做好危险货物的包装、配载、装卸、保管、运送、鉴定、防护等工作。

2. 公路鲜活货物运输技术

鲜活货物是指在运输过程中，需要采取相应的保鲜、保活措施，并需在规定期限内运抵目的地的货物。

承运鲜活货物时，应由车站货运员对托运货物的质量、状态进行认真的检查。要求货物保持新鲜、包装合乎要求、热状态符合规定。对已有腐烂变质现象的货物，托运前应加以适当处理。对质量不符合规定的鲜活易腐货物不予承运。

---

① 全国物流标准化技术委员会. 物流术语：GB/T 18354—2021. 北京：中国标准出版社，2021.

托运鲜活易腐货物时，托运人须向车站提出最长的运到期限，并在托运单上注明。承运人应根据托运人的要求，及时地安排适宜车辆予以装运。

车站在承运鲜活货物的同时，也要根据货物的种类、运送季节、运送距离和运送方向确定相应的运输组织方法。

3. 公路长大笨重货物运输技术

汽车运输货物中，具有长、大或笨重特点的货物称为长大笨重货物，简称大件。

长大笨重货物在汽车货运总量中所占比例不大，但由于这类货物在体积、重量上往往超过普通车辆允许的载重量或容积，甚至超过公路、桥涵的净空间及通过能力，汽车运输大件时安全、质量、效率问题尤为突出。

运输长大笨重货物时，通常都要采取相应的技术措施和组织措施，对装运车辆的性能和结构、货物的装载和加固技术等都有一定的特殊要求。为了保证货物和车辆的完好，保证车辆运行安全，必须满足以下几方面基本技术条件。

（1）货物的装卸应尽可能选用适宜的装卸机械，装车时应使货物的全部支承面均匀地、平稳地放置在车辆底板上，以免损坏大梁。

（2）载运货物的车辆，应尽可能选用大型平板等专用车辆。除有特殊规定者，装载货物的重量不得超过车辆的核定吨位，其装载的长度、高度、宽度不得超过规定的装载界限。

（3）支重面不大的笨重货物，为使其重量能均匀地分布在车辆底板上，必须将货物安置在纵横垫木上，或相当于起垫木作用的设备上。

（4）货物的重心尽量置于车底板纵、横中心线交叉点的垂直线上，如无可能时，则应对其横向位移严格限制。纵向位移在任何情况下必须保证负荷较重一端轮对或转向架的承载重量不超过车辆设计标准。

（5）重车重心高度应有一定限制，重车重心如偏高，除应认真进行装载加固，还应采取配重措施以降低其重心高度，且车辆应限速行驶。

运送长大笨重货物时，除应考虑合理的装载技术条件，还应视货物重量、形状、大小、重心高度、车辆和道路条件、运送速度等具体情况，采取相应的加固捆绑措施。

三、水路运输

（一）水路运输概况

与公路运输、铁路运输相比，水路运输在经济性、资源利用率和安全性方面有较大优势；在能耗和环保性方面比铁路运输差；在时间和便捷性方面比铁路运输和公路运输差[①]。水路运输包括江河运输和海上运输。

---

① 冯玥，李海波. 水路、公路和铁路运输方式的优势比较. 水运管理，2020，42（4）：1-2，12.

1. 江河运输

江河运输既是一种古老的运输方式，也是水路运输的重要组成部分。

长江水系是我国江河运输的主体。长江是我国第一大河。长江的许多支流也是重要水道，如岷江、沱江、涪江、嘉陵江、乌江、汉江和洞庭湖、鄱阳湖、太湖等，形成了密集的水道网。随着长江三峡工程的建成和长江干线中下游航道的疏浚，长江干线航道有可能实现渠化和分道分边航行，长江水系将会为江河水路运输提供良好的条件，以适应现代物流发展的需要。

在货运量方面，珠江仅次于长江居第二位。珠江由东江、北江和西江汇合而成。东江、北江是粤东、粤北连接广州的水路运输干线；西江横贯粤桂两省区；珠江三角洲地区以广州为中心，水道密如蛛网。

黄河是我国第二大河。由于黄河上游多峡谷，水势湍急；下游水浅滩多，水位涨落不定，所以只能分段通航。

黑龙江是我国第三大河，可通轮船，但封冻期较长。黑龙江的主要支流松花江是东北重要的水路运输干线。

2. 海上运输

随着我国经济实力的提升，进出口贸易日益频繁，而进出口贸易的运输方式基本依赖海洋运输[①]。海上（货物）运输包括沿海运输和远洋运输，简称海运。

1）沿海运输

沿海（货物）运输是指利用船舶在国内海港之间运送货物的运输方式。

我国大陆海岸线长达 18 000 多千米，沿海拥有许多终年不冻的优良港口，如大连、营口、秦皇岛、天津等。为了发展对外贸易，长江沿岸各港，如重庆、武汉、宜昌、九江等都已对外开放。现在，我国港口与世界各主要港口之间，已开辟了众多的定期和不定期的海上航线。

沿海运输从事的是国内货物运输，其活动范围比较小，航行距离较短，运输风险相对也较小，经营活动主要受国内航运市场的影响。

2）远洋运输

远洋（货物）运输是指利用船舶在国际港口之间运送货物的运输方式。远洋运输是伴随着国际贸易而进行的国际货物运输，其活动范围广阔、航行距离长、运输风险也较大，其经营活动主要受有关国际公约和各国法律的约束，也要受到国际航运市场的影响。与沿海运输相比，远洋运输具有海上运输危险性大和国际性两大特点。

远洋运输的危险性　　远洋运输的国际性

① 韩斌. 远洋运输企业船舶租赁财务决策研究. 财会学习，2020，(34)：42-43.

（二）水路运输货运程序和单证

水路运输可以分为定期船运输和不定期船运输两种经营方式。

1. 定期船运输业务

1）定期船货运程序

（1）订舱。订舱是托运人（包括其代理人）向班轮公司（即承运人，包括其代理人）申请物品运输，承运人对这种申请给予承诺的行为。

（2）接货装船。在定期船的杂货运输中，除另有约定，都规定托运人应将其托运的物品送至船边，如果船舶是在锚地或浮筒作业，托运人还应用驳船将物品驳运至船上，然后进行物品的交接和装船作业。对于特殊物品，如危险物品、鲜活货、贵重货、重大件等，通常采取由托运人将物品直接送至船边，交接装船的形式，即采取现装或直接装船的方式。

（3）卸船交货。在定期船的杂货运输中，卸船交货是指将船舶所承运的物品在运输合同规定的卸货港卸下，并在船边交给收货人并办理物品的交接手续。但是，如果由于战争、冰冻、港口罢工等特殊原因，船舶已不可能前往原定的卸货港，或会使船舶处于不安全状态，则船舶可以驶往能够安全到达的附近港口卸货。对于危险物品、重大件等特殊物品，通常采取由收货人来船边接收货物，并办理交接手续的现提形式。

2）定期船货运单证

在定期船运输中，从办理物品的托运手续开始，到物品装船、卸船直至交付的整个过程，都需要编制各种单证。这些单证是在货方（包括托运人和收货人）与船方之间办理货物交接的证明，也是货方、港方、船方等有关单位之间从事业务工作的凭证，还是划分货方、港方、船方各自责任的必要依据。对于从事现代物流运输业务而言，最重要的单证是运单和提单。

2. 不定期船运输业务

国内不定期船运输业务较为简单，有关做法应符合《中华人民共和国合同法》的规定。在国际运输中，不定期船运输业务较为复杂，在此简单介绍租船程序和租船合同的有关内容。

1）不定期船租船程序

租船是通过租船市场进行的。一项租船业务从发出询价到缔结租船合同的全过程称为租船程序。一项租船交易的成交，大致要经过以下七个阶段。

（1）询盘。询盘的目的和作用是让对方知道发盘人的意向和需求的概况。承租人发出询盘的目的是以适当的洽租条件，直接或通过租船经纪人寻求合适的船舶来运输货物；船舶所有人发出询盘的目的是承揽货物运输业务。询盘的内容包括必须让对方知道的项目。

（2）发盘。发盘又称报价。承租人或船舶所有人围绕询盘中的内容，就租船涉及的主要条件答复询盘方即发盘。予以发盘即意味着对询盘内容存在兴趣，所以在发盘时，应考虑对方接受发盘内容的可能性。发盘的内容包括租船业务的主要条件，也构成了租船合同的基础内容。

（3）还盘。还盘又称还价，是指接受发盘的一方对发盘中的一些条件提出修改，或提出自己的新条件，并向发盘人提出的工作过程。还盘的目的在于要求对方更改对自己不利的或合同执行上不可行的洽租条件。还盘意味着新的询价开始。对还盘条件做出答复或再次做出新的报价称为反还盘或反还价。

（4）报实盘。在经过了多次还盘与再还盘后，如果双方对租船合同条款的意见已渐趋一致，一方可以报实盘的方式要求对方做出是否成交的决定。绝对发盘实质上就是在第一次发盘时就报实盘了。

（5）受盘。受盘又称接受订租，即一方当事人对实盘所列条件在有效期内明确表示承诺的意见。至此，租船合同即告成立。原则上，接受订租是租船程序的最后阶段。接受订租后，一项租船洽商即告结束。

（6）签订订租确认书。一项租船业务成交后，通常的做法是当事人双方签署一份订租确认书。订租确认书应详细列出船舶所有人和承租人在洽租过程中双方承诺的主要条款。

（7）编制、审核、签订正式租船合同。当事人双方签订的订租确认书是一份供双方履行的简式的租船合同。但是，双方还可按照已达成的协议编制、审核并签署正式的租船合同。

在从事不定期船业务中，当事人双方都必须履行自己的承诺。

2）不定期船租船合同

（1）租船合同范本。为了简化签订租船合同的手续，加快签约的进程和节省为签订租船合同而发生的费用，在国际航运市场上，一些航运垄断集团、大的船运公司或货主垄断组织，先后编制了供租船双方选用，作为洽商合同条款基础的租船合同范本。租船合同范本中罗列了事先拟就的主要条款，以供承租双方选用及删减、修改和补充。

（2）航次租船合同的内容。航次租船合同的内容因具体业务的货类、航线、贸易条件等而不同，使用的标准租船合同格式的条款也不同，可以根据具体情况和对双方有利的原则，对标准合同格式中的若干条款进行删减或增加，对于没有明确规定的事项可以依照法律或商业习惯处理。《中华人民共和国海商法》第九十三条规定：“航次租船合同的内容，主要包括出租人和承租人的名称、船名、船籍、载货重量、容积、货名、装货港和目的港、受载期限、装卸期限、运费、滞期费、速遣费以及其他有关事项。”

四、航空运输

（一）航空运输概况

1. 航空运输的发展

航空运输作为一种国际贸易运输方式，是在第二次世界大战后才开始出现的。随着战争的结束，军用飞机逐渐应用于民用航空领域，尤其是宽体飞机的出现和全货机的不断发展，航空货运在经济发展中的地位越来越重要。由于航空运输速度快、航线不受地形条件限制、安全准时，还可节省包装、保险、利息等费用，而且手续简便，在开辟新市场、适应市场需要与变化等方面较其他运输方式优越，所以发展迅速，运量逐步增大，在整个国际贸易运输中的地位日益显著。在我国飞速发展的社会主义市场经济背景下，我国航空运输业已经成长为全球第二大航运市场①。

2. 航空运输的经济效用

一般航空运输的经济效用主要有以下五个方面。

（1）降低库存水平。航空运输的高速性使得长距离的物品运送可以在短时间内完成，使降低库存成为可能，库存投资和保管费用也可以相应节约，提高资金的周转速度。

（2）能完成物品的迅速补给。对于季节性强等销售期比较短的物品特别适合。此外，国际市场竞争激烈，市场行情瞬息万变，为了在国际贸易中能及时地把握时机，赢得利润，时间因素往往至关重要。所以在国际贸易中，航空运输经常成为贸易竞争的手段而被普遍采用。

（3）节省包装费用。航空运输安全性好，因此可以简化运输包装，节省包装材料、劳力和时间。

（4）对小批量物品而言，可节省运杂费。航空运费以公斤为计算单位，轻泡货物每6～7立方米折合1吨计算运费，而海运费用是1立方米折合1吨计算运费，所以少量货物采用空运反而更合适。

（5）减少货损和货差事故。由于航空运输过程中的震动、冲击很小，温度、湿度等条件适宜，加之运行中与外界没有接触，发生货损、货差事故的可能性大大减小。

3. 航空运输的经营方式

航空运输的主要经营方式包括班机运输、包机运输、集中托运和航空快递等四种。

1）班机运输

班机是在固定航线上的固定起落站之间按预先计划规定的时间进行定期航行的飞机。主要是客货混载，个别航空公司也有专门的货运班机。物品流通采用班机方式可以使收货人和发货人确切掌握货物起运和到达时间，保证货物安全、准时成交。

班机货运适用于急用物品、行李、鲜活物、贵重物、电子器件等的物流。

班机一般是客货混装，货舱舱位有限，不能满足大批物品的运输要求，只能分期分批运输。

2）包机运输

包机运输是指由租机人租用整架飞机或若干租机人联合包租一架飞机进行货运的物流方式。包机如果往返使用，则价格较班机低，如单程使用则价格较班机高。包机适合转运高价值货物。

---

① 张桥艳. 关于构建航空物流信息化管理体系的相关探讨. 中国物流与采购，2021,（14）：78-79.

包机运输方式分为整架包机和部分包机两类。

（1）整架包机是指航空代理公司，按照与租机人事先约定的条件和费率，将整架飞机出租给包机人，从一个或几个航空站装运物品到指定目的地的运输方式。它适合于大宗物品运输。

（2）部分包机有两种方式：一种是由几家航空代理公司或发货人联合包租整架飞机，另一种是由包机公司把整架飞机的舱位分租给几家租机人。部分包机适合于不足整机的物品。

3）集中托运

集中托运是指航空代理公司把若干单独发运的物品，组成一整批物品，用一份总运单整批发运到同一目的站，或者运交某一预定的代理收货并分拨后交给实际收货人的运输方式。它是一种对小批量物品的空运方式。

4）航空快递

航空快递是指经营快递业务的企业将物品从发件人所在地通过自身或代理的网络运达收件人的一种快速运输方式，采用上述运输方式的物品叫快件。航空快递的业务性质和运输方式与普通航空货运有较多相近之处，可以视为航空货运的延续或发展。

航空快递业务的三种形式　　航空快递的特点和作用

（二）航空运输货运程序和航空货运单

1. 航空运输货运程序

航空货运程序是指为了满足运输消费者的需求而进行的从托运人发货到收件人收货的全过程的物流和信息流的实现与控制管理过程。其业务流程包括出运和接运两部分，下面以国际航空货运程序为例介绍航空货运的出港业务流程和进港业务流程。

（1）航空货运出港操作程序是指从托运人将物品交给航空公司，直到物品装上飞机的整个操作流程。航空货运出港操作程序有以下四个步骤。

第一，订舱，是托运人或其代理人向航空公司申请并预订舱位，航空公司签发舱位确认书，同时给予装货集装器领取凭证（如需要时），以表示舱位订妥。此时需要填写订舱单，以便航空公司进行控制。

第二，整理单据，是将有关出运物品的单据进行核对检查并进行处理，以保证正确交接和出港。需整理的单据包括已入库的大货的单据、现场收运的物品的单据和中转的散货的单据。

第三，交接，指物品过磅、入库和将随机单据等交航空公司。交货之前必须做出标签，清点和核对物品，填制交接清单。航空公司审单验货后，再交接清单签收，将物品存入出港仓库。

第四，出港，是按计划将所配载的物品装上飞机并制作相应单据，飞机起飞、单据传输出去的作业。

（2）航空货运进港操作程序。航空货运进港操作程序是指从飞机到达目的地机场，承运人将货物从飞机卸下并全程实时跟踪、管理以确保货物的安全送达直至交予收件人的全过程，过程涉及物流和信息流的实现与控制。航空货运进港操作程序有以下四个步骤。

第一，进港航班预报，航空公司以当日航班进港预报为依据，在航班预报册中逐项填写航班号、机号、预计到达时间，同时还应了解到达航班的货物装机情况及特殊货物的处理情况。

第二，航空货运单处理，在每份航空货运单的正本上加盖或书写到达航班的航班号和日期；认真审核运单，注意运单上所列目的港、代理公司、品名和运输保管注意事项；核对运单和舱单；把舱单上列出的特种货物、联程货物圈出；根据分单情况，在整理出的舱单上标明每票运单的去向；核对运单份数与舱单份数是否一致，做好多单、少单记录，将多单运单号码加在舱单上，多单运单交查询部门，打印航班交接单。

第三，发到货通知，尽早、尽快地通知货主到货情况。

第四，交接，将有关单据转交收货人，并将卸机后存入仓库的物品交付给收货人。

2. 航空货运单

航空货运单是由托运人或者以托运人的名义填制，承运人或其代理人签发的重要航空货运单据。它的性质与海运提单不同，而与海运单和铁路运单等相似。航空货运单是订立合同、接受货物和运输条件的初步证据，具有运输合同凭证、货物收据、运费单据的作用。航空货运单是承运人组织航空货运的依据；航空货运单是进出口物品办理报关手续的单证之一；航空货运单是保险证明，在承运人承办保险业务的情况下，航空货运单也可用作保险证书。但是，航空货运单不是物权凭证，不能通过转让航空货运单来转让物品。

五、管道运输

（一）管道运输的含义及作用

管道运输是主要利用管道，通过一定的压力差而完成商品（多为液、气体或粉末状、颗粒状固体货物）运输的一种现代运输方式。

现代管道运输始于 19 世纪中叶，是随着石油和天然气产量的增长而发展起来的。1865 年美国宾夕法尼亚州建成世界上第一条原油运输管道。

管道运输的进一步发展是从 20 世纪开始的。随着第二次世界大战的结束，石油工业得到了迅速的发展，管道的建设也进入了一个新的阶段，各产油国竞相开始兴建大量石油及油气管道。20 世纪 60 年代开始，输油管道的发展趋于采用大管径、长距离，并逐渐建成成品油运输的管网系统。同时，开始了用管道运输煤浆的尝试。目前全球的管道运输承担着很大比例的能源物资运输，包括原油、成品油、天然气、油田伴生气、煤浆等。其完成的运量大大超过人们的想象（美国的管道运输量几近于汽车运输的运量），目前已成为陆上油气运输的主要运输方式。近年来，管道运输也被进一步研究用于解决散装物料、成件货物、集装物料的运输，容器式管道运输系统也被研制成功。

（二）管道运输的特点

（1）运量大。一条输油管线可以源源不断地完成运输任务。根据其管径大小不同，每年的运输量可达数百万吨到几千万吨，甚至超过亿吨。例如，一条直径 1.2 米的管道，每年可输送原油 4295 万吨。

（2）占地少。运输管道通常埋于地下，其占用的土地很少。运输系统的建设实践证明，运输管道埋藏于地下的部分占管道总长度的 95%以上，因而对于土地的永久性占用很少，仅为公路的 3%、铁路的 10%左右，在交通运输规划系统中，优先考虑管道运输方案，对于节约土地资源，意义重大。

（3）建设周期短、费用低、运营费用也低。管道运输系统的建设周期与相同运量的铁路建设相比，一般来说要短 1/3 以上。例如，新疆至上海的全长 4200 千米的天然气管道，预计建设周期不会超过两年，但若新建同样的铁路运输专线，建设周期至少在三年，特别是地质地貌条件和气候条件相对较差，大规模修建铁路难度将更大，周期更长。且有关统计资料表明，管道建设费用比铁路低 60%左右。

（4）安全可靠、连续性强。由于石油天然气易燃、易爆、易挥发、易泄漏，采用管道运输方式，既安全又可以大大减少挥发损耗，同时泄漏导致的对空气、水和土壤等的污染也会大大降低，也就是说，管道运输能较好地满足运输工程绿色环保的要求。此外，由于管道基本埋藏于地下，其运输过程受恶劣多变的气候条件影响小，可确保运输系统长期稳定地运行。

（5）耗能少、成本低、效益好。发达国家采用管道运输石油，每吨千米的能耗不足铁路的 1/7，在大量运输时的运输成本与水运相当，因此在无水运条件下，采用管道运输是一种最为节能的运输方式。管道运输是一种连续工程，运输系统不存在空载行程，因而系统的运输效率高。理论分析和实践经验证明，管道口径越大、运输距离越远、运输量越大，运输成本就越低。以运输石油为例，管道运输、水路运输、铁路运输的运输成本之比为 1∶1∶1.7。

（6）灵活性差。管道运输不如其他运输方式（如汽车运输）灵活，除承运的货物比较单一外，也不容易随意扩展管线、实现“门到门”的运输服务。对一般用户来说，管道运输常常要与铁路运输或公路运输、水路运输配合才能完成全程运输。此外，运输量明显不足时，运输成本会显著增大。

管道运输的上述特点，使管道运输主要担负单向、定点、量大的流体状货物（如石油、油气、煤浆、某些化学制品原料等）的运输；另外，在管道中利用容器包装运送固态货物（如粮食、砂石、邮件等），也具有良好的发展前景；管道运输与其他几种运输方式的主要区别在于管道设备是静止不动的。

六、多方式联合运输

多方式联合运输概述　　常见多方式联合运输组合方法

第三节　运输方式选择

运输方式的选择取决于运输服务的众多特性。一些关于运输服务特性重要程度的调查显示，运输成本、速度和可靠性最为重要，因此，运输服务的成本、平均运输时间（速度）和运输时间的波动性（可靠性）等是选择运输模式的基础。

一、运输成本决定运输方式

如果不将运输服务作为竞争手段，那么能够使运输服务的成本与运输服务水平导致的相关间接库存成本之间达到平衡的运输服务就是最佳服务方案。运输速度和可靠性会影响托运人和买方的库存水平（订货库存和安全库存）以及他们之间的在途库存水平。如果选择速度慢、可靠性差的运输服务，物流渠道中就需要有更多的库存，这样就需要考虑库存持有成本可能升高，而抵消运输服务成本降低的情况。因此，最合理的方案应该是既能满足顾客需求，又使总成本最低的服务。

例 5-1　某箱包公司生产系列箱包产品，其分拨计划是将生产的成品先存放在工厂，然后由工厂运往公司自有的基层仓库。目前，公司使用铁路运输将工厂的成品运往仓库。铁路运输的平均时间为 T=21 天，每个储存点平均储存 100 000 件箱包，箱包的平均价值 V=30 元，每年库存成本率 I=30%。

公司希望选择使总成本最小的运输方式。据估计，运输时间从目前的 21 天每减少一天，平均库存水平可以减少 1%（含仓库库存和在途库存）。每年仓库卖出 D=700 000 件箱包。公司可以利用以下运输服务，如表 5-1 所示。

表 5-1　各种运输方式的运输费率、运送时间及每年运输的批次

运输服务方式	运输费率 C/（元/单位）	“门到门”运送时间 T/天	每年运输批次/次
铁路运输	0.1	21	10
公路运输	0.2	5	20
航空运输	1.4	2	40

其中，采购成本和运输时间的变化忽略不计。

试根据以上资料，确定何种运输方式能使总成本最小。

解：在选择运输方式时要考虑总成本，包括以下三方面的成本。

（1）运输成本，不同运输方式的运输成本不同，各种运输方式下的运输成本为年运输量与运输费率的乘积。

（2）在途库存成本，不同运输方式将影响货物的在途时间，在途库存的持有成本不同。在途库存成本为 $I\times V\times D\times T/365$。

（3）分拨渠道两端的库存成本。分拨渠道两端的平均库存大约是 $Q/2$，其中 Q 是运输批量。每单位货物的库存成本为 $I\times V$，但产品价值 V 在分拨渠道的不同地点是不同的。在工厂，V 是产品的出厂价值；在仓库，V 是产品的出厂价值加上运输费率。

用运输费率乘以上年需求量，就得到每年的总运输成本 $R\times D$。针对每种运输方式可计算四种相关成本。据此计算各种运输方式下的总成本如表 5-2 所示。

表 5-2　各种运输方式的总成本计算过程　　单位：元

成本类型	铁路运输	公路运输	航空运输
运输成本	0.1 × 700 000=70 000	0.2 × 700 000=140 000	1.4 × 700 000=980 000
在途库存成本	0.3 × 30 × 700 000 × 21/365=362 466	0.3 × 30 × 700 000 × 5/365=86 301	0.3 × 30 × 700 000 × 2/365=34 521
工厂库存成本	0.3 × 30 × 70 000/2=315 000	0.3 × 30 × 35 000/2 × 0.84=132 300	0.3 × 30 × 17 500/2 × 0.81=63 788
仓库库存成本	0.3 × 30.1 × 70 000/2=316 050	0.3 × 30.2 × 35 000/2 × 0.84*=133 182	0.3 × 31.4 × 17 500/2 × 0.81*=66 764
合计	1 063 516	491 783	1 145 073

*考虑了运输服务与货物发运次数的年增长

由计算结果可以看出，虽然采用铁路运输的运输成本最低，采用航空运输的库存成本最低，但公路运输的总成本是最低的。所以，如果使用公路运输，运输时间可以减少到 5 天，两个端点的库存水平也将减少 16%。

二、竞争因素决定运输方式

选择合适的运输方式有助于创造有竞争力的服务优势，同样，竞争因素也会影响运输方式的选择。如果供应渠道中的买方从多个供应商那里购买商品，那么物流服务就会和价格一样影响买方对供应商的选择。相反，如果供应商针对各自的销售渠道选择不同的运输方式，就可以控制其物流服务的各项要素，进而影响买方的购买选择。

对买方而言，更好的运输服务（运送时间更短，波动更小）意味着可以保有较少的库存或完成运作计划的把握更大。为鼓励供应商选择最理想的运输服务，进而降低成本，买方唯一能采取的行动就是惠顾。买方的做法就是将采购订单转给能提供更优质运输服务的供应商。业务的扩大将带来利润的增加，将弥补由选择快速运输服务带来的成本增加，因而应鼓励供应商寻求吸引买方的运输服务形式，而不是单纯降低运输服务的价格。

三、运输路线选择

在物流运输过程中，除运输方式不同以外，每种运输方式还有不同的运输路线。因而物流运输路线的选择除了要考虑运输方式的选择，还要在各运输方式的基础上考虑路线的不同对运输效率的影响[1]。

货物总运输成本一般都可以通过运输的在途时间长短以及运输工具在一定时间内运送货物的次数和运量等来反映。因此，总运输成本的最常见决策问题，就是找到运输工具在公路网、铁路线、水运航道和航空线运行的最佳路线——运输路线选择，以尽可能缩短运输时间或运输距离，促使运输成本降低，同时也改善客户服务。

运输路线的选择问题非常复杂，为了把握其中的要领，将运输路线选择进行归类研究是必要的。路线选择常以起讫点为标准划分为三个基本类型：起讫点重合的路径决策、起讫点不同的单一路径决策、多个起讫点的路径决策。

起讫点

四、运输合理化的措施

无论是物流企业，还是工商企业，在物流运输的组织实施过程中，都应该采取措施，实现运输合理化的目标。实现运输合理化可以采取以下有效措施。

（1）提高运输工具实载率。实载率有两个含义：一是单车、单船等实际载重与运距之乘积和标定载重与行驶里程之乘积的比率，它是在安排单车、单船等运输时，判断装载状况的重要指标；二是车、船等的统计指标，即一定时期内实际完成的货物周转量占车、船载重吨位与行驶里程之乘积的比率。在计算时，要包括载货行驶，也要包括空驶。提高实载率的意义在于充分利用运输工具的额定能力，减少空驶和不满载行驶的时间。

（2）减少运力投入、增加运输能力。在运输设施建设已定型和完成的情况下，尽量减少能源投入，提高产出能力，降低运输成本。

（3）发展社会化的运输体系。运输社会化是发挥运输的大生产优势，实行专业分工，打破一家一户自成运输体系的状况。实现物流运输社会化，可以充分利用运输资源，避免出现对流运输、倒流运输、过远运输、空驶和运力选择不当等不合理形式，还可以实现运输组织效益和运输规模效益。在社会化运输体系中，采用各种联运体系和联运方式，可以充分利用面向社会的各种运输工具和设施，通过协议或合同进行一票到底的运输，提高运输效率。

（4）运输方式的合理分工。根据运距的长短进行铁路、公路的分流。目前对杂货及煤灰等较为普遍地使用公路运输，一般认为，公路的经济里程为 200 ~ 500 千米，随着高

① 黄静如. 基于 AHP 的城市间物流运输路线选择研究. 电子商务，2020，（4）：5-6，8.

等级公路的发展、高速公路网的形成、新型货车与特殊货车的出现，公路运输的经济里程有时可达 1000 千米以上。在公路运输经济里程范围内，应尽量利用公路运输，这是因为用公路运输分流后，可以缓解比较紧张的铁路运输，从而使该区段铁路运输能力提高，另外还可以充分利用公路“门到门”等便捷、灵活的运输优势，实现铁路运输无法达到的服务水平。

（5）分区产销平衡合理运输。这是在物流活动中，对某一物品将其一定的生产区固定于一定的消费区。应根据产销的分布情况和交通运输条件，在产销平衡的基础上，按照近产近销的原则，使运输里程最少而组织运输活动。它加强了生产、供、运、销等的计划性，消除了过远、迂回、对流等不合理运输，在节约运输成本及费用后，降低了物流成本。在实践中，它适用于品种单一、规格简单、生产集中、消费分散或者生产分散、消费集中且调运量大的物品，如煤炭、水泥、木材等。

（6）直达运输。这是指货物由发运地到接收地，采用同一种运输方式、中途不需要中转的运输组织方式[①]。它减少了中间环节，可节省运输时间和运输费用，且灵活性较大。它通常适用于一些体积较大且笨重的物品运输，进出口物品也多采用直达运输，某些消费品也可根据物品规格等具体情况而越过不同的中间环节直接运到批发商或零售商的手中。

（7）直拨运输。这是指商业、物资批发等企业在组织物品调运过程中，对当地生产或由外地到达的物品不运进批发站仓库，而是采取直拨的办法，将物品直接分拨给基层批发、零售中间环节甚至是用户，以减少中间环节，并在运输时间与运输成本方面收到双重的经济效益。在实际工作中，通常采用就厂直拨、就车站直拨、就仓库直拨、就车船过载直拨等具体运作方式，即“四就”直拨运输。与直达运输里程远、批量大特点相比，直拨运输的里程较近、批量较小。

（8）合整装载运输。这主要是指商业、供销等部门的杂货运输中，同一个发货人将不同品种发往同一到站、同一个收货人的少量物品组配在一起，以整车方式运输至目的地或将同一方向不同到站的少量物品集中组配在一起，以整车方式运输到适当的中转站，然后分运至目的地。采取合整装载运输，可以减少运输成本和节约劳动力。实际工作中，通常采用零担拼整直达、零担拼整接力直达或中转分运、整车分卸、整装零担等运作方式。

（9）提高技术装载量。这也是组织合理运输提高运输效率的重要内容。它一方面要最大限度地利用车船载重吨位，另一方面又要充分使用车船装载容积。实际工作中可以采取：①组织轻重配装，即将重货和轻泡货合理地配装在一起，这样既可充分利用装载容积，又能充分利用载重能力，提高运输工具的使用效率；②实行解体运输，即将体大笨重、不易装卸且又易致损的物品拆卸后分别包装，使其便于装卸和搬运，提高运输装载效率；③提高堆码技术，即根据运输工具的特点和物品的包装形状，采取有效堆码方法，提高运输工具的装载量。

总之，在运输合理化措施方面还有许多问题有待研究。在研究运输问题时，应考虑

① 全国物流标准化技术委员会. 物流术语：GB/T 18354—2021. 北京：中国标准出版社，2021.

以下几个方面：运输方式的选择和运输路线的确定、运输工具的配备、运输计划的制订、运输环节的减少、运输时间的节省、运输质量的提高、运输费用的节约、作业流程连续性、服务水平的提高等。

案例分析

从“人找货”到“货找人”，高新技术打造智慧物流

智慧物流应用和技术的发展推动着现代物流的转型。高科技设备如自动化分拣设备、智能机器人和无人搬运车等提高了物流效率和准确性。智能快递车依托自动驾驶技术实现了“无接触配送”。5G技术为物流设备提供了更高效的传输通道，如5G网络覆盖的物流园区实现了无人化作业场景验证。智慧物流的发展将进一步提升物流的速度、质量和效率。

智能物流推动从“人找货”到“货找人”的转型。自动化设备提高了配送效率，仓储数字化提供精细化服务，无人化运输网络实现乡村物流。智运快线利用机器人穿梭运输，实现了水果即时配送，可全天候监控保障运行安全。

1. 教学目的和用途

本案例用于管理学硕士和本科生学习企业管理学、物流系统规划、财务决策、物流工程、物流管理等课程时使用。通过案例使学生了解和掌握智慧物流领域中的高新技术，如物联网、人工智能、大数据等，以及它们在物流管理中的应用。硕士将通过此案例学会分析和解决智慧物流中的挑战和问题，培养创新思维和解决实际问题的能力。本科生将通过此案例了解使用这些技术来实现货物的更快、更准确的配送，提高物流链条中各环节的协同作业，减少信息传递中的误差和延迟等问题。这将有助于提升企业的物流运营效率和客户满意度，提高物流行业整体发展水平。教学目的为使学生掌握物流网络优化理论与方法、物流计划设计与实施方案、物流时效保证计划等，教授学生如何利用高新技术，通过智能物流系统从“人找货”向“货找人”转型，以提高物流效率和效益。

2. 启发与思考

（1）你认为目前智慧物流在实际应用中还存在哪些问题？如何利用高新技术解决这些问题？

（2）智慧物流的发展对物流行业的改变深远而广泛。那么，对于物流从业人员和企业来说，如何提升自身的技能与能力以适应智慧物流的发展趋势？

（3）智慧物流的应用使得物流链条中各环节更加智能化和自动化，但也可能带来一些潜在的风险和挑战，如数据安全和隐私保护等。你认为如何平衡智慧物流带来的便利性和这些潜在风险之间的关系？可以提出一些解决方案吗？

3. 分析思路

本案例属于理论应用与分析型的教学案例，学生应重点分析智慧物流系统的实施过程，学会比较“人找货”和“货找人”两种模式的优劣势，讨论智慧物流的挑战与解决方案。详细阅读案例资料，分析智慧物流对物流行业的影响，研究智慧物流对物流行业的整体影响。

4. 理论依据

本案例的理论依据：物联网技术、人工智能算法和大数据分析。

5. 关键要点

高新技术的应用，智慧物流的发展与影响和创新思维与解决问题能力。

6. 课堂计划

（1）建议教师先安排学生学习专业知识，并将本案例安排给学生学习，让学生重点思考提出的问题，对第 2 部分启发与思考中的问题进行逐条分析。

（2）本案例教学安排 4 课时。首先学生就思考问题进行分组讨论，并记录相关的结论，此部分 20 分钟完成。接着安排小组发言，学生就主要问题进行辩论，此部分 30 分钟完成。最后安排学生分享自己对智慧物流的看法和研究成果，学生以小组为单位编制一份解决智慧物流中挑战和问题的报告，此部分 2 小时完成，教师进行课堂评判。

本章思考题

1. 什么是物流运输？它与搬运的区别在哪里？物流运输的主要职能有哪些？
2. 什么是物流运输管理？其内涵包括哪些？物流运输管理的原则有哪些？
3. 如何理解物流运输的增值效应？
4. 影响物流运输合理化的因素主要有哪些？
5. 简述物流运输的几种主要方式。
6. 什么是国际多方式联合运输？它有哪些特点和优越性？
7. 多方式联合运输常见的组合方法有哪些？
8. 什么是运输政策？它包含哪些主要内容？
9. 如何进行运输决策？
10. 运输合理化的措施有哪些？

第六章

现代企业仓储管理

【思政案例导入】

1. 国家布局“十四五”规划，为仓储配送行业发展指明方向

《中华人民共和国国民经济和社会发展第十四个五年规划和2035年远景目标纲要》从设施建设、产业升级、体系完善三个层面提出了物流现代化建设的任务；《“十四五”冷链物流发展规划》提出了加强国家冷链骨干枢纽、产销集配中心及前后两端仓配设施建设的任务；《商贸物流高质量发展专项行动计划（2021—2025年）》明确了商贸物流标准化、数字化、智能化、绿色化的发展方向。

2. 中国物流集团有限公司成立，行业重组加速，市场竞争加剧

中国物流集团有限公司成立、顺丰控股嘉里物流 51.8%股权等，预示着培育壮大具有国际竞争力物流企业的趋势；同城配送企业“云鸟科技”和供应链企业“飞马国际”申请破产等，表明优胜劣汰、市场竞争加剧。大而强、中而专、小而精的企业将成为现代物流产业的骨干力量。

3. 政府加强行业监管，营造公平有序的行业发展环境

各政府部门加大对社区电商“低价倾销”、直播电商“物流刷单”等不正当竞争行为处罚力度，严控资本无序扩张给市场带来的消极作用；关注货运司机和配送骑手劳动保障、合法权益和生命安全；国家反垄断局挂牌，预示着行业规范有序发展将成为下一阶段主旋律。

4. 受各种因素影响，企业运营成本明显上升

受国际原油价格上涨、“招工难用工贵”等多重因素影响，仓配企业运营管理成本上升，经营压力加大。只有苦练内功、强化管理、技术升级、创新服务，才能渡过难关。

5. 智慧物流成为发展方向，智能仓储取得新成果

普洛斯发布《2021智慧物流园区白皮书》，分享物流园区“智慧升级指南”；智能机器人在仓储场景中实现更广泛的应用，智能仓储取得成果显著。

6. REITs政策放开，推动仓储设施向规模化标准化发展

自基础设施领域房地产投资信托基金（Real Estate Investment Trusts ，REITs）试点启动后，远洋资本、新宜中国等地产企业加速布局，我国首只“仓储物流类”基础设施

公募 REITs（普洛斯）在上交所上市，经中国仓储与配送协会标准化评价的“星级仓库”达数百个，推动仓储设施建设与运营向规模化、网络化、标准化发展。

7.“双碳”目标与相关政策推动仓配绿色化加速

《中共中央 国务院关于完整准确全面贯彻新发展理念做好碳达峰碳中和工作的意见》印发，强调推动低能耗低碳建筑规模化发展，创新绿色低碳、集约高效的配送模式；一些地方政府出台鼓励政策、大批企业积极申请“绿色仓库标识”，仓储配送绿色化加速推进。

8. 县域物流中心与产地冷链设施成为仓储业发展热点

商务部等 15 个部门联合发布《县域商业建设指南》，重点推进县乡村三级物流配送中心体系建设；商务部联手中国银行提供千亿元专项融资额度支持冷链物流发展，尤其是产地冷链设施设备；中药材物流基地建设纳入国家“实施道地中药材提升工程”重要措施，物流基地与种植基地衔接成为发展热点。

9. “全国性可流转仓单体系”正式运营，中国参与制定国际标准《仓单示范法》，供应链金融向最难处、最需处发力

多家行业协会联合发布标准《全国性可流转仓单体系运营管理规范》及细分品类实施细则，会同相关地方政府共同建设“全国性可流转仓单体系”，“全国仓单信息登记平台”上线运营；中国参与联合国国际贸易法委员会（United Nations Commission on International Trade Law，UNCITRAL）和国际统一私法协会组织的《仓单示范法》调研制定工作。

10. 海外仓向网络化标准化发展，支撑内外联通的国际物流体系运行

海外仓总体规模持续扩大、全球网点布局持续完善，基于团体标准《公共海外仓设施技术要求与运营管理规范》评价的标准化公共海外仓持续增长，为构建内外联通、安全高效的国际物流体系提供有力支撑。

资料来源：《2021 年中国仓储配送行业十件大事》，http://www.cawd.org.cn/index.php/article/detail/style/1/id/2642.html[2022-01-05]。

企业的生产和销售，离不开仓储活动，仓储在时间上协调原材料、产成品的供需，起着缓冲和平衡的作用，企业可以为客户在需要的时间和地点提供适当的产品，从而提高产品的时间效用。仓储管理是企业物流管理的一项重要内容，因此，本章在对仓储的功能与重要性有一定认识的基础上论述仓储运作和管理的重要理论与方法。

第一节 仓储与仓储管理概述

仓储是企业物流系统的一个组成部分，它在原产地、消费地，或者在这两者之间储存物品（原材料、零部件、在制品、产成品），并且向管理者提供有关储存物品的状态、条件和处理情况等信息。仓储作为生产者和客户之间的一个主要的联系纽带，在现代企业物流系统中也已经从一个相对较小的内容发展成为其最重要的职能之一，因此，有必

要重新认识其功能与重要性。

一、仓储的概念

仓储是指利用仓库及相关设施设备进行物品的入库、储存、出库的活动[①]。这是国家标准《物流术语》对仓储的定义。从这个定义中可以看出仓储中的“仓”指仓库及其附属设备、设施，是存放、保管、储存物品的设备设施的总称，具有存放和保护物品的功能；“储”表示将储存对象收存以备使用，具有收存、保护、管理、储藏物品、交付使用的意思，也称为储存。

传统的仓储活动强调对物品静态的存放、养护，而现代的仓储活动出入库极其频繁，为了适应经济的发展，现代企业的仓储活动往往和其他活动整合在一起，因此现代仓储活动更加复杂，管理起来也更加困难。

二、仓储的功能

仓储具有三种基本功能，即储存、物料搬运和信息传递。

（一）储存

仓储设施最显著的用途是保护和有序地储藏存货。货物在仓库里的储存时间和对储存条件的要求都会对仓储设施结构和布局产生影响。仓储设施种类很多，既有长期的、专门化的储存仓库，也有阶段性保有货物的储存仓库，还有暂时性存放货物的仓库。储存产品的形式也是多种多样，包括准备进入市场的成品、待组装的或者需进一步加工的半成品或原材料。因此，储存有长期储存、临时储存和暂时储存之分。临时储存强调的是仓储的搬运功能，只储存基本的库存补充所需的货物；暂时储存是企业储存超过正常补货所需数量的存货，也指缓冲或者安全库存。

（二）物料搬运

仓储系统的物料搬运活动归纳起来主要有三项：装货和卸货、货物运进和运出仓库、订单履行。

（1）装货和卸货。装货和卸货是物料搬运所涉及的一系列工作的最初和最后环节。把货物搬运到装货地点并装载到运输工具上以及卸货和将货物搬到储存地点这两个环节中，装货或卸货和搬运都是密不可分、伴随在一起发生的，一般都作为一种活动来对待。

（2）货物运进和运出仓库。在仓储设施的装货点和卸货点之间，货物可能被移动多次，如从货运码头运出来，从卸货地点移至储存区，运至拣货区补充库存等。实际的搬

---

① 全国物流标准化技术委员会. 物流术语：GB/T 18354—2021. 北京：中国标准出版社，2021.

运活动可以利用现有的多种物料搬运设备来完成，这些物料搬运设备从人力推动的叉车和手推车到全自动、计算机化的堆码、拣货系统，应有尽有。

（3）订单履行。订单履行指根据销售订单从储存区拣选货物。拣货可直接在半永久性储存区或散货储存区或拣货区进行。订单履行经常是物料搬运活动中的关键部分，因为与其他物料搬运活动相比，处理小批量订单是劳动密集型活动，费用也相对更高。

（三）信息传递

信息传递是仓储的第三种功能，它与搬运和物料储存功能同时产生。管理者要想有效控制仓储活动，通常都需要及时和准确的信息，有关存货水平、产量水平（即仓库流动的货物数量）、存货地点、进货和出货运输、客户数据、设施空间利用情况、人事等信息，对于仓储运营的成败来说至关重要。现代仓储系统越来越依赖运用 EDI 等计算机技术来提高信息传递的速度和准确性。

除了上述三种基本功能，现代仓储作为现代流通活动的重要环节，仓储系统的分拣功能、集散功能、衔接功能、加工功能也日益受到人们的重视。

三、仓储的重要性

仓储在企业物流系统中的重要作用主要表现在以下几个方面。

（1）降低运输成本、提高运输效率。大规模、整车运输会带来运输的经济性。在供应物流方面，企业从多个供应商处分别小批量购买原材料并运至仓库，然后将其拼箱并整车运输至工厂。由于整车运输费用低于零担运输费用，这将大大降低运输成本，提高运输效率。在销售物流方面，企业将各工厂的产品大批量运到市场仓库，然后根据客户的要求，小批量运到市场或客户。

（2）进行产品整合。如果考虑到颜色、尺寸、形状等因素，企业的一个产品线包括了数千种不同的产品，这些产品经常在不同工厂生产，企业可以根据客户要求，将产品在仓库中进行配套、组合、打包，然后运往各地客户。否则，从不同工厂订货将导致不同的交货期。

（3）协调供求。某些企业的生产季节性很强，但其产品的需求却是连续不断的，而且比较稳定，因此企业就面临着协调供求的问题。与之相反，另一些企业的产品或服务需求的季节性很强，而且需求不稳定，但是全年的生产却是稳定的。在这些情况下，企业要使供求完全相符的成本是非常高的，这时就必须进行仓储。

（4）辅助市场销售。企业营销部门经常考虑的是市场是否可以随时得到产品。仓储就可以用来增加产品这方面的价值，即仓储使产品更接近客户，缩短产品运送时间。通过加快交货时间，企业可以改善客户服务，并增加销售。

四、仓储管理的基本内容

仓储管理是指对仓储及相关作业进行的计划、组织、协调与控制[①]。从广义上看，仓储管理是对物流过程中货物的储存以及由此带来的商品包装、分拣、整理等活动进行的管理。仓储管理的内涵随着其在社会经济领域中的作用不断扩大而变化。仓储管理已从单纯意义上的对货物储存的管理，变为物流过程中的中心环节，它的功能不再是单纯的货物储存，而是兼有包装、分拣、整理、简单装配等多种辅助性功能。因此广义的仓储管理应包括对这些工作的管理。

仓储管理的对象是仓库及库存物资，管理的内容与企业类型有关，大体来说包括如下几个方面。

（1）仓储作业活动主体决策。例如，对于非物流企业来说，需要对仓储活动是自己承担还是外包做出决策。

（2）仓库的选址与规模布局问题。例如，仓库的选址原则、仓库建筑面积的确定、库内运输道路与作业区域的布置等问题。

（3）仓库机械作业的选择与配置问题。例如，此类问题涉及如何根据仓库作业特点和所储存物资的种类及其理化特性选择机械装备及应配备的数量，以及如何对这些机械进行管理等。

（4）仓库的作业管理问题。例如，如何组织物资出入库，如何对在库物资进行储存、保管与养护等问题。

（5）仓库的库存管理问题。

此外，仓库业务的考核问题，新技术、新方法在仓库管理中的应用问题，仓库安全与消防问题等，都是仓储管理所涉及的内容。本章只涉及仓储活动主体决策、仓储规模决策、仓储布局和仓储作业管理等内容。

第二节　仓储作业管理

仓储作业过程是指从接收商品开始，到按需要把商品完好地出库的过程就是仓储作业过程，仓储作业过程主要由入库、保管、出库三个阶段组成，这三个阶段相互作用，并互成一定的因果关系，力求整个仓储作业效率最优而成本最小。

一、仓储作业流程概述

仓储作业管理包括商品从入库到出库之间的装卸、搬运、仓库内部布局、储存养护和流通加工等一切与商品实务操作、设备、人力资源相关的作业。其中入库要考虑车站码头提货、专用线接车和库内搬运，验收准备、核对资料和检验货物，建立货物信息档案等。保管作业包括码垛苫垫或密封、维护保养、检查、盘点等。出库包括依

---

① 全国物流标准化技术委员会. 物流术语：GB/T 18354—2021. 北京：中国标准出版社，2021.

据出库凭证拣货、出库等。确定出库排定日期后，商品必须被提领出储存区，并按照客户要求被加以分类、包装和进行流通加工。这就要求进行拣货批次的规划、流通加工及包装批次规划，并打印拣货单、包装单和流通加工单等。仓储作业的具体流程如图 6-1 所示。

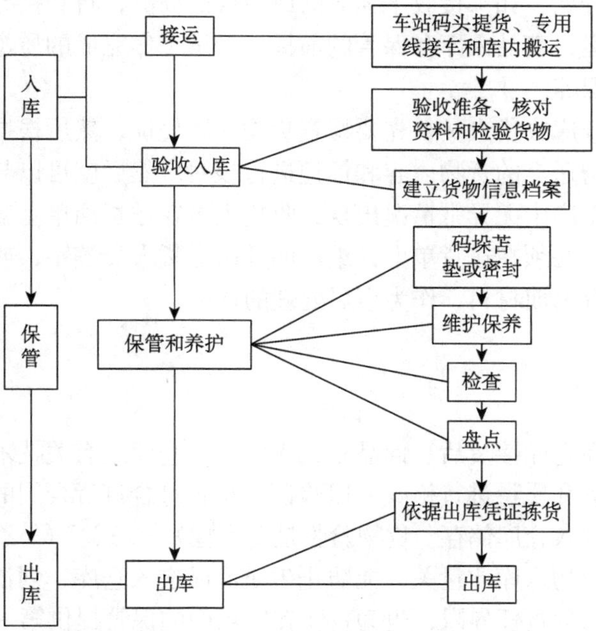

图 6-1　仓储作业流程

二、货物入库管理

货物入库是指在接到货物入库通知单后，由接运提货、装卸搬运、验收和办理入库手续等一系列作业环节所构成的工作过程（入库业务具体包括货物入库准备、货物接运、货物验收、货物入库交接和登记）。

（一）货物入库准备

仓库应根据仓储文件如仓储合同、入库单、入库计划，及时地进行库场准备，以便货物能按时入库，保证入库过程顺利进行。仓库的入库准备需要由仓库业务部门、仓库管理部门、设备作业部门分工合作，共同做好以下工作：熟悉入库货物、掌握仓库库场情况、制订仓储计划、妥善安排货位、做好货位准备、准备苫垫材料和作业用具、验收准备、装卸搬运工艺设定、文件单证准备。

（二）货物接运

货物由供应商运达仓库的形式不同，接运方式也不同，除了一小部分由供货单位直接运到仓库交货，大部分要经过铁路、公路、航运和短途运输等转运，因此提货方式也多种多样。

货物的接运是入库的第一道作业，它的主要任务是及时而准确地向交通运输部门提取入库货物，要求手续清楚，责任分明，为仓库验收工作创造有利条件。因为接运工作是仓库业务活动的开始，如果接收了损坏的或错误的商品，将直接导致商品出库装运时出现差错。商品接运是商品入库和保管的前提，接运工作完成的质量直接影响商品的验收和入库后的保管保养。

货物到库后，仓库收货人员首先要检查货物入库凭证，然后根据入库凭证开列的收货单位和货物名称与送交的货物内容和标记进行核对。然后就可以与送货人员办理交接手续。如果在以上工序中无异常情况出现，收货人员在送货回单上盖章表示货物收讫。如发现有异常情况，必须在送货单上详细注明并由送货人员签字，或由送货人员出具差错、异常情况记录等书面材料，作为事后处理的依据。

（三）货物验收

货物验收是指在仓库接货后、商品正式入库前，仓库或有关技术部门按一定程序和手续，对商品的数量和质量进行检查，以验证其是否符合订货合同的规定。只有经过验收核查的货物才能进入仓库储存。货物验收是仓库把好“三关”（入库、保管、出库）的第一道门槛，抓好货物入库质量关，能防止劣质商品进入仓库，划清仓库与生产部门、运输部门及供销部门的责任界限，也为货物在库场中的保管提供第一手资料。

1. 货物验收的基本要求

（1）及时。要按照有关规定及时完成验收工作、提出验收结果，以保证物资尽快入库、及时供应，并在规定期限内处理有关纠纷。这是因为商品虽然到库，但未经过验收的商品没有入账，不算入库，不能供应给用料单位。

（2）准确。对入库物资的品种、规格、数量、质量的验收，必须做到准确无误，不得掺入自己的主观偏见和臆断。要如实反映物资当时的实际情况并真实、准确地加以记录。做到货、账、卡相符，提高账货相符率，降低收货差错率，提高企业的经济效益。

（3）严格。仓库的各方都要认真地对待商品验收工作。验收工作直接关系到国家和企业的利益，也关系到以后各项仓储业务的顺利开展。因此，仓库领导应高度重视验收工作，直接参与验收人员要以高度负责的精神来对待这项工作，明确每批商品验收的要求和方法，并严格按照仓库验收入库的业务操作程序办事。

（4）经济。商品验收时，在多数情况下，不但需要检验设备和验收人员，而且需要装卸搬运机具和设备以及相应工种工人配合。这就要求各工种密切协作，合理组织调配人员与设备，以节省作业费用。此外在验收工作中，应尽可能保护原包装，减少或避免破坏性试验，这些也是提高作业经济性的有效手段。

2. 货物的验收程序

货物验收包括验收准备、核对凭证、检验货物、验收中发现问题的处理。

（1）验收准备。验收准备是货物入库验收的第一道程序。仓库接到到货通知后，应根据商品的性质和批量提前做好验收的准备工作，包括以下内容：①全面了解验收物资的性能、特点和数量，根据其需求确定存放地点、垛形和保管方法；②准备垛码苫垫所需材料和装卸搬运机械、设备及人力，以便使验收后的货物能及时入库保管存放，减少货物停顿时间；③若是危险品则需要准备防护设施；④准备相应的检验工具，并做好事前检查，以便保证验收数量的准确性和质量的可靠性；⑤收集和熟悉验收凭证及有关资料；⑥进口物资或上级业务主管部门指定需要检验质量者，应通知有关检验部门会同验收。

（2）核对凭证。入库货物须具备下列凭证：①货主提供的入库通知单和订货合同副本，这是仓库接收商品的凭证；②供货单位提供的验收凭证，包括材质证明书、装箱单、磅码单、发货明细表、说明书、保修卡及合格证等；③承运单位提供的运输单证，包括提货通知单和登记货物残损情况的货运记录、普通记录及公路运输交接单等，作为向责任方进行交涉的依据。

核对凭证，就是将上述凭证加以整理后全面核对。将入库通知单、订货合同与供货单位提供的所有凭证逐一核对，相符后，才可以进入下一步的实物检验。如果发现有证件不齐或不符等情况，要与存货、供货单位及承运单位和有关业务部门及时联系解决。

（3）检验货物。检验货物是仓储业务中的一个重要环节，包括检验数量、检验外观质量和检验包装三方面的内容，即复核货物数量是否与入库凭证相符，货物质量是否符合规定的要求，货物包装能否保证在储存和运输过程中的安全。其中检验方法主要有数量检验、质量检验、包装检验。

（4）验收中发现问题的处理。在物品验收过程中，如果发现物品数量或质量的问题，应该严格按照有关制度进行处理。验收过程中发现的数量和质量问题可能发生在各个流通环节，这可能是由供货方或交通运输部门或收货方本身的工作失误造成的。按照有关规章制度对问题进行处理，有利于分清各方的责任，并促使有关责任部门吸取教训，改进后续工作。所以对验收过程中发现的问题进行处理时应该注意以下几个方面：①在物品入库凭证未到齐之前不得正式验收。如果入库凭证不齐或不符，仓库有权对货物进行拒收或暂时存放，待凭证到齐再验收入库。②发现物品数量或质量不符合规定，要会同有关人员当场做出详细记录，交接双方应在记录单上签字。如果是交货方的问题，仓库应该拒绝接收。如果是运输部门的问题就应该提出索赔。③在数量验收中，计件物品应及时验收，发现问题要按规定的手续，在规定的期限内向有关部门提出索赔要求。否则超过索赔期限，责任部门对形成的损失将不予负责。

（四）货物入库交接和登记

入库物品经过点数、查验之后，可以安排卸货、入库堆码，表示仓库接受物品。工作人员在卸货、搬运、堆垛作业完毕后，与送货人办理交接手续，并建立仓库台账。

1. 交接手续

交接手续是指仓库对收到的物品向送货人进行的确认，表示已接受物品。办理完交接手续，意味着划分清运输、送货部门和仓库的责任。完整的交接手续包括以下三方面。

（1）接收物品。仓库通过理货、查验物品，将不良物品剔出、退回或者编制残损单证等明确责任，确定收到物品的确切数量、物品表面状态良好。

（2）接收文件。接收送货人送交的物品资料、运输的货运记录、普通记录等，以及随货的在运输单证上注明的相应文件，如图纸、准运证等。

（3）签署单证。仓库与送货人或承运人共同签署送货人交来的送货单、交接清单。各方签署后留存相应单证。提供相应的入库、查验、理货、残损单证、事故报告由送货人或承运人签署。

2. 登账

物品入库，仓库应建立详细反映物品仓储的明细账，登记物品入库、出库、结存的详细情况，用以记录库存物品动态和出入库过程。

登账的主要内容有：物品名称、规格、数量、件数、累计数或结存数、存货人或提货人、批次、金额，注明货位号或运输工具、接（发）货经办人。

3. 立卡

物品入库或上架后，将物品名称、规格、数量或出入库状态等内容填在料卡上，称为立卡。立卡又称为货卡、货牌，插放在货架上物品下方的货架支架上或摆放在货垛正面明显位置。

三、在库货物的保管管理

（一）货物定位管理

1. 商品的分区分类

商品分区分类是指对仓储商品进行分类和对仓库进行分区，以科学合理地利用仓库仓位保管商品。

1）分区分类规划原则

分区分类规划的基本原则是存放在同一货区的物品必须具有互容性；保管条件不同的物品不应混存；作业手段不同的物品不应混存；灭火措施不同的物品绝不能混存。

2）分区分类方法

（1）按库存物品理化性质不同进行规划，即按照库存物品的理化性质进行分类管理，如化工品区、纺织品区、金属材料区、冷藏品区等。在这种分类方式下，理化性质相同的物品集中堆放，便于仓库对库存物品采取相应的养护措施，同时还便于对同种库存物品进行清仓盘点。

（2）按库存物品的使用方向或按货主不同进行规划，即根据物品的所有权关系来进行分区分类管理，以便于仓库发货或货主提货。但这种方式非常容易造成货位的交叉占用，以及物品相互产生影响。

（3）混合货位规划，即综合考虑按理化性质分类和按使用方向分类的优缺点，对通用物品按理化性质分类保管，专用物品则按使用方向分类保管。

2. 仓库货位的编号

现在使用比较多的编号方法是四号定位法，也就是用四组数据给货位编号，这四组数据分别代表仓库号、货架号、层号、位号。

3. 货物货位的分配方式

货位分配方式主要分为定位储存和随机储存两种。

1）定位储存

定位储存是一种利用信息系统事先将货架进行分类、编号，并贴附货架代码，各货架内装置的物品事先加以确定的货位存货方式。

在定位储存管理方式下，各货架内装置的物品是长期一致的，这样从事物品备货作业较为容易，同时信息管理系统的建立也较为方便，这是因为只要第一次将货架编号以及物品代码输入计算机，就能很容易地掌握物品出入库动态，从而省去了不断进行库存统计的烦琐业务。与此同时，在库存发出以后，利用信息系统能很方便地掌握账目以及实际的剩余在库量，及时补充库存。

2）随机储存

随机储存指所有物品按顺序摆放在空的货架中，不事先确定各类物品专用的货架。随机储存管理方式由于各货架内装载的物品是不断变化的，在物品变更登录时出差错的可能性较高。

随机储存管理方式虽然具有高的货位利用率，但是也有某些局限性。两种货位分配方式各有一定的适用范围。一般来讲，定位储存管理适用于非季节性物品，重点客户的物品，以及库存物品种类比较多且性质差异较大的情况；而季节性物品或物流量变化剧烈的物品，由于周转较快，出入库频繁，则随机储存更为适用。

4. 货物定位

为每一货物分配一货位号，并录入信息系统，这样就很容易确定每种货物在仓库中的存放位置，以便作业。

（二）货物堆码管理

堆码是指根据货物的包装、外形、性质、特点、重量和数量，结合季节和气候情况，以及储存时间的长短，将货物按一定的规律码成各种形状的货垛。

堆码的主要目的是便于对货物进行维护、查点等管理以及提高仓容利用率。堆码的基本要求是合理、牢固、定量、整齐、节约、方便。

1. 货物堆码需要考虑的因素

在进行堆码作业时必须参照货物的仓容定额、地坪承载能力、允许堆积层数等因素。仓容定额是某种货物单位面积上的最高储存量，单位是"吨/米^2"。不同货物的仓容定额是不同的，同种货物在不同的储存条件下的仓容定额也不相同。仓容定额的大小，受货物本身的外形、包装状态、仓库地坪的承载能力和装卸作业手段等因素的影响。

2. 堆码的基本原则

（1）分类存放。分类存放是仓库储存规划的基本要求，是保证物品质量的重要手段，因此，也是堆码需要遵循的基本原则。

（2）选择适当的搬运活性。为了减少作业时间、次数，提高仓库物流速度，应该根据物品作业的要求，合理选择物品的搬运活性。对搬运活性高的物品，也应注意摆放整齐，以免堵塞通道，浪费仓容。

（3）面向通道，不围不堵。货垛以及存放物品的正面，尽可能面向通道，以便察看。另外，所有物品的货垛、货位都应有一面与通道相连，处在通道旁，以便能对物品进行直接作业。只有在所有的货位都与通道相通时，才能保证不围不堵。

3. 堆码方法和特点

货物堆码的方法主要取决于货物本身的性质、形状、体积、包装等因素。堆码的基本方法有散堆法、堆垛法、托盘上存放物品和五五化方法等。

（1）托盘在物流系统中得到大量运用，因此就形成了货物在托盘上的堆码形式。托盘是具有标准规格的集装工具，因此，在托盘上堆码货物可以参照典型堆码图谱来进行。

（2）散堆法适用于露天存放的没有包装的大宗物品，如煤炭、矿石等，也可适用于库内少量存放的谷物、碎料等散装物品。

散堆法是直接用堆扬机或者铲车从确定的货位后端起，直接将物品堆高，在达到预定的货垛高度时，逐步后推堆货，后端先形成立体梯形，最后成垛。由于散货具有流动、散落性，堆货时不能堆到太近垛位四边，以免散落使物品超出预定的货位。

（3）对于有包装（如箱、桶）的物品，包括裸装的计件物品，采取堆垛法储存。堆垛法能够充分利用仓容，做到仓库内整齐，方便作业和保管。一般情况下多采取平放，使重心最低，最大接触面向下，这样易于堆码，稳定牢固。

常见的堆码方式包括重叠式、纵横交错式、仰伏相间式、压缝式、通风式、栽柱式、衬垫式等。

（三）货物盘点

为了有效地控制货品数量和质量，而对各储存场所进行数量清点核对实际库存与账面库存的作业，称为盘点作业。

1. 商品盘点的作用

（1）确保库存商品资料的真实性。通过盘点，可以使各项库存商品的实存数量、种类、规格得到真实反映，以便核查库存商品账实差异及其发生原因，明确责任，保证库存商品资料的准确性。

（2）确保各项库存商品的安全与完整。通过盘点可以掌握各项库存商品的保管情况，查明有无损失浪费、霉烂变质、贪污盗窃等情况，以便针对问题，对症下药、堵塞漏洞、改进工作、建立健全各项责任制度，切实保证库存商品的安全与完整。

（3）挖掘库存商品潜力，提高库存商品使用效率。通过盘点，可以查明各项库存商品的储备和利用情况，知道哪些库存商品积压，哪些库存商品不足，以便采取措施，提高库存商品使用率。

（4）利于了解有关库存商品的各项制度的执行情况。通过盘点可以了解验收、保管、发放、调拨、报废等各项工作是否按规定办理，这样有利于督促各项制度的贯彻执行，提高管理质量。

2. 盘点的主要内容和检查项目

（1）检查商品的账面数量与实存数量是否相符。

（2）检查商品的收发情况，以及有无按先进先出的原则发放商品。

（3）检查商品的堆放及维护情况。

（4）检查各种商品有无超储积压、损坏变质。

（5）检查对不合格品及呆废商品的处理情况。

（6）检查安全设施及安全情况。

3. 盘点的方法

（1）全面盘点：对所有财产商品进行全面盘点。因为全面盘点内容庞杂、范围广泛、工作量大，所以一般只是在年中和年终进行。但当企业商品种类较少时也可以在其他期末时间进行。

（2）重点盘点：对部分重点财产商品的清点核对。一般对使用较频繁的材料、产成品等根据实际情况在年内进行轮流盘点或重点抽查。

（3）循环盘点：每次只盘点部分产品，一个周期就把所有商品盘点完，每半年一次、每年一次等。

（4）动态盘点：对发生过出入库异动的货物进行盘点。

四、货物出库管理

出库业务是保管工作的结束，既涉及仓库同货主或收货企业以及承运部门的经济联系，也涉及仓库各有关业务部门的作业活动。为了能以合理的物流成本保证出库物品按质、按量、及时、安全地发给用户，满足其生产经营的需要，仓库应主动与货主联系，由货主提供出库计划，这是仓库出库作业的依据，特别是供应异地的和大批量出库的物品更应提前发出通知，以便仓库及时办理流量和流向的运输计划，完成出库任务。

仓库必须建立严格的出库和发运程序，严格遵循“先进先出，推陈出新”的原则，尽量一次完成，防止差错。需托运物品的包装还要符合运输部门的要求。

第三节　企业仓储管理决策

企业仓储活动是满足企业生产经营活动所必需的。在实践中，企业仓储活动管理要面对各种经济和市场环境，因此，管理者需要经常对仓储系统中的许多重大问题，如仓储类型选择、仓库规模和数量决策、仓库选址、仓库布局及仓库装卸搬运系统等进行科学的决策，以选择最适合自己的仓储方案。

一、仓储活动主体的选择

一般地，企业有三种选择来为库存安排储存空间，即自有仓库、租赁仓库和仓储外包。这三种方式都有各自的优劣之处，从成本和服务的角度进行权衡，企业选择其中之一或结合使用各方式是仓储管理的一项重要决策。

（一）仓储类型分析

1. 自有仓库仓储

企业利用自有仓库进行仓储活动具有以下优势。

（1）可以更大限度地控制仓储。因为企业对仓库拥有所有权，所以企业作为货主能够对仓储实施最大限度的控制。这种控制使企业易于将仓储的功能与企业的整个分销系统协调。

（2）管理更具灵活性。这里的灵活性是指由于企业是仓库的所有者，可以按照企业要求和产品的特点对仓库进行设计与布局。高度专业化的产品往往需要专业的保管和搬运技术，而公共仓库仓储往往难以满足这种要求，因此，这样的企业必须拥有自有仓库或直接将货物送至客户。

（3）长期储存时，自有仓库仓储的成本低于租赁仓库仓储。一方面，长期使用自有仓库保管大量货物会降低单位货物的仓储成本，从某种程度上说这也是一种规模经济。另一方面，如果企业自有仓库的利用率较低，说明自有仓库仓储产生的规模经济不足以补偿自有仓储的成本，则应转向公共仓库仓储。当然，降低自有仓库仓储成本的前提是有效的管理与控制，否则将影响整个物流系统的运转。

（4）可以为企业树立良好形象。当企业将产品储存在自有仓库中时，会给客户一种企业长期持续经营的良好印象，客户会认为企业经营十分稳定、可靠，是产品的持续供应者，这将有助于提高企业的竞争优势。

2. 租赁仓库仓储

企业租赁提供营业性服务的仓库进行储存，利用租赁仓库进行仓储活动有如下的优点。

（1）有限的资金投入。采用租赁仓储，企业不需要资本投资，可以避免资本投资和财务风险。

（2）可以满足企业在库存高峰时大量额外的库存需求。如果企业的经营具有季节性，产品的季节性、促销活动或其他原因会导致存货水平变化，利用租赁仓库仓储，没有仓库容量的限制，从而能够满足企业在不同时期对仓储空间的需求。

（3）使用租赁仓库仓储可以得到一定的相关服务。租赁的时候，可能会得到除所租赁的仓库的其他服务。这样可以节约这方面员工的雇佣和培训成本。

（4）租赁仓库仓储的规模经济可以降低货主的仓储成本。租赁仓库仓储会产生自有仓库仓储难以达到的规模经济，由于租赁仓库仓储为众多企业提供仓库租赁，与自有仓库仓储相比，大大提高了仓库的利用率，降低了存货的单位储存成本；规模经济还使租赁仓库仓储能够采用更加有效的物料搬运设备，从而提供更好的服务；租赁仓库仓储的规模经济还有利于拼箱作业和大批量运输，降低货主的运输成本。

（5）使用租赁仓库仓储时企业的经营活动更加灵活。如果自己拥有仓库，那么当需要设立仓库的位置发生变化时，原来的仓库就变成了企业的负担。由于租赁仓库仓储的合同是短期的，当市场、运输方式、产品销售或企业财务状况发生变化时，企业能灵活地改变仓库的位置；另外，企业不必因仓库业务量的变化而增减员工；再有，企业还可以根据仓库对整个分销系统的贡献以及成本和服务质量等因素，临时签订或终止租赁合同。

（6）便于企业掌握仓储费用。当企业使用租赁仓库仓储时，由于可以得到租赁费用单据，所以相对于自有仓库仓储可以更清楚地掌握费用。

使用租赁仓库进行仓储活动也有一些缺点。

一是租赁的仓库在布局、功能等方面可能与自身实际所需仓库存在差距，所以需要额外的投入。

二是相比仓储外包给第三方物流企业，企业本身的专业化程度仍然不够高，可能成本也高。

3. 仓储外包给第三方物流

在物流发达的国家，越来越多的企业转向利用第三方物流仓储。这种方式是指企业将物流活动转包给物流企业，由物流企业为企业提供综合物流服务。

仓储外包不同于租赁仓库仓储。专业物流企业能够提供专业化的高效、经济和准确的储存服务。企业若想得到高水平的储存服务，则可利用仓储外包。因为专业物流公司的设计水平更高，并且符合特殊商品的高标准、专业化的搬运要求。从本质上说，这种仓储模式是要求生产企业和仓储企业之间建立伙伴关系谋求共赢。

专业物流企业能为货主提供专门物流服务，其中包括储存、卸货、拼箱、订货分类、现货库存、在途混合、存货控制、运输安排、信息和货主要求的其他服务。仓储外包有以下几个优势。

（1）有利于企业有效利用资源。仓储外包比企业自身进行仓储能更有效处理季节性经营企业普遍存在的产品的淡、旺季储存问题。另外，由于仓储外包的管理具有专业性，更具高效率的管理技术和降低成本的方法，有利于物流系统发挥功能，提高效率。

（2）有利于企业扩大市场。物流企业能通过设施的网络系统扩大企业的市场覆盖范围。因此，货主在不同位置的仓库得到的仓储管理和一系列物流服务都是相同的。

（3）有利于企业进行新市场的测试。仓储外包的灵活性能加强客户服务。企业在促销现有产品或推出新产品时，可以利用短期仓储外包来考察产品的市场需求。当企业试图进入一个新市场区域时，要花很长时间建立一套分销设施，然而，通过仓储外包网络，企业可利用这一地区的现有设施为客户服务。

（4）有利于企业降低运输成本。由于物流企业处理不同货主的大量产品，经过拼箱作业后可实施大规模运输，这样大大降低了运输成本。

尽管仓储外包具有以上优势，但也存在一些不利因素，其中对物流活动失去直接控制是企业最担心的问题。因此，这一因素成为经营产品价值较高的企业利用仓储外包的最大障碍。

（二）企业进行仓储类型决策的影响因素

自有仓库仓储、租赁仓库仓储和仓储外包各有优势，企业决策的依据是物流的总成本和客户服务水平。租赁仓库和仓储外包的成本只包含可变成本，随着储存总量的增加，租赁的空间就会增加，由于租赁仓库一般按所占用空间来收费，这样成本就与总周转量成正比，其成本函数是线性的。而自有仓库仓储的成本结构中存在固定成本，由于租赁仓库的经营具有营利性质，自有仓库仓储的可变成本的增长速率通常低于租赁仓库仓储成本的增长速率。这表明在周转量较低时，租赁仓库或仓储外包是较好的选择，随着周转量的增加，由于可以把固定成本均摊到大量存货中，使用自有仓库更经济。企业是选择修建自有仓库还是租赁仓库或仓储外包需要考虑以下因素。

（1）周转量。由于自有仓库的固定成本相对较高，而且与使用程度无关，必须有大量存货来分摊这些成本，使自有仓库仓储的平均成本低于租赁仓库仓储的平均成本。因此，如果存货周转量较高，自有仓库仓储更经济。相反，当周转量相对较低时，选择租赁仓库仓储更为明智。

（2）需求的稳定性。需求的稳定性是自有仓库的一个关键因素。许多厂商具有多种产品线，使仓库具有稳定的周转量，因此自有仓库仓储的运作更为经济。

（3）市场密度。市场密度较大或许多供应商相对集中，有利于修建自有仓库。这是因为零担运输费率相对较高，经自有仓库拼箱后，整车装运的运费率会大大降低。相反，市场密度较低，则在不同地方使用几个租赁仓库要比一个自有仓库服务一个很大地区更经济。

（4）仓储布局情况。可以根据需求、流量、特征和设备，基本确定仓储的构成，具体有收货区、储货区、分拣区、发货区等。

（5）设备类型的选择。根据产品特征、需求与流量，可以确定需要选择什么类型的设备，设备类型具体有水平移动的搬运设备、垂直移动的设备、货架等。

二、仓库规模和数目决策

怎样确定企业物流系统中仓库的规模和数量？仓库设施的规模和数量是相互关联的，因为这两者之间通常具有反向关系。一般情况下，随着仓库数目的增加，仓库的平均规模会下降。现代企业在整合自身物流的过程中，有一种趋势是企业的配送系统拥有数量较少但是规模较大的仓库。当然不同的企业有不同的选择，对仓库的规模和数量的决策应综合考虑诸多问题。

（一）仓库规模决策

仓库规模通常是用地面空间的平方面积来定义的，有时也用整个设施的立体空间来定义。立体空间是指仓库设施可用的空间数，应该是更为合理的规模测量方法，因为它更多地考虑了仓库的可用空间。影响仓库规模的一些重要因素如下。

（1）客户服务水平。通常，随着服务水平的提高，企业需要更多的仓储空间来储存更高水平的库存。

（2）所服务市场的规模。随着服务于更多的市场，企业也会需要更多的储存空间，除非使用接驳式转运或者提高库存周转率的方法。

（3）投入市场的产品数量。当企业拥有多种产品和产品类别时，特别是当这些产品互不相同时，企业将需要更大的仓库以便于维持每种产品的最低库存水平。

（4）需求的水平和方式。一是需求量对仓库空间的影响，需求量大，所需仓库空间自然变大；二是当需求变动较大或者不可预测时，存货水平由于安全库存的需要变得更高，这将导致对更大空间和更大仓库的需求。

另外，当产品更大、吞吐率（存货周转率）低、生产提前期长、使用人工物料搬运系统、仓库含有办公区域、销售及计算活动不稳定和不可预测时，企业也将需要更大的仓储空间。

（二）仓库数量决策

仓库数量对企业物流系统的各项成本都有重要影响。一般来说，随着物流系统中仓库数量的增加，运输成本和分销成本会减少，而存货成本和仓储成本将增加。这种交互影响表现在以下几个方面。

（1）由于仓库数量的增加，企业可以进行原材料或产品大批量运输，所以运输成本会下降。另外，在销售物流方面，仓库数量的增加使仓库更靠近客户和市场，因此减少了货物的运输距离，这不仅会降低运输成本，而且由于能及时地满足客户需求，提高了客户服务水平和销售机会，降低了分销成本。

（2）由于仓库数量的增加，总的储存空间也会相应地扩大，仓库成本会上升。在仓库的设计中，需要一定比例的空间用于维护、办公、摆放存储设备等，而且通道也会占用一定空间，因此，小仓库比大仓库的利用率要低得多。

（3）当仓库数量增加时，总存货量就会增加，相应的存货成本就会增加。存货数量的增加，意味着需要更多的储存空间。

由此可以看出，仓库数量的增加使运输成本和分销成本迅速下降，导致总成本下降。但是，当仓库数量增加到一定规模时，库存成本和仓储成本的增加额会超过运输成本与分销成本的减少额，于是总成本开始上升。当然，不同企业的总成本曲线不尽相同。

影响仓库数量的因素主要包括以下五个方面。

（1）企业客户服务的需要。一般来说，产品的可替代程度与所需的客户服务水平之间存在着很强的相关关系。当企业的服务反应速度远远低于竞争对手时，它的销售量就会大受影响。如果客户在需要的时候不能买到产品，那么再好的广告和促销活动都不起作用。所以当客户对服务标准要求很高时，需要更多的仓库来及时满足客户需求。

（2）运输服务的水平。影响仓库数量的因素之一是缺乏合适的运输服务，换句话说，如果需要快速的客户服务，那么就要选择快速的运输服务。在不能提供合适的运输服务的情况下，就要增加仓库来满足客户对交货期的要求。

（3）客户的小批量购买。分散化仓储的其中一个原因是客户的小批量购买。客户为了降低维护库存的成本，经常频繁地小批量购买。由于分销渠道和仓库需求的影响非常大，企业就有必要建更多的仓库来保证分销渠道的畅通。

（4）计算机的应用。计算机的普及和成本的降低，以及应用模型及配套软件在现代化仓库中的广泛应用，大大提高了仓库资源的利用率和运作效率，使企业对仓库的控制不再受仓库数量与位置的限制。

（5）单个仓库的规模。从仓库规模看，仓库规模大，则数量可以减少；仓库规模小，则数量应增加。

三、仓库定位与选址

对企业来讲，哪里是建设仓库的最佳地点、在什么地方仓储能服务最多的客户等也是仓储系统管理的重大决策问题。选址决策可以从宏观和微观的角度进行分析。宏观角度从地理上分析在哪个大的地理区域选址可以加快原材料供应以及改进市场供给，即仓库定位的问题，微观角度则是分析在大的地理范围内如何确定具体的仓库地址。

（一）对仓库的战略定位

从宏观角度出发，企业在仓储系统建设中对仓库的定位可以根据以下战略进行。

（1）市场定位、生产定位和迅速定位战略。市场定位战略是将仓库定位在离最终用户最近的地方。其重点在于使客户服务水平可以达到最高。影响将仓库选在服务市场地区的因素有运输成本、订货周期、订单大小、本地运输可得性以及客户服务水平。生产定位战略是将仓库选在靠近生产地，原材料集中的地方。迅速定位战略是一种企业在快速变化和竞争激烈的市场环境中，迅速做出产品或品牌定位决策的战略。这个战略的目标是快速抓住市场机遇，赢得竞争优势，并实现可持续的增长和利润。

（2）产品仓库战略、市场区域仓库战略和通用仓库战略。产品仓库战略是企业仅仅在一个仓库中持有一种产品或者产品组合。因此在产品仓库战略中每个仓库拥有许多该种产品的存货。当企业仅有几种周转率高的产品或者产品组合时，这是一种有效的战略。市场区域仓库战略是指企业在供应链管理中使用的一种策略，通过在不同的市场区域设立仓库，以更好地满足当地市场需求，并实现更高效的物流运作和成本控制。通用仓库战略是指企业在供应链管理中采用的一种仓储策略，即在一个中央仓库或少数几个集中仓库中存放所有产品，并通过集中配送到各个销售点或客户。

（二）仓库选址的原则及影响因素①

总的来说，仓库的选址应具有战略眼光，要考虑全局和长远性，把现实需要与日后发展的需要结合起来考虑。其基本原则包括适应性原则、协调性原则、经济性原则和战略性原则。

企业仓库选址应考虑多方面因素的影响，包括宏观方面和微观方面的因素。影响仓库选址的因素主要有以下四种。

（1）政策环境与经营因素。政策环境与经营因素包括经济与政策环境，如所在地方的经济发展状况、物流需求度、地价、区域与城市规划和物流产业政策、劳动力及其成本等因素；仓库服务类型；设施投资及商品运输过程的费用；服务水平；等等。

（2）基础设施状况。基础设施状况包括交通条件、公共设施状况等。

（3）自然环境因素。例如，气象因素、地质和水文条件、地形条件等。

（4）其他因素。其他因素包括国土资源利用、环境保护要求和周边状况，尤其是仓库是火灾重点防护单位，不宜设在散发火种的工业设施附近，也不宜选择居民住宅区附近。

（三）仓库选址的程序和步骤②

仓库选址时，一般先通过系统和详细的调查来收集资料，然后进行系统分析，确定

---

① 余丽凡. 利用 EIQ-ABC 分类法优化 D 电商公司仓库货位布局的分析. 经济技术协作信息，2021，(17)：3.

② 庄小云. 安徽省生鲜农产品配送中心选址研究. 枣庄学院学报，2021，38（2）：83-89.

一些可能设置仓库的备选地址，建立模型，然后对模型优化求解，最后进行方案评估并确定最佳选址方案。选址具体可以分为以下步骤。

（1）选址约束条件分析。明确建立仓库的必要性、目的和意义，分析物流系统的状况，制订物流系统的基本计划，确定所需要了解的基本条件，缩小选址的范围。

（2）收集整理资料。选择地址的方法，一般是通过成本计算，即将运输费用、配送费用及物流设施费用模型化，根据约束条件及目标函数建立数学公式，从中寻求费用最小的方案。但是，采用这种选址方法寻求最优的选址解时，必须对业务量和生产成本进行正确分析和判断。

（3）地址筛选。对上述资料进行充分整理和分析、考虑各种因素的影响后对需求进行预测，然后初步确定选址范围，即确定初始候选地点。选址的最优方案是在选定备选地址的基础上建立数学模型，然后进行优化计算后完成的。因此，备选地址选择是否恰当，对最优方案和计算求解的过程及运算成本有直接影响。备选地址过多，模型会十分复杂，计算工作量很大，成本高；相反，如果备选地址太少，则可能使所得方案偏离最优解太远，起不到合理选址的目的。

（4）定量分析。针对不同情况采用不同模型进行计算，得出结果。例如，对多个仓库进行选址时，可采用奎汉–哈姆勃兹（Kuehn-Hamburger）模型、鲍摩–瓦尔夫（Baumol-Wolfe）模型等；单一仓库选址可采用重心法等。

（5）结果评价。结合市场适应性、购置土地的条件和服务质量等，对计算所得结果进行评价，考察其是否具有现实意义及可行性。

（6）复查。分析其他影响因素对计算结果的相对影响程度，并分别赋予它们一定的权重，采用加权法对计算结果进行复查。如果复查通过，则为最终结果；如果复查发现原计算结果不适用，则返回第三步继续计算，直至得到最终结果。

（7）确定选址结果。加权复查通过后，得到最终的计算结果。注意所得解不一定为最优解，可能只是符合条件的满意解。

（四）仓库选址的定量分析方法

1. CFLP 法

CFLP（capacitated facilities location problem，有容量限制的设施选址问题）法是反町洋一先生创造的方法，即用 LP（linear programming，线性规划）运输法，确定各配送中心的市场占有率，求出配送分担地区的重心，再用混合整数计划法的“筹划型”确定场址的建设位置。其目标函数和约束条件表示如式（6-1）～式（6-4）所示。

$$\mathrm{Min}Z=\sum\sum C_{ij}X_{ij}+\sum F_iY_i \tag{6-1}$$

$$\sum_i X_{ij}\leqslant A_iY_i,\ i=1,\cdots,M \tag{6-2}$$

$$\sum X_{ij}=D_j,\ j=1,\cdots,N \tag{6-3}$$

$$\sum Y_i\leqslant K \tag{6-4}$$

式中，Z 表示总成本或总距离；N 表示需要地的个数；M 表示配送中心建设候补地的个数；K表示建设配送中心的个数；D_j表示需要地（j）的需要量；F_i表示配送中心建设候补地（i）的不变建设费；A_i表示配送中心建设候补地的建设容量；C_{ij}表示从候补地（i）到需要地（j）的运输单价；X_{ij}表示从配送中心到需要地（j）的运输量；Y_i表示是否在候补地（i）建设配送中心，在候补地（i）建设配送中心时为1，否则为0。

2. 重心法

重心法函数模型构建。重心法的基本原理是利用求平面物体重心的基本原理求物流系统中配送中心的设置位置。在中心选址中，如果仅考虑发货的配送费用时其适用于重心法。配送中心到客户的运输费用等于货物运输量与两点之间运输距离及运输费率的乘积。

重心法的基本模型为

$$\mathrm{MinTC} = \sum V_i R_i D_i \tag{6-5}$$

式中，TC表示运输总成本；V_i表示节点i的运输量；R_i表示待选址设施到节点i的运输费率；D_i表示待选址设施到节点i的距离。重心法模型基本原理如图6-2所示。

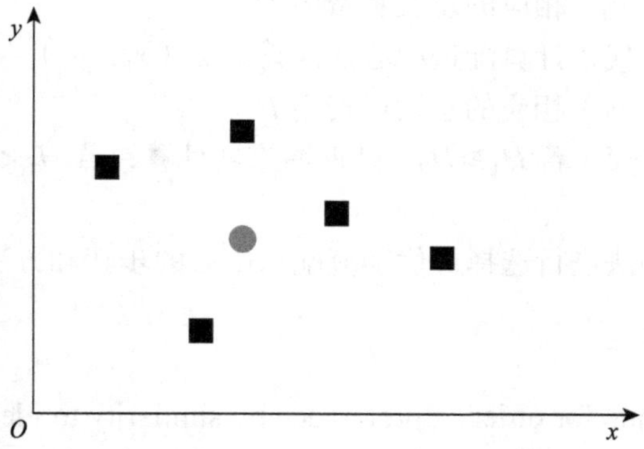

图6-2　重心法模型基本原理

如图6-2所示，设有n个零售店，它们位置的坐标分别是（x_j,y_j）（j=1,2,3,…,n），配送中心的坐标为（x_0,y_0），所以可得：

$$H = \sum_{i=1}^{n} C_j$$

式中，H表示从配送中心到零售店的总发货费用；C_j表示从配送中心到零售店的发送费用。

$$C_j = h_j \cdot w_j \cdot d_j$$

式中，h_j表示从配送中心到零售店j的发送费率；w_j表示从配送中心向零售店j的发货量；d_j表示从配送中心到零售店j的距离。

因为：

$$d_j = \left[\left(x_0 - x_j\right)^2 + \left(y_0 - y_j\right)^2\right]^{\frac{1}{2}}$$

$$H = \sum_{j=1}^{n} h_j w_j d_j$$

对上式求偏导：

令

$$\frac{\partial H}{\partial X_0}=\sum_{j=1}^{n}\frac{h_j w_j\left(x_0-x_j\right)}{d_j}=0$$

$$\frac{\partial H}{\partial Y_0}=\sum_{j=1}^{n}\frac{h_j w_j\left(y_0-y_j\right)}{d_j}=0$$

所以可得:

$$x_0=\frac{\sum_{j=1}^{n}h_j w_j x_j / d_j}{\sum_{i=1}^{n}h_j w_j / d_j}$$

$$y_0=\frac{\sum_{j=1}^{n}h_j w_j y_j / d_j}{\sum_{i=1}^{n}h_j w_j / d_j}$$

最后用迭代法求出使 H 为最小的中心选址坐标（x_0，y_0）。迭代法主要步骤如下。

（1）先利用重心公式求得配送重心的初始坐标为（x_0，y_0）。

（2）计算与（x_0，y_0）相应的总发货费用 H_0。

（3）把（x_0，y_0）代入计算配送中心的改善地点（x_1，y_1）。

（4）计算与（x_1，y_1）相应的总发送费用 H_1。

把 H_1 与 H_2 进行比较，若 $H_1 \geqslant H_0$，则返回重新计算；若 $H_1 < H_0$，则说明（x_0，y_0）就是最优解。

以上就是运用重心法进行选择最优物流配送中心的步骤和方法。

3. 改进的 TOPSIS 法

TOPSIS 法（technique for order of preference by similarity to ideal solution，理想解法）是通过计算各评价指标到正负理想解的距离并进行排序的方法，得到一个最靠近正理想解的最佳方案，但是它仅反映了数据曲线的位置关系，不能反映数据曲线的相似程度。灰色关联度分析是通过比较各指标曲线与标准曲线画出的图是否相似，确定两者之间的联系程度。将 TOPSIS 法与灰色关联度分析相结合，构造各方案的相对贴近度，根据计算结果对物流配送中心选址方案进行排序，得到配送中心最佳选址点。基于改进的 TOPSIS 法选址决策模型构建步骤如下。

（1）初步数据处理。为了统一标准，在评价物流配送中心时要对矩阵进行规范化处理。将 m 个备选方案的 n 个指标，构造决策矩阵 $A=\left(a_{ij}\right)_{m\times n}$，规范化处理后得到

$$B=\left(b_{ij}\right)_{m\times n}$$

$$b_{ij}=\frac{a_{ij}}{\sqrt{\sum_{i=1}^{m}a_{ij}^2}} \tag{6-6}$$

式中，i 表示选址备选地区单位，i=1, 2, ⋯, m；j 表示评价指标，j=1, 2, ⋯, n；b_{ij} 表示对原始数据归一化的标准值。

（2）熵值法确定权重。在信息论中，熵可以度量不确定性。指标可变性越强，熵值

越大，对整体影响作用越大，需要的信息量就少。根据熵的特性，可以判断某些指标的离散程度。物流选址指标的权重就是一个不确定的数，因此权重值越大，对总目标的影响作用就越大。具体步骤如下。

首先对指标数据的离散程度进行计算，求出指标的熵值。

$$e_j = -\ln n^{-1}\sum_{i=1}^{m}\frac{b_{ij}}{\sqrt{\sum_{i=1}^{m}b_{ij}}}\ln\frac{b_{ij}}{\sqrt{\sum_{i=1}^{m}b_{ij}}} \tag{6-7}$$

式中，e_j 表示指标的熵值。再通过熵值求指标权重：

$$w_j = \frac{1-e_i}{\sum_{j=1}^{n}(1-e_i)} \tag{6-8}$$

式中，w_j 表示指标的权重。再根据权重对原有矩阵进行加权标准化处理：

$$c_{ij} = \left(w_j \times b_{ij}\right)_{m\times n} \tag{6-9}$$

式中，c_{ij} 就是加权处理后的决策矩阵。

（3）找到正理想解 C^*、负理想解 C^0。C^* 的属性值 C_j^*，C^0 的属性值 C_j^0 的表达式如下。

正理想解的属性值：

$$C_j^* = \begin{cases}\max\limits_i C_{ij},\ j\text{为效益属性}\\ \min\limits_i C_{ij},\ j\text{为成本属性}\end{cases} \quad j=1,2,\cdots,n \tag{6-10}$$

负理解想的属性值：

$$C_j^0 = \begin{cases}\min\limits_i C_{ij},\ j\text{为效益属性}\\ \max\limits_i C_{ij},\ j\text{为成本属性}\end{cases} \quad j=1,2,\cdots,n \tag{6-11}$$

（4）通过算法获得各方案到正理想解 D_i^*、负理想解的欧氏距离 D_i^0。

$$D_i^* = \sqrt{\sum_{j=1}^{n}\left(c_{ij}-c_j^*\right)^2},\ i=1,2,\cdots,m \tag{6-12}$$

$$D_i^0 = \sqrt{\sum_{j=1}^{n}\left(c_{ij}-c_j^0\right)^2},\ i=1,2,\cdots,m \tag{6-13}$$

（5）简单计算分析得到各方案到理想解的灰色关联系数矩阵：$G_i^*=\left(g_{ij}^+\right)_{m\times n}$，$G_i^0=\left(g_{ij}^0\right)_{m\times n}$。

$$\begin{gathered} g_{ij}^+ = \frac{\left|D_i^*-c_{ij}\right|_{\min}+\rho\left|D_i^*-c_{ij}\right|_{\max}}{\left|D_i^*-c_{ij}\right|+\rho\left|D_i^*-c_{ij}\right|_{\max}} \\ g_{ij}^0 = \frac{\left|D_i^0-c_{ij}\right|_{\min}+\rho\left|D_i^0-c_{ij}\right|_{\max}}{\left|D_i^0-c_{ij}\right|+\rho\left|D_i^0-c_{ij}\right|_{\max}} \end{gathered} \tag{6-14}$$

式中，i=1, 2, ⋯, m；j=1, 2, ⋯n；ρ 表示分辨系数，$\rho\in(0,1)$，一般 ρ=0.5。G_i^* 表示方案与正理想解的灰色关联度，G_i^- 表示方案与负理想解的灰色关联度：

$$G_i^* = \frac{1}{n}\sum_{i=1}^{n} g_{ij}^+, G_i^- = \frac{1}{n}\sum_{i=1}^{n} g_{ij}^- \tag{6-15}$$

（6）对欧氏距离 D_i^* 、D_i^0 和灰色关联度 G_i^* 、G_i^0 ，进行无量纲化处理。

$$M_{\text{new}} = \frac{M_i}{\max(M_i)}, 1 \leqslant i \leqslant n \tag{6-16}$$

式中，M_i 表示 D_i^* 、D_i^0 、G_i^* 、G_i^0 。

（7）把欧氏距离和灰色关联度合二为一。D_i^0 和 G_i^* 的值越大，方案与正理想解的距离就越近；D_i^* 和 G_i^0 的值越小，方案与正理想解的距离就越远，欧氏距离和灰色关联度可合并为

$$S_i^* = \alpha D_i^0 + \beta G_i^* \tag{6-17}$$

$$S_i^0 = \alpha D_i^* + \beta G_i^0 \tag{6-18}$$

式中，α 、β 分别表示决策者对位置、形状的相对偏好度，$\alpha = \beta = 0.5$ 。

（8）计算各备选地的相对贴近度。

$$A_i^* = \frac{s_i^*}{\left(s_i^* + s_i^0\right)}, i = 1, 2, \cdots, m \tag{6-19}$$

（五）仓库选址的实例分析①

本节运用重心法进行物流配送中心选址的案例分析。重心法主要以求极值点和迭代法等数学原理为基础，其重点是迭代过程，对现实中的物流配送中心的选址我们可以运用计算机，更加高效更加精准优化地完成物流配送中心的选址。下面将通过实例介绍物流配送中心的选址。

实例：某地计划建立一所中心配送仓库，要求该配送仓库能够覆盖该地区的 5 个销售点，销售点、运输总量及运输数据如表 6-1 所示（注意：受该地区地形地貌的影响要求该中心仓库在坐标 x=4，y=4 的西北方向）。

表 6-1　中心配送仓库销售点、运输总量及运输数据

销售点	x	y	运输总量/千克	运输费率/（千克/元）
M_1	3	5	2000	0.4
M_2	6	2	3000	0.4
M_3	2	9	1400	0.6
M_4	8	4	1000	0.6
M_5	9	7	1800	0.6

步骤一：先将该表格中的数据［销售点坐标（x,y）、运输总量、运输费率］等相关数据列在 Excel 表格中。

① 董兴林，杨晓丽. 基于云重心法修正的供应链联盟收益分配优化研究. 物流科技，2020，43（10）：132-136.

步骤二：令中心仓库的坐标为（0,0），再利用直线距离公式$d_j = \left[\left(x_0 - x_1\right)^2 + \left(y_0 - y_1\right)^2\right]^{\frac{1}{2}}$，求出中心仓库到各个销售点之间的直线距离。在 Excel 中我们需要运用公式 H4=SQRT（POWER（D4-B4,2）+POWER（E4-C4,2）)，自动填充 M_1 至 M_5 求出 5 个销售点到中心仓库的直线距离。

步骤三：计算中心仓库到各销售点的运输成本。运输成本=运输总量×运输费率×距离，在 I4 单元格中输入 I4=F4*G4*H4 自动填充至 I8 单元格，再求出总的运输成本。

步骤四：利用 Excel 中的规划求解，对题目中的中心仓库坐标位置进行优化。首先打开 Excel 中的规划求解，选择总运输成本单元格（I9）为设置目标，并使其最小。添加中心仓库位置坐标（D4,E4）为可更改单元格。又因为中心仓库要在坐标（4,4）的西北方向，所以要添加约束条件：$x \leqslant 4$，$y \geqslant 4$，最后再进行求解。

步骤五：求解，得出中心仓库坐标使得运输总成本整体最优化。此时中心仓库的坐标为（0,4），总运输成本为 35 544.160 元，即为最优解。具体数据见表 6-2。

表 6-2　重心法求物流中心最优选址

销售地点	销售地点坐标值		仓库坐标值		运输总量/千克	运输费率/（千克/元）	距离/千米	运输成本/元
	H	V	x	y				
M_1	3	5	0	4	2000	0.4	3.162278	2 529.822
M_2	6	2			3000	0.4	6.324555	7 589.466
M_3	2	9			1400	0.6	9.219544	7 744.417
M_4	8	4			1000	0.6	8.944272	5 366.563
M_5	9	7			1800	0.6	11.40175	12 313.890
							总运输成本	35 544.160

成功运用重心法得到最优的物流中心选址，帮助物流企业节省了总运输成本，提高了企业的运行效率。如该实例，若原本中心仓库坐标为（0,0），运输总成本则要 37 679.1 元，若运用了中心法对中心仓库进行优化，那么就会得到最优的中心仓库坐标（0,4），此时运输总成本为 35 544.160 元，节省了总运输费用。

重心法是物流中心选址中至关重要的一种选址方法，它计算简单，数据容易收集，易于理解，能十分高效地找到使运输总成本最低的最优位置点。因为通常不需要对物流系统进行整体评估，所以在单一设施定位时应用解析方法简单易行。

四、仓库布置与设计

在仓储管理中，货品应如何放置在仓库之中也是一项重要决策。一个好的仓库布置可以提高产出、改进产品流、降低成本，改进客户服务以及为员工提供更好的工作条件。这里简单介绍仓库总平面布置、货位布置、仓库内部布局。

（一）仓库总平面布置

仓库总平面布置是指对仓库的各个组成部分——存货区、入库检验区、理货区、配送备货区、通道及辅助作业区在规定范围内进行全面合理的安排。仓库总平面布置是否合理，将对仓库作业的效率、储运质量、储运成本和仓库盈利目标的实现产生很大的影响。

1. 仓库总平面布置的影响因素

（1）仓库的专业化程度。仓库的专业化程度主要与库存货物的种类有关。库存货物种类越多，仓库的专业化程度越低，仓库总平面布置的难度就越大；库存货物种类越少，仓库的专业化程度越高，仓库总平面布置的难度就较小。因为储存货物的种类越多，各种货物的理化性质就会有所不同，所要求的储存保管保养方法及装卸搬运方法也将有所不同，所以，在进行总平面布置时，必须考虑不同的作业要求，这就使布置的难度增大。

（2）仓库的规模和功能。仓库的规模越大、功能越多，需要的设施设备通常就越多，设施设备之间的配套衔接成为总平面布置中的重要问题，这就使布置的难度增加。如果仓库规模小、功能少，那么在进行总平面布置时也就简单很多。

2. 仓库总平面布置的要求

一个合理的仓库总平面布置应满足下列条件。

（1）适应仓储作业过程的要求，有利于仓储业务的顺利进行。仓库总平面布置应该以单一的物流流向、最短的搬运距离、最少的装卸环节和最大程度的利用空间为目标。

（2）有利于节省投资。充分利用现有的资源和外部协作条件，根据设计规划任务和库存货物的性质选择配置设施设备，以便最大限度发挥其效能。

（3）有利于保证安全和职工的健康。仓库建筑必须严格按照《建筑设计防火规范》的规定建设，并且作业环境的安全卫生标准也要符合国家的有关规定。

（二）货位布置

货位布置的目的，一方面是提高仓库平面和空间利用率，另一方面是提高货物保管质量，方便进出库作业，从而降低货物的仓储成本。

货位布置的基本思路如下。

（1）根据货物特性分区分类储存，将特性相近的货物集中存放。

（2）将单位体积大、单位质量大的货物存放在货架底层，并且靠近出库区和通道。

（3）将周转率高的货物存放在进出库装卸搬运最便捷的位置。

（4）将同一供应商或者同一客户的货物集中存放，以便于进行分拣配货作业。

当仓库作业过程中出现某种货物物流量大，搬运距离又远的情况时，则说明仓库的货位布局有错误。

（三）仓库内部布局

仓库内部布局分为平面布局和空间布局。

1. 仓库内部平面布局

仓库内部平面布局是对保管场所内的货垛、通道、垛间（架间）距、收发货区等进行合理的规划，并正确处理它们的相对位置。平面布局的形式可以概括为垂直式和倾斜式。

（1）垂直式布局。它是指货垛或货架的排列与仓库的侧墙互相垂直或平行，具体包括横列式布局、纵列式布局和纵横式布局。

第一，横列式布局，是指货垛或货架的长度方向与仓库的侧墙互相垂直。这种布局的主要优点是主通道长且宽、副通道短，整齐美观，便于存取查点，如果用于库房布局，还有利于通风和采光。

第二，纵列式布局，是指货垛或货架的长度方向与仓库侧墙平行。这种布局的优点主要是可以根据库存货物的不同在库时间和进出频繁程度安排货位，在库时间短、进出频繁的货物放置在主通道两侧，在库时间长、进出不频繁的货物放置在里侧。

第三，纵横式布局，是指在同一保管场所内，横列式布局和纵列式布局兼而有之，综合利用两种布局的优点。

（2）倾斜式布局。它是指货垛或货架与仓库侧墙或主通道呈 60°、45°或 30°夹角。具体包括货垛（架）倾斜式布局和通道倾斜式布局。

第一，货垛（架）倾斜式布局，是横列式布局的变形，它是为了便于叉车作业，缩小叉车的回转角度，提高作业效率而采用的布局方式。

第二，通道倾斜式布局，是指仓库的通道斜穿保管区，把仓库划分为具有不同作业特点，如大量储存和少量储存的保管区等，进行综合利用。在这种布局形式下，仓库内形式复杂，货位和进出库路径较多。

2. 仓库内部空间布局

仓库内部空间布局也称为仓库内部竖向布局，指库存货物在仓库立体空间上布局，其目的在于充分有效地利用仓库空间。空间布局的形式主要有就地堆码、上货架存放、架上平台空中悬挂等。

五、仓库装卸搬运系统的选择

仓库装卸搬运作业贯穿于仓库作业的全过程，从物料入库验收、保管保养、流通加工、备料、配送，直至发运都伴随着装卸搬运作业的发生。其出现的频率大于任何一个作业环节，支出的费用和耗费的工时比其他环节高出很多。装卸搬运作业的质量直接影响库存物料的数量和质量，与仓库安全生产关系密切。有效组织装卸搬运作业是仓库快进快出的关键，与仓库的经济效益密切相关。因此仓库装卸搬运系统在仓库管理中占据举足轻重的地位。

仓库装卸搬运系统具有集合性、相关性、目的性和环境适应性的特点。主要是由物料、装卸搬运设备、仓储设施、人员和信息等要素构成的集合体，一般简称搬运系统。任务是根据生产和流通的要求使物料在空间发生位移，为生产和流通服务。

仓库装卸搬运系统是由许多要素构成的整体，每个要素的性能和活动都会对整体的性能和活动产生影响。例如，在搬运某种产品时，选用的搬运设备不同，那么整个系统的搬运能力和适应性也就不同；对搬运设备的使用方法不同，则整个搬运系统的效率也不一样。在仓库装卸搬运系统中，每一个要素作用的发挥，以及对整个系统的影响必然要有其他的一个或几个要素的配合，离开了这些配合，要素作用就无法发挥。例如，在搬运中所使用的托盘，必须要有叉车或其他起重设备来配合。否则，离开了搬运设备，托盘的优势就发挥不出来，当然，托盘的优势能否充分地发挥出来，还要取决于选用的搬运设备是否合适。

案例分析

仓储型物流企业的互联网化策略

仓储企业互联网化转型，通过专业化、轻资产化、服务标准化等方式提高仓储服务能力，以满足制造与商贸领域的需求。

专业化转型包括基础设施专业化、流程专业化和服务专业化。互联网化将使仓储企业实现精细化管理，提高效率和服务质量。

仓储企业转型升级，要进行轻资产化转型。通过合作利用社会化仓储设施资源，提升仓储设施规划、经营管理和资源统筹能力，吸纳顾客资源进行业务扩展，实现轻资产化转型。

仓储企业转型还需互联网化。通过互联网化辅助优化流程和服务，与货主客户实现互联互通，透明连接仓库、单据、货物、人员和工具等物流要素，提升仓库资源管理效率和物流流程优化。

1. 教学目的和用途

本案例用于管理学硕士和本科生学习企业管理学、物流系统规划、财务决策、物流工程、物流管理等课程时使用。硕士可以就此案例深入探讨仓储型物流企业如何制定和实施互联网化策略，以适应数字化时代的需求。本科生主要是通过本案例的学习与讨论，尝试使用教材中的方法进一步分析互联网化对仓储型物流企业的影响和潜在的优势。

通过学习本案例，学生将能够理解和分析仓储型物流企业互联网化策略的实例，学习实际的实施方法和技巧。这将有助于学生深入了解数字化时代对物流行业的影响，培养他们设计和实施互联网化策略的能力。此外，学生还将学会分析和解决在互联网化策略实施的过程中可能遇到的问题与挑战，培养创新思维和解决实际问题的能力。这些能力和知识对于适应现代物流行业的发展和求职都具有重要意义。

2. 启发与思考

（1）仓储型物流企业的互联网化策略如何提升企业的竞争力和效率？请列举具体的互联网化策略和应用案例，并分析其对仓储型物流企业带来的优势和影响。

（2）仓储型物流企业在实施互联网化策略过程中可能遇到的问题和挑战有哪些？

（3）如何确保互联网化策略的顺利实施？

3. 分析思路

本案例属于理论应用与分析型的教学案例，学生应重点分析仓储型物流企业的现状和挑战，学会综合运用仓储管理优化理论方法。其次详细阅读案例资料，熟悉仓储型物流企业互联网化策略的关键要素。

4. 理论依据

本案例的理论依据：数字化转型、信息化建设、互联网技术应用。

5. 关键要点

数字化转型、信息化建设。

6. 课堂计划

（1）建议教师先安排学生学习专业知识，并将本案例安排给学生学习，让学生重点思考提出的问题，对第 2 部分启发与思考中的问题进行逐条分析。

（2）本案例教学安排 4 课时。首先学生就思考问题进行分组讨论，并记录相关的结论，此部分 20 分钟完成。接着安排小组发言，学生就主要问题进行辩论，此部分 30 分钟完成。最后安排仓储型物流企业互联网化方案撰写，学生以小组为单位编制一份仓储型物流企业互联网化优化分析与执行报告，此部分 2 小时完成，教师进行课堂评判。

本章思考题

1. 现代仓储的概念和主要功能是什么？
2. 试述仓储管理的内容。
3. 在企业物流管理中，基本仓储决策涉及哪些方面？
4. 比较自有仓库仓储与租赁仓库仓储的优缺点。
5. 企业如何进行仓库数量的决策？
6. 什么是仓库内部空间布局？
7. 比较定位储存与随机储存的优缺点。

第七章

现代企业库存管理

【思政案例导入】

2022 年 3 月的“两会”上，政府工作报告三次提及产业链供应链，两次提及数字经济。政府工作报告中指出回顾过去一年“强化创新引领，稳定产业链供应链”。2022 年政府工作任务有“深入实施创新驱动发展战略，巩固壮大实体经济根基”“促进工业经济平稳运行，加强原材料、关键零部件等供给保障，实施龙头企业保链稳链工程，维护产业链供应链安全稳定”“促进数字经济发展。加强数字中国建设整体布局。建设数字信息基础设施，逐步构建全国一体化大数据中心体系，推进 5G 规模化应用，促进产业数字化转型，发展智慧城市、数字乡村。加快发展工业互联网，培育壮大集成电路、人工智能等数字产业，提升关键软硬件技术创新和供给能力。完善数字经济治理，培育数据要素市场，释放数据要素潜力，提高应用能力，更好赋能经济发展、丰富人民生活”。

1. 全国人大代表、传化集团董事长徐冠巨：加快发展融合型物流新基建，推动中国供应链效能提升

现代物流体系是实现双循环新发展格局的重要保证，产业链供应链是畅通国内国际经济循环的关键。供应链效能提升是现代流通体系建设、构建新发展格局的核心环节。因此人大代表建议，加快发展融合型物流新基建，推动产业数字化升级，提升中国供应链效能，促进新发展格局加快形成。

2. 全国人大代表、国资材料副总经理司留启：产业链供应链安全需要“全国一盘棋”

在发展产业链供应链安全方面，要全国统筹布局，实现“全国一盘棋”，做好区域之间的优势互补和协调协同。在充分发挥市场作用的基础上，发挥“链主”企业和行业协会等在产业发展中的协调作用。同时推进实施产业基础再造和产业链提升工程，提升产业基础高级化、产业链现代化水平。

3. 全国人大代表、中国电科首席科学家胡明春：坚持“补短”“修长”同步实施，持续增强产业链供应链韧性

一是攥紧拳头，集中优势力量，加快补齐关键核心技术短板，突破关系生死存亡的“卡脖子”问题。二是抓好前沿布局，加强前瞻性、先导性、探索性、颠覆性技术研究，加快抢占科技竞争的战略制高点。三是加大基础研究投入，努力打通从基础科学、技术科学到工程应用的整个创新链条，系统性地解决瓶颈短板背后的基础问题。

资料来源：《"两会"之声——代表们眼中的产业链供应链数字经济》，http://www.chinawuliu.com.cn/zixun/202203/14/572783.shtml[2022-03-14]。

自从有了生产，就有了库存物品的存在。控制库存是每个企业都需要面对的问题，如果库存过多，就会过多占用企业的流动资金，使企业陷入资金周转不灵的局面；如果库存过低，就有可能不能及时满足市场供应的需要，导致客户订货次数上升，甚至失去客户。因此，库存的管理与控制是企业物流领域面对的一个关键问题，对于企业物流整体功能的发挥起着非常重要的作用。

第一节　库存与库存管理概述

一、库存的概念

一般来说，库存是作为今后按预定的目的使用而处于备用或非生产状态的物品[①]。广义的库存还包括处于制造加工状态和运输状态的物品。通俗一点说，库存是指企业在生产经营过程中为现在和将来的生产或者销售而储备的资源。在生产制造企业，库存品一般包括原材料、产成品、备件、低值易耗品及在制品；在商品流通企业，库存品一般包括用于销售的商品以及用于管理的低值易耗品。库存对市场的发展、企业的正常运作与发展起到维持销售产品稳定、维持生产稳定、平衡企业物流、平衡企业流动资金占用等重要作用。

二、企业库存类型

库存的分类方式很多，从企业生产经营的角度，库存有以下两种分类方法。

（一）按库存的用途分类

按库存的用途，企业持有的库存可分为五个类别。

1）原材料库存

原材料库存是指企业通过采购和其他方式取得的用于制造产品并构成产品实体的物品，以及供生产耗用但不构成产品实体的辅助材料、修理用备件、燃料及外购半成品等，是用于支持企业内制造或装配过程的库存。

2）在制品库存

在制品库存是指已经过一定生产过程但尚未全部完工，在销售以前还要进一步加工的中间产品和正在加工中的产品。在制品库存之所以存在，是因为生产一件产品需要生产时间。

---

① 全国物流标准化技术委员会. 物流术语：GB/T 18354—2021. 北京：中国标准出版社，2021.

3）维护/维修/作业用品库存

维护/维修/作业用品库存是指用于维护和维修设备而储存的配件、零件、材料等。

4）包装物和低值易耗品库存

包装物和低值易耗品库存是指企业为了包装本企业产品而储备的各种包装容器和由于价值低、易损耗等原因而不能作为固定资产的各种劳动资料的储备。

5）产成品库存

产成品库存就是已经制造完成并等待装运，可以对外销售的制成产品的库存。

（二）按库存的目的分类

1）周转库存

周转库存又称经常库存，是指在正常的经营环境下，企业为满足日常需要而建立的库存。

2）安全库存

安全库存又称保险库存，是指用于防止和减少因订货期间需求率增长或到货期延误所引起的缺货而设置的储备。

3）季节性储备

季节性储备是指企业为减少原材料季节性生产和季节性销售的影响而储存的原材料或产成品。

三、企业库存控制与管理目标

为了保证企业正常经营活动，库存是必要的，但同时库存又占用了大量的资金。对于任何一个企业来说，库存无论是过高还是过低，都会给企业的生产或经营带来麻烦，因此，库存管理的目的在于用最低的费用，在适宜的时间和适宜的地点获得适当数量的原材料、消耗品、半成品和最终产品，即保持库存量与订货次数的均衡，通过维持适当的库存量、减少不良库存，使企业资金得到合理的利用，从而实现盈利目标。

（一）减少不良库存

在大多数企业中，库存占企业总资产的比例都非常高，许多企业都存在库存过剩、库存闲置、积压商品、报废物资、呆滞品等不良库存问题。这是因为人们只重视库存保障供应的任务，而忽视了库存过高所产生的不良影响。

一般地，企业产生不良库存主要有以下几方面的原因。

（1）计划不周。计划不周或制订计划的方法不当，就会出现计划与实际的偏差，使计划大于实际，从而导致剩余库存。

（2）生产计划变更。企业生产计划的变更会导致一些原材料或产成品数量的变动，如果不及时进行调整，这些原材料或产成品可能会转变为不良库存。

（3）销售预测失误。销售部门对客户可能发生的订单数量估计错误，也将使采购、生产等部门的采购计划和生产计划与实际需求产生偏差，进而有可能出现库存剩余的情况。

（二）确定适当的库存结构

库存结构是指不同库存间的比例。确定哪些生产经营环节需要库存的支持，对做好库存管理是非常重要的，可以利用要因图，从经营、生产、运输、销售和订货周期五个方面进行分析（图 7-1）。因果分析图也叫石川图或鱼刺图，可以用每根鱼刺代表库存形成的阶段或环节，这些阶段或环节的库存问题，最终会影响整个企业库存结构和水平。

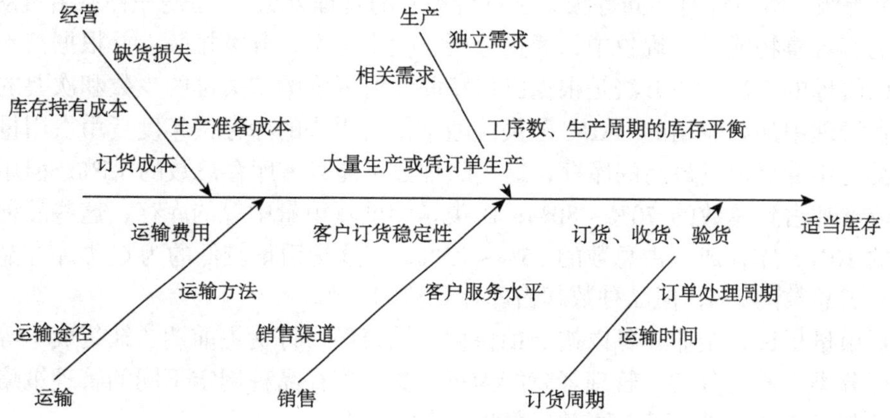

图 7-1　适当库存要因图

（1）从经营方面看。经营的目标是满足客户服务的要求，因而必须保持一定的预备库存，但要实现利润最大化，就必须降低订货成本，也要降低生产准备成本，更要降低库存持有成本，因而必须维持适当库存量。

（2）从生产方面看。缩短生产周期可以较好地控制工序间的均衡库存，根据订单生产也能较好地维持适当库存，相关需求库存的比例要适当。

（3）从运输方面看。运输费用、运输方法、运输途径对库存的适当程度影响很大，运输效益与库存效益的关系要仔细权衡。

（4）从销售方面看。销售渠道的研究非常重要，减少流通环节就能减少流通过程中的库存，还要注意适当库存与最佳客户服务水平之间的效益悖反。另外，提高销售预测的精确度也能有效改进库存管理。

（5）从订货周期看。运输时间、订单处理周期以及订货、收货、验货方法等都是影响库存的因素。

第二节　传统企业库存管理与控制方法

传统库存理论认为，库存管理的目的就是解决两个基本问题：何时订货和订多少货。传统库存控制的任务是用最小的储备量保证供应，不缺货，谋求“保证供应而又最小的储备量”。

一、库存管理分类方法

要对库存进行有效的管理和控制，首先要对存货进行分类。传统的存货分类方法有ABC分类法和CVA（critical value analysis，关键因素分析）管理法。

（一）ABC 分类法[①]

ABC分类法又称重点管理法或ABC分析法。将库存物品按照设定的分类标准和要求分为重要程度高的库存（A类）、重要程度一般的库存（B类）和重要程度低的库存（C类）三个等级，然后针对不同等级分别进行控制的管理方法[②]。它是一种从名目众多、错综复杂的客观事物或经济现象中，通过分析，找出主次，分类排队，并根据其不同情况分别加以管理的方法。该方法是根据巴雷特曲线所揭示的"关键的少数和次要的多数"的规律在管理中加以应用的。ABC分类法通常是将手头的库存按年度货币占用量分为三类：A类是年度货币量最高的库存，这些品种数可能只占库存总数的15%，但用于它们的库存成本却占到总数的70%～80%；B类是年度货币量中等的库存，这些品种数占库存总数的30%，库存成本占总数的15%～25%；年度货币量较低的为C类库存品种，库存成本只占总数的5%，但品种数却占库存总数的55%。

除货币量指标，企业还可以按照销售量、销售额、订货提前期、缺货成本等指标将库存进行分类。通过分类，管理者就能为每一类的库存品种制定不同的管理策略，实施不同的控制。表7-1列示了三种库存类型的管理策略。

表7-1 三种库存类型的管理策略

库存类型	特点（按货币量占用）	管理方法
A	品种数占库存总数的15%，库存成本占总数的70%～80%	进行重点管理。现场管理要更加严格，应放在更安全的地方；为了保持库存记录的准确要经常进行检查和盘点；预测时要更加仔细
B	品种数约占库存总数的30%，库存成本占总数的15%～25%	进行次重点管理。现场管理不必投入比A类更多的精力；库存检查和盘点的周期可以比A类长一些
C	库存成本占总数的5%，但品种数占库存总数的55%	只进行一般管理。现场管理可以更粗放一些；但是因为品种多，出现差错的可能性也比较大，因此也必须定期进行库存检查和盘点，库存检查和盘点周期可以比B类长一些

利用ABC分类法可以使企业更好地进行预测和现场控制，以及减少安全库存数量和库存投资。

（二）CVA 管理法

ABC分类法有不足之处，通常表现为C类货物得不到应有的重视，而C类货物往往也会导致整个装配线的停工。因此，有些企业在库存管理中引入了CVA管理法。CVA

① 方春艳. ABC分类法在制版企业库存管理中的应用研究. 物流工程与管理，2019，41（6）：39-40.

② 全国物流标准化技术委员会. 物流术语：GB/T 18354—2021. 北京：中国标准出版社，2021.

管理法的基本思想是把存货按照关键性分成 3 ~ 4 类。

（1）最高优先级。这是经营的关键性物资，不允许缺货。

（2）较高优先级。这是指经营活动中的基础性物资，但允许偶尔缺货。

（3）中等优先级。这多属于比较重要的物资，允许合理范围内的缺货。

（4）较低优先级。经营中需用这些物资，但可替代性高，允许缺货。

CVA 管理法比起 ABC 分类法有着更强的目的性。相较于 ABC 分类法，CVA 管理法目的性更强，CVA 管理法在一定程度上弥补了 ABC 分类法的缺陷，如 C 类货物占有较高比例的库存金额，可无法获得足够的重视，但 C 类货物在某些情况下能起到关键性的作用，因此可将其纳入最高优先级的货物。ABC 分类法主要依据货物的金额进行分类，CVA 分类则更加重视货物的自身功能①。在实践中，人们往往倾向于制定高的优先级，结果高优先级的物资种类很多，最终哪种物资也得不到应有的重视。CVA 管理法和 ABC 分类法结合使用，可以达到分清主次、抓住关键环节的目的。

二、库存量的控制方法

传统的库存量控制方法有安全库存法、EOQ 法等数学模型方法。

（一）安全库存法

许多企业都会考虑保持一定数量的安全库存，即缓冲库存，以防在需求或提前期方面的不确定性，但是困难在于确定什么时候需要保持多少数量的安全库存。安全库存太多意味着多余的库存，而安全库存不足则意味着缺货或失销。

安全库存追加的增量会造成效益的递减。超过期望需求量的第一个单位的安全库存所提供的防止缺货的预防效能的增值最大，第二个单位所提供的预防效能比第一个单位稍小，以此类推。如果安全库存量增加，那么缺货概率就会减少。在某一安全存货水平，储存额外数量的成本加期望缺货成本之和会有一个最小值，这个水平就是最优水平。高于或低于这个水平，都将产生损失。

生产企业保持产成品安全库存可以在零售和中转仓库的需求量超过平均值时有能力补充库存，半成品的额外库存可以在工作负荷不平衡的情况下，使各制造部门间的生产正常化。准备这些追加库存是要不失时机地为客户及内部需要服务，以保证企业的长期效益。

1. 缺货成本计算

缺货成本是由外部和内部供应发生了中断而产生的。当企业的客户得不到全部订货时，称为外部短缺；而当企业内部某个部门得不到全部订货时，称为内部短缺。如果发生外部短缺，将导致延期交货、失销、失去客户等情况发生。下面分别讨论这三种情况。

（1）延期交货。延期交货可以有两种形式，第一种是缺货商品可以在下次规则订货中

---

① 应靖雯. 药库库存管理中 ABC 和 CVA 分类管理法的应用. 中医药管理杂志，2020，28（21）：143-144.

得到补充，第二种是利用快速延期交货。如果客户愿意等到下一次规则订货，那么公司实际上没有什么损失。但如果经常缺货，客户可能就会转向其他供货商。

如果缺货商品延期交货，那么就会发生特殊订单处理和运输费用，延期交货的特殊订单处理费用要比普通处理费用高。由于延期交货经常是小规模装运，运输费率相对要高，而且延期交货的商品可能需要从另一地区的一个工厂仓库供货，进行长距离运输。另外，需要利用速度快、收费高的运输方式运送延期交货商品。因此，延期交货成本可根据额外订单处理费用和额外运费来计算。

（2）失销。尽管一些客户可以允许延期交货，但是仍有一些客户会转向其他供货商，换句话说，许多公司都有生产替代产品的竞争者，当一个供货商没有客户所需的产品时，客户就会从其他供货商那里订货，在这种情况下，缺货导致失销。对于卖方的直接损失是这种产品的利润损失。可以通过计算这种产品的利润乘以客户的订货数量来确定直接损失。

（3）失去客户。由于缺货，客户永久转向另一个供货商。失去了客户，企业也就失去了未来一系列收入，这种缺货造成的损失很难估计，需要用管理科学的技术以及市场营销的研究方法来分析和计算。除了利润损失，还有由缺货造成的信誉损失。信誉很难度量，在库存决策中常被忽略，但它对未来销售及企业经营活动非常重要。

为了确定需要保持多少库存，有必要确定一旦发生缺货而造成的损失。

第一，分析发生缺货可能产生的后果，包括延期交货、失销和失去客户。

第二，计算与可能结果相关的成本，即利润损失。

第三，计算一次缺货的损失。

如果增加库存的成本少于一次缺货的损失，那么就应增加库存以避免缺货。

如果发生内部短缺，则可能导致生产损失（人员和机器的闲置）和完工期的延误。如果由于某项物品短缺而引起整个生产线停工，这时的缺货成本可能非常高，对于实施及时管理的企业来说更是这样。为了对安全库存量做出最好的决策，制造企业应该对由原材料或零配件缺货造成停产的成本有全面的理解。首先确定每小时或每天的生产率，然后计算停产减少的产量，最后得出利润的损失量。

2. 安全库存量的计算

可以根据顾客需求量变化、提前期固定，需求量固定、提前期变化，或者需求量和提前期都随机变化三种情况分别计算安全库存量。

（1）需求量变化、提前期固定。假设需求的变化服从正态分布，由于提前期是固定的数值，可以根据正态分布图，直接求出在提前期内的需求分布均值和标准差，或通过直接的期望预测，以过去提前期内的需求情况为依据，确定需求的期望均值。在这种情况下，安全库存量的计算公式为

$$S = z\sigma_{\mathrm{d}}\sqrt{L} \qquad (7\text{-}1)$$

式中，σ_{d} 表示提前期内的需求量的标准差；L 表示提前期的时间；z 表示一定客户服务水平下需求量变化的安全系数，其可以根据预定的服务水平，由正态分布表查出。表 7-2 是客户服务水平与安全系数对应关系的常用数据。

表 7-2　客户服务水平与安全系数对应关系的常用数据

安全系数	服务水平
3.50	0.9998
2.33	0.9900
2.05	0.9800
1.65	0.9500
1.29	0.9000
0.84	0.8000
0.53	0.7000

（2）需求量固定、提前期变化。当提前期内的客户需求情况固定不变，而提前期的长短随机变化时，安全库存量的计算公式为

$$S = zd\sigma_{\mathrm{L}} \tag{7-2}$$

式中，z 表示一定客户服务水平下需求量变化的安全系数；σ_{L} 表示提前期的标准差；d 表示提前期内的日需求量。

（3）需求量和提前期都随机变化。在多数情况下需求量和提前期都是随机变化的，如果可以假设需求量和提前期是相互独立的，那么安全库存量的计算公式为

$$S = z\sqrt{\sigma_{\mathrm{d}}^{2}\overline{L} + \overline{d}^{2}\sigma_{\mathrm{L}}^{2}} \tag{7-3}$$

式中，σ_{d}、σ_{L}、z 的含义同式（7-1）和式（7-2）中一致；$\overline{d}$ 表示提前期内平均日需求量；$\overline{L}$ 表示平均提前期。

（二）EOQ 法

EOQ 法

三、订货方式的选择

（一）定量订货制

定量订货制是流行最广泛的传统库存管理方法。定量订货制是指当库存量下降到预定的库存数量（订货点）时，立即按一定的订货批量进行订货的一种方式[①]。该方法的关键在于计算出订货点的储备量，对于某种物品来说，当订货点和订货量确定后，就可以实现库存的自动管理。

① 全国物流标准化技术委员会. 物流术语：GB/T 18354—2021. 北京：中国标准出版社，2021.

订货点的计算公式：订货点=平均日需求量×平均订货周期+安全量。

1. 定量订货制的优点

（1）管理简便，订货时间和订货量不受人为判断的影响，保证库存管理的准确性。
（2）由于订货量一定，便于安排库内的作业活动，节约理货费用。
（3）便于按 EOQ 订货，节约库存总成本。

2. 定量订货制的缺点

（1）不便于对库存进行严格的管理。
（2）订货之前的各项计划比较复杂。

3. 定量订货制的适用范围

（1）单价比较便宜，而且不便于少量订货的物品，如螺栓、螺母。
（2）需求预测比较困难的物品。
（3）品种数量多，库存管理事务量大的物品。
（4）消费量计算复杂的物品，通用性强、需求总量比较稳定的物品等。

（二）定期订货制

定期订货制是指按预先确定的订货间隔期进行订货的一种方式①。一般都是事先依据对产品需求量的预测，确定一个比较恰当的最高库存额，在每个周期将要结束时，对存货进行盘点，决定订货量，货物到达后的库存量刚好到达原定的最高库存额。

这种方法不必严格跟踪库存水平，减少了库存登记费用和盘点次数。价值较低的商品可以大批量购买，也不必关心日常的库存量，只要定期补充就可以了。

订货提前期是指从订货开始到批量为止的这段时间，订货提前期可以将供应链对货物的客户所存在的需求的响应速度体现出来。库存管理在优化过程中，可以设法将提前期尽可能地缩短，提高对客户的响应速度，这样可以极大地优化库存管理，这种方法也成为供应链提高自身竞争力的主要方式①。

这种方法的关键在于确定订货周期。订货周期是指提出订货、发出订货通知，直至收到订货的时间间隔。采用这种库存管理的方法进行订货时，需要预先掌握每个时期内订货点的库存量：

$$Q=\overline{D}\left(T+\overline{L}\right)+S-Q_0-Q_1 \tag{7-4}$$

式中，$\overline{L}$ 表示平均订货时间；$\overline{D}$ 表示平均日需求量；T 表示订货间隔时间；S 表示安全储备量；Q_0 表示现有库存量；Q_1 表示已订未达量。

定期订货制的适用范围：

（1）消费金额高，需要实施严密管理的重要物品。

---

① 张钰凤，许华. 供应链库存管理的优化方法. 中外企业家，2020,（2）：81-82.

（2）根据市场的状况和经营方针，需要经常调整生产或采购数量的物品。

（3）需求量变动幅度大，而且变动具有周期性的物品。

（4）建筑工程、出口等可以确定周期的物品。

（5）设计变更风险大的物品。

（6）多种商品采购可以节省费用的情况。

（7）同一种物品分散保管、同一种物品向多家供货商订货、批量订货分期入库等订货、保管、入库不规则的物品。

（8）需要定期制造的物品等。

第三节 现代企业库存管理与控制技术

库存管理者必须保证企业的原料供应和产品分配像流水线一样顺畅，并且使库存周转迅速。同时，库存管理要遵循“经济性原则”，管理成本不能超过由此节约的库存成本。库存管理者需要在库存成本和客户服务水平之间寻找平衡点，百分之百的客户服务水平往往不是最佳选择，企业总是寻找维持系统完整运行所需的最小库存或达到“满意”的客户服务水平基础上的最低库存。现代库存控制的任务是通过适量的库存达到合理的供应，实现总成本最低的目标，其关键性的突破在于放弃了“保证供应”，允许缺货，利用总成本最低来进行决策。

一、现代库存管理方法的评价指标

库存管理方法的选择要适合本企业的实际特点，每种库存管理方法都有假设条件，本企业的实际情况必须能够近似于这种假设条件才行。现代库存理论增加了新的内容，在哪儿存货、存什么货以及货物种类与仓库的搭配都成为库存管理者需要考虑的问题。现代库存管理方法的评价指标主要有以下几个方面。

1. 客户满意度

客户满意度就是指客户对于销售者现在的服务水平的满意程度。这个指标涉及许多内容：客户忠诚度、取消订货的频率、不能按时供货的次数、与销售渠道中经销商的密切关系等。

2. 延期交货情况

如果一个企业经常延期交货，它的库存水平和再订货点不能保证供应，不得不使用加班生产、加急运输的方法来弥补库存的不足，那么这个企业的库存管理系统运行效率就会很低。紧急生产和运输的成本很高，远远超过了正常成本。但并不是要求企业一定不能有延期交货，如果降低库存水平引起的延期交货成本低于节约的库存成本，那么这种方案是可取的，可以实现企业总成本最低的目标。

3. 库存周转次数

计算整个生产线、单个产品、某系列产品的周转次数可以反映企业的库存管理水平。可以通过对各个时期、销售渠道中各个环节的库存周转次数进行比较，看看周转次数的发展趋势是上升还是下降，周转的“瓶颈”是在销售渠道的哪个环节。

库存周转次数的计算公式为：库存周转次数=年销售额/年平均库存值

库存周转次数在不同行业的企业中变化幅度很大，即使同一行业的不同规模企业也有很大差异。总体来说，库存周转次数越大表明企业的库存控制越有效，但有时客户订货时却不能马上收到货物，这就降低了客户服务水平。

4. 库存周转率

库存周转率是指企业在单位时间（1 年）库存周转的次数，反映了库存周转速度。库存周转速度越快，企业盈利能力越强，因此，库存周转率与企业盈利能力密切相关。

库存周转率等于销售成本除以库存平均余额。库存平均余额指的是企业 1 年中，平均每天的库存量，库存平均余额等于月初库存加上月末库存再除以 2。

一般来说，企业只要维持正常生产，就必须要有库存。

例如，海尔集团采取按单生产的方法，在减少原材料库存的基础上减少在制品库存，生产完成后直接就运往各地经销商，但即使这样，海尔集团仍然有一定的库存。企业库存会由于生产季节性的原因时高时低，因此，逐月计算库存比较准确。

5. 库存周转天数

在管理中，由于库存周转率概念太过抽象，企业有时也会用库存周转天数评价库存管理。库存周转天数是指产品从买入企业到售出企业的天数，受企业原材料周转天数、生产周期和产成品库存的影响，计算方法是 360（天）除以库存周转率。

有些企业在管理中往往会更加细化数据，将库存周转天数细化为原材料周转率、周转天数，在制品周转率、周转天数，产成品周转率、周转天数。将上述数据计算出来以后和企业历史水平以及同行业平均水平相比较，反映企业的库存管理水平。

二、现代库存管理方法[①]

在企业决策中，少数几个关键性因素通常起决定作用，决策模型为了突出这些因素，就必须对现实进行抽象，做出许多假设，忽略次要因素，简化决策过程。决策者必须在复杂程度和精确程度之间进行权衡，在今天的经济环境中，企业的生产目标、生产组织结构、生产方式和方法都发生了巨大的变化，同时也对传统的库存管理方法提出了挑战。随着计算机技术的发展，创新性的现代库存管理方法得到普及和推广。这些方法包括 MRP、MRP Ⅱ、DRP（distribution resource planning，配送需求计划）、ERP 和 SAP R/3（system applications and products in data processing, release 3，第三版数据处理的系统、

---

① 李丽花，高岩，徐丽. 基于混杂控制方法的生产库存策略的研究. 数学的实践与认识，2019，49（6）：236-242.

应用和产品）物料管理。

（一）MRP

MRP 是指利用一系列产品物料清单（bill of materials，BOM）数据、库存数据和主生产计划（master production schedule，MPS）计算物料需求的一套技术方法①。MRP 把原料和零部件的需求看成最终产品需求量的派生需求。其出发点是根据成品的需求，自动地计算出构成这些成品的部件、零件，以至原材料的相关需求量，然后根据成品的交货期计算出各部件、零件生产进度日程与外购件的采购日程。换句话说，MRP 系统依据 MPS、产品结构、库存状态来计算每种材料的净需求量，并把需求量分配到每个时期。MRP 的思想很早就产生了，但直到计算机产生、信息系统实施以后，MRP 才真正得以广泛应用。

1. MRP 系统的目标

（1）保证在客户需要或生产需要时，能够立即提供足量的材料、零部件、产成品。

（2）保持尽可能低的库存水平。

（3）合理安排采购、运输、生产等活动，使各车间生产的零部件、外购件与装配的要求在时间与数量上精确衔接。

因此，MRP 系统可以指明现在、未来某时的材料、零部件、产成品的库存水平。MRP 系统的起点是确定需要多少最终产品、何时需要，然后再将其分解成每一种需要的材料、零部件，并确定需求时间。

2. MRP 系统的输入信息

MRP 系统有三种输入信息，即 MPS、BOM 和库存状态文件（inventory status information files，ISF）。其基本结构如图 7-2 所示。

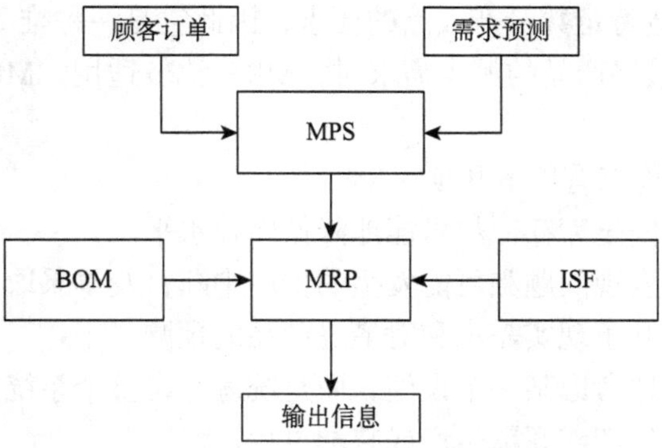

图 7-2　MRP 系统的基本结构

依据顾客订单和需求预测，MPS 驱动整个 MRP 系统。MPS 描述了最终产品需要何时生产、何时装配、何时交货。

① 全国物流标准化技术委员会. 物流术语：GB/T 18354—2021. 北京：中国标准出版社，2021.

MPS 根据市场预测与用户订货来确定，但并不等同于预测，因为预测未考虑企业的生产能力，而计划则要进行生产能力平衡后才能确定。预测的需求量可能随时间起伏变化，而计划可通过提高或降低库存水平作为缓冲，使实际各周期生产量趋于一致，以达到均衡稳定生产。MPS 是 MRP 的基本输入，MRP 根据 MPS 展开，求出构成这些产品的零部件与材料在各周期的需求量。

产品结构信息说明了生产或装配一件最终产品所需要的材料、零部件的数量，也称为 BOM。结合最终产品的需求量就可以计算出各零部件的毛需求量，同时还能够指出使用这些零部件的确切时间。BOM 还表明了各种零部件之间的数量关系，以及各自的重要程度。

ISF 应保存所有产品、零部件、在制品、原材料（以下统称项目）的库存状态信息，主要包括当前库存量、计划入库量（在途量）、提前期、订货（生产）批量、安全库存量。此外，还应保存组装废品系数、零件废品系数、材料利用率等信息。

3. MRP 系统工作程序

MRP 首先根据 MPS 规定的最终产品需求总量和 BOM，对产品的需求进行分解，生成对部件、零件及材料的毛需求量计划。然后根据 ISF 信息计算出各部件、零件及材料的净需求量及期限，并发出订单。

4. 输出信息

MRP 程序可以为管理者提供的信息主要有：订货数量和时间，是否需要改变所需产品的数量和时间，是否需要取消产品的需求，MRP 系统自身的状态，等等。

5. MRP 系统的评价

只要建立了 MPS，MRP 系统就可以确定不同时期的库存计划。MRP 产生材料需求计划以满足装配或制造特定数量产成品的要求，因此它是一种推动方式的系统。当对材料、零部件的需求是最终产品的派生需求时，MRP 比较适用。MRP 是从系统的角度来解决材料供应的。

MRP 系统的主要优点有以下几项。

（1）维持合理的安全库存，尽可能地降低库存水平。

（2）能够较早地发现问题和可能发生的供应中断，及早采取预防措施。

（3）生产计划是基于现实需求和对最终产品的预测。

（4）并不是孤立地考虑某一个设施，而是统筹考虑整个系统的订货量。

（5）适合于批量生产或间歇生产或装配过程。

MRP 系统有以下几项不足。

（1）在使用中，它是高度计算机化的，难以调整。

（2）降低库存导致的小批量购买使订货成本和运输成本增大。

（3）对短期的需求变动不如订货点法敏感。

（4）系统很复杂，有时不像预想得那样有效。

（二）制造资源计划

MRP Ⅱ是指在 MRP 的基础上，增加营销、财务和采购功能，对企业制造资源和生产经营各环节实行合理有效的计划、组织、协调与控制，实现既能连续均衡生产，又能最大限度地降低各种物品的库存量，进而提高企业经济效益的管理方法①。

一些生产管理水平先进国家的专家和学者认为，运用现代生产管理思想和方法建立的电脑化生产系统 MRP Ⅱ是一个先进的生产管理系统。MRP Ⅱ软件是根据订单和预测，安排生产任务，对生产负荷和人员负荷与生产能力进行平衡调整，通过计算机模拟，得到一个最佳生产组合顺序的 MPS。根据 MPS 的要求及库存记录、产品结构等信息，由计算机自动推导出构成这些产品的零部件与材料的需求量，产生自制品的生产计划和外购件的采购计划。根据物料需求量计算的结果，分阶段、分工作中心精确地计算出人员负荷和设备负荷，进行瓶颈预测，调整生产负荷，做好生产能力与生产负荷的平衡工作，制订能力需求计划，按照计划进行生产，在生产过程中，若出现问题，还可再进行调整。

MRP Ⅱ用科学的方法计算出什么时间、需要什么物料、需要多少物料，在保证正常生产不间断的前提下，根据市场供货情况，适时、适量、分阶段订购物料，尽量减少库存积压造成的资金浪费，在解决物料供应与生产的矛盾、计划相对稳定与用户需求多变的矛盾、库存储备增多与减少流动资金的矛盾、产品复杂多样化与生产条理化的矛盾中起很大的作用。

MRP Ⅱ是一个很好的计划工具，能够进行因果分析，因此有助于分析在物流、生产、市场营销、财务等领域应用某一战略所产生的结果。例如，MRP Ⅱ可以解决企业物流中设施内部及设施之间的产品移动及储存问题。

（三）DRP

DRP 是指依据市场需求、库存、生产计划信息来配置物流配送资源的一套技术方法①。DRP 是把 MRP 的原则和技术推广到最终产品的储存与运输领域。MRP 包含一个 MPS，然后把它分解成零部件的毛需求量和净需求量；相应地，DRP 从最终用户［POS（point of sale，销售终端）系统］的需求量开始（这是一种独立需求），向生产企业倒推，建立一个经济的、可行的系统化计划，来满足用户需求。

利用准确可靠的需求预测，DRP 可以制订一个分阶段的产品从工厂或仓库到最终用户的分销计划，解决分销商品的供应计划和调度问题。它的基本目标是合理进行分销商品资源配置，达到既保证有效地满足市场需要，又使得配置费用最省的目的。

DRP 系统对于现实需求非常敏感，使合适的产品及时到达用户手中，是替代传统订货点法的一种手段。

① 全国物流标准化技术委员会. 物流术语：GB/T 18354—2021. 北京：中国标准出版社，2021.

1. 适用 DRP 的企业类型

DRP 系统主要在流通企业与具有销售网络和储运设施的生产企业中应用。

（1）流通企业。特别是一些含有物流业务的企业，如储运公司、配送中心、流通中心等。为简单起见，将它们统称为“物流中心”。无论这些企业是否从事商品销售业务，都必然有储存和运输的业务，也就是有进货或送货的业务。

物流中心或是接受一些生产企业的委托存货，或是自己从生产企业购进货物存放在自己的仓库里，然后为生产企业销售部门或流通企业向它们的订货用户送货。

（2）自己具有销售网络和储运设施的生产企业。有的生产企业，特别是大型生产企业，有自己的销售网络和储运设施。自己生产出来的产品，或完全自己销售，或部分自己销售、部分交给流通企业销售。这样的生产企业是面对市场来生产自己的产品，既搞生产，又搞流通。其分销业务，通常由企业的流通部门承担，具体组织储、运、销活动，而由企业的生产部门提供商品资源。

生产企业分销业务模式与物流中心分销业务模式基本一样。不同点在于生产企业的流通部门代替了流通企业物流中心的工作。这两种分销业务模式的共同特征：一是接受广大的社会需求，并以满足社会需求为自己全部工作的宗旨；二是都依靠一定的物流能力（包括仓储、运输、包装、装卸、搬运等能力），以物流活动作为基本手段来满足社会的商品需求；三是为满足社会需求，要从商品生产企业（商品资源市场）中组织商品资源。

2. DRP 原理

DRP 原理如图 7-3 所示。

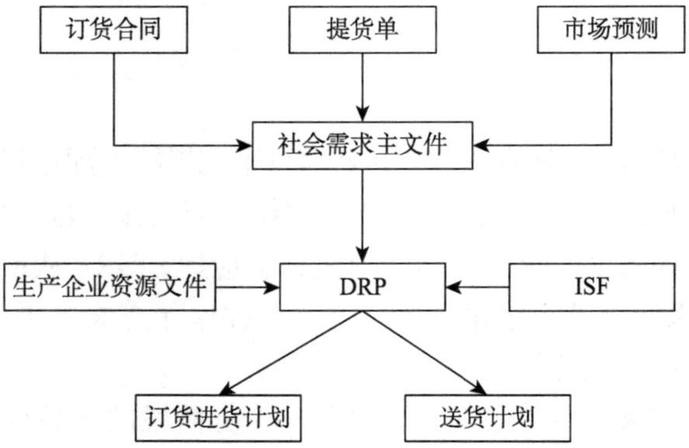

图 7-3　DRP 原理

由图 7-3 可见，实施 DRP 时，只要输入三个文件，然后根据这三个文件产生两个计划，即订货进货计划和送货计划，这两个计划就是 DRP 输出的内容，也是它的直接成果。有了这两个计划，物流中心就可以进行送货和订货进货。这两个计划的实施，构成了物流中心工作的主要内容，也是物流中心进行商品资源配置的主要手段。

（1）社会需求主文件。社会需求主文件是进行 DRP 处理的依据，是 DRP 处理的最主要的文件，没有这个文件就不可能进行 DRP 处理，所以把它称为社会需求主文件。它是指所有的社会用户订货合同、提货单或供货合同，也包括下属各子公司、下属各地区物流中心的订货单。这些需求都按品种、需求日期（或周）进行统计整理成社会需求主文件。如果没有这些预先签订好的订货合同、供货合同等，则社会需求量就要靠市场预测来确定。

（2）ISF。这是指物流中心的仓库里所有商品库存量的明细状态表。物流中心根据 ISF 确定什么商品可以从仓库里提货送货、送多少，什么商品需要订货进货。ISF 也是制订 DRP 计划所必须具备的文件。

（3）生产企业资源文件。这是商品生产企业的可供资源文件。包括可供的商品品种、生产企业的地理位置情况。生产企业资源文件主要是用于 DRP 制订订货进货计划。

（4）订货进货计划。进货计划是对于生产企业委托储运、委托经营的商品而言的，这些商品的所有权在生产方，物流中心只是代理经营服务。而订货计划是针对物流中心自己买断经营的商品，所有权属物流中心，对于用户需求的商品，如果届时仓库里没有库存量，则需要向生产企业订货进货。当然订货进货也需要根据具体品种、供应者设定订货进货提前期，这由生产企业资源文件提供。

（5）送货计划。这是对用户的送货计划。对于用户需求的货物，如果仓库里有，就可在仓库里提货送货。由于仓库与用户、下属子公司、子物流中心（统称需求者）都有一定路程，所以提货送货需要有一个提前时间，才能保证货物能够按需求者的需求时间及时送达。对于大批量需求的需求者应实行直达运送，对于小批量的需求者则应实行配送。

3. DRP 的运行步骤

（1）运行前的编码与信息整理工作。运行前的编码与信息整理工作包括商品编码、供货单位编码、用户编码（包括子物流中心）、运输信息整理（包括运输车辆、运输地理数据、送货提前期、进货提前期等信息）。

（2）建立社会需求主文件。通过整理订货单、订货合同、订货记录、提货单等确定社会用户及下属子公司在未来一个计划期中每天的需求，按品种、时间顺序整理并统计，形成社会需求主文件。如果没有这些订货单、订货记录，则只能靠预测估计确定需求量，形成需求主文件。

（3）建立 ISF。查出所有经营商品的计划期前的库存量、在途量等，形成 ISF。

（4）建立供货单位文件。查出所有品种的订货单位、订货进货提前期等，形成生产企业资源文件。

（5）DRP 系统运行。进行计算机 DRP 系统运行，得出各个品种的订货进货计划和送货计划，以及本物流中心的总订货进货计划和总送货计划。

（6）DRP 计划的执行。根据送货计划、订货进货计划以及运输车辆、运输地理情况，统一组织运输，保证每天送货计划和订货进货计划的完成。

（四）ERP

（1）ERP的特点。ERP是在MRPⅡ的基础上，通过前馈的物流和反馈的信息流、资金流，把客户需求和企业内部的生产经营活动以及供应商的资源整合在一起，体现按用户需求进行经营管理的一种管理方法①。ERP包括四个方面的特征：一是超越了MRPⅡ的范围和集成功能；二是支持混合方式的制造环境；三是支持动态的监控能力，提高业务绩效；四是支持开放的客户机/服务器计算环境。

（2）ERP的应用。ERP已打破了MRPⅡ只局限在传统制造业的格局，并把它的触角伸向各行各业，如金融业、高科技产业、通信业、零售业等，从而使ERP的应用范围大大扩展。

（3）ERP的实施。ERP的实施主要是通过系统软件来进行的，即借助于高度信息化的系统，来实现整合的生产、库存管理，如今这种类型的系统有很多，如SAP R/3、Bann、Triton等。其中用得比较多的是SAP R/3。SAP R/3是一个基于客户/服务机构和开放系统的、集成的ERP系统。其功能覆盖企业的财务、物流（工程设计、采购、库存、生产销售和质量等）和人力资源管理等各个方面。

（五）SAP R/3 物料管理

1. 主要特征

SAP R/3物料管理是整个SAP R/3系统的子系统之一，该模块覆盖了一个集成的供应链（MRP、采购、库存和仓库管理）所有的有关材料管理的任务。其主要特点有以下几个方面。

（1）该系统能为计划采购提供重要的交货信息和市场供应信息，并且控制采购材料从请求购买到收货、检验、入库的详细流程，当货物接收时，相关的采购单进行自动检查。

（2）系统能对供应商的谈判和报价进行管理和比较，同时对价格实行控制，以取得最佳的效益，可以协助采购部门确定采购环节中尚待完善的地方。

（3）系统还使采购与应付账款、收货和成本核算部门之间建立高效的信息通信，以保证企业的某一环节所提供的信息能在其他所有有关的环节中反映出来。系统通过建立和维护采购订单方式来实现采购合同跟踪，安排供应商交货进度和评价采购活动绩效等需求目标。

（4）库存管理系统负责现有库存的管理，直到它们被消耗。其基本目标就是能帮助企业维护准确的库存数；能支持各种物品库存状况、库存变化历史以及发展趋势的联机查询，并能从多层次去查看库存状况。此外，该管理系统还能提供基本的库存分析报告，帮助评价库存管理的绩效。

（5）仓库管理系统保证了仓库物品最优的库存吞吐量。不同的盘库方法都可用于库存的清点，范围可以从样品库存到连续库存。

---

① 全国物流标准化技术委员会. 物流术语：GB/T 18354—2021. 北京：中国标准出版社，2021.

2. 主要功能及其实施

SAP R/3 系统的主要功能包括产生 MRP、采购申请及维护、货物的移动、发票校验、库存管理、库房管理、库房结构定义、库房转移处理、库房级的库存支持、供应商评价、与应用相关的分类、采购信息系统维护。各模块功能的实施主要包括采购、发票校验、供应商评价、库存管理、库房管理、储存单位管理。

三、现代企业降低库存的策略

（一）不同类型库存降低库存水平的策略

不同类型库存的库存量在企业的经营过程中不是一成不变的，通过对库存相关因素的科学分析，可以不断改进相应库存控制和管理方法，降低库存水平，使库存规模更进一步趋于适当化。表 7-3 列示了不同类型库存降低库存水平的策略。

表 7-3　降低库存水平的策略

库存类型	采取策略	具体措施
安全库存	预测与控制库存产生的原因	改善需求预测工作 准确分析需求量与需求时间 加强过程控制 增加设备与人员的柔性 采取供应链管理模式
周转库存	在需要的时候供应与生产	与供应商和客户建立合作伙伴关系，采取供应链管理模式 降低订货费用 生产采取 JIT 方式
在途库存	缩短运输时间	加强运输过程控制 加大运输能力
相关需求库存	用 MRP 理论解决相关需求库存问题	运行 MRP 提高 BOM 的准确率 提高库存记录的准确率

（二）零库存策略

企业生产和销售系统中的库存通常是为避免某种差错的出现而设立的，因而库存也常常会掩盖许多不应该发生的差错，如工人或供应商未按标准生产或者未能按时生产或者生产数量和规格错误，设计图或说明不准确，不了解客户的要求，员工技能不足和机器故障等造成的供货延误。一个好的库存策略不应该是为应对某种情况做准备，而应是为了准时供货。

零库存策略也称 JIT 库存（just-in-time inventory），其基本含义是企业和供应商建立起稳定的契约供需关系，由供应商进行多频次、小批量的连续供货，实现在合适的时间、把合适的物品、按合适的数量送到合适的地点的 JIT 供货机制。准时管理方式往往也被称为零库存管理方式。

零库存管理方式，是基于在精确的时间以精确的数量把物料或商品送达指定的地点，以维持系统完整运行所需的最小库存。有了准时制库存，所需物料或商品就能按时按量到位，分秒不差。

企业实现准时制库存的方式可以多种多样，但一般都是基于与供应商或客户的可靠联盟。

1. 寄售

寄售是企业实现“零库存资金占用”的一种有效的方式，即供应商将产品直接存放在用户的仓库中，并拥有库存商品的所有权，用户只在领用这些产品后才与供应商进行货款的结算。寄售的优点，从供应商方面看体现在有利于供应商节省其在产品库存方面的仓库建设投资和日常仓储管理方面的投入，大大降低产品的仓储成本；从用户方面来看有利于保证原材料或存货商品的及时供应而又不占用资金，可以大大节约采购成本。

2. VMI

长期以来，流通中的库存是各自为政的。流通环节中的每一个部门都是各自管理自己的库存，都有自己的库存控制策略。每一个部门各自的库存控制策略不同，不可避免地产生需求的扭曲现象，即需求放大现象，无法使供应商快速地响应用户的需求。

近年来出现了一种新的库存管理方法——供应商管理库存（vendor managed inventory，VMI）。其主要思想是供应商在用户的允许下设立库存，确定库存水平和补给策略，拥有库存控制权。精心设计与开发的 VMI 系统，不仅可以降低供应链的库存水平，降低成本，而且用户还可获得高水平的服务，改善资金流，与供应商共享需求变化的透明性和获得更高的用户信任度。

VMI 的实施关键在于有效执行连续补给程序。连续补给程序策略将零售商向供应商发送订单的传统订货方法，变为供应商根据用户库存和销售信息决定商品的补给数量。为了快速响应用户降低库存的要求，供应商通过和用户（分销商、批发商或零售商）建立合作伙伴关系，主动提高向用户交货的频率，使供应商从过去单纯地执行用户的采购订单变为主动为用户分担补充库存的责任，在加快供应商响应用户需求速度的同时，使用户方减少库存水平。

该策略的关键措施主要体现在如下原则中：①合作性原则。在实施策略时，相互信任与信息透明是很重要的。②互惠原则。③目标一致性原则。双方都明白各自的责任，在观念上达成一致的目标。④连续改进原则。使供需双方能共享利益和消除浪费。

（三）联合库存管理[①]

联合库存管理是指供应链成员企业共同制订库存计划，并实施库存控制的供应链库存管理方式[②]。近年来，供应链企业之间的合作关系更加强调双方的互利合作关系，联合库存管理就体现了战略供应商联盟的新型企业合作关系。

联合库存管理是解决供应链系统中由各节点企业的相互独立库存运作模式导致的需

---

① 冉文学，马锐瑾. 含服务水平约束和可控提前期的联合库存决策. 物流工程与管理，2020，42（6）：1-5.

② 全国物流标准化技术委员会. 物流术语：GB/T 18354—2021. 北京：中国标准出版社，2021.

求放大现象，提高供应链同步化程度的一种有效方法。联合库存管理和VMI不同，它强调双方同时参与，共同制订库存计划，使供应链过程中的每个库存管理者（供应商、制造商、分销商）都从相互之间的协调性角度考虑，使供应链相邻两个节点之间的库存管理者对需求的预期保持一致，从而消除了需求变异放大现象。任何相邻节点需求的确定都是供需双方协调的结果，库存管理不再是各自为政的独立运作过程，而是供需连接的纽带和协调中心。

联合库存管理的实施方法包括以下四种。

（1）建立供需协调管理机制。为了发挥联合库存管理的作用，供需双方应从合作的精神出发，建立供需协调管理的机制，明确各自的目标和责任，建立合作沟通的渠道，为供应链的联合库存管理提供有效的机制。

（2）发挥MRP和DRP的作用。要把这两种资源计划系统结合起来。

（3）建立快速响应系统。通过联合计划、预测与补货等策略进行有效的客户需求响应。

（4）发挥第三方物流的作用。面向协调中心的第三方物流系统使供应与需求双方都取消了各自独立的库存，增加了供应链的敏捷性和协调性，并且能够大大改善供应链的用户服务水平和运作效率。

（四）多级库存优化与控制①

基于协调中心的联合库存管理是一种联合式供应链库存管理策略，是对供应链进行的局部优化控制，而要进行供应链的全局性优化与控制，则必须采用多级库存优化与控制方法。

多级库存优化与控制方法有两种：一种是非中心化（分布式）策略，另一种是中心化（集中式）策略。非中心化策略是各个库存点独立地采取各自的库存策略，这种策略在管理上比较简单，但是并不能保证产生整体的供应链优化，如果信息的共享度低，多数情况下产生的是次优化的结果，因此非中心化策略需要更多信息共享。运用中心化策略，所有库存点的控制参数是同时决定的，考虑了各个库存点的相互关系，通过协调的办法获得库存的优化。但是中心化策略在管理上协调的难度大，特别是供应链的层次比较多，即供应链的长度增加时，也增加了协调控制的难度。

供应链的多级库存控制应考虑以下问题②。

（1）库存优化的目标。传统的库存优化问题无一例外地是进行库存成本优化，在强调敏捷制造、基于时间的竞争条件下，这种成本策略就不大适宜。供应链管理的两个基本策略是有效客户反应和快速反应，都集中体现了顾客响应能力的基本要求，因此在实施供应链的库存优化时要明确库存优化的目标是成本还是时间。成本是库存控制中必须要考虑的因素，但是，在现代市场竞争的环境下，仅优化成本这样一个参数显然是不够的，应该把时间（库存周转时间）的优化也作为库存优化的主要目标来考虑。

---

① 李鹏，陈菊红，吴迪. 随机需求环境下多级库存优化问题的改进GSA研究. 西安理工大学学报，2020，36（1）：72-79.

② 周建频，周小番. 适应动态需求的供应链多级库存系统仿真. 集美大学学报（自然科学版），2021，26（3）：228-233.

（2）明确库存优化的边界。供应链库存管理的边界即供应链的范围。在库存优化中，一定要明确所优化的库存范围是什么。供应链的结构有各种各样的形式，有全局的供应链，包括供应商、制造商、分销商和零售商各个部门；有局部的供应链，分为上游供应链和下游供应链。在传统的库存优化模型中，绝大多数的库存优化模型是下游供应链模型，即关于制造商（产品供应商）—分销中心（批发商）—零售商的三级库存优化。很少有关于零部件供应商—制造商之间的库存优化模型，对于上游供应链，主要考虑的问题是关于供应商的选择问题。

案例分析

基于库存管理ABC分类法的多级库存成本控制

通过分析多级库存成本结构，计算不同类别的多级库存成本，并整合库存总成本；基于库存管理ABC分类法，对分类后的成本进行二次分类；结合产品生命周期与库存成本之间的关系，构建目标控制函数，实现对多级库存成本的控制。实验测试表明，与传统的控制整合方法相比，所提出方法的分类效果更好，对多级库存成本的控制更具有针对性。

库存成本是指企业在生产经营过程中，所发生的全部费用的总和。按照库存构成，库存成本可划分为三个部分：库存持有成本、库存获得成本及库存缺货成本。当企业中的库存成本超出订货需求时，则会令企业流动资金减少；当库存成本少于订货需求时，则会出现库存缺货的现象，降低企业收益率。再加上随着企业的不断创新与发展，现阶段的库存多为多级库存，因此控制与整合企业成本变得非常重要。

传统的成本控制方法，根据库存成本的自有属性进行分类，根据成本产生原因的不同，将其按照类别划分，根据划分后的成本制订控制方案。但该方法随着企业产业结构的不断扩大而出现弊端，不断增加的库存成本类型和成本量，使该控制方法不再具有针对性，因此针对传统方法的弊端，提出基于库存管理ABC分类的多级库存成本控制整合方法。库存管理ABC分类法是一个分布式处理的分类方法，该方法对收集、处理后的数据进行分析，并根据生成的ABC分类表获取更加详细的分类结果，实现对多级库存成本的二次分类。基于ABC分类的控制整合方法，通过更加详细的类别划分，得到更加精确的库存类别，以此制订更具有针对性的控制方案，为企业库存控制提供性能更优越的控制方法，提升企业经济效益。

一、基于库存管理ABC分类的多级库存成本控制整合方法

（一）分析多级库存成本结构

企业的多级库存成本是一个整体，包括库存持有成本、库存获得成本及库存缺货成本。因此需要对成本的多级库存结构进行分析。在企业管理过程中，可以将库存看作一个多级节点构成的系统，库存的内部结构如图1所示。

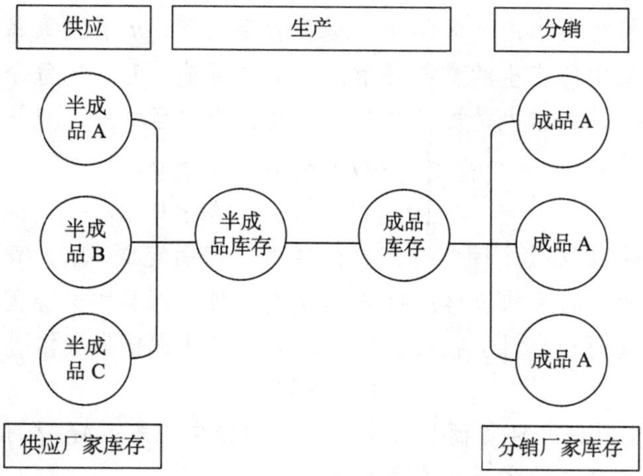

图1　多级库存结构模型

从图1中可以看出，供应与需求关系，将多级库存联系在一起。当一些分销厂家需要提前储备一些商品时，供应厂家也会提前生产以备需求。因此多级库存的网络结构，可以用节点来描述，其中节点代表库存点，有向线段代表商品物流路径。其中，多级库存的系列结构，是所有结构中最为简单的，其上一库存节点为下一节点的输入，且每一个节点库存的产出，都经由上一节点输出，第一个节点的库存通过外部环境获得，最末端节点代表需求者的需求。同时多级库存还具有装配结构，其有向线段代表制造过程，该过程利用多种原料制成一个成品，其中材料是通过外部环境所获取。多级库存还具有配送结构，该结构也可以默认为是一个反过来的装配结构。该结构是将一种材料，应用到多个产品的生产中，该过程中的原材料不断被加工，其中第一个节点是库存中心，末端节点是需求库存，其他节点表示商品的中转存储，其结构图如图2所示。

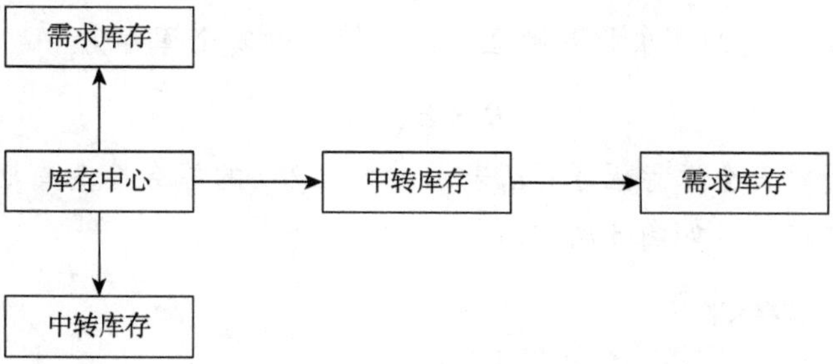

图2　多级库存配送结构

同时，多级库存还具有树形结构和其他一般结构，其中树形结构是由装配结构与配送结构共同组成；而其他一般结构是供需关系非常复杂的系列结构。根据上述分析，对多级库存在不同结构下的成本进行计算，假设库存的级数用 i 来表示，则有

$$C_{hij} = \sum_{j-1}^{n} P_{ij} x_i \tag{1}$$

式中，C_{hij} 表示库存持有成本为 C_h 时，j 商品的第 i 级库存持有成本；P_{ij} 表示每个商品在

每个周期内的库存持有成本；x_i 表示第 i 级库存存储量；n 表示商品种类。而企业的交易成本是企业在交易中所产生的交易费用，当交易量越大时，则每个商品的交易成本就会变小，所以控制交易成本也是提升企业经济效益的内容之一，交易成本的表达式为

$$C_t = \begin{cases} c_0 + (t+p)M, & M>0 \\ 0, & M<0 \end{cases} \tag{2}$$

式中，c_0 表示所有交易次数中固定会产生的成本，即固定成本；t 表示每个商品的运输成本；P 表示每个产品的采购价格；M 表示发货批量。而其中又会因为企业产品实际库存量低于市场需求量而产生机会损失，因此还需要对缺货损失成本进行计算：

$$C_s = \lambda M' \tag{3}$$

式中，λ 表示当缺货时每个缺货商品对企业造成的损失成本；M' 表示缺失库存数量。因此根据上述成本，计算企业多级库存总成本为

$$C = C_h + C_t + C_s \tag{4}$$

根据上述计算，通过详细的分析方法，进行库存成本分类，实现更加具体化的成本控制。

（二）基于库存管理 ABC 分类法进行库存成本分类

根据上述计算，基于库存管理 ABC 分类法，对实际库存总成本进行分类。在实际的企业中，库存并不是只有少数的几种、十几种，绝大多数的企业库存品类数目，有时在几十甚至上百种以上。而 ABC 分类法针对库存品类数量，按照一定标准将其分为 A、B、C 三个大类，而后再将每个类别二次划分，分为重点、较重点及其他，以此进行相应的库存成本分类。

以某大型生产企业为例，该企业中的库存数目接近 100 种，将其库存商品进行分类。已知该企业 n 个分销商的月均需求量 q_n 是具有一定规律的，服从正态分布函数 $N(\lambda_n, k_n^2)$，且各分销商的需求相互独立，则分销商的安全库存为

$$B_n = \sigma\sqrt{d_i}k_n^2 \tag{5}$$

式中，σ 表示分销商安全库存因子；d_i 表示时间段为 i 的库存检查周期。根据式（5）得出库存水平变化示意图，如图 3 所示。

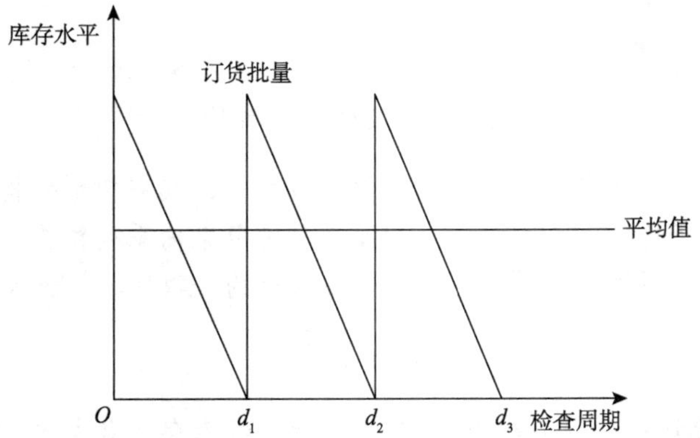

图 3　库存水平变化示意图

收集该企业在一年之内的月库存成本、库存商品等资料，根据式（4）和式（5），计算品类数目、累计数目、库存成本、累计成本等数据，同时计算累计数目和累计成本的占比，将累计品类5%～10%、累计成本60%～75%定位为A类；将累计品类15%～25%、累计成本75%～90%定位为B类；将剩余品类和成本定义为C类。利用ABC分类法的库存成本分析结果如表1所示，该表以库存成本为标准分类。

表1　以多级库存成本为标准分层的ABC分类表

类别	品类数	累计品类数	累计品类占比	库存成本	累计库存成本	累计成本占比	分类结果
Q_1	290	290	6.8%	6200	6200	66%	A
Q_2	90	380	8.9%	1050	7250	77%	A
Q_3	60	440	10.3%	350	7600	80%	B
Q_4	100	540	12.7%	350	7950	84%	B
Q_5	720	1260	29.6%	400	8350	88%	B
Q_6	350	1610	37.8%	450	8800	93%	C
Q_7	2650	4260	100.0%	650	9450	100%	C

运用以上数据对企业多级库存成本分析表进行分类，得到以下标准分类：

$$\begin{cases} Q_1、Q_2:\text{A类} \\ Q_3、Q_4、Q_5:\text{B类} \\ Q_6、Q_7:\text{C类} \end{cases} \tag{6}$$

根据分类后的多级库存成本，进行细化。设置重点、较重点及其他类型的库存商品分类，分别标记为AA、AB及AC，根据该分类结果，对多级库存成本进行分级分类控制。

（三）构建目标函数实现多级库存成本控制整合

根据上述分类结果，构建一个以需求随机性为标准的目标模型，将所有成本类目进行整合，实现对多级库存成本的控制。根据式（6）的分类结果，获取产品生命周期内的需求量与库存成本之间的关系曲线，如图4所示。

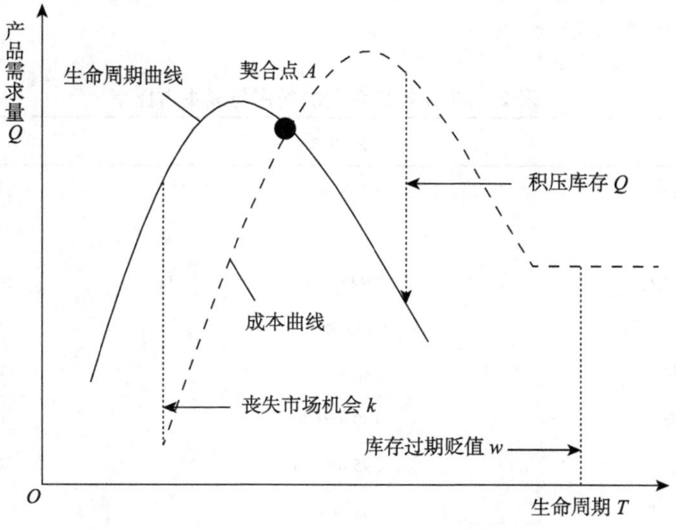

图4　产品生命周期与需求量的关系

根据契合点 A，计算多级库存节点在各个订货周期内的变化情况。设第 a 级库存成本在第 t 个订货周期内的产品滞留率为 $\beta_{a,T}$；第 a 级库存成本第 $t-1$ 个订货周期内，当未满足 $a-1$ 级库存缺货量为 $L_{(a-1),(t-1)}$，则存在缺货量表达式为

$$L_{a,t}=Q_a-\left[P_{a,t}\left(1-\beta_{a,T}\right)+\left|\Delta q_{a,T}\right|\right]+L_{(a-1),(t-1)} \tag{7}$$

式中，Q_a 表示 a 级库存成本的基本缺货量；$P_{a,t}$ 表示在第 t 个订货周期内，a 级库存成本的初始净库存量；$\Delta q_{a,T}$ 表示最大限度下的库存浮动值。假设式（6）的分类结果为 mn，其中 m 表示 A、B、C 分析大类，n 表示聚类小类，结合式（7），计算多级库存成本的目标控制函数方程为

$$\begin{cases}C_1=\sum_{t=1}^{T}\sum_{a=1}^{a}yK_a\left(m_aU_a-L_{a,t}\right)\\C_2=\sum_{t=1}^{T}\sum_{a=1}^{a}yL_{a,t}\left(m_aU_a-C_0\right)\end{cases} \tag{8}$$

式中，C_1 表示订货成本的目标控制函数；C_2 表示存储成本的目标控制函数；C_0 表示固定存在的库存成本；y 表示目标约束条件。已知其他库存成本结构约束条件与式（8）中的约束条件相同，至此，基于库存管理 ABC 分类法实现对多级库存成本的控制整合。

二、实验

为了验证所提出方法的可靠性，将此次提出的方法，与传统控制整合方法进行对比，分析两种方法对成本控制整合的分类情况。

（一）实验准备阶段

以某市 A 企业为例，其 2018 年和 2019 年的基本成本及费用等相关数据，如表 2 和表 3 所示。结合表中的数据，已知该企业在 2018 年和 2019 年，其库存总成本居高不下，这两年的毛利率如图 5 所示。

表 2　2018 年某企业的费用与成本占比

项目	金额/元	占比
库存成本	13 459 665.37	100%
其中：		
直接人工	10 945 285.37	81.32%
直接材料	1 143 506.00	8.50%
房租	480 800.00	3.57%
物业	190 450.00	1.41%
折旧	295 860.00	2.20%
加工费	403 764.00	3.00%

表 3 2019 年某企业的费用与成本占比

项目	金额/元	占比
库存成本	15 849 728.45	100%
其中：		
直接人工	12 446 165.45	78.53%
直接材料	1 985 460.00	12.53%
房租	480 800.00	3.03%
物业	190 450.00	1.20%
折旧	312 290.00	1.97%
加工费	434 563.00	2.74%

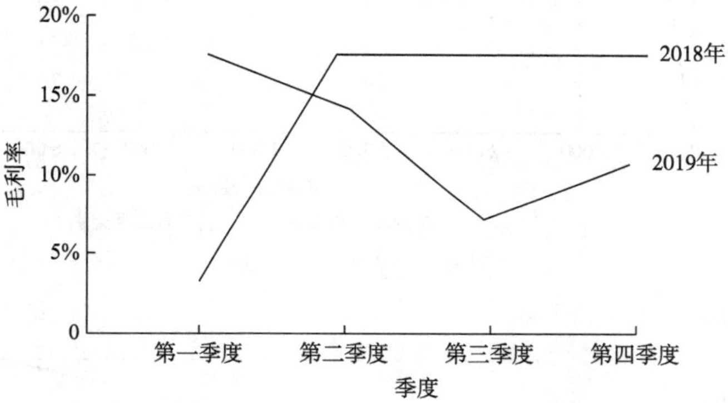

图 5 A 企业 2018 年和 2019 年月均毛利率示意图

根据图 5 可知，该企业两年内，其毛利率均没有超过 20%，且从 2019 年初开始，呈现下降趋势，虽然毛利率在第四季度有所提升，但幅度不大。因此分别利用两种方法，对该企业的库存成本进行控制整合，分析经过控制后的企业库存成本是否降低，能否增加 A 企业的经营毛利率，增加企业经济效益。

（二）结果与分析

此次实验将所提出方法作为实验组，将传统方法作为对照组，图 6、图 7 为此次实验测试对比结果。

根据上述两组测试结果可知，基于 ABC 分类的控制整合方法，将多级库存成本按照库存基本类型，细化为若干个库存成本二级类目，针对每一二级类目成本，制订匹配的控制方案；而传统的控制整合方法，只按照库存成本的基本类型进行分类，并没有细化其中的二级类目，其控制与整合方法没有针对性。由此可见，此次提出的成本控制整合方法，更具有针对性。

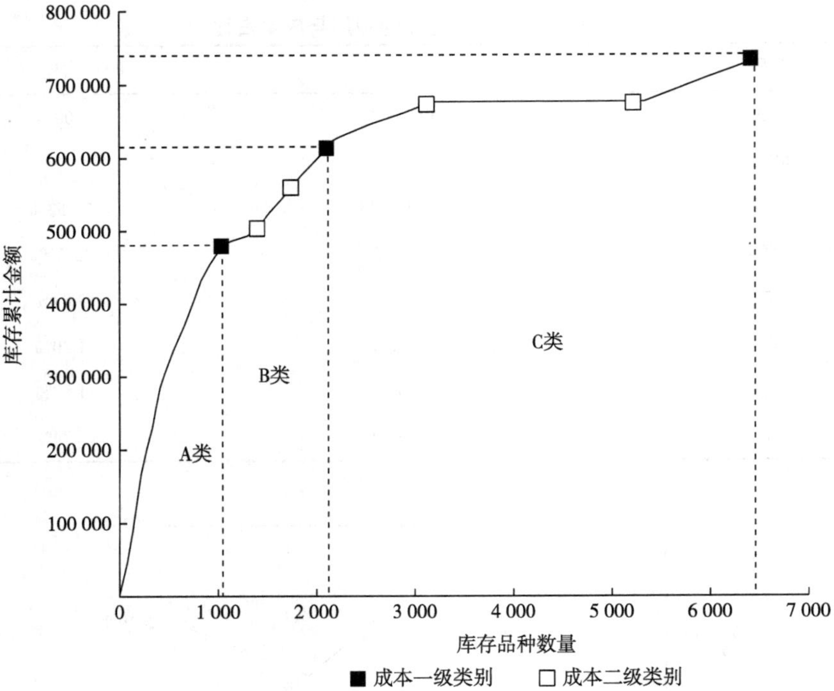

图 6 实验组测试结果

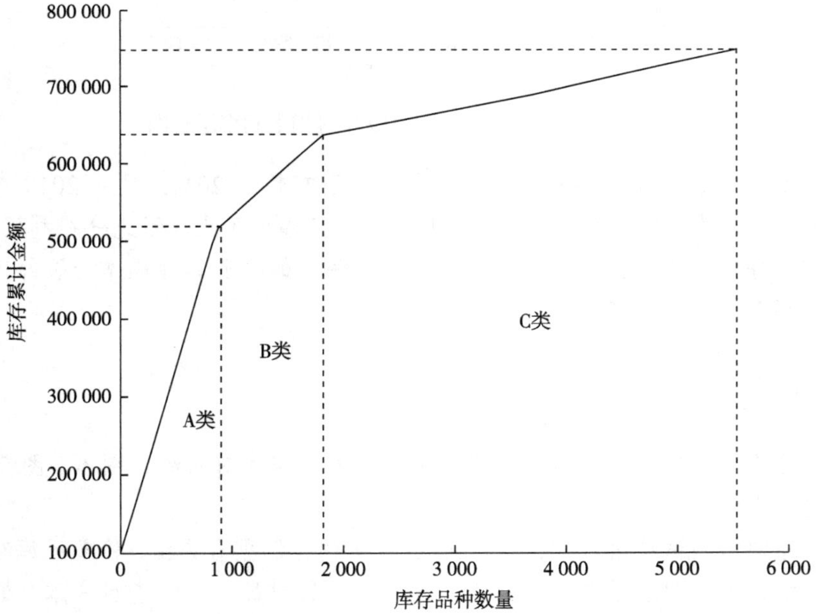

图 7 对照组测试结果

三、结束语

此次提出的成本控制方法，在利用库存管理 ABC 分类法的基础上，通过分析多级库存成本结构，对库存成本进行差别分类，实现对库存成本的细化，以此制定分级的目标控制函数，实现对成本的控制整合。通过实验测试结果可以看出，该方法将库存成本进行了两次类别划分，实现针对性更强的成本控制。但此次提出的控制整合方法，并没有详细介绍树形库存结构和其他一般结构，今后的研究中，可以对这两方面详细介绍。

案例来源：袁雪妃. 多级库存成本控制整合方法研究：基于库存管理 ABC 分析. 山东工商学院学报，2021，35（3）：69-76.

1. 教学目的和用途

本案例用于管理学硕士和本科生学习物流管理、营销管理、管理学、生产管理等课程时使用。通过案例使学生能够学会多级库存成本控制分析方法等相关知识。硕士可以就此案例进行讨论如何降低现代企业的库存策略问题。本科生主要是通过本案例的学习与讨论，利用相关工具，尝试进行库存管理方法的计算。教学目的为掌握企业 ABC 库存成本控制运算及优化方法。

2. 启发与思考

（1）ABC 分类法、CVA 管理法的区别与联系？

（2）这个案例的关键点在哪里？

（3）除了零库存、联合库存和多级库存等管理策略外，还有哪些新兴的库存策略？

3. 分析思路

库存控制是本章库存管理的一个重要知识，实现库存控制主要有三个步骤：一是分析多级库存成本结构；二是基于库存管理 ABC 分类法进行成本分析；三是构建目标函数实现多级库存成本控制整合。

4. 理论依据

本案例的理论依据：库存成本管理、ABC 分类法、多级库存优化与控制等。

5. 关键要点

ABC 分类法，多级库存优化与控制。

6. 课堂计划

（1）建议教师先安排学生学习专业知识，并将本案例安排给学生学习，让学生重点思考提出的问题，对第 2 部分启发与思考中的问题进行逐条分析。

（2）本案例教学安排 2 课时。首先学生就思考问题进行分组讨论，并记录相关的结论，此部分 30 分钟完成。接着安排小组发言，学生就主要问题进行辩论，此部分 20 分钟完成。最后安排库存成本运算分析，学生以小组为单位编制一份方案，此部分 1 小时完成，教师进行课堂评判。

本章思考题

1. 库存的概念是什么？试述企业的主要库存类型及其重要性。
2. 库存管理的目的是什么？如何确定合理的库存结构？
3. 如何采用订货点法控制库存量？此方法有何优缺点？
4. 库存成本由哪些要素构成？如何计算库存持有成本？
5. 什么是 EOQ 模型？如何计算 EOQ 模型？
6. 如何计算安全库存量？
7. 不同类型库存降低库存水平的策略分别是什么？

第八章

现代企业配送管理

【思政案例导入】

国货航的混改之路

一、国货航简介

2001 年，中国国际航空公司货运分公司实行模拟独立法人经营核算。2003 年 11 月，由中国国际航空股份有限公司（以下简称中国国航）、中信泰富有限公司、首都机场集团公司共同投资组建中国国际货运航空股份有限公司（以下简称国货航），注册资本 73.76 亿元。国货航起步于中国国航的客货分离改革，后来逐步引入全货机以经营国际远程路线的货运运输。主要经营航空货运、邮件运输和按照货物运输的行李运输以及航空器维修。同时开展与主营业务有关的地面服务和航空速递，以及地面设备的制造、维修、汽车及零配件的销售和汽车租赁等业务。

二、国货航本轮混改方案

2020 年 8 月 16 日，北京产权交易所发布国货航的增资扩股公告，这标志着其正式踏上了本轮混改的历程。

1. 混改原因及目的

本次国货航进行混改，是因为航空货运市场一直处于供大于求的状态，市场竞争激烈，货运价格处于低位，未来盈利可能受影响。其一，国货航在货运代理处议价空间不足，盈利空间被压缩；其二，随着客户需求的提高，国货航需要进行业务转型，但转型代价较高、见效较慢。国货航本次增资扩股目的在于优化产业布局结构，增强资本实力，促进公司进一步发展。

2. 混改模式

本次国货航混改采用的是“增资扩股+员工持股”的模式，拟新增投资人数量不超过 10 个，对应持股比例不超过 31%，同步实施员工持股计划。其中员工持股比例不超过 3%。

3. 投资者选择标准

本次混改，国货航意在引入战略投资者和财务投资者两类投资人，而且，可以接受联合体投资，但是联合体成员数量不超过 3 名。从投资者类型来看，国货航混改拟引入的战略投资者应不少于一家，标准是：若战略投资者为公司制企业，应从事电商、制造业、物流或者快递等行业。财务投资者标准是：应为基金、保险、券商、信托等金融机构。另外，从企业类型来看，若投资者是公司制企业，其自身或其控股股东、实际控制人实缴注册资本或净资产须不低于人民币 2 亿元；若投资者为合伙制企业，其自身或执行事务合伙人或基金管理人管理的资产规模不低于 10 亿元。

三、国内三大航空货运公司混改对比

对于三家航空货运公司［国货航、东方航空物流有限公司（以下简称东航物流）、南方航空物流股份有限公司（以下简称南航物流）］的混改措施，我们可以看出三者具有共性，也有差异性。

1. 聚焦货运板块混改

其混改试点都不约而同优先选择了货运板块，主要原因如下：一是货运不改不行。近几年物流行业大发展，但航空货运逐渐边缘化，盈利水平不强，尽管 2020 年货运业务火爆，成为各公司的救命稻草，但随着各国医疗装备生产进入正轨，国际航空货运已回归常态，接下去盈利空间小，不改革也是没有出路；二是货运收入占比均不超过 10%，货运板块的存在感较低，更有利于开展改革。

2. 混改前进行产业重组整合

三大航空货运公司混改过程中都从产业开始进行梳理，从物流领域对资产进行整合。成立专门的物流货运公司整合资源，更好地发展货运领域。其中，东航物流混改前从中国东方航空集团有限公司股份体系内脱离出来，2017 年启动混改引入非国有资本，并进行混改上市；国货航从上市公司体系剥离，国货航可以专注从事航空货运业务；南航物流混改前，以中国南方航空集团有限公司原货运部为主体，整合中国南方航空集团有限公司旗下相关货机及腹舱运力、货站及机坪保障、国际物流等相关货运资源。

3. 同步实施员工持股计划

为了构建企业与员工利益共同体，实现企业与员工间的收益共享、风险共担的长效激励约束机制，保持核心人才队伍的稳定性，激发员工积极性和主动性，进一步激发企业活力，三大航空货运公司不约而同地选择了“增资扩股+员工持股”的模式进行混改。

4. 国有资本仍保持控股地位

从混改后的股权结构来看，三家航空货运公司均保持国有资本控股的地位。其中，国货航及东航物流混改释放比例较多，混改后国有资本持股比例在45%，保持相对控股地位。南航物流混改后，国有资本持股比例在50.5%，保持了绝对控股地位。

5. 员工持股比例普遍不高

虽然三家公司员工持股的比例都不高，但是由于公司本身的股本高，体量大，其中，国货航注册资本73.76亿元，东航物流注册资本41亿元，南航物流注册资本10亿元，即使3%~10%的员工持股比例也可以有很好的激励效果。

6. 对投资者的选择都是“战投+财投”相结合

三家公司引入投资者的类型均为战略投资者与财务投资者相结合。一方面可以在物流方面对其战略布局进行改善；另一方面可以对其进行战略投资，有利于资源互补优势和协调发展优势。

7. 南航物流引入投资者数量最多

当前，东航物流混改已完成多时，混改时引入了4个战略投资者。南航物流和国货航已经向证监会提交上市备案，不日或将迎来三大航空物流企业的“齐聚”。

资料来源：《混改案例：中国三大货运航空公司，特点解析》，https://www.sohu.com/a/424019422_629517[2020-10-12]。

商品配送是随着市场成长的一种必然的市场行为，是伴随着生产和流通的发展而不断发展起来的。商品配送不仅能促进物流的专业化、社会化发展，还能以其特有的运动形态和优势调整流通结构，提高物流设施的利用率和物流设备的工作效率，实现物流资源的合理配置。为此，现代企业加强配送管理提高配送效率具有重要的现实意义。本章在分析配送一般概念和内容的基础上，系统地讨论了配送合理化、配送中心规划建设与管理、配送绩效管理的一般理论与方法。

第一节　企业配送概述

一、企业配送的发展历程

（一）配送的概念

配送是指根据客户要求，对物品进行分类、拣选、集货、包装、组配等作业，并按时送达指定地点的物流活动①。从资源配置的角度出发，商品配送是以现代送货形式实现资源配置的经济活动。从实物运动形态的角度出发，商品配送是按用户订货要求，在配送中心或物流节点进行商品配备，并以最合理的方式送交用户的经济活动。总之，商品

① 全国物流标准化技术委员会. 物流术语：GB/T 18354—2021. 北京：中国标准出版社，2021.

配送是流通领域一种以社会分工为基础的、综合性、完善化和现代化的送货活动。可以从两个角度对配送的概念进行理解。

第一，从经济学资源配置的角度，配送是以现代送货形式实现资源的最终配置的经济活动。这个概念的内涵，概括了以下四点。

（1）配送是资源配置的一部分，根据经济学家的理论认识，配送是经济体制的一种形式。

（2）配送的资源配置作用，是“最终配置”，因而是接近顾客的配置。接近顾客是经营战略至关重要的内容。美国兰德公司对《幸福》杂志所列的500家大公司的一项调查表明“经营战略和接近顾客至关重要”，证明了这种配置方式的重要性。

（3）配送的主要经济活动是送货，这里强调现代送货，表述了和我国旧式送货的区别，其区别可以“现代”两字概括，即现代生产力、劳动手段支撑的，依靠科技进步的，实现“配”和“送”有机结合的一种方式。

（4）配送在社会再生产过程中的位置，是处于接近用户的那一段流通领域，因而有其局限性，配送是一种重要的方式，有其战略价值，但是它并不能解决流通领域的所有问题。

第二，从配送的实施形态角度，配送是按用户订货要求，在配送中心或其他物流节点进行货物配备，并以最合理方式送交用户。这个概念的内容概括了以下六点。

（1）整个概念描述了接近用户资源配置的全过程。

（2）配送实质是送货。配送是一种送货，但和一般送货有区别。一般送货可以是一种偶然的行为，而配送却是一种固定的形态，甚至是一种有确定组织、确定渠道，有一套装备和管理力量、技术力量，有一套制度的体制形式。所以，配送是高水平送货形式。

（3）配送是一种“中转”形式。配送是从物流节点至用户的一种特殊送货形式。从送货功能看，其特殊性表现为从事送货的是专职流通企业，而不是生产企业；配送是“中转”型送货，而一般送货尤其是从工厂至用户的送货往往是直达型送货；一般送货是生产什么、有什么送什么，配送则是企业需要什么送什么。

（4）配送是“配”和“送”有机结合的形式。配送与一般送货的主要区别在于，配送利用有效的分拣、配货等理货工作，使送货达到一定的规模，以利用规模优势取得较低的送货成本。如果不进行分拣、配货，有一件运一件，需要一点送一点，就会大大增加动力的消耗，使送货并不优于取货。所以，追求整个配送的优势，分拣、配货等项工作是必不可少的。

（5）配送以用户要求为出发点。在定义中强调“按用户的订货要求”明确了用户的主导地位。配送是从用户利益出发、按用户要求进行的一种活动，因此，在观念上必须明确“用户第一”“质量第一”，配送企业的地位是服务地位而不是主导地位，因此不能从本企业利益出发而应从用户利益出发，在满足用户利益的基础上取得本企业的利益。更重要的是，不能利用配送损伤或控制用户，不能利用配送作为部门分割、行业分割、割据市场的手段。

（6）概念中“以最合理方式”的提法是基于这样一种考虑：过分强调“按用户要求”是不妥的，用户要求受用户本身的局限，有时实际会损失自我或双方的利益。对于配送者来说，必须以“要求”为据，但是不能盲目，应该追求合理性，进而指导用户，实现共同受益的商业原则。这个问题近些年国外的研究著作中也常提到。

（二）企业配送的发展过程

商品配送是随着市场成长的一种必然的市场行为，是伴随着生产和流通的发展而不断发展起来的。商品配送大体上经历了三个发展阶段：萌芽阶段、发育阶段和成熟阶段。

1. 萌芽阶段的商品配送

配送的雏形最早展现于20世纪60年代初期。在这个时期，物流运动中的一般性送货开始向备货、送货一体化方向转化。从形态上看，初期的商品配送只是一种粗放型、单一性的活动，范围很小、规模不大。

2. 发育阶段的商品配送

20世纪60年代中期，在一些发达国家，随着经济发展速度的加快，以及商品运输量的急剧增加和商品市场竞争的日趋激烈，配送得到了进一步发展。一些发达国家的企业相继调整了仓库结构，组建或设立了配送组织（配送中心），普遍开展了商品配装、配载及送货上门活动。

3. 成熟阶段的商品配送

20世纪80年代以来，商品配送已发展成为广泛的、以高新技术为支撑手段的系列化、多功能性的送货活动，主要表现为配送区域进一步扩大。许多国家按照流通社会化的要求推行配送制，积极开展配送活动。商品配送的范围已经扩大到国际贸易活动中。商品配送手段日益先进。技术更新加快，手段日益先进，是成熟阶段商品配送活动的重要特征。

（三）企业配送发展的意义

商品配送是企业物流的一种基本功能，在商业物流活动中发挥着重要的作用。这突出表现在以下四个方面。

1. 促进物流运动的社会化和合理化

作为一种物流方式，商品配送不仅能促进物流的专业化、社会化发展，还能以其特有的运动形态和优势调整流通结构，促使物流运动演化为“规模经济”运动。从组织形态上看，是以集中的、完善的送货取代分散性、单一性的取货。从资源配置上看，则是以专业组织的库存（集中库存）代替社会上的零散库存。

2. 有利于实现物流资源的合理配置

在库存分散的状态下，经常会出现物资超储积压和设备闲置现象，而将分散的库存和库存物资集中配送以后，有利于实现资源的合理配置。开展商品配送，建立起合理的库存结构和运输结构，能够提高物流设施的利用率和物流设备的工作效率，实现物流资源的合理配置。

3. 有利于开发和应用新技术

开展商品配送活动，必须相应地配备各种物流设施和设备，提高配送的作业效率。商品配送的发展过程就是现代高新技术的应用和配送设施、设备的更新改造过程，可以不断促进高新技术的开发与应用。

4. 有利于创造物流效益

商品配送是专业化的运动，是一种库存、运力、信息等物流资源相对集中的综合性的经济运动，可以优化库存结构和运输结构，提高设备、设施的利用率，有利于大大降低物流成本和生产成本。商品配送活动能够使分散的经营活动协调运作，减少社会范围内的迂回运输、交叉运输、重复运输等现象，创造更多的物流经济效益。

二、企业配送的基本模式

模式即事物运动的标准样式。配送模式是指构成配送运动的诸要素的组合形态及其运动的标准样式。配送模式是适应经济发展需要并根据配送对象的性质、特点及工艺流程，经过反复实践而确定下来的。不同种类的产品的配送模式不同；同一种类的产品，在不同的市场环境下的配送模式也不一样。尽管如此，作为一项特殊的物流运动，配送所包括的基本要素及其运动规律却是完全相同的，并由此构成了配送的基本模式。

企业配送和其他的经济活动一样，也是按照一定的规律和一定的程序运行的，并逐步形成了具有自身特色的运作模式，主要包括以下几种模式。

（1）商流、物流一体化配送模式。商品配送活动是作为企业的一种商业促销手段而与商流活动紧紧联系在一起的。在国内外，从事配送活动的许多经营组织实际上就是经销各类商品的企业。

（2）商流、物流分离的配送模式。随着商品流通的发展，从事商品配送活动的一些经营组织不购销商品，而是专门为客户提供如商品保管、分拣、加工、运送等系列化配送服务。这些专业配送组织的职能就是从工厂或转运站接收商品，然后代客户储存、保管商品，并按照客户的要求分拣和运送商品到指定的接货点。从组织形式上看，这些配送活动是一种商流与物流相对分离的活动，也称为“代理配送”。

（3）独立配送模式。独立配送是指配送组织依靠自己构建的网络体系独自开展配送活动的运作形式。独立配送的运作方法是各个行为主体通过各种渠道分头与客户建立业务关系，单独开展配送活动。独立配送有时表现为不同的配送主体各自配送多种类商品，从而呈现出“综合配送”形态；有时又常常表现为众多配送组织分别、独自配送某一种类的物资，呈现出“专业配送”形态。

（4）共同配送模式。快递配送服务的发展顺应物流整合的趋势，共同配送是现代物流配送发展的主要模式之一[①]。共同配送是指由多个企业或其他组织整合多个客户的货物需求后联合组织实施的配送方式[②]。其运作形式有两种：由一个配送企业对多家用户进行配送；或在送货环节上将多家用户的待运送的商品混载于同一辆车上，然后按用户的要求分别将商品运送到各个接货点，或运到多家用户联合设立的配送商品接收点上。

（5）集团配送模式。作为一种运作模式，集团配送并不是指某个企业集团内部的供应站或供应公司对所属的各个需求单位运送物资的送货形式，而是专指那种以一定方式聚合专业流通企业，组成相对独立的流通企业集团，集中对大中型生产企业实行定点、定时、定量供货的配送模式，以及那种以商贸集团及其所属物资加工中心为媒介，在生产企业集团相互之间供、送货的运作模式。

三、企业商品配送的主要形式

1. 定量配送

定量配送是指按照规定的数量（批量），在一个指定的时间范围内（对配送时间不作严格限定）进行配送[③]。每次配送的品种、数量固定，备货工作简单，可以根据托盘、集装箱及车辆的装载能力来规定配送的定量，能有效利用托盘、集装箱等集装方式，配送效率较高，成本较低。由于时间不严格限定，可以将不同客户所需商品凑整车后配送，提高了车辆利用率，客户每次接货都是处理同等数量的商品，方便人力、物力的准备。

2. 定时配送

定时配送是指按规定的间隔时间进行配送，如数天或数小时配送一次等，每次配送的品种和数量均可按计划执行，也可按事先商定的联络方式下达配送通知，按客户要求的品种、数量和时间进行配送。这种方式由于时间固定，易于安排工作计划，客户也易于安排接货。但是，由于备货的要求下达较晚，配货、配装难度较大，在要求配送数量变化较大时，也会使配送计划安排出现困难。

3. 定时定量配送

定时定量配送是指按规定时间和规定的商品品种及数量进行配送。它结合了定时配送和定量配送的特点，服务质量水准较高，组织工作难度大，通常针对固定客户进行这项服务。

4. 定时定量定点配送

定时定量定点配送是指按照确定的周期、确定的商品品种和数量、确定的客户进行配送。这种配送形式一般事先由配送中心与客户签订协议，双方严格按协议执行。它有利于保证重点需要和降低企业库存，主要适用于重点企业和重点项目。

---

① 吴淑梅，赵剑伟，张志超. 基于 Flexsim 的区域快递共同配送模式研究. 物流科技，2020，43（4）：79-82.

② 全国物流标准化技术委员会. 物流术语：GB/T 18354—2021. 北京：中国标准出版社，2021.

③ 杨晓艳，崔利荣. 定时与定量配送的最优策略. 系统工程，2006，（7）：13-15.

5. 定时定线配送

定时定线配送是指在规定的运行路线上制定到达时间表，按运行时间表进行配送，客户可按规定路线及规定时间接货。采用这种配送方式有利于安排车辆及驾驶人员，在配送客户较多的地区，配送工作组织相对容易。客户既可以在一定路线、一定时间内进行选择，又可有计划地安排接货力量，连锁商品配送活动可以用这种方式。

6. 即时配送

即时配送是指立即响应用户提出的即刻服务要求并且短时间内送达的配送方式[①]。这种方式是以某天的任务为目标，在充分掌握了这一天需要的客户、需要量及种类的前提下，及时安排最优的配送路线并安排相应的配送车辆实行配送。它可以做到每天的配送都能实现最优的安排，因而是水平较高的方式。适合一些零星商品、临时需要的商品或急需商品的配送。新零售的出现让即时配送成为新兴物流中的一个蓝海市场，各路巨头资本纷纷杀入即时配送领域[②]。

第二节　企业配送系统合理化

一、企业配送介绍

（一）企业配送系统构成

从总体上看，配送系统是由备货、理货、送货和流通加工等若干基本环节组成的。

1. 备货

备货指准备商品的系列活动。它是配送的基础环节。严格说来，备货应当包括两项具体活动：筹集商品和储存商品。

（1）筹集商品。其一，筹集商品由提供配送服务的配送企业直接承担，一般是通过向生产企业订货或购货完成此项工作；其二，订货、购货等筹集商品的工作通常是由货主去做，配送组织只负责进货和集货等工作，商品所有权属于配送服务的需求者。

（2）储存商品。储存商品是购货、进货活动的延续。在配送活动中，储存商品有周转储备和保险储备两种表现形态。

2. 理货

理货指在货物储存、装卸过程中，对货物进行整理等相关作业的活动[①]。理货包括商品分拣、配货和包装等经济活动。

商品分拣采用适当的方式和手段，从储存的商品中分出用户所需要的商品。分拣商

---

① 全国物流标准化技术委员会. 物流术语：GB/T 18354—2021. 北京：中国标准出版社，2021.

② 韩盼盼，陈钰湘. 新零售驱动下即时配送发展研究. 物流工程与管理，2020，42（4）：99，113-115.

品一般采取两种方式来操作：摘取式和播种式。

3. 送货

送货是配送活动的核心，也是备货和理货工序的伸延。在物流活动中，送货的现象形态实际上就是商品的运输，因此，常常以运输代表送货。但是，组成配送活动的运输与通常所说的“干线运输”是有很大区别的：前者多表现为对用户的“末端运输”和短距离运输，并且运输的次数比较多；后者多为长距离运输。配送活动中的送货需面对众多的客户，并且要多方向运动，在送货过程中，常常需要进行运输方式、运输路线和运输工具的选择。

4. 流通加工

流通加工是根据顾客的需要，在流通过程中对产品实施的简单加工作业活动的总称[①]。融合在配送中的商品加工是流通加工的一种特殊形式，其主要目的是使配送的商品完全适合用户的需要和提高资源的利用率。

（二）企业配送流程

企业配送流程有一般流程和特殊流程两种现象形态。一般流程即配送活动必须经过的基本工艺流程，也是各种商品的配送活动共同具有的工艺流程。特殊流程则是适应于特殊需要和特殊产品运动而设计与实施的工艺流程。

1. 一般流程

基本上是进货→储存→分拣和配货→送货。

1）进货

进货即组织货源，包括订货或购货，集货或接货。

2）储存

储存即按照用户提出的要求并依据配送计划将购到或收集到的各种商品进行检验，然后分门别类地储存在相应的设施或场所中，以备拣选和配货。储存作业一般包括运输→卸货→验收→入库→保管→出库。

3）分拣和配货

分拣和配货是同一个工艺流程中的两项有着紧密关系的经济活动。在进行分拣和配货作业时，在少数场合下是以手工方式操作的，在更多的场合下是采用机械化或半机械化方式操作的。

4）送货

送货流程包括搬运→运输→交货。送货是配送的终结，必须及时进行货款结算。

---

① 全国物流标准化技术委员会. 物流术语：GB/T 18354—2021. 北京：中国标准出版社，2021.

2. 特殊流程

在实践中，某些有特殊性质、形状的商品，其配送活动有许多独特之处，在配送的一般流程的基础上，又产生了配送的特殊流程。

1）日用小杂品配送流程

由于日用小杂品的品种、规格繁多，其市场需求又呈多品种、小批量状态，每一个用户每次对日用小杂品的需求量有限而这类产品又能够进行混存、混装，整个日用小杂品配送流程就成为进货→储存→分拣和配货→送货。

2）食品配送工艺流程

保质期较短和保鲜要求较高的食品配送流程是进货→分拣和配货→送货。保质期较长的食品配送流程是进货→储存→分拣和配货→送货。带有加工工序的食品配送流程是进货→初加工→储存→分拣和配货→送货。

（三）企业配送与信息处理流程

这里介绍许胜余在《物流配送中心管理》中提出的企业配送与信息处理流程。

（1）企业配送的信息处理流程（图 8-1）。

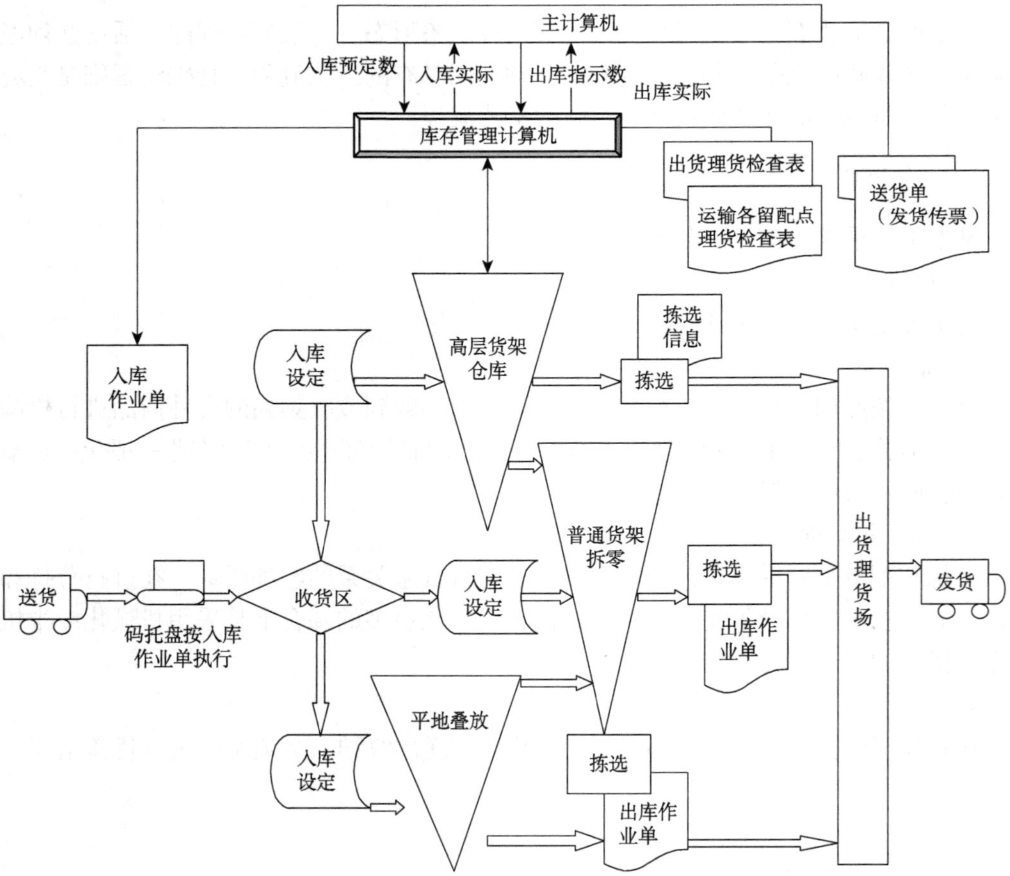

图 8-1 企业配送的信息处理流程

（2）从进货到入库的物流作业与信息处理流程（图 8-2）。

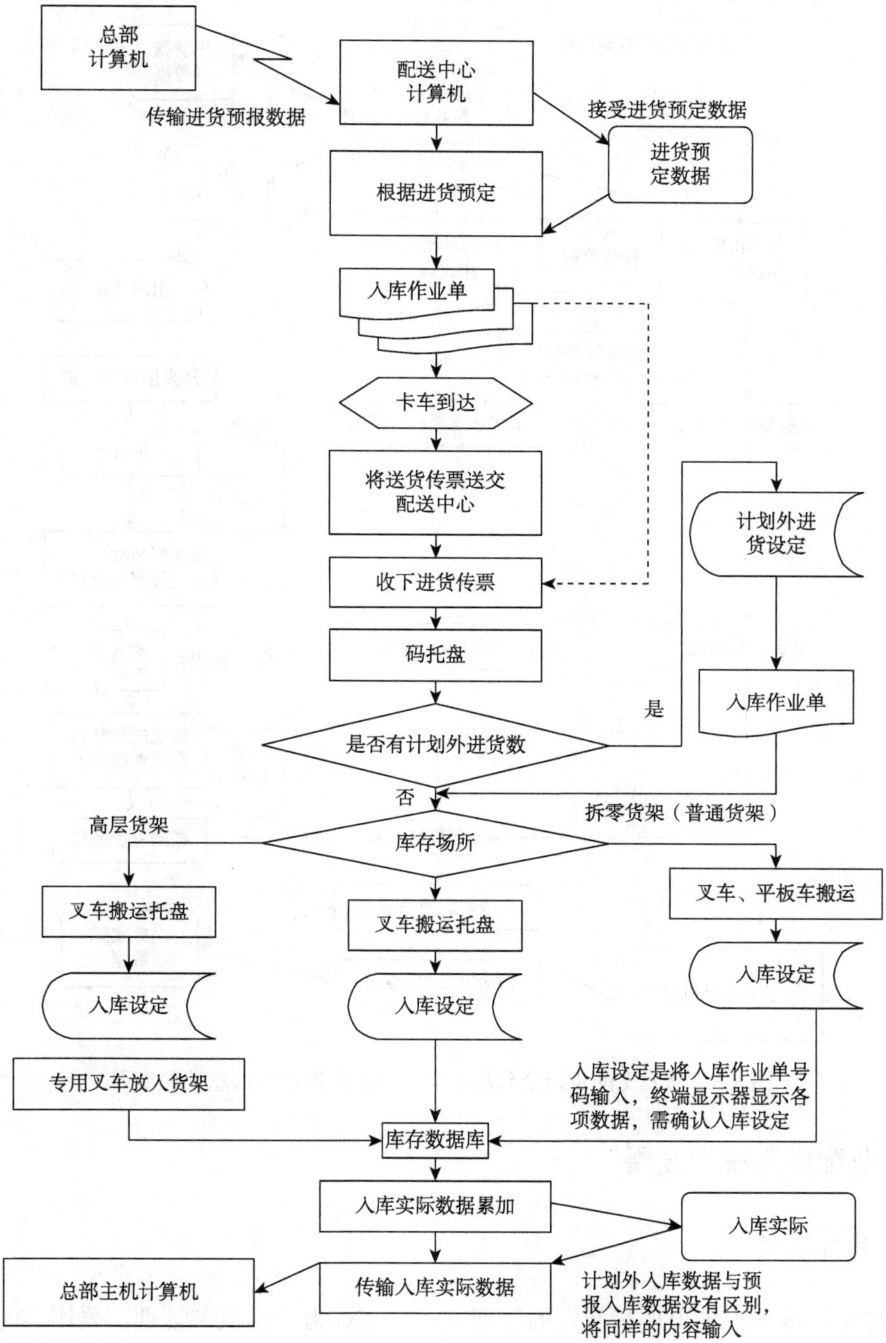

图 8-2　从进货到入库的物流作业与信息处理流程

（3）从发出配货指令到出库完毕的物流作业与信息处理流程（图 8-3）。

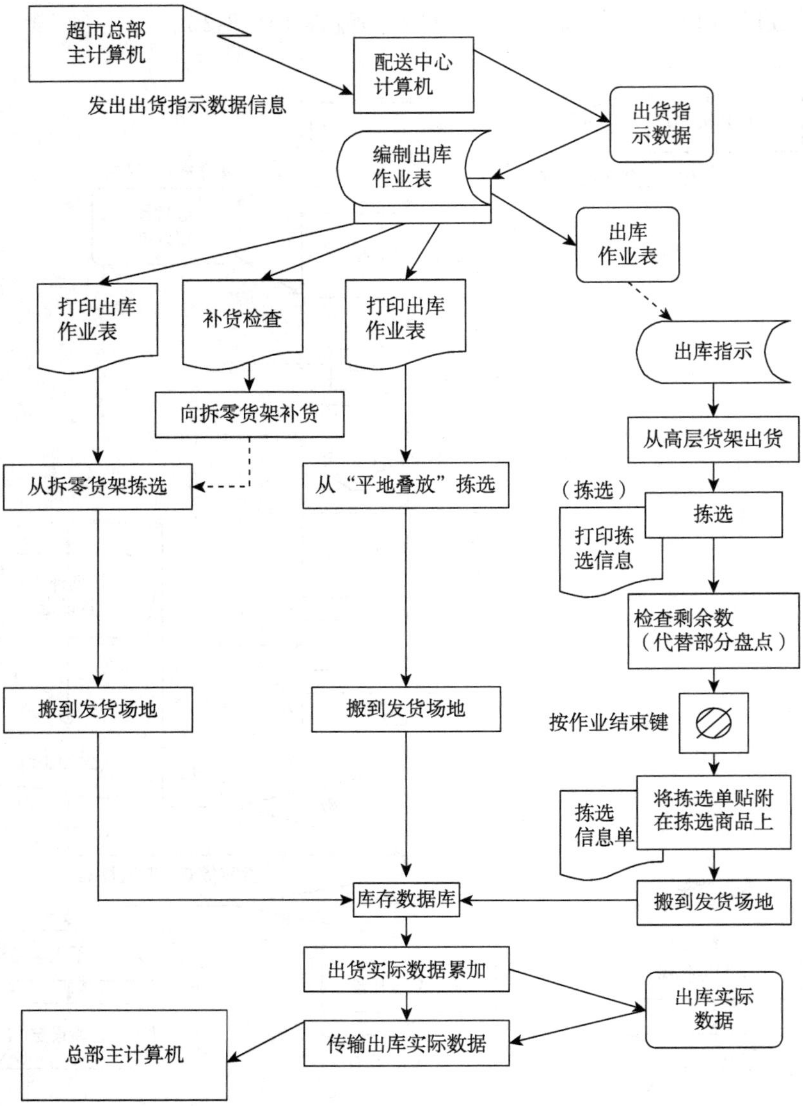

图 8-3 从发出配货指令到出库完毕的物流作业与信息处理流程

二、企业配送系统的发展

（一）准时配送

准时配送是日本丰田公司开发的管理方式，被称为“看板”管理。采用准时配送方式，各工艺的零部件没有储存，将所需要的时间及数量记入“看板”，进行准时供应。既可保证生产的连续性和稳定性又可降低成本，将这一原理应用于企业商品经营，根据必要的商品、必要的时间、必要的数量进行准时供应，成为满足顾客需求，实现“零库存”的“准时供应方式”。

企业为了降低成本，实现“零库存”，又要防止商品滞销和缺货而进行准时的、少量的、直接的供应。由于准时供应、准时进货，库存负担减轻，运营效益提高，人工费用压缩，起到了防止滞销和缺货、促进销售的作用。

（二）快速响应配送

由于消费者需求多样化、个性化的变化，企业为了及早发现滞销商品及避免库存积压，需要形成快速响应的商品配送系统，实现商品经营的高效率化。一般情况下快速响应配送系统就是高频率、小批量地配送，是满足消费者的需求，得到供应商的协助，将必要的商品在必要的时间内按必需的数量配送，而形成的合理高效的配送系统。

（三）共同配送

共同配送是由多个企业联合组织实施的配送活动，其本质是通过作业活动的规模化降低作业成本，提高物流资源的利用效率①。共同配送是企业利用物流设施及配送网络，根据经营需要将配送、流通加工、保管结合起来进行配送的方式。为了提高进货效率，将商品先集中到配送中心再共同配送到各企业。主要包括将转运中心作为物流中心，追求多企业功能性的优势；构筑在企业专用物流系统之上，将物流网络进行信息化。

共同配送的主要优点：车辆装载率提高，单位成本降低；多数企业之间不存在重复和交错运送问题，运输效率提高；企业商品一次运达，装卸、验货作业一次进行，提高物流效率；可以缓解交通堵塞和环境污染；提高物流服务水平。

（四）一体化配送

一体化配送是将商品和信息实现一元化高水平管理的物流。企业商品配送经历了从直接进货型到共同配送再到一体化配送的发展进程。一体化配送是以接受商品为中心的作业，尽可能地让配送中心代行作业，以大幅度减少零售现场内的作业为主要目的。

一体化配送是按货架进货系统，由配送中心进行商品的全数检验，确定不存在质量和数量的问题；按部门进货，陈列作业迅速，商品很快摆放在货架上。

一体化配送在生产运营中具有很多优点：一体化配送不管进货地点和进货形态，一律在一体化配送中心将商品按部门的货架集中起来分类，然后配送到货架前；处理的商品种类从传统的加工食品、点心、生鲜食品等进一步扩展成为系列商品；能联合众多商品供应商共同推进一体化配送；一体化配送的效率化能够提高联结供应链整体效率。

三、企业配送系统合理化策略

1）推行一定综合程度的专业化配送

通过采用专业设备、设施及操作程序，取得较好的配送效果并降低配送过分综合化

---

① 李镇，曹丽婷，孟炎奕，等. 基于共同配送的优化节能配送系统. 物流工程与管理，2020，42（2）：107-108，115.

的复杂程度及难度，从而追求配送合理化。

2）推行加工配送

通过加工和配送结合，充分利用本来应有的这次中转，而不增加新的中转求得配送合理化。同时，加工借助于配送，加工目的更明确和用户联系更紧密，更避免了盲目性。这两者有机结合，使投入不会增加太多却可拥有两个优势、两个效益，是配送合理化的重要经验。

3）推行共同配送

通过共同配送，可以最近的路程、最低的配送成本完成配送，从而追求配送合理化。

4）实行送取结合

配送企业与用户建立稳定、密切的协作关系。配送企业不仅成了用户的供应代理人，而且承担用户储存据点，甚至成为产品代销人，在配送时，将用户所需的物资送到，再将该用户生产的产品用同一车运回，这种产品也成了配送中心的配送产品之一，或者代存代储，免去了生产企业库存包袱。

5）推行准时配送系统

准时配送是配送合理化的重要内容。配送做到了准时，用户才有资源把握，可以放心地实施低库存或零库存，可以有效地安排接货的人力、物力，以追求最高效率的工作。另外，保证供应能力，也取决于准时供应。从国外的经验看，准时供应配送系统是现在许多配送企业追求配送合理化的重要手段。

6）推行即时配送

即时配送是最终解决用户企业担心断供之忧，大幅度提高供应保证能力的重要手段。即时配送是配送企业快速反应能力的具体化，是配送企业能力的体现。即时配送成本较高，但它是整个配送合理化的重要保证手段。此外，用户实行零库存，即时配送也是重要保证手段。

第三节　企业配送中心运作

一、企业配送中心概述

（一）企业配送中心概念

配送中心是指具有完善的配送基础设施和信息网络，可便捷地连接对外交通运输网络，并向末端客户提供短距离、小批量、多批次配送服务的专业化配送场所①。

配送中心为了做好送货的准备，需要采取零星集资、批量进货等资源汇集方法，具有集货中心、分货中心的职能，此外，配送中心还有比较强的流通加工能力。

在物流网络中，配送中心是集物流、信息流和资金流于一体的重要物流节点，它是

① 全国物流标准化技术委员会. 物流术语：GB/T 18354—2021. 北京：中国标准出版社，2021.

建设物流网络的关键[①]。配送中心的形成和发展是物流系统化与规模化的必然结果，为了更好地满足用户在商品处理内容上、时间上和服务水平上的更高要求，必须引进先进的分拣设施和配送设备，建立正确、迅速、安全、廉价的作业体制，因此，正式的配送中心产生了。

（二）企业配送中心的基本类别

对配送中心的分类，是进一步认识配送中心的需要。从企业配送的内容和作用上进行基本分类，配送中心一般包括以下九个类别。

（1）专业配送中心：专业配送中心大体上有两个含义，一是配送对象、配送技术属于某一专业范畴，在某一专业范畴内综合进行多种物资配送；二是以配送为专业化职能，基本不从事经营的服务型配送中心。

（2）柔性配送中心：这是一种以顾客需求为导向、不断调整和改变物流服务内容与方式的配送中心。这种配送中心不向固定化、专业化方向发展，而向能随时变化、对用户要求有很强适应性、不固定供需关系、不断发展配送用户和改变配送用户的方向发展。

（3）供应配送中心：专门为某个或某些用户组织供应的配送中心，如为大型连锁超市组织供应的配送中心；代替生产企业的原料、零部件、各种辅料的配送中心，实现企业内部供应合理化。

（4）销售配送中心：以销售经营为目的，以配送为手段的配送中心。销售配送中心大体有三种类型：第一种是生产企业将本身产品直接销售给消费者的配送中心；第二种是流通企业作为商品经营的一种方式，建立配送中心以扩大销售；第三种是流通企业和生产企业联合的协作性配送中心。

（5）城市配送中心：以城市为配送范围的配送中心，由于城市范围一般处于汽车运输的经济里程，这种配送中心可直接配送到最终用户，且采用汽车配送。所以，这种配送中心往往与零售经营相结合，由于运距短，反应能力强，多品种、少批量、多用户的配送较有优势。

（6）区域配送中心：具有完善的配送基础设施和信息网络，可便捷地连接对外交通运输网络，配送及中转功能齐全，集聚辐射范围大，储存、吞吐能力强，向下游配送中心提供专业化统一配送服务的场所[②]。这种配送中心配送规模较大，一般而言，用户也较大，配送批量也较大，而且往往是配送给下一级的城市配送中心，也配送给营业所、商店、批发商和企业用户，虽然也从事零星的配送，但不是其主体形式[③]。

（7）储存型配送中心：有很强储存功能的配送中心。一般来讲，在买方市场下，企业成品销售需要有较大的库存支持，其配送中心可能有较强的储存功能；在卖方市场下，企业原材料、零部件供应有较大库存支持，这种供应配送中心也有较强的储存功能。

---

① 陈传昊，冯群. 基于 SLP 法的配送中心平面布局规划与设计. 物流科技，2020，43（5）：48-49，62.

② 全国物流标准化技术委员会. 物流术语：GB/T 18354—2021. 北京：中国标准出版社，2021.

③ 吴菁芃. 现代物流配送中心分类与规划分析. 物流技术与应用，2020，25（7）：159-163.

（8）流通型配送中心：基本上没有长期储存功能，仅以暂存或随进随出方式进行配货、送货的配送中心。这种配送中心的典型方式可实现大量商品整进并按一定批量零出，采用大型分货机，进货时直接进入分货机传送带，分送到各用户货位或直接分送到配送汽车上，商品在配送中心里基本不做停滞。

（9）加工配送中心：兼有流通加工职能的配送中心。一般由生产过程的延迟安排导致的生产工序需要在加工配送中心完成。

（三）企业配送中心的主要功能

综合目前各类企业配送的基本职能和业务范围，企业配送中心主要有六大功能。

（1）储存功能。解决季节性商品以及生产与消费之间的不平衡问题。

（2）分拣功能。不同的客户对于商品的种类、规格、数量等会提出不同的要求，配送中心为了有效地进行配送，必须采取适当的方式对商品进行拣选，按照配送计划分装和配装商品。

（3）衔接功能。在生产过程中，不单是半成品，原料等也需要从各地运来且需要仓库储存，并对生产过程中的各道工序的物资进行配送。

（4）集散功能。多个企业的商品先集中到配送中心，再进行发运。集散功能也可以将其他企业的商品放入配送中心来处理、发运，以提高卡车的满载率，降低费用成本。

（5）配送功能。商品通过集货、分拣、配货后配送到客户的配送中心。

（6）服务功能。以顾客需要为导向，为满足顾客需要而开展物流配送服务。

此外，企业配送中心还有加工功能、运输功能等，这些功能都是为了更好地提供物流配送服务。

二、企业配送中心的基本运作

配送中心是流通领域连接生产和消费，实现时间和场所物流价值的设施，提高物流配送的运作效率就是降低流通成本的关键。开展配送活动是一项复杂的科学系统工程，涉及生产、批发、电子商务、配送和消费者的整体结构，并形成了丰富的企业配送运作类型。企业配送中心主要有以下四种类型。

（1）以生产经营为主体的配送中心。这种配送中心里的商品全部是由企业自己生产制造，用以降低流通费用、提高售后服务质量和及时地将预先配齐的成组元器件运送到规定的加工和装配工位。商品从制造到生产出来后条码和包装的配合等多方面都较易控制，所以按照现代化、自动化的配送中心设计比较容易，但不具备社会化的要求。

（2）以批发经营为主体的配送中心。商品从制造者到消费者手中之间的传统流通有一个环节叫批发。一般是按部门或商品类别的不同，把每个制造厂的商品集中起来，然后以单一品种或搭配向消费地的零售商进行配送。这种配送中心的商品来自各个制造商，它所进行的一项重要的活动是对商品进行汇总和再销售，而它的全部进货和出货都是社会配送的，社会化程度高。

（3）以零售经营为主体的配送中心。零售经营发展到一定规模后，就可以考虑建立自己的配送中心，为专业商品零售店、超级市场、百货商店、建材商场、粮油食品商店、宾馆饭店等服务。这种配送中心的社会化程度介于前两种类型之间。

（4）以物流经营为主体的配送中心。这种配送中心最强的是运输配送能力，地理位置优越，如港湾、铁路和公路枢纽，可迅速将到达的商品配送给用户。它提供仓储储位给制造商或供应商，而配送中心的商品仍属于制造商或供应商所有，配送中心只是提供仓储管理和运输配送服务。这种配送中心的社会化程度往往较高。

企业配送中心的作业方式

三、企业配送中心的运作技术

配送中心核心工艺，主要是指难度较大的“多品种、少批量、多批次”配送的核心工艺。配送中心的核心工艺有三条基本的工艺路线，即拣选式配货工艺、分货式配货工艺和直取式配货工艺。

（一）拣选式配货工艺

拣选式配货工艺又称摘果式工艺，由负责拣货的工人或拣货机械，巡回于商品的各个储存点，按提货单指示，取出所需商品，巡回一遍，则为一个用户（或少数用户）将货配齐。配好货立即就可向用户发出。其适用的范围是：用户数量不多；用户需要的种类颇多；每种需求数量变化较大；各用户需求的种类有较大的差别；用户的临时紧急需求，如即时配送；分货工艺无法操作的大件商品。

在这种情况下，采用拣选式配货，能保证配货准确无误，对某个用户来讲可以不受其他因素制约进行快速配货，可以按用户要求的时间，调整配货的先后次序，而且配好的货可以做到不经分放直接装到送货车辆上，有利于简化工序、提高效率。

拣选式配货有较机动灵活的特点，采取机械化自动化水平较高的工具作业。例如，拣选工具可以是专门配置设计的车辆、传送设备，也可以是一般作业车辆、汽车、手推车甚至人力进行拣选。因此，这种作业易于施行。尤其是在配送工作开展的初期，用户不多且装备技术上不去的情况下，适于使用这种配货工艺。

（二）分货式配货工艺

分货式配货工艺又称播种式工艺，即每次集中取出商品，然后巡回于各用户的指定货位之间，到达一个货位将该用户所需的数量分出，每巡回一次，将若干用户所需的同种商品分放完毕。如此反复进行，最后，各用户所需之货同时配齐，即完成了一轮配货任务。其适用情况如下：用户数量多，用户需要的商品种类有限，每种商品的需要量不大，各用户需求种类差别不大，用户有较稳定的计划需求，商品体积不大。

在这种情况下，采用分货式配货工艺，比采取拣选式配货工艺更能提高配货速度，节省配货的劳动消耗，提高效率。尤其是当用户数量很多，反复拣选式配货工艺会使工作异常重复及烦琐时，采用分货式配货工艺有更好的效果。

分货式配货工艺可以利用各种作业车辆，汽车甚至人力推车进行，但大规模配送中心的分货式配货工艺，需要有非常大的分货能力，因此，往往在配送中心建立专门的分货设施。

（三）直取式配货工艺

直取式配货是人到货前，即拣选式配货的一种特殊形式。当用户所需货物种类很少，而每种数量又很大时，送货车辆可直接开抵储存场所装车，随时送货，而不需单设配货工艺。这种方式实际将配货与送货工艺合为一体，减少了几道工序。对于大宗生产资料配送，直取式配货工艺是一种很重要的方式。

第四节 企业配送中心规划建设

一、企业配送中心规划基础

（一）企业配送中心规划与设计的原则

（1）根据系统的概念、运用系统分析的方法求得整体优化，同时也要把定性分析、定量分析和个人经验结合起来。

（2）以流动的观点作为设施规划的出发点，并贯穿在设施规划的始终，因为企业的有效运行依赖于人流、物流、信息流的合理化。

（3）从宏观（总体方案）到微观（每个部门、库房、车间），又从微观到宏观的过程。例如，布置设计，要先进行总体布置，再进行详细布置。而详细布置方案又要反馈到总体布置方案中去评价，再加以修正甚至从头做起。

（4）减少或消除不必要的作业流程，这是提高企业生产率和减少消耗最有效的方法之一。可以采用取消不必要的工作环节、合并必要环节、简化工作环节、程序重排等方法，达到提高工作效率和工作质量、降低成本等目的①。

（5）重视人的因素。作业地点的设计，实际是人机环境的综合设计。要考虑创造一个良好、舒适的工作环境。

---

① 初怡. 基于 Flexsim 的企业配送中心作业流程优化. 中国物流与采购，2020，（18）：64-67.

（二）企业配送中心规划资料分析

企业配送中心规划资料必须通过整理分析，才能作为规划设计的参考依据。企业配送中心规划资料分析主要有以下分析方式。

（1）订货变化趋势分析。在企业配送中心规划过程中，首先分析总结历史的销售和发货资料，从而了解销售趋势和变化情况，把握有关的变化趋势与周期性变化规律。主要采用时间数列分析法、回归分析法和统计分析法等。

（2）订单分析。订单是企业配送中心经营的重要因素。订单的品名、数量、发货时间千变万化，是企业配送中心运营的不确定因素，往往随订单的变化而波动。主要应用日本铃木震所倡导的 EIQ（E 表示订单件数，I 表示商品种类，Q 表示数量）规划法进行企业配送中心的规划设计。EIQ 规划法是指针对不确定和波动条件，根据设置目的，掌握物流特性和物流状态，规划出符合实际的企业配送中心系统的一种方法。

（3）商品特性分析。结合商品的相关特性、包装规格及特性、储运单元等因素进行分析，有利于对仓储和分拣区的规划。

（4）物流工作分析。进行规划时，需要进行作业流程分析、作业时序分析、事物流程分析、人员素质分析及自动化水平分析等。

（三）企业配送中心的规模设计

根据市场总容量、发展趋势及该领域竞争对手的状况，确定目标份额，并决定企业配送中心的规模设计。规模设计中应该注意两方面。一是要充分了解社会经济发展的大趋势。二是要充分了解竞争对手的状况，包括生产能力、占有市场份额、经营特点、发展规划等。因为市场总容量是相对固定的，不能正确地分析竞争形势就不能正确地估计出自身可以占有的市场份额。如果预测发生大的偏差，将导致设计规模过大或过小。

（四）企业配送中心总体规模的确定①

配送中心的总体设计是在物流系统设计的基础上进行的。由于配送中心具有收货验货、库存保管、挑选分拣、流通加工、信息处理及采购组织货源等功能，配送中心的总体设计首先要确定总体的规模。

（1）预测物流量。物流量预测包括历年业务经营的大量原始数据分析，以及根据企业发展的规划和目标进行的预测。在确定配送中心的能力时，要考虑商品的库存周转率、最大库存水平。通常以备齐商品的品种作为前提，根据商品数量的 ABC 分类法，做到 A 类商品备齐率为 100%，B 类商品备齐率为 95%，C 类商品备齐率为 90%，由此来研究、确定配送中心的平均储存量和最大储存量。

（2）确定单位面积的作业量定额。根据规范和经验，可确定单位面积的作业量定额，从而确定各项物流活动所需的作业场所面积。例如，储存型仓库比流通型仓库的保管效

---

① 杜文. 物流运输与配送管理. 北京：机械工业出版社，2006.

率高，即使使用叉车托盘作业，储存型仓库的走支道面积占仓库面积的30%以下，而流通型仓库往往要占到50%。但也要避免一味追求储存率高，而造成理货场堵塞、作业混杂等现象，以致无法达到配送中心要求的周转快、出货迅速的目标。

（3）确定配送中心的占地面积。一般来说，辅助生产建筑的面积为配送中心建筑面积的5%～8%，另外，还要考虑办公、生活建筑面积为配送中心的5%左右。于是，配送中心总的建筑面积便可大体确定。再根据城市规划部门对建筑覆盖率和建筑容积率的规定，可基本上估算出配送中心的占地面积。

（五）企业配送中心设备系统规划

一般来说，企业配送中心软硬件设备系统的水平常常被看成是配送中心先进性的标志。企业配送中心必须合理配备配送设施设备，以适用的简单设备、适当的投资，实现预定的配送活动功能。

根据我国的现实状况，对于配送中心的建设，应贯彻软件先行、硬件适度的原则，就是要加强计算机管理信息系统、管理与控制软件的开发，要瞄准国际先进水平。而机械设备等硬件设施则要在满足作业要求的前提下，更多选用一般机械化、半机械化的装备。例如，仓库机械化，可以使用叉车或者与货架相配合的高位叉车；在作业面积受到限制且一般仓库不能满足使用要求的情况下，也可以考虑建设高架自动仓库。

（六）企业配送中心选址的定量分析

配送中心选址就是在一定范围内，从所有满足要求的备选点中选出一个或多个地点作为配送中心，使其与货物生产点和需求点之间满足最大的配送效益①。在可供选择的地址中，可通过定量分析确定最优方案。

1. 图解法

图解法是早期的一种古典方法。该方法利用二维坐标图进行直接分析，先在图上以资源点和需求点为中心画出等成本线，然后由等成本线画出总成本等位线。总成本等位线必收敛于总成本最小点，则此点为网点的最佳设置点。

图解法对于处理费用函数为非线性情况很方便，这时成本曲线的密度为非均匀的。更大的好处在于，它不仅可以找出最优解，而且还能给出最优点附近的各种总成本等位线。这对决策者尤为重要，因为他们在进行最后决策时，考虑到其他因素，如土地成本、公共设施等，有时不得不放弃数学上的最优解，而选择稍次于最优解的满意方案。

图解法最大的缺点是对于大规模问题的处理比较困难，在资源点和需求点较多的情况下运用此法，计算工作较繁杂。

---

① 武明帅，王巍，孙理越. 基于布谷鸟搜索算法的物流配送中心选址. 经济师，2021，(2)：252-253，255.

2. 重心法

重心法是一种模拟方法。这种方法将物流系统中的资源点和需求点看成是分布在某一平面范围内的物流系统，将各点的需求量和资源量分别看成物体的重量，将物体系统的重心作为物流网点的最佳设置点，利用求物体系统重心的方法来确定物流网点的位置。重心法因为计算简单，并且结果具有一定的参考价值，是实际选址问题中最常用的方法①。但这种方法并不能求出精确的最佳布点位置，因为这一方法将纵向和横向的距离视为互相独立的量，这与实际是不相符的，其结果往往在现实环境中不能实现，所以只能作为参考结果。

3. 微分法

微分法是为了克服重心法的上述缺点而提出的，但它要利用重心法的结果作为初始解，并通过迭代获得精确解。

如在某计划区内，有 n 个资源点和需求点，各点的资源量或需求量为 $W_j\ (j=1,2,\cdots,n)$，它们各自的坐标为 $(x_j,y_j)(j=1,2,\cdots,n)$，设需要设置的网点坐标为 (x,y)，网点至资源点或需求点的运费率为 C_j。

设总运输费为 F，则当

$$F=\sum_{j=1}^{n}C_jW_j\sqrt{\left(x-x_j\right)^2+\left(y-y_j\right)^2} \tag{8-1}$$

时，总运费最小的网点位置的坐标必须满足：

$$\begin{cases}\dfrac{\partial F}{\partial x}=\sum_{j=1}^{n}C_jW_j\left(x-x_j\right)\Big/\sqrt{\left(x-x_j\right)^2+\left(y-y_j\right)^2}=0\\ \dfrac{\partial F}{\partial y}=\sum_{j=1}^{n}C_jW_j\left(y-y_j\right)\Big/\sqrt{\left(x-x_j\right)^2+\left(y-y_j\right)^2}=0\end{cases} \tag{8-2}$$

式（8-2）为物流配送中心选址的微分方程，可解得

$$\begin{cases}x=\dfrac{\sum_{j=1}^{n}C_jW_jx_j\Big/\sqrt{\left(x-x_j\right)^2+\left(y-y_j\right)^2}}{\sum_{j=1}^{n}C_jW_j\Big/\sqrt{\left(x-x_j\right)^2+\left(y-y_j\right)^2}}\\ y=\dfrac{\sum_{j=1}^{n}C_jW_jy_j\Big/\sqrt{\left(x-x_j\right)^2+\left(y-y_j\right)^2}}{\sum_{j=1}^{n}C_jW_j\Big/\sqrt{\left(x-x_j\right)^2+\left(y-y_j\right)^2}}\end{cases} \tag{8-3}$$

式（8-3）右端仍含有未知数 x 和 y，需要用迭代的方法求得最优值，即将重心坐标代入式（8-3）左端，将得到的结果再次代入式（8-3）的右端，直到两次迭代的结果相同为止。

---

① 牛东来，武佳. 多重心法选址案例研究. 现代营销（下旬刊），2021，（1）：152-153.

微分法虽能求得精确最优解，但所得到的精确解在现实生活中往往是难以实现的，与前面讨论的图解法一样，在精确最优解的位置上由于其他因素的影响，决策者考虑这些因素后有时不得不放弃这一最优解的位置，而去选择现实中可行的满意方案。另外，这种方法在迭代次数较多时，计算工作量比较大，计算成本也较高。

二、企业配送中心布局规划

一个合理的配送中心平面布局可以使物流更加合理化，使储存区的空间利用率和货物的装卸效率大大增加，从而大大减少配送中心的运营成本，提升整个物流流程的利润空间[①]。发展现代化的配送中心应以现有物流企业为基础，逐步发展大型物流中心与区域性配送中心相结合，建立起多功能化、信息化、优质服务的配送中心。

（一）企业配送中心作业功能规划

（1）企业配送中心作业流程规划。企业配送中心根据运营需要和运作特性进一步分析，制定合理的作业程序，以便选用设备和规划设计空间。经过对各项作业流程的合理化分析，从中剔除不合理和不必要的作业，以提高整个企业配送中心的效率。

（2）企业配送中心作业区的功能规划。在作业流程规划后，可根据企业配送中心运营特性对物流作业区和周边辅助活动区进行规划。主要包括一般性物流作业区、退货商品作业区、换货补货作业区、流通加工作业区、物流配合作业区、仓储管理作业区、办公事务区、车辆设施维修区、劳务性活动区、计算机作业区、厂区相关活动区。

（3）企业配送中心作业能力规划。企业配送中心在各区域规划时，应以物流作业区为主，再延伸到相关周边区域。对物流作业区的规划应根据作业流程、进出顺序逐区划分，对仓储作业区和分拣作业区进行详细分析，再根据仓储作业区和分拣作业区进行相关作业的规划。

（二）企业配送中心设施规划与选用

（1）企业配送中心物流作业区设施。物流作业区是开展物流活动的核心区域，规划的重点是对物流作业设备的规划设计与选用。主要包括：①容器设施，即搬运、储存、拣取、加工和配送使用的容器，利用容器设施可简化储运作业，实现物流作业单元化；②存储设备，即自动化仓库的高型货架、普通层格货架及各种组合移动式货架；③订单拣取设备，即自动化订货拣取设备和一般订货拣取设备，形成不同的拣货要求和作业方式；④物料搬运设备，即自动化搬运设备、机械化搬运设备、输送传输设备、装卸搬运设备等；⑤流通加工设备，即根据流通加工的规模、种类和用户的不同要求，选择通用加工设备，充分提高设备利用率；⑥物流附属设备，即为了配合物流作业，选择装卸货平台、搬运器械的附属机具等。

---

① 蒋璐. 基于改进 SLP 和遗传算法的配送中心功能区的布局设计. 物流工程与管理，2021，43（1）：87-90.

（2）企业配送中心辅助作业区设施。企业配送中心的正常运营，除了应具备主要的物流设备，还需要辅助作业设备和设施的密切配合，如办公设备、信息处理设施、网络通信设施、卫生医疗设施和劳务设施等。

（3）企业配送中心建筑周边设施。在规划企业配送中心时，不仅要考虑主要设施，还要充分考虑到水电、交通、动力、安全保卫及消防等与建筑相关的周边设施。

（三）企业配送中心作业区规划

1. 配送中心各作业区结构配置

配送中心各作业区结构主要包括以下六个部分。

（1）进货作业区，主要是完成商品入库前的接货、卸货、检验、分类、入库准备等工作的区域。主要设施有进货火车专用线或卡车卸货站，卸货站台，分类、验收区及暂存区。

（2）储存作业区，主要是保管有一定储存时间商品的区域，占地面积是储存型配送中心的一半以上。

（3）理货备货作业区，主要进行分发、配货作业的区域，作业面积根据配送服务水平有较大的差异，对于多用户、多品种、小批量、多批次的配送服务，进行复杂的分货、拣货、配货作业，需要较大作业区面积。

（4）配装作业区，即根据用户的要求，按订单将商品配齐后暂存待装外运的区域。由于周转快，存期短，所需作业面积较小，一般根据用户数量进行设计。

（5）发货作业区，主要是按订单配齐的商品装车运送的区域，主要设施是站台、停车场等。发货作业区的面积根据停靠配送车辆的数量及发货量来确定。

（6）流通加工区，流通加工区的面积根据加工的作业数量及加工类型来确定。

2. 配送中心内商品流动路线分析

在配送中心设计中，要求装卸、搬运、保管、流通加工等具有与商品的流动相适宜的作业性和功能性，满足对于作业量的变化及商品形状变更的弹性条件。

（1）商品种类与作业量的分析。在配送中心规划商品流动路线时，要将有什么种类的产品、有多大的作业量作为分析对象，包括：①将所处理商品的种类按出入库批次顺序进行整理，并根据运营时的作业量进行分类；②设定所分类的每种商品的作业量；③对于商品的种类和作业量，用横坐标 P 表示种类，纵坐标 Q 表示作业量，按作业量的大小顺序排列成为曲线，并绘制图；④配送中心计划运营年数；⑤各类商品每年增长率；⑥各类商品每月销售预测；⑦各类商品库存天数；⑧流通加工、发货等作业高峰系数；⑨预测处理商品种类的增加；⑩预测顾客数量的增加。

（2）商品流动路线的分析。配送中心的一般业务流程是接收商品→检验商品→进货分类→暂时保管→按订单分拣→配货捆包→分类→发货场暂存→发货。配送中心建筑物内部商品的流动路线类型主要依据中心位置、作业区域布置、运输路线、通道规划及设备设施等情况，再考虑运营需要而确定的基本形式。

3. 配送中心作业区规划指标

企业配送中心应根据商品特性，确定每平方米场地可以处理多少箱商品，有多少配送点，进货频率和配送频率怎样，需要多少辆汽车；根据散货进货及装箱进货等形态变化，确定分拣场地、发货前的捆包场地、商品检验场地。配送中心作业区规划的主要指标包括：①进货车辆数和车种类型、进货数量、各商品品种数、不同单位的交货点数；②货单张数、每张货单商品种类数和箱数、缺货数量及出错率；③在不同保管条件下，所保管的数量和商品的品种数；④每月订货件数，每周顾客数，每天订货截止时间，每时间段中的货箱分拣和计件分拣，每张订单品种及件数、个数等；⑤不同季节中注明商品个数，必要的顾客数，按照商品分组注明品种数；⑥发货托盘数、发货的箱数、装箱发货数、发货方向数、发货汽车辆数及路线等；⑦退货数量、退货需用汽车数量、退货地点数等；⑧捆包、废弃材料处理、集装箱清洗等。

4. 配送中心作业区域位置设计

配送中心按照各作业区域的规划面积和长宽比例按模块进行设计。常用的区域布置形式主要有：①直线式，适用于作业流程简单、规模较小的企业配送中心；②双直线式，适用于出入口在企业配送中心两侧、作业流程相似但有两种不同进出货形态；③锯齿式，一般适用于多排并列的库存货架区域内；④“U”式，适用于出入口在中心两侧，根据进出频率大小安排靠近进出口端的储区，缩短拣货搬运路线；⑤分流式，适用于批量拣货的分流作业；⑥集中式，适用于因仓储区特性把订单分割在不同区域拣货后再进行集货作业的方式。

三、企业配送中心发展策略

（1）积极创建适应企业配送中心发展的政策环境。传统物流管理体制机构臃肿，设置重叠，效率低下；运行条块分割，各自为政。这些阻碍了配送中心依市场而发展，导致布局结构不合理。加强企业配送中心建设应进一步改革物流管理体制，尽快建立高效、清简、统一的管理机构，积极创建能够推动企业配送中心发展的政策环境。配送中心建设虽然是企业行为，但政府应积极引导和扶持，为企业配送中心发展提供良好环境。

（2）充分利用现有资源，通过技术改造发展现代企业配送中心。我国现有仓库多为平房，可以在此基础上进行现代技术改造，实现少投资金、多出效益，加快企业配送中心的建设和发展。

（3）积极转变企业配送中心的经营机制。企业配送中心的发展首先必须转变经营机制，首先要做到决策信息化、管理科学化，在系统管理技术、决策管理技术、质量管理技术、信息管理技术等方面要不断提高水平。其次是强化动力激励机制，重视人本管理，充分发挥劳动者的积极性、主动性、创造性。最后，树立市场观念，强化竞争意识，建立能够适应市场变化的发展机制。

（4）重视配送先进技术的应用。配送中心建设应树立机械化、自动化的观念，注重先进设备、技术、人才的引进与开发。建立自动分拣、存取的配送现代化系统，开展机械化作业，积极采用起重设备、叉车、立体仓库、计量设备、计算机网络及管理软件等，积极发展配送自动化。

（5）重视企业配送专门人才的培养。大力发展企业配送中心必须高度重视专门人才的教育和培养，只有在配送从业人员的素质提高的基础上，才有可能不断增强企业配送发展能力，有计划、有组织地加强企业配送中心职工教育培训，努力学习与应用国外企业配送先进技术，发展适合我国国情、具有中国特色的企业配送中心。

案例分析

衡水菜鸟物流：绿色货运先行者

衡水菜鸟物流是绿色货运的先行者。作为国家级绿色货运配送示范工程建设主体，菜鸟物流率先在衡水市打造绿色环保的物流模式。它们与多家新能源汽车公司合作，投放 1000 辆新能源车，开展绿色配送服务，解决城市配送难题。同时，菜鸟物流快速发展，建设了先进的物流园区和配套设施，并与多家企业和高校建立合作关系。它们通过绿色货运配送信息平台，铺设国家范围的绿色货运网络，实现车货和车桩匹配，提供一站式服务。此外，中国管理科学研究院商学院绿色货运配送供应链研究中心落户在菜鸟物流，将推动整个物流行业健康发展，践行绿色发展理念。衡水菜鸟物流在绿色运营方面取得了显著成绩，并在行业中发挥了积极作用。

1. 教学目的和用途

本案例用于管理学硕士和本科生学习渠道控制、营销管理、管理学、战略管理、物流管理等课程时使用。通过案例使学生能够学会战略分析方法、渠道控制方法、物流与营销关联等。硕士可以就此案例讨论营销和物流关系，研究衡水菜鸟物流渠道控制与物流优化问题，重点思考物流与销售渠道之间的关联。本科生主要是通过本案例的学习与讨论，利用渠道分析相关工具，尝试讨论衡水菜鸟物流在营销渠道管理上存在的问题，并采用相关工具，优化设计物流渠道。教学目的为掌握企业物流与营销关联、渠道控制等内容。

2. 启发与思考

（1）衡水菜鸟物流是如何实现绿色货运配送的？

（2）衡水菜鸟物流在绿色运营方面的成功经验有哪些值得其他物流企业学习的地方？

（3）衡水菜鸟物流的成功经验是否可以复制到其他行业或者企业中？

3. 分析思路

本案例属于理论应用与分析型的教学案例，学生应重点分析企业销售渠道优化问题，学会综合运用流程优化设计与物流控制的相关理论方法。其次详细阅读案例资料，熟悉企业渠道优化的框架，深刻认识商贸流通企业物流的重要性。

4. 理论依据

本案例的理论依据：物流管理、渠道控制等。

5. 关键要点

物流渠道分析。

6. 课堂计划

（1）建议教师先安排学生学习专业知识，并将本案例安排给学生学习，让学生重点思考提出的问题，对第2部分启发与思考中的问题进行逐条分析。

（2）本案例教学安排2课时。首先学生就思考问题进行分组讨论，并记录相关的结论，此部分30分钟完成。接着安排小组发言，学生就主要问题进行辩论，此部分20分钟完成。最后安排企业配送优化方案撰写，学生以小组为单位编制一份企业配送优化方案，此部分1小时完成，教师进行课堂评判。

本章思考题

1. 如何全面理解配送？
2. 企业在不同的发展阶段会有不同的物流需求，应如何选择企业配送系统的建设发展道路？
3. 企业是应建设和发展自己的配送系统，还是应用社会化物流服务体系？
4. 配送技术发展与企业人员素质提高如何协调？
5. 对于企业经营来说，配送是服务，也是管理，如何将二者有机结合在一起？
6. 简述企业配送中心管理的内容。
7. 如何确定配送中心的建设规模？
8. 如何考核企业物流配送的绩效？
9. 从什么角度认识企业物流配送才能更有效地促进企业物流配送的顺利发展？

第九章

现代企业物流信息管理

【思政案例导入】

中国北斗，星耀全球。2020 年 6 月 23 日，随着最后一颗组网卫星成功发射，北斗三号全球卫星导航系统完成全球星座部署；2020 年 7 月 31 日，北斗三号全球卫星导航系统正式建成开通，标志着我国建成独立自主、开放兼容的全球卫星导航系统，成为世界上第三个独立拥有全球卫星导航系统的国家。自 1994 年启动北斗系统工程以来，北斗人奏响了一曲大联合、大团结、大协作的交响曲，孕育了“自主创新、开放融合、万众一心、追求卓越”的新时代北斗精神。

当前，全球数字化发展日益加快，时空信息、定位导航服务成为重要的新型基础设施。建设独立自主的卫星导航系统，是党中央、国务院、中央军委做出的重大战略决策。从 2000 年完成北斗一号系统建设开始，到 2012 年完成北斗二号系统建设，再到 2020 年北斗三号全球卫星导航系统全面建成并开通服务，工程“三步走”发展战略取得决战决胜。二十六载风雨兼程、九千日夜集智攻关，北斗人秉承航天报国、科技强国使命情怀，团结协作、顽强拼搏、勠力创新、攻坚克难，实现了从无到有、从有到优、从区域到全球的历史性跨越，打造出我国迄今为止规模最大、覆盖范围最广、服务性能最强、与百姓生活关联最紧密的巨型复杂航天系统。这是我国攀登科技高峰、迈向航天强国的重要里程碑，充分体现了我国社会主义制度集中力量办大事的政治优势，对提升我国综合国力，对我国经济发展和民生改善，对推动当前国际经济形势下我国对外开放，对进一步增强民族自信心、努力实现第二个百年奋斗目标，具有十分重要的意义。

“天作棋盘星作子”，北斗系统凝结着几代航天人接续奋斗的心血，饱含着中华民族自强不息的本色。广大科技人员自力更生、发奋图强，攻克 160 余项关键核心技术，实现核心器部件百分之百国产化，首创全星座星间链路支持自主运行，创造两年半时间内高密度发射 18 箭 30 星的世界导航卫星组网奇迹，展现着矢志自主创新的志气骨气；从北斗一号服务我国及周边地区，到北斗二号服务亚太地区，再到北斗三号服务全球，中国北斗始终立足中国、放眼世界，相关产品出口 120 余个国家和地区，全球总用户数超 20 亿，让中国的北斗成为世界的北斗，书写着开放融合的生动篇章；400 多家单位、30 余万名科研人员聚力攻关，2 名“两弹一星”元勋和几十名院士领衔出征，1.4 万余家企业、50 余万人从事系统应用推广，彰显着万众一心的团结伟力；全球范围定位精度优于

10 米、测速精度优于 0.2 米/秒、授时精度优于 20 纳秒，不断提升的精度，映照着追求卓越的不懈努力。“调动了千军万马，经历了千难万险，付出了千辛万苦，要走进千家万户，将造福千秋万代”，新时代北斗精神是以爱国主义为核心的民族精神和以改革创新为核心的时代精神在航天领域的生动诠释，是“两弹一星”精神、载人航天精神在新时代的赓续传承，是中国共产党人精神谱系的重要组成部分，必将激励我们继续迎难而上、勇攀新的高峰。

仰望星空、北斗璀璨，脚踏实地、行稳致远。如今，颗颗北斗卫星环绕地球，成为夜空中最亮的“星”，照亮了一个民族走向复兴的伟大梦想。前进道路上，我们要继续弘扬新时代北斗精神，以奋发有为的精神状态、不负韶华的时代担当、实干兴邦的决心意志，不懈探索、砥砺前行，接续走好攀登科技高峰、建设航天强国新长征，加快建设创新型国家和世界科技强国，奋力开创新时代中国特色社会主义事业新局面。

资料来源：《传承好、弘扬好新时代北斗精神——中国共产党人的精神谱系之四十八》，http://wenming.enorth.com.cn/system/2021/12/15/052148969.shtml[2021-12-15]。

第一节　物流信息管理概述①

一、信息与信息系统

（一）信息与数据

1948 年，美国数学家、信息论的创始人香农（Shannon）在题为《通信的数学理论》一文中指出：“信息是用来消除随机不定性的东西”；1948 年，美国著名数学家、控制论的创始人维纳（Wiener）在《控制论》一书中，指出：“信息就是信息，既非物质，也非能量。”狭义信息论将信息定义为“两次不定性之差”，即指人们获得信息前后对事物认识的差别；广义信息论认为，信息是指主体（人、生物或机器）与外部客体（环境、其他人、生物或机器）之间相互联系的一种形式，是主体与客体之间的一切有用的消息或知识。我们认为信息是通过某些介质向人们（或系统）提供关于现实世界新的事实的知识，它来源于数据且不随载体变化而变化，它具有客观性、实用性、传输性和共享性的特点。

信息与数据既有区别，又有联系。数据是定性、定量描述某一目标的原始资料，包括文字、数字、符号、语言、图像、影像等，它具有可识别性、可储存性、可扩充性、可压缩性、可传递性及可转换性等特点。信息与数据是不可分离的，信息来源于数据，数据是信息的载体。数据是客观对象的表示，而信息则是数据中包含的意义，是数据的内容和解释。对数据进行处理（运算、排序、编码、分类、增强等）就是为了得到数据中包含的信息。数据包含原始事实，信息是数据处理的结果，是把数据处理成有意义的和有用的形式。

---

① 傅莉萍. 物流信息系统管理. 北京：清华大学出版社，2017.

（二）信息系统与信息处理

信息系统是一个人机一体化的系统，由用户、信息、计算机软硬件、网络等组成。其使用现代化的计算机和网络技术，对指定的信息进行收集、储存、分析等处理，将企业的信息资源汇总形成数据，然后通过加工和整合，将这些数据根据不同的需求重新进行整理，然后反馈给企业管理者，以辅助企业管理者做出最优的决定，从而提高企业决策能力和运营管理水平。信息系统包含五个基本功能：输入功能、储存功能、处理功能、输出功能、控制功能。输入功能取决于系统所要达到的目的、系统的能力及信息环境；储存功能指系统储存各种信息资料和数据的能力；处理功能主要是基于数据库技术的联机分析处理和数据挖掘技术；输出功能主要指信息系统所有的功能都是为了数据能够根据使用者的要求进行有效的输出；控制功能指对构成系统的各种信息设备和软件进行控制管理。

信息处理是根据使用者的信息需求，对收集到的信息进行筛选、分类、加工及储存等活动，加工出对使用者有用的信息。信息处理的内容如下。

信息分类及汇总：按照一定的分类标准或规定，将信息分成不同的类别进行汇总，以便信息的储存和提取。

信息编目（或编码）：用一定的代号来代表不同信息项目。用普通方式（如资料室、档案室、图书室）保存信息则需进行编目，用电子计算机保存信息则需确定编码。

信息储存：应用电子计算机及外部设备的储存介质，建立有关数据库进行信息的储存，或通过传统的纸质介质如卡片、报表、档案等对信息进行抄录储存。

信息更新：信息具有有效的使用期限，失效的信息需要及时淘汰、变更、补充等才能满足使用者的需求。

二、物流信息管理与物流信息管理平台

（一）物流信息概念与分类

物流是指为了满足客户的需求，通过仓储、配送、运输等方式，以最低的成本将原材料、半成品、产成品或者相关信息由产地运抵目的地的全过程。物流是一个通过计划、控制、实施等方式管理材料、成品和信息的系统，从供应开始，经各种中间环节的转让及拥有而到达消费者手中的实物运动。物流信息指反映物流各种活动内容的知识、资料、图像、数据、文件的总称。狭义上看，物流信息是指与物流活动（如运输、包装、流通加工等）有关的信息。广义上看，物流信息不仅指与物流活动有关的信息，而且包含与其他流通活动有关的信息，如商品交易信息和市场信息等。

物流信息按功能分类：根据物流信息产生的不同的物流领域可以分为仓储信息、运输信息、装卸信息等。这些分类还可以进行再一步细分，如仓储信息可以分为入库信息、出库信息和库存信息等。按环节分类：根据物流信息产生的不同作用环节可分为输入物流活动的信息和物流活动输出的信息。按作用层次分类：根据物流信息不同的作用可分

为基础信息、作业信息、协调控制信息和决策支持信息。按加工程度的不同分类：根据物流信息的加工程度可以分为原始信息和加工信息。

（二）物流信息管理和物流信息管理平台概念

物流信息管理是一种对物流信息进行采集、处理、分析、应用、储存和传播的过程，是将物流信息从分散到集中、从无序到有序的过程，其使物流信息具有可得性、及时性、准确性、集成性、适应性及易用性的特点。

根据不同的分类标准，物流信息管理平台有不同类别。根据服务区域，物流信息管理平台可以分为地方性的物流信息平台和全国性的物流信息平台。根据运营方的性质，物流信息管理平台可以分为主体自身运营物流信息平台和第三方物流信息平台。其中主体自身运营物流信息平台往往以提高主体工作效率为目标，第三方物流信息平台则为物流供需方提供专业信息服务，其运营一般不涉及物流服务的具体运作。根据平台开放性的两种不同形态，物流信息管理平台分为封闭式平台和公共物流信息门户。封闭式平台需依附于线下实体，平台系统模式稳定，为特定组织内或组织间提供封闭式信息服务。

三、物流信息管理系统

物流信息管理系统是由人员、计算机硬件、软件、网络通信设备及其他办公设备组成的人机交互系统，物流信息管理系统是基于信息化的基础，以信息系统为主要依托手段，对物流运输中的各项信息进行收集整理、储存、调控管理、分析，并将这些信息加工成对企业有参考价值的资料[①]。将人力物力进一步融合在一起，充分利用企业资源，增强企业间产品的流动性，减少企业损失，增加企业利益。其主要功能是进行物流信息的收集、储存、传输、加工整理、维护和输出，为物流管理者及其他组织管理人员提供战略、战术及运作决策的支持，以实现组织的战略竞争优势，提高物流运作的效率与效益。随着现代信息化技术和物流业的不断发展，与先进管理思想结合的信息技术给传统物流带来了根本性的变化。通过计算机技术、网络技术、EDI 技术、条码技术、全球卫星定位系统、地理信息系统等信息技术实现的物流信息管理系统使得物流管理的自动化、高效化、及时性得以实现。

（一）物流信息管理系统的分类

按管理决策的层次，物流信息管理系统可分为物流作业管理系统、物流协调控制系统、物流决策支持系统；按系统的应用对象，物流信息管理系统可以分为面向制造企业的物流信息管理系统，面向零售商、中间商、供应商的物流信息管理系统，面向物流企业的物流信息管理系统；按系统采用的技术，物流信息管理系统可以分为单机系统，内

---

① 张博源，张雅鑫，林千钰，等. 信息系统设计在仓储管理当中的应用——以冷链物流为例. 中国市场，2021，(19)：144-145，198.

部网络系统，与合作伙伴、客户互联的系统。

（二）物流信息管理系统的结构

物流信息管理系统是物流领域的神经网络，遍布物流系统的各个层次、各个方面。物流信息管理系统结构可以从垂直和水平两个方向来考察。从垂直方向看，物流信息管理系统可分为三个层次，即管理层、控制层和作业层。从水平方向看，物流信息管理系统贯穿供应物流、生产物流、销售物流、回收和废弃物物流等物流形式的运输、仓储、装卸搬运、包装、流通加工等各个物流作业环节。

（三）物流信息管理系统的功能

物流信息管理系统是通过信息技术对企业物流信息进行收集、传输、加工、储存、更新、拓展和维护的系统，能够切实提升信息管理的效率。物流信息管理系统是物流系统的神经中枢，它作为整个物流系统的指挥和控制系统，包括多种子系统且具有多种基本功能。它通常具有数据的收集和输入、信息的储存、信息的传输、信息的处理、信息的输出五大基本功能。这五项功能缺一不可，只有五项功能都具备，最后得到的物流信息才具有实际使用价值，否则会造成严重的后果。

（1）数据的收集和输入：物流数据的收集首先是将数据通过收集子系统从系统内部或者外部收集到预处理系统中，并整理成为系统要求的格式和形式，然后再通过输入子系统输入到物流信息管理系统中。这一过程是其他功能发挥作用的前提和基础，如果一开始收集和输入的信息不完全或不正确，在接下来的过程中得到的结果就可能与实际情况完全相左，这将会导致严重的后果。因此，在衡量一个信息系统的性能时，应注意它收集数据的完善性、准确性，以及校验能力和预防与抵抗破坏能力等。

（2）信息的储存：物流数据经过收集和输入阶段后，在其得到处理之前，必须在系统中储存下来。即使在处理之后，若信息还有利用价值，也要将其保存下来，以供以后使用。

（3）信息的传输：物流信息在物流系统中，一定要准确、及时地传输到各个职能环节，否则信息就会失去其使用价值了。这就需要物流信息管理系统具有克服空间障碍的能力。物流信息管理系统在实际运行前，必须要充分考虑所要传递的信息种类、数量、频率、可靠性要求等因素。

（4）信息的处理：物流信息管理系统的最根本目的就是要将输入的数据加工处理成物流系统所需要的物流信息。数据和信息是有所不同的，数据是得到信息的基础，但数据往往不能直接利用，而信息是从数据加工得到，它可以直接利用。

（5）信息的输出：信息的输出是物流信息管理系统的最后一项功能，也只有在实现了这个功能后，物流信息管理系统的任务才算完成。信息的输出必须采用便于人或计算机理解的形式，在输出形式上力求易读易懂，直观醒目。

四、物流信息管理的发展趋势

随着知识经济的形成、发展以及电子商务的兴起，人工智能、知识发现技术的出现，人类的信息分析、信息处理水平获得了明显的提高，物流经营模式、运行机制、组织结构等发生了深刻的变化，物流信息管理产生了一些新的特点，其主要发展趋势如下。

（一）信息管理向知识管理的发展

信息技术的进步，使得信息与信息、信息与活动、信息与人、信息与组织得以联结，信息能够通过数据挖掘转换为知识，实现知识共享和知识管理。其结果是“以人为本”的信息管理主线得到充分体现，集体智慧和创新能力的作用得到加强，人力资源、信息技术、市场分析乃至企业的经营战略得以统一，并促进了物流供应链管理水平的提高。

（二）BPR 向 BT 的发展

如果说 BPR（business process reengineering，企业流程重组）是以信息或其他目标为中心，进行流程的再设计、排列以及重组的，那么 BT（business transformation，企业转型）则涉及组织结构的调整、业务流程、企业文化建设等很多方面，从内部的工作流程再设计，到跨部门的工作流程再设计，再到打破组织界限的外部业务网络建立的发展过程，它是一种脱胎换骨的改造，实现了企业从有形方面到无形方面的信息化，专注于减少成本，不断开辟新领域（信息产业），创造新价值（信息价值），它显示了未来企业革命的方向，因此不可避免地成为未来信息管理的发展重点。

（三）MRP 向价值链管理的发展

经济一体化导致企业物流运营方式的变化，从以产品结构的物料需求为中心的 MRP 到以企业生产经营活动有关的所有资源为中心的 MRP Ⅱ，再到以企业内部资源与外部资源（如供应商制造资源）整合为中心的 ERP，然后到供应链管理、CRM（customer relationship management，客户关系管理），企业关注的重心逐渐从物流转到信息流再到价值流，信息管理也从对企业内部的关注转移至企业间合作的关注，价值链管理成为信息管理的核心内容。

（四）DSS 向 VO-M2IDS 发展

作为信息应用的一种高级形式，决策支持的环境发生了一系列变化，如多媒体数据库、可视听与可视化技术、面向对象方法、人工智能等技术的出现，虚拟组织正成为未来物流企业的组织、管理方式等，导致传统的 DSS（decision support system，决策支持系统）到 GDSS（group decision supporting system，群决策支持系统）、DDSS（distributed decision support system，分布决策支持系统）、IDSS（intelligent decision support system，智能决策支持系统）等，再到 VO-M2IDS（human-machine intelligent decision-making system for virtual organizations，面向虚拟组织的人机智能化决策系统）的发展，以适应新的复杂决策环境，实现人机关系的准确把握，为新环境下的物流信息管理提供强有力的支持。

第二节　现代物流信息技术

物流信息技术是指以计算机和现代通信技术为主要手段实现对物流各环节中信息的获取、处理、传递和利用等功能的技术总称①，是物流现代化的重要标志，也是物流技术中发展最快的领域，从数据采集的条形码系统，到办公自动化系统中的微机、互联网，各种终端设备等硬件以及计算机软件都在日新月异地发展。同时，随着物流信息技术的不断发展，一系列新的物流理念和新的物流经营方式不断产生，推进了物流的变革。在供应链管理方面，物流信息技术的发展也改变了企业应用供应链管理获得竞争优势的方式，成功的企业通过应用信息技术来支持它的经营战略并选择它的经营业务。利用信息技术来提高物流与供应链活动的效率性，从而增强整个市场供应链核心竞争力。根据物流的功能及特点，物流信息技术包括条码、射频、EDI、GPS、GIS、云计算、大数据、物联网和人工智能等技术。

一、条码技术

（一）编码与条码

《宣传舆论学大辞典》中，将编码定义为是把信息变换成信号的措施，是将信息用按一定规则排列起来的符号序列（码）表示出来的过程。编码是给事物或概念赋予代码的过程。物品标识就是对在供应链中运转的物品进行标识，是为实现供应链管理目标所需的信息，通过合理的标识能够迅速、准确地采集。物品编码标识是人类认识事物的过程，通过对物品的编码标识，人们可以对物品进行管理，是将客观的物品信息转换为代码的过程。企业编码采用国际标准 GS1（globe standard 1）编码体系中的全球参与方位置代码（global location number，GLN）编码结构，遵循全球统一编码标准，支持与国际平台互联互通，从根源上消除了信息孤岛的困境。参照企业标准《供应链单据代码编码规则》（Q/WLCX 0003-2017），GLN 是由厂商识别代码、位置参考代码、校验码 3 个部分组成的 13 位数字代码，有 3 种代码结构，其代码结构见表 9-1。

表 9-1　GLN 编码结构

全球参与方位置代码（13 位）	结构种类	厂商识别代码	位置参考代码	校验码
说明	结构一	N1N2N3N4N5N6N7	N8N9N10N11N12	N13
	结构二	N1N2N3N4N5N6N7N8	N9N10N11N12	N13
	结构三	N1N2N3N4N5N6N7N8N9	N10N11N12	N13

① 全国物流标准化技术委员会. 物流术语：GB/T 18354—2021. 北京：中国标准出版社，2021.

在物品标识体系中，当编码采用全球EPC（electronic product code，电子产品代码）编码体系时，它满足新一代的与GSI GTIN（global trade item number，全球贸易项目代码）兼容的编码标准；标识是将EPC转换成二进制数据电文储存于RFID（radio frequency identification，射频识别）标签的芯片里面；识别是通过RFID读写装置，将数据电文找到、读取、编译、传送计算机终端、还原成GTIN，从而实现对物品的跟踪追溯管理。物品标识技术主要由编码技术、条码符号技术以及符号印制与自动识别技术等构成。

条码是由一组按特定规则排列的条、空及其对应字符组成的用于表示一定信息的符号。条码形式可分为一维条码和二维码，按照应用可分为商品条码和物流条码。商品条码包括EAN（European article number，欧洲商品编码）和UPC（universal product code，通用商品代码），物流条码包括128码、ITF（interleaved two of five，交叉二五条）码、39码、库德巴码等。物流条码按照实际应用又可分为一级包装条码、二级包装条码……八级包装条码及物流托盘条码。供应链上的上下游企业的数据流动，订单的流转收发，物流信息的采集均遵守标准，提供公共服务。

条码除了其技术特点外，在物流系统中还可以完成许多传统物流无法实现的工作。通过给每个物品设置条码，可以对该物品的流转进行完全的跟踪，从而实现货物丢失后，可以在销售和客户服务环节及时发现，防止销售中的地区串货现象，提高商品售后服务的质量，建立和生产相联系的质量反馈体系。完整的编码体系见图9-1。

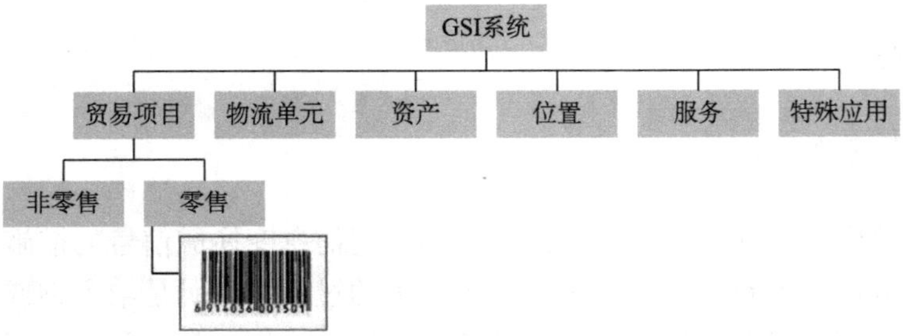

图9-1 完整的编码体系

2012年2月6日国务院印发的《质量发展纲要（2011—2020年）》提出，搭建“以物品编码管理为溯源手段的质量信用信息平台，推动行业质量信用建设”；2012年8月7日，《国务院关于深化流通体制改革加快流通产业发展的意见》提出，“推动商品条码在流通领域的广泛应用，健全全国统一的物品编码体系”，对建设我国统一的物品编码体系提出了明确要求。

（二）条码技术特色

条码技术是在计算机的应用实践中产生和发展起来的一种自动识别技术。条码技术为我们提供了一种对物流中的货物进行标识和描述的方法。条码技术具有输入速度快、可靠准确、成本低、信息量大等特点。在实际使用过程中，条码技术的工作原理主要是对产品进行编码，利用不同的ID（identity document，身份标识号）进行不同货物的识别，并将货物信息映射到信息网中，还能够对信息进行分门别类的归集和整理，使得信息网络能够对整个物流过程进行模拟[①]。

条码是由一组规则的条空及对应字符组成的符号，用于表示一定的信息。条码技术的核心内容是通过利用光电扫描设备识读这些条码符号来实现机器的自动识别，并快速、准确地把数据录入计算机进行数据处理，从而达到自动管理的目的。条码技术包括条码的编码技术、条码标识符号的设计、快速识别技术和计算机管理技术，它是实现计算机管理和 EDI 不可少的前端采集技术。

二、EDI 技术

（一）EDI 的概念、功能和常用标准

EDI 是指通过电子方式，采用标准化的格式，利用计算机网络进行结构化数据的传输和交换。EDI 起源于 20 世纪 80 年代初，美国国家标准协会的认可标准委员会同欧洲部分国家共同研究了 EDI 国际标准，以英国、法国、德国、意大利等为代表的欧洲各国开展 EDI 业务较早，20 世纪 60 年代末开始萌芽[②]。

构成 EDI 系统的三个要素是 EDI 软硬件、通信网络及数据标准化。工作方式大体是首先用户在计算机上进行原始数据的编辑处理，通过 EDI 转换软件将原始数据格式转换为平面文件，平面文件是用户原始资料格式与 EDI 标准格式之间的对照性文件。通过翻译软件将平面文件变成 EDI 标准格式文件。然后在文件外层加上通信信封，通过通信软件（EDI 系统交换中心邮箱）发送到增值网络（value added network，VAN）或直接传送给对方用户，对方用户则对其进行相反的处理，最后成为用户应用系统能够接收的文件格式。EDI 必须按照同一规定的一套通用标准格式，将标准的经济信息通过通信网络传输。

（二）我国的 EDI 标准体系

我国根据国际标准体系和我国 EDI 应用的实际以及未来一段时期的发展情况，制定了 EDI 标准体系，以《EDI 系统标准化总体规范》作为总体技术文件。该规范作为我国“八五”重点科技攻关项目，是我国 EDI 标准化工作的技术指南，起到主导和支配作用。根据该规范，EDI 标准体系分基础、通信、安全、管理、应用、报文、单证七个部分，大致情况如下。

EDI 基础标准体系：主要由 UN/EDIFACT（United Nations electronic data interchange for administration，commerce, and transport，联合国电子数据交换标准）的基础标准和开放式 EDI 基础标准两部分组成，是 EDI 的核心标准体系。

EDI 通信标准体系：计算机网络通信是 EDI 得以实现的必备条件，EDI 通信标准则是顺利传输以 EDI 方式发送或接收的数据的基本保证。

---

① 蒋敏. 现代物流业中计算机技术的应用与研究. 软件，2022，43（1）：158-160，174.

② 周万才. 食品业从存储论角度应用 EDI 技术降低物流成本分析. 现代食品，2020，（10）：4-6.

EDI 安全标准体系：由于经 EDI 传输的数据会涉及商业秘密、金额、订货数量等内容，为防止数据的篡改、遗失，必须通过一系列安全保密的规范予以保证。

EDI 管理标准体系：EDI 管理标准体系主要涉及 EDI 标准维护的有关评审指南和规则，包括标准技术评审导则、标准报文与目录文件编制规则、目录维护规则、报文维护规则、技术评审单格式、目录及代码编制原则、EDIFACT 标准版本号与发布号编制原则等。

EDI 应用标准体系：EDI 应用标准体系主要指在应用过程中用到的字符集标准及其他相关标准，包括：信息交换用 7 位编码字符集及其扩充方法；信息交换用汉字编码字符集；通用多 8 位编码字符集；信息交换用汉字编码字符集辅 2 集、4 集等。

EDI 报文标准体系：EDI 报文标准是每一个具体应用数据的结构化体现，所有的数据都以报文的形式传输出去或接收进来。目前全球范围内使用最广泛的 EDI 报文标准是联合国的 EDIFACT 和北美的 ANSI X12（一种为了满足商务文档之间的电子数据交换创建的标准）。

EDI 单证标准体系：单证标准化的主要目标是统一单证中的数据元和纸面格式。其标准体系包括管理、贸易、运输、海关、银行、保险、税务、邮政等方面的单证标准。

三、全球定位技术

（一）全球定位技术概念和分类

1. 美国的 GPS

GPS 是 20 世纪 70 年代由美国陆海空三军联合研制的空间卫星导航定位系统，包括绕地球运行的 27 颗卫星（24 颗运行、3 颗备用）。其主要目的是为陆海空三大领域提供实时、全天候和全球性的导航服务，并用于情报收集、核爆监测和应急通信等一些军事目的，是美国独霸全球战略的重要组成。经过 20 余年的研究实验，耗资 300 亿美元，1994 年 3 月，全球覆盖率高达 98%的 24 颗 GPS 卫星星座完成布设。

2. 俄罗斯的格洛纳斯

格洛纳斯（GLONASS）系统，由 24 颗卫星组成，精度在 10 米左右，军民两用，2009 年底其服务范围拓展到全球。

3. 欧洲的伽利略系统

伽利略（GALILEO）系统，由 30 颗卫星组成，定位误差不超过 1 米，主要为民用。2005 年首颗试验卫星成功发射，于 2008 年开通定位服务。

4. 中国的北斗卫星导航系统[①]

北斗卫星导航系统由空间段、地面段和用户段三部分组成，可在全球范围内全天候、

① 改编自中国北斗卫星导航系统官网. http://www.beidou.gov.cn/.

全天时为各类用户提供高精度、高可靠定位、导航、授时服务，并且具备短报文通信能力，已经初步具备区域导航、定位和授时能力，全球范围定位精度优于10米、测速精度优于0.2米/秒、授时精度优于20纳秒。

中国高度重视北斗系统建设发展，自20世纪80年代开始探索适合我国国情的卫星导航系统发展道路，形成了“三步走”发展战略：2000年底，建成北斗一号系统，向中国提供服务；2012年底，建成北斗二号系统，向亚太地区提供服务；2020年，建成北斗三号系统，向全球提供服务。

2020年6月23日，北斗三号最后一颗全球组网卫星在西昌卫星发射中心点火升空。6月23日9时43分，我国在西昌卫星发射中心用长征三号乙运载火箭，成功发射北斗系统第55颗导航卫星，暨北斗三号最后一颗全球组网卫星，至此北斗三号全球卫星导航系统星座部署比原计划提前半年全面完成。

2035年前中国还将建设完善更加泛在、更加融合、更加智能的综合时空体系。

（二）中国北斗卫星导航系统构成

（1）北斗卫星系统：该系统由一组卫星组成，包括全球卫星导航系统（北斗三号）和区域卫星导航系统（北斗二号），为全球用户提供导航和定位服务。

（2）控制地面站系统：该系统负责管理和控制北斗卫星系统的运行和状态，包括卫星轨道控制、数据更新、信号传输等功能。

（3）用户终端设备：用户终端设备是接收和处理北斗卫星导航信号的设备，可用于定位、导航和时间同步等应用。

（4）卫星导航信号：北斗卫星导航系统通过发射一系列导航信号来传输位置、速度、时间等信息，用户设备通过接收和处理这些导航信号来实现定位与导航功能。

（5）导航定位算法：为了使用户能够准确地进行定位和导航，北斗卫星导航定位系统采用了一系列算法来处理接收到的导航信号，包括信号处理、数据解算、定位算法等。

（6）数据服务系统：该系统包括地图数据、航行数据、导航引擎等，为用户提供更全面、准确的导航和定位服务。

四、智能技术

智能技术是利用计算机科学、脑科学、认知科学等方面的知识对物流信息进行分析处理的技术，物流中主要采用的是物联网、大数据、云计算、人工智能等相关技术。

（一）物联网

物联网指的是将各种信息传感设备，如RFID装置、红外感应器、GPS、激光扫描器等装置与互联网结合起来而形成的一个巨大网络。其目的是让所有的物品都与网络连接在一起，系统可以自动地、实时地对物体进行识别、定位、追踪、监控并触发相应事件。

物联网的概念是在1999年提出的，2005年国际电信联盟（International Telecommunication Union，ITU）发布了《ITU互联网报告2005：物联网》，该报告指出，无所不在的物联网通信时代即将来临，世界上所有的物体从轮胎到牙刷、从房屋到纸巾都可以通过互联网主动进行交换①。物联网技术中最重要的技术包括传感器技术、网络技术、无线通信技术、RFID、信息安全技术、嵌入式技术②。

（二）物联网网络架构

物联网主要划分为终端设备构成的感知层、网络数据通信构成的网络层和面向实际需求的应用层，这三大层次之间的协同合作，使得物联网实现了“物物相连”。

（1）感知层。感知层主要由传感模块构成，其功能相当于人体的五官、皮肤，用于对周围环境信息的感知、辨别及采集，网络层相当于神经系统，将感知到的信息有效地传输给大脑；而应用层则将接收到的通过网络传递来的数据进行分析，形成人类所需的具有现实意义的信息，并执行一些用户需求。在物联网的结构层次中，位于最底层的是感知层。感知层是整个物联网应用体系的基础，对整体系统的感知起着支撑的重要作用，它主要解决整个物联网系统对人、物、声、光、时间等数据的获取。感知层所用到的主要技术有RFID技术、多媒体信息采集、传感器技术、二维码信息采集和实时定位等数据采集技术以及串口通信、蓝牙、WiFi（wireless fidelity，威发）、485通信和Zigbee（紫蜂）技术等数据短距离传输技术。

（2）网络层。网络层的主要任务是将感知层采集到的信息数据进行传送、汇聚。物联网能够在短时间内快速兴起，很大程度上也得益于当前各类网络通信服务的快速发展，为信息传递提供了一个快捷的通道，而物与物、人与人、人与物之间能够达成实时性的互联也正是源于人类的生产生活被各类不同的通信网络全方位覆盖。

（3）应用层。在物联网的三层体系中，与物理世界进行交互和传输数据的是其中的感知层和网络层，而将这些物理数据转换成直观的、易于人类理解的信息的过程则是应用层的主要工作。应用层主要解决数据的加工和人机交互的问题，它将收到的数据信息进行整合、分析，为人类感知物理世界以及对其进行控制提供了接入点。通过应用层可以调节不同行业、不同应用或是不同系统的需求。

物联网技术在物流平台的应用主要有三个方面：一是产品的智能可追溯系统，通过安全的RFID标签，可以实现货物从采购、运输、加工到出口等各环节的全过程监管，实现对运输产品进行追溯；二是物流过程的可视化智能管理系统，基于GPS、红外感应等多种技术，在物流运输过程中可以实现车辆定位与运输物品状态的实时监控；三是智能化的物流中心，基于传感、RHD（right-hand drive，右舵驾驶）技术等各项先进技术，在企业物流中心构建起物流作业的智能化、自动化操作的网络，实现物流与制造联动，打造智慧物流中心。

---

① 王保云. 物联网技术研究综述. 电子测量与仪器学报，2009，23（12）：1-7.

② 张洪芳. 物联网技术研究综述. 中国新通信，2019，21（16）：40.

（三）大数据和云计算

大数据和云计算技术为物流信息管理平台的构建提供关键技术支撑。大数据分析具有数据量大、类型多样、处理速度快等特点，能够为企业决策提供具有价值的信息。云计算是一种基于网络的、可配置的、能够随需访问的共享计算资源池。将大数据和云计算运用于物流信息管理平台的构建使得平台的“智慧”功能得以实现。首先，平台利用大数据强大的数据挖掘能力，可以集成平台用户的物流服务需求等数据；其次，利用云计算开发物流软件，可以为中小物流企业提供物流软件租用等服务。

1. 大数据

大数据研究机构 Gartner 对大数据给出了这样的定义：大数据是需要新处理模式才能具有更强的决策力、洞察发现力和流程优化能力来适应海量、高增长率和多样化的信息资产。

麦肯锡全球研究对大数据给出的定义是：一种规模大到在获取、储存、管理、分析方面大大超出了传统数据库软件工具能力范围的数据集合，其具有海量的数据规模、快速的数据流转、多样的数据类型和价值密度低四大特征。

在维克托·迈尔-舍恩伯格及肯尼思·库克耶编写的《大数据时代》中，大数据指不用随机分析法（抽样调查）这样的捷径，而采用所有数据进行分析处理。大数据的 5V 特点（IBM 提出）：volume（大量）、velocity（高速）、variety（多样）、value（低价值密度）、veracity（真实性）。数据技术的战略意义不在于掌握庞大的数据信息，而在于对这些含有意义的数据进行专业化处理。换言之，如果把大数据比作一种产业，那么这种产业实现盈利的关键在于提高对数据的“加工能力”，通过“加工”实现数据的“增值”。

2. 大数据物流模型

大数据时代的到来，有效推动了“大物流”体系的形成，实现物流行业的巨大变革。“大物流”是指企业的自有物流（人员、车队、仓库等）和第三方物流企业的配送信息与资源共享，以实现更大限度地利用各方面的资源，降低物流成本。

社会“大物流”形成之后，企业可以和第三方物流公司合作，物流企业直接面对市场，它根据市场的需要来组织调控若干生产企业的大管家，既负责“后”勤，又负责“前”勤。这样物流企业才会充分合理有效地组织利用资源，既保证自己的经济效益，又保证生产企业的经济效益，从而避免各种问题的产生。

3. 云计算

2006 年 8 月 9 日，Google 首席执行官埃里克·施密特（Eric Schmidt）在搜索引擎大会（SES San Jose 2006）首次提出云计算的概念。云计算是分布式计算的一种，指的是通过网络“云”将巨大的数据计算处理程序分解成无数个小程序，然后，通过多部服务器组成的系统进行处理，并且分析这些小程序得到的结果并将其返回给用户。云计算早期就是简单的分布式计算，解决任务分发，并进行计算结果的合并，因而，云计算又称为网格计算。通过这项技术，可以在很短的时间（几秒）内完成对海量的数据的处理，从而实现强大的网络服务。现阶段所说的云计算已经不单单是一种分布式计算，而是分布式计算、效用计算、负载均衡、并行计算、网络存储、热备份冗杂和虚拟化等计算机技术混合演进并跃升的结果。云计算的核心概念就是以互联网为中心，在网站上提供快速且安全的云计算服务与数据存储，让每一个使用互联网的人都可以使用网络上的庞大计算资源与数据中心。

（四）人工智能

人工智能作为目前世界上的一种前沿技术，主要是用来通过智能化系统的搭建，模拟人类的思维来开展相应的社会化活动，完成复杂、高强度计算等工作。随着云计算平台、超级运算系统及各种算法开发与高效通信系统等信息与通信技术的快速发展，人工智能也在迅猛地进步。同时，嵌入式设备、高性能芯片、边缘域计算节点等智能设备的开发，也为人工智能得以快速实现工业化应用带来了助力。人工智能将会是物流智能化过程中的一个重要技术支撑，其在物流应用中的场景主要有以下几种。

（1）图像识别技术在物流中的应用，可实现物流运输信息全程可追溯。图像、视频识别技术可以全流程地采集物品在仓储、装卸、输送、中转及用户终端的信息，并且汇总输入主控中心，实现物流各环节、各层级人员快速获取异常状况信息，实现对其取证、高时效决策与指挥调度。

（2）目前，物品在仓储阶段的智能化分拣主要是通过人工智能的手段完成，通过监测设备对物品信息的采集、后台机器的学习与智能算法，对物品进行自动化的分类，达到智能分拣的目的。现在已经有很多的物流企业开始对分拣工序进行升级改造，通过自动分拣系统，代替人工分拣，可以为企业节省成本，同时能减少因为人工干预而增加的货物质量缺陷。

（3）在智能化物流园区建设方面，主要涉及车辆的停靠与引导调度、物品的装卸，还有月台、物理格口等基础设施。可以通过对车辆进行编码，搭建智能传感格口区域，实现物品装卸、车辆行进与停靠及基础设施的自动协同。

RFID 技术和 GIS 技术

第三节　物流信息管理系统建设

一、物流信息业务逻辑

物流信息管理系统采用条码 / 二维码、定位系统及传感器收集信息，通过移动网络、无线网络、专用网络、互联网及网络设备将所采集的物流信息接入物流信息管理平台中，使用统一的数据标准形成物流子系统的应用规范支持平台提供服务，供货主企业、承运商和驾驶员通过 Web 浏览器或者客户端使用这些服务，从而实现了上下游企业之间的信息共享、协同和互通。

物流信息管理系统平台建设基于 B/S+C/S 模式相互结合，B/S 模式适用于货主企业和承运商的轻度维护操作，主要采用门户网站的模式，并配以移动 App 来辅助以丰富使用场景。C/S 模式适合物流公司内部的重度操作，在时效性较强的审批环节和受使用环境影响的现场管理环节以移动 App 配合。由此，物流公司信息管理平台框架由一个门户网站、一个客户端和四种 App 角色组成。门户网站可以满足货主企业和第三方承运商登录操作，包括注册、下单、查询等。

客户端主要用于公司进行机务管理、业务管理、员工管理、提交审批等功能以及公司管理人员对平台注册企业、承运商、车辆和驾驶员的审核。四个 App 角色即货主 App、第三方承运商 App、驾驶员 App 和企业管理系统 App，前三个 App 主要用于对应角色登录操作，第四个 App 目前主要用于公司内部进行审批操作、现场管理等。公司物流信息管理业务逻辑关系框架如图 9-2 所示。

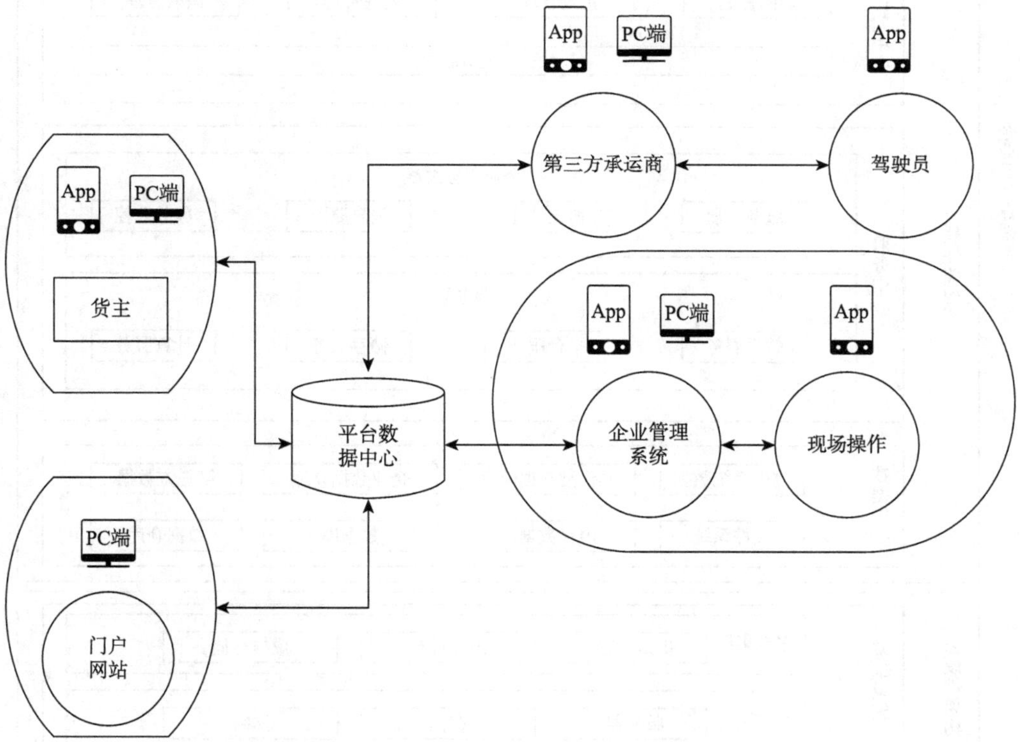

图 9-2　物流信息管理业务逻辑关系框架图

二、基于云计算的物流信息管理系统架构

云计算体系架构作为一种新兴的共享基础架构方法，虽然各方表述不太一样，但本质上都是通过将企业物流信息管理系统计算动态分布到集群计算机上，根据业务发展和

应用使用情况对软硬件资源进行灵活的调配，以实现按需访问，对内对外提供各种信息技术服务。云计算是由分布式计算、网格计算等技术发展而来，并融合了虚拟化、Web 2.0等相关技术。该体系架构由应用中心、访问中心、服务中心、数据中心、基础设施组成，为个人用户和行业用户提供更为丰富的业务体验。物流信息云计算架构如图 9-3 所示。

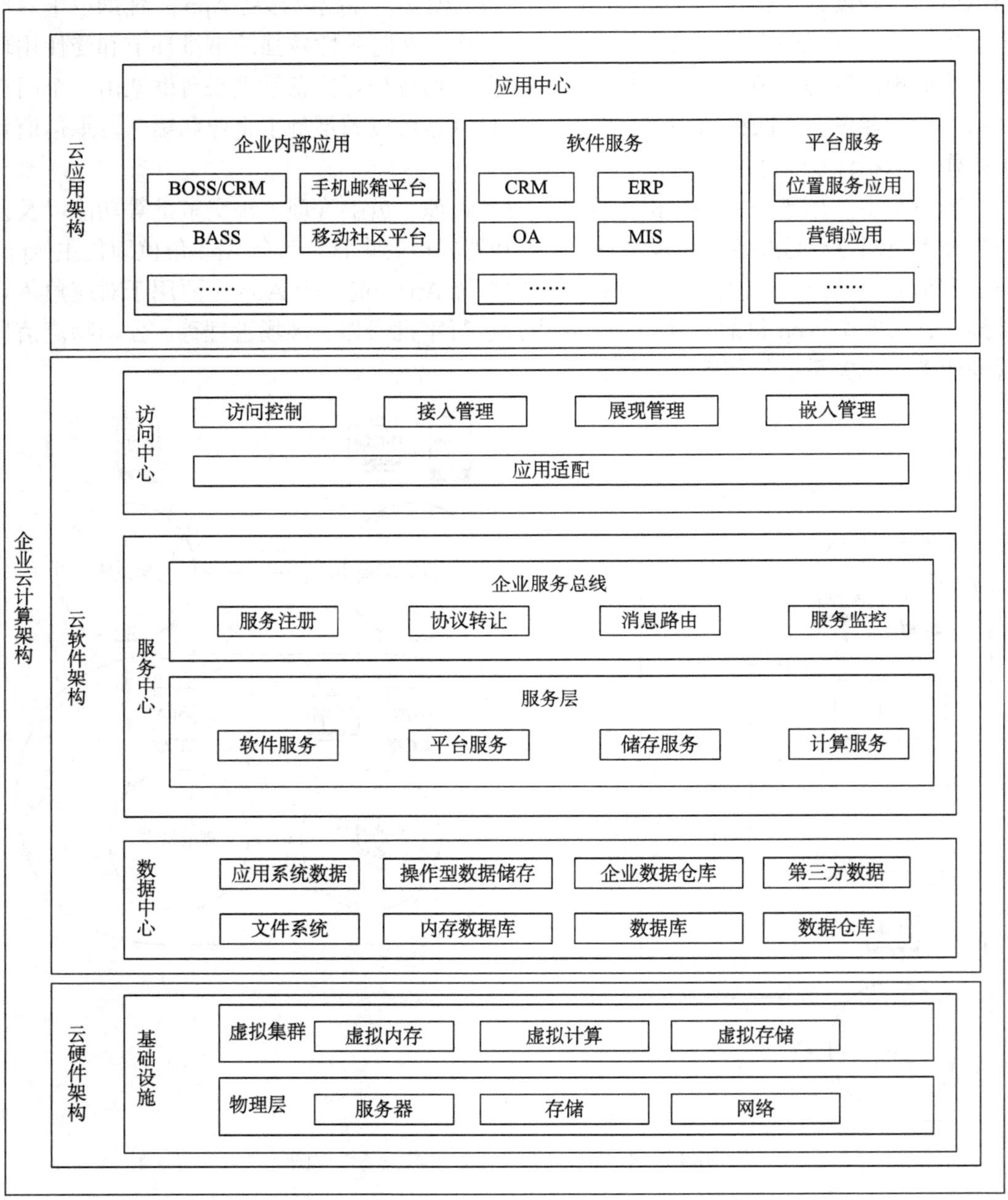

图 9-3 物流信息云计算架构

BOSS/CRM 表示 business operation support system/customer relationship management（企业经营支撑系统/客户关系管理），BASS 表示 business application software solutions（商务航运软件解决方案），OA 表示 office automation（办公自动化），MIS 表示 management information system（管理信息系统）

基于云计算的业务支撑网信息技术系统架构包括了云硬件架构、云软件架构和云应用架构，每层结构分述如下。

（1）云硬件架构，其重点为基础设施建设，通过使用虚拟化技术，将物理服务器、储存和网络组成虚拟集群，以供上层软件平台调用。

（2）云软件架构，由数据中心、服务中心和访问中心组成。数据中心，作为整个系统架构的核心，根据企业内部应用和外部应用的特点，进行统一数据建模。该中心储存了整个企业的全部数据和第三方数据，不仅包含了基础数据，而且包括了经过不同应用深加工后的信息数据。

（3）云应用架构，含企业内部应用、软件服务和平台服务。企业内部应用如业务支撑网系统 BOSS/CRM、BASS、移动社区平台、手机邮箱平台等；软件服务对外提供相应的软件，如 CRM、OA、ERP、MIS 等；平台服务提供二次开发接口，为外界应用所调用，并可通过 Mashup（糅合）等技术聚合，如位置服务应用、营销应用等。

三、物流信息管理系统硬件架构

物流信息管理系统硬件架构

四、智慧物流平台功能模块

智慧物流实现到一定程度，就是对传统物流模式的颠覆创新。将对物流产业的商业模式、运营模式、产业结构和产业发展模式、产业生态等产生巨大的影响。大数据背景下的智慧物流具备信息化、数字化、网络化、集成化、可视化等先进技术特征，依据大数据对物流信息进行处理。智慧物流信息技术主要包括物流信息感知技术、物流信息推送技术、物流信息处理技术、物流信息分析技术、物流信息预测技术。感知技术让物流的全过程透明化，是实现物流全程可视、可控和可追溯的基础与前提；运用先进的信息传输与通信技术网络构建传输平台，实现各物流主体之间的信息和业务互联互通；在数据处理与服务中心，通过对信息的深度挖掘与计算分析，让物流主体与前台协同运作，及时获取系统优化决策方案，通过云仓储、云运输配送等共享方式，为客户提供高水平的物流服务。智慧物流体系的体系架构包含四层，如图 9-4 所示，最下层是感知层，往上是传输层，再上面一层是存储层，最上层是应用层。

感知层，包括识别系统、定位系统和跟踪系统。感知技术设备（RFID、传感器等）结合 GPS、导航系统，来实时、自动采集物流系统单元的信息，信息再按系统结构和运营逻辑进行处理，可实现对物和其他对象的实时、流程的信息掌握。

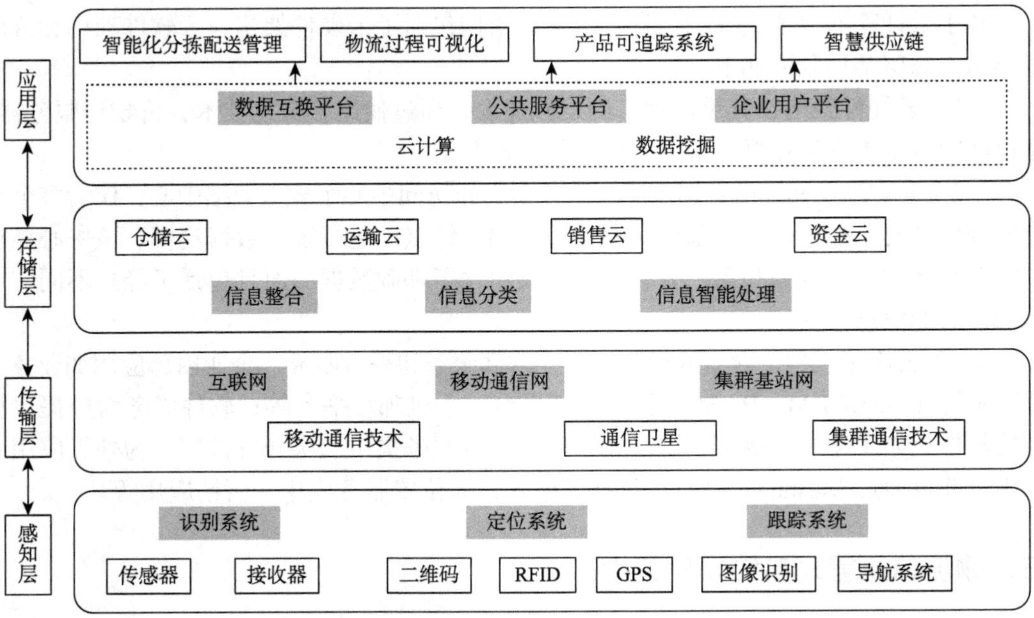

图 9-4 智慧物流体系示意图

传输层，利用各种传输网络和通信技术，及时、安全地传输感知设备所收集的信息。传输介质包括互联网、移动通信网、集群基站网等。

存储层，存储层在应用层和传输层之间，对感知层获取的信息进行处理和管理。通过对信息的智能处理，可为各类对象（客户、管理人员、司机等）提供信息服务，常被称为“仓储云、运输云、销售云、资金云”等。

应用层，包括数据交换平台、公共服务平台和企业用户平台。直接为用户提供所需信息，为其决策提供数据支撑。使用者提供定制化服务，降低应用成本，并能提高处理效率。实现商品溯源、运单跟踪、智能化分拣配送、预测与预警等功能。智能决策系统能够制定科学决策，为配送路线提出优化建议，为企业、运输部门和政府部门等提供决策参考。

案例分析

广东时捷物流有限公司——物流信息化应用优秀案例

广东时捷物流有限公司是物流信息化应用的典型案例。该公司利用先进的自动化物流设备，在茶山物流中心建立了高效的物流系统。其中，采用近 2 万个托盘货位的自动立体仓库 ASRS，实现了存储空间利用率和作业效率的最佳平衡；通过整箱和拆零拣选系统以及电子标签拣选流水线，提高了拣选效率和准确率；通过管理系统的集中调度和全流程管控，实现了车辆管理、路线规划、装车配载等功能。该物流中心的建设不仅提高了物流效率和空间利用率，降低了人工成本，还树立了企业的良好形象，提升了核心竞争力。这个案例充分展示了物流信息化应用的益处和价值。

1. 教学目的和用途

本案例用于管理学硕士和本科生学习物流管理、营销管理、管理学、服务管理等课程时使用。通过案例使学生能够学会物流企业管理、物流园区运营、物流大数据、物流信息平台等相关知识。硕士可以就此案例对物流企业如何高效管理信息系统以提高服务水平进行讨论。本科生主要是通过本案例的学习与讨论，研究物流企业如何进行信息化管理。教学目的为掌握物流信息管理创新方法。

2. 启发与思考

（1）时捷物流的信息化管理取胜在哪些方面?
（2）分析广东时捷物流有限公司的信息化管理策略。

3. 分析思路

本案例属于理论应用与分析型的教学案例，学生应重点分析物流园区运营、物流大数据、物流信息平台等问题，必须学会综合运用管理学和经济学方法，讨论物流园区企业如何打造线上与线下相结合的平台经济。其次详细阅读案例资料，熟悉物流信息平台概念，了解物流信息平台的构建方法。

4. 理论依据

本案例的理论依据：管理学、物流管理、信息平台等。

5. 关键要点

信息化平台、供应链管理。

6. 课堂计划

（1）建议教师先安排学生学习专业知识，并将本案例安排给学生学习，让学生重点思考提出的问题，对第 2 部分启发与思考中的问题进行逐条分析。
（2）本案例教学安排 2 课时。首先学生就思考问题进行分组讨论，并记录相关的结论，此部分 30 分钟完成。接着安排小组发言，学生就主要问题进行辩论，此部分 20 分钟完成。最后安排物流园区网络交易平台建设方案撰写，学生以小组为单位编制一份方案，此部分 1 小时完成，教师进行课堂评判。

本章思考题

1. 目前物流企业具有哪些需求痛点?
2. 物流信息管理系统具有哪些功能?
3. 简述物流信息管理系统的发展趋势并谈谈你的观点。
4. 现代物流信息管理具有哪些方式?

第十章 现代物流工程管理

【思政案例导入】

弘扬企业家精神 推动高质量发展

党的十八大以来，以习近平同志为核心的党中央高度重视企业家群体和企业家精神在国家发展中的重要作用。在企业家座谈会上，习近平强调“弘扬企业家精神，推动企业发挥更大作用实现更大发展，为经济发展积蓄基本力量”①；在民营企业座谈会上，勉励民营企业家“弘扬企业家精神，做爱国敬业、守法经营、创业创新、回报社会的典范”②；在地方考察调研时，嘱咐要发扬企业家精神，“激发各类市场主体活力”③“发扬企业家精神，推动企业发展更上一层楼，为国家作出更大贡献”④……习近平在多个场合强调弘扬企业家精神，鼓舞广大企业家更加积极进取、奋发有为。

市场活力来自人，特别是来自企业家，来自企业家精神。改革开放以来，我国逐步建立和不断完善社会主义市场经济体制，市场体系不断发展，各类市场主体蓬勃成长。截至 2021 年 11 月初，我国市场主体总量已突破 1.5 亿户，其中个体工商户突破 1 亿户。伴随各类市场主体的成长和勃兴，一大批有胆识、勇创新的企业家茁壮成长，形成了具有鲜明时代特征、民族特色、世界水准的中国企业家队伍。他们怀着对国家、对民族的崇高使命感和强烈责任感，把企业发展同国家繁荣、民族兴盛、人民幸福紧密结合在一起，主动为国担当、为国分忧，顺应时代发展，勇于拼搏进取，为积累社会财富、创造就业岗位、促进经济社会发展、增强综合国力做出了重要贡献。在波澜壮阔的历史进程中积淀形成的企业家精神，成为中国共产党人精神谱系的重要组成部分。

干事创业，需要强大的精神激励。改革开放以来，一大批有胆识、勇创新的企业家

---

①《习近平：激发市场主体活力弘扬企业家精神 推动企业发挥更大作用实现更大发展》，http://jhsjk.people.cn/article/31792293[2020-07-21]。

②《习近平：在民营企业座谈会上的讲话》，http://jhsjk.people.cn/article/30377092[2018-11-01]。

③《习近平在宁夏考察时强调 决胜全面建成小康社会决战脱贫攻坚 继续建设经济繁荣民族团结环境优美人民富裕的美丽新宁夏》，http://jhsjk.people.cn/article/31742103[2020-06-10]。

④《习近平在广东考察时强调 以更大魄力在更高起点上推进改革开放 在全面建设社会主义现代化国家新征程中 走在全国前列创造新的辉煌》，http://jhsjk.people.cn/article/31893298[2020-10-15]。

茁壮成长，形成了具有鲜明时代特征、民族特色、世界水准的中国企业家队伍。广大企业家主动为国担当、为国分忧，顺应时代发展，勇于拼搏进取，为积累社会财富、创造就业岗位、促进经济社会发展、增强综合国力做出了重要贡献，在波澜壮阔的历史画卷中书写下企业家精神的华彩篇章。

物流工程起源于早期制造业的工厂设计。19 世纪末到 20 世纪 30 年代，人们主要还是凭经验和定性方法开展工厂设计。第二次世界大战后，工厂设计开始从传统的较小系统的设计发展到大而复杂的系统设计，并产生了物流系统工程。且工厂设计的原则和方法也逐渐扩大到非工业设施。"工厂设计"一词也逐渐被"设施规划""设施设计"所取代。到了 20 世纪八九十年代，工业工程作为正式学科在我国出现，设施设计和物流技术更为人们所重视。通过有效利用物流工程的方法与技术来提高企业物流效率，降低物流成本已成为广大企业的共识。

本章主要从工程学的角度来介绍有关现代物流工程管理的问题，主要介绍物流工程的含义及其发展、物流工程管理的技术和物流工程管理的方法。

引例：基于人机协同的生产车间设施布置案例

第一节　物流工程管理

一、物流工程的含义及其发展[①]

（一）物流工程的含义

物流工程有两种含义，一是从系统工程学的角度来研究物流，属于软科学的研究范畴，称为物流系统工程，简称物流工程；二是从工程学角度来研究物流系统的设计与实现，主要涉及物流系统规划、设计、制造、实施、管理的全过程。这里研究的物流工程，主要是从工程学的角度来介绍的。

一般认为，物流工程，是指在物流管理中，从物流系统整体出发，把物流和信息看作一个系统，把生产、流通和消费全过程看作一个整体，运用系统工程的理论和方法进行物流系统的规划、设计、制造、实施、管理等并选择最优方案，以尽可能低的物流费用、尽可能高的物流效率及良好的顾客服务，达到提高企业经济效益和社会效益目的的综合性组织管理活动过程。

---

① 齐二石，方庆琯，霍艳芳. 物流工程. 2 版. 北京：机械工业出版社，2021.

（二）物流工程的发展概况

1. 物流工程的发展过程

物流工程起源于早期制造业的工厂设计。19 世纪末到 20 世纪 30 年代，泰罗等对工厂、车间、作坊进行了一系列的调查和试验，仔细地分析、研究了工厂内部生产组织方面的问题，在工厂中推行了“科学管理”，大大提高了劳动生产率。当时工厂设计的活动主要有三项：操作法工程、工厂布置和物料搬运。其中，操作法工程研究的重点是工作测定、动作研究等工人的活动；工厂布置则研究机器设备、运输通道和场地的合理配置；物料搬运就是对原材料、半成品、制成品的物流控制。但此时主要还是凭经验和定性方法开展工厂设计。

第二次世界大战后，由于战争的破坏，许多国家急需重建工厂。工厂的规模不断扩大且愈来愈复杂，工厂设计也从传统的较小系统的设计发展到大而复杂的系统设计。运筹学、统计数学、概率论等均广泛应用于生产建设，同时系统工程理论、电子计算机技术也得到普遍应用，工厂设计和物流分析逐渐开始运用系统工程的概念和系统分析方法，物流系统工程随即产生。随后，工厂设计的原则和方法也逐渐扩大到非工业设施（包括各类服务设施，如机场、医院、超级市场等）。“工厂设计”一词也逐渐被“设施规划”“设施设计”等所取代。

自 20 世纪 50 年代起，管理科学、工程数学、系统分析等得到了广泛的应用，它们为工厂设计由定性分析转向定量分析创造了条件。一些有关工厂设计的著作如爱伯尔的《工厂布置与物料搬运》、穆尔的《工厂布置与设计》、缪瑟的《系统布置设计》和《物料搬运系统分析》等也陆续发表。

20 世纪 70 年代以来，一些计算机辅助工厂布置程序得到了推广。较著名的有 CRAFT（位置配置法）、CORELAP（相互关系法）、ALDEP（自动设计法）、PLANET（分析评价法）等。这些程序均是以搬运费用最少、相互关系密切度最大等为目的，以产生一个好的工厂布置方案。计算机辅助工厂设计逐渐进入实用阶段，可进行布置设计、场地设计、建筑设计、物料搬运系统和工艺流程的布置及动态模拟。

20 世纪 80 年代，在物流系统分析中，人们利用计算机仿真技术进行方案比较和优选，进行复杂系统的仿真研究，包括从原料接收到仓库、制造、后勤支持系统的仿真，仓储系统运行分析、评价的仿真等；设施设计的动态、柔性问题的研究；利用图论、专家系统、模糊集理论进行多目标优化问题的探讨。

20 世纪 90 年代，人们又结合现代制造技术、柔性制造系统、计算机集成制造系统和现代管理技术 JIT 生产等进行物料搬运与平面布置的研究，物流系统的研究也扩大到从产品订货开始直到销售的整个过程。由此，物流在全球范围内蓬勃发展起来。

2. 物流工程在我国的发展状况[①]

我国自 20 世纪 50 年代和 60 年代开始进行工厂设计，一直沿用着苏联的设计方法（即

---

① 张庆英. 物流系统工程：理论、方法与案例分析. 3 版. 北京：电子工业出版社，2021.

注重设备选择的定量运算，对设备的布置以及整个车间和厂区的布置则以定性布置为主）。这种方法在新中国成立初期曾经有过积极作用，但随着科技和经济的发展，新建或改建一个工厂仍完全照此粗放型布局已越来越不能适应我国经济发展的需要。

1982 年，美国物流专家理查德·缪瑟来华讲授系统布置设计（systematic layout planning，SLP）、物料搬运设计（material handling design，MHD）、系统化工业设计规划（systematic planning of industrial facilities，SPIF）①。1987 年日本物流专家河野力等在北京、西安等地举办国际物流技术培训班，系统介绍了物流的合理化技术和企业物流诊断技术后，我国的物流工程与设施规划开始迅速发展起来。

20 世纪 90 年代初，工业工程作为正式的学科在我国出现，设施设计与物流技术更为人们所重视，国际交流日益频繁，日本、美国、加拿大等国家的专家也都相继来访。

随着以大数据、云计算、人工智能等为代表的新一代信息技术的迅猛发展。信息技术革命正以传统产业难以比拟的增量效应、乘数效应和技术外溢效应，不断向其他领域的产品和服务渗透，信息技术领域已成为提升国家科技创新实力、推动经济社会发展和提高整体竞争力最重要的动力引擎。同时，全球“新一轮工业革命正在发生”，这就是工业生产的第四个阶段，即智能制造时代。

在新一轮科技革命背景下，物流工程在技术水平、装备研制、信息化管理程度、市场应用领域等方面均取得了显著成效，实现了从传统物流工程到现代物流工程的跨越式发展与转变，未来将向高效性、柔性化、无人化、智慧化、安全化、绿色化等高质量方向持续迈进。

目前，物流工程的重要性已为全社会所认同，物流系统已经成为国民经济中的一个重要组成部分。同时，提高物流效率，降低物流成本，有效应对各种突发事件，向用户提供优质服务，实现物流合理化、社会化、现代化、智慧化也是各国物流界面临的共同课题。

二、物流工程的内容及特点

（一）物流工程的内容

（1）管理科学。物流工程以提高物流系统的效益为目的，仅靠先进的装备是达不到上述目的的。它需要通过物流的经济管理、质量管理，建立先进的物流管理体系的科学管理方法来实现物流系统的高效运作。目前一些新兴的管理方法（如 MRP、MRPⅡ、ERP、供应链管理等）已在物流系统中得到了较为广泛的应用。

（2）网络技术与通信技术。现代物流系统最主要的特性是物流各元素的集成。要实现这种集成就必须依靠网络技术和通信技术。例如，生产企业的物流需通过各种工业控制网络实现对物流系统的控制；物流的信息通过内部网/互联网进行交流，通过条码、GPS、EDI 等技术实现信息的采集与交换等。

（3）仿真技术。计算机仿真技术在物流工程中的应用，即通过计算机将物流系统的

---

① 王爱虎. 物流工程与管理专业英语. 北京：北京理工大学出版社，2013.

运行情况在具体运作前模拟出来，以便对系统的预测和改进提供重要的参考。计算机仿真分为连续系统和离散系统的动态仿真。通过计算机形象的演示，使仿真结果更直观地表达出来。

（4）系统分析。应用系统工程、运筹学、搬运系统分析和 SLP 等分析方法建立针对物流系统的分析方法。

（5）物料搬运技术。物料搬运是衔接物流系统中物料由不同的储存和运输方式转换的工具。物料搬运设备包括连续输送设备、管道输送设备、工业车辆、起重设备、机器人等。在物流工程中，一方面应根据系统的需要选择合适的设备，另一方面需要通过新型设备的开发来满足物流系统的需求①。

（6）仓储技术。在物流工程中，建立各种仓储设施和相应的存储设备与集装器具是十分重要的。在各类仓库中最能代表现代物流技术的设施就是自动化仓储系统。它涉及机械、结构、电气、自动控制、计算机、网络等学科，是综合性很强的技术。例如，京东物流的“地狼仓”无人自动化仓储系统，是其自主研发的一种典型的搬运式货到人拣选系统，利用地狼 AGV（automated guided vehicle，自动导引车）将货架搬运至固定的工作站以供作业人员拣选。“地狼仓”颠覆了传统“人找货”的仓库订单拣选模式，转变为“货找人”的模式，仓库拣选人员只需要在固定拣选台领取相应任务，等待地狼 AGV 搬运货架至拣选台，并根据系统提示完成商品拣选操作即可②。

（二）物流工程的特点

（1）全局性（系统性、整体性）。物流系统是由很多部分组成的（图 10-1），且系统的目的性或特定功能往往也由若干目标或指标形成。所以，必须从系统整体出发，将各组成部分按预期目标有机地结合，并互相配合，探索出一个尽可能好的整体方案。

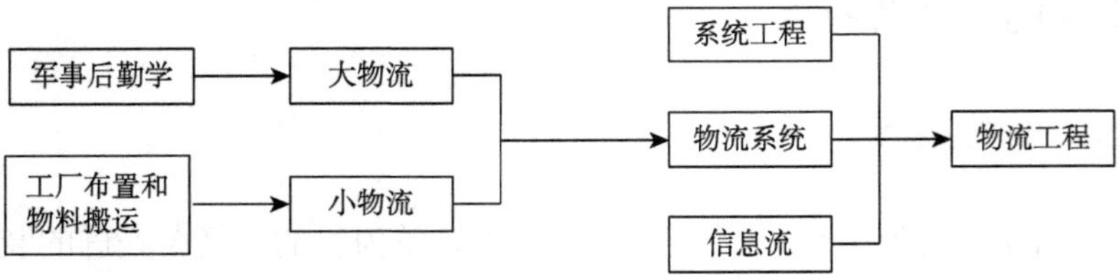

图 10-1　物流工程形成的过程

一般将社会物资的包装、储运、调配（如物资调配、港口运输等系统）等称为大物流。小物流即由工厂布置和物料搬运等企业内活动发展而来的物流系统。大物流和小物流共同构成物流系统

（2）并联性。并联性即系统各组成部分本身与它们相互之间都有着密切的联系和制约的关系。在研究物流系统时，必须关注这种相互关系，且要用明确的方式对其进行表示。

（3）最优性。规划、设计和使用物流系统的最终目的是要它完成特定的功能，并且

---

① 程光. 物流技术与装备. 北京：机械工业出版社，2018.

② 王猛，魏学将，张庆英. 智慧物流装备与应用. 北京：机械工业出版社，2021.

希望完成功能的效果最好，即以尽可能少的人力、物力和财力消耗，在尽可能短的时间里，获得尽可能大的效益。这就是物流工程的最优性。

（4）综合性。物流系统涉及面非常广（包括技术因素、经济因素和社会因素等），因而只靠一两门学科的知识是不够的，还需要数学、运筹学、经济学、机械设计、计算机技术、控制论及心理学等各方面的学科知识。必须将上述学科交叉综合在一起来规划、设计和研究物流工程。

（5）实践性。物流工程非常注重实用，必须与具体的项目和工程相结合，否则便谈不上物流工程。

（6）先进性。物流工程特别强调学科知识的新颖性和前瞻性，必须与所处时代中新的工程技术、新的管理思想相结合，否则无法体现物流工程的先进性。

三、研究物流工程的现实意义

物流工程可解决生产制造及商贸流通企业中物流系统规划、设计、控制与管理，其理论与技术应用范围非常广泛。国内外的生产实践充分说明了加强物流系统研究对提高企业管理及经济效益具有极为重要的作用。

（1）可大幅度减少劳动力的占用及其工作量，减轻工人的劳动强度。一般而言，在机械制造企业中的大量生产条件下，加工 1 吨产品的平均搬运量为 60 吨次，一般工厂从事搬运储存的工作人员占全部工人的 15%～20%。因此，合理布置、设计物流系统对企业关系重大。

（2）可大幅度缩短生产周期，加速资金周转。过去设计人员在设计生产系统时往往只注意到先进的制造工艺对提高生产率、降低成本所起的作用，而对物流的合理布置所起的作用重视不够。统计和分析表明，在工厂的生产活动中，从原材料进厂到成品出厂，物料真正处于加工等纯工艺的时间只占生产周期的 5%～10%，而 90%～95%的时间都处于停滞和搬运状态。因此，减少物流时间，可大大缩短生产周期和交货期，提高资金周转能力，增强企业竞争能力。

（3）能降低物流费用，降低生产成本，减少流动资金占用，增加企业利润，提高企业经济效益。国外统计资料表明，在制造业中，总经营费用的 20%～50%是物料搬运费用，优良的物流系统设计，可使这一费用至少减少 10%～30%。因此，人们把改造物料搬运、改善工厂中物流组织，看作减少和节省开支以获取利润的第三利润源（通过采取先进技术有效降低资源消耗而增加的利润是第一利润源；通过人力素质的提高增加的利润是第二利润源；通过降低物流费用而增加的利润是第三利润源）。

（4）能提高产品质量。产品在搬运、储存过程中，搬运手段不善，造成磕、碰、伤，从而影响产品质量的现象经常存在，企业的管理者往往容易忽视这个问题。实验表明，通过改进物流系统的设计和管理，能大幅度地提高产品质量。

（5）促进技术改造，为企业发展提出新的要求。新工艺、新设备的采用，往往会导致物流过程的缩短；反过来，物流过程的改造更要求采用新工艺、新设备。

（6）文明生产、安全生产。经验表明，一般在工厂中直接与搬运有关的工伤事故占总工伤事故的30%以上。因此，物流系统的合理化，有利于改善环境和生产组织管理，提高安全生产水平。

综上所述，物流系统研究可提高我国制造企业及商贸流通的管理水平，促进生产系统发挥全部生产能力，提高企业经济效益，增强企业在国际市场上的竞争力，意义十分重大。

第二节　物流工程管理技术

一、物流系统建模技术[①]

在物流系统的研究中，建立模型对科学分析物流系统和建立、改进物流系统是非常重要的。在系统科学中，常用模型来揭示不同类型和层次的复杂系统的基本规律。物流系统模型是对物流系统的特征要素、变化规律和相关信息的一种抽象表达，它反映了物流系统的某些本质属性。

建立物流系统模型，应从建模目的出发，全面考察该系统的基本状况，尽可能多地收集有关资料数据，列出要解决的问题，重点解决一些什么问题，建立起建造模型的基本观点。依据基本观点对系统进行分析、简化，找出系统中与要解决问题有关的主要元素及这些元素间的相互关系，一般说来该关系是相互依赖、相互制约、相互促进的矛盾关系。用变量及参变量来表示这些要素，使其成为变量间的关系。人们对一个系统的认识，必有一个由粗到细、由浅入深的过程，可先选择部分变量或参变量加以讨论分析，再逐步增加变量，一步步地筛选出对要解决的问题起关键作用的变量，分析参量与系统变化状态的内在联系。运用数学和其他方法刻画出变量之间的关系。一个模型的逼真程度，取决于知识水平、系统分析能力和主观努力程度。

物流系统是多种多样的，因此建立系统模型问题会十分复杂。但不管建立什么样的模型，都要力求做到以下几点。

（1）准确性：准确地反映现实系统的本质规律。

（2）可靠性：具有一定的精确度，至少在运用时不会潜伏着危险。

（3）简明性：模型表达方式应明确、简单扼要。

（4）实用性：易于操作，方便使用。这是建立模型的目的所决定的。

下面结合具体实例，介绍几种物流系统中常见的建模分析方法。

1. 线性规划方法

线性规划研究的问题主要有两类：一是在某项任务确定后，如何统筹安排，以最少的人力、物力和财力去完成该项任务；二是面对一定数量的人力、物力和财力资源，如何安排使用，使得完成的任务最多。

在物流系统中，使用线性规划方法建模的典型物流问题有物流调运规划（又称运输问题）和资源利用问题等。

---

① 刘刚，刘建香，李淑霞. 物流系统规划与设计. 2版. 北京：科学出版社，2017.

1）物流调运规划

物流调运规划的目的是制订一个合理的调运方案，确定 m 个产地与 n 个销地之间的供需联系和数量的最优搭配，使总的运输费用最低。

假设某种物资（如煤炭、钢铁、石油等）有 m 个产地，n 个销地。第 i 产地的产量为 $a_i\,(i=1,2,\cdots,m)$，第 j 销地的需求量为 $b_j\,(j=1,2,\cdots,n)$，它们满足产销平衡条件 $\sum_{i=1}^{m} a_i = \sum_{j=1}^{n} b_j$ 。如果产地 i 到销地 j 的单位物资的运费为 c_{ij}，试问如何安排该种物流调运计划才能使总运费达到最低？

设 x_{ij} 表示由产地 i 到销地 j 的物资数量，则上述问题可以表述为求一组实值变量 x_{ij} $(i=1,2,\cdots,m，j=1,2,\cdots,n)$，使其满足约束条件：

$$\begin{cases} \sum_{i=1}^{m} x_{ij} = a_j, \quad i=1,2,\cdots,m \\ \sum_{j=1}^{n} x_{ij} = b_j, \quad j=1,2,\cdots,n \\ x_{ij} \geqslant 0, \quad i=1,2,\cdots,m,\ j=1,2,\cdots,n \end{cases} \tag{10-1}$$

而且使总运输费用最小：

$$\min Z = \sum_{i=1}^{m}\sum_{j=1}^{n} c_{ij}x_{ij} \tag{10-2}$$

例 10-1　某地区有 3 个煤矿，所产煤炭全部销往两家大型企业（B_1 和 B_2）。各矿产量、企业需求量及单位运价如表 10-1 所示，试问如何安排运输可使总运费最省？

表 10-1　产销平衡及单位运价表

煤矿	运价		煤炭产量/吨
	B_1	B_2	
A_1	3 元/吨	5 元/吨	5 000
A_2	4 元/吨	2 元/吨	11 000
A_3	6 元/吨	9 元/吨	8 000
需求量/吨	10 000	14 000	24 000

解：这是一个产销平衡的运输问题。设从煤矿 i 到电厂 j 的调运数量为 x_{ij}，则

目标函数：$\min Z=3x_{11}+5x_{12}+4x_{21}+2x_{22}+6x_{31}+9x_{32}$

约束条件：

$$\begin{cases} x_{11}+x_{12}=5000 \\ x_{21}+x_{22}=11\,000 \\ x_{31}+x_{32}=8000 \\ x_{11}+x_{21}+x_{31}=10\,000 \\ x_{12}+x_{22}+x_{32}=14\,000 \\ x_{ij} \geqslant 0, \quad i=1,2,3,\ j=1,2 \end{cases}$$

可利用单纯形法或Lindo软件，计算得到x_{11}=2000吨，x_{12}=3000吨，x_{21}=0吨，x_{22}=11 000吨，x_{31}=8000吨，x_{32}=0吨，min$Z$=91 000元。

2）资源利用问题

假设某地区拥有m种资源，其中，第i种资源在规划期内的限额为$b_i(i=1,2,\cdots,m)$。这m种资源可用来生产n种产品，其中，生产单位数量的第j种产品需要消耗的第i种资源的数量为$a_{ij}(i=1,2,\cdots,m，j=1,2,\cdots,n)$，第$j$种产品的单价为$c_j(j=1,2,\cdots,n)$。试问如何安排这几种产品的生产计划，才能使规划期内资源利用的总产值达到最大？

设第j种产品的生产数量为$x_j(j=1,2,\cdots,n)$，则上述资源利用问题就是在约束条件下：

$$\begin{cases}\sum_{j=1}^{n} a_{ij}x_j \leqslant b_i, \quad i=1,2,\cdots,m \\ x_j \geqslant 0, \quad j=1,2,\cdots,n\end{cases} \tag{10-3}$$

求一组实数变量x_j，使：

$$\max Z=\sum_{j=1}^{n} c_j x_j \tag{10-4}$$

2. 动态规划方法

在生产、工程、科学实验中，有这样一类活动，由于它的特殊性，可将过程分为若干个互相联系的阶段，每一个阶段都要做出决策，从而使整个过程达到最佳效果。因此，各阶段的决策既依赖于当前所处的各个状态，又影响以后的发展。当各阶段的决策确定后，就组成了一个决策序列，从而也就决定了整个过程的一条活动路线。这样一个前后关联且具有链状结构的多阶段过程，就称为多阶段决策过程（图 10-2），处理这种多阶段决策问题一般需利用动态规划方法。

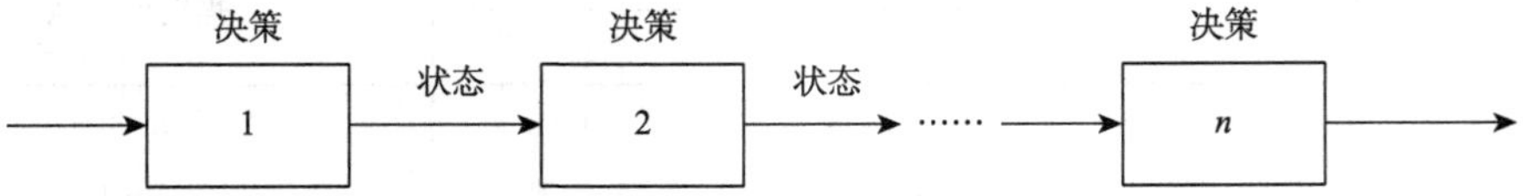

图 10-2 多阶段决策过程示意图

在多阶段决策问题中，各阶段做出的决策，一般与时间有关，决策依赖于当前的状态，又随即引起状态的转移，一个决策的序列就是在变化的状态中产生出来的，故有“动态”的含义。但是，一些与时间无关的静态规划问题，只要人为地引入“时段”因素，也可视为多阶段动态决策过程来处理。

1）最短路线问题

例 10-2 图 10-3 为一交通网络图，现在要铺设从A点至E点的线路，中间要经过B、C、D 3 个地区。地区B和C分别可在区内 3 个地点设站，地区D可在两个地点设站。图中各点之间的连线表示两点间可铺路，连线上的数字表示两点间的距离。要求选择一条A点至E点的最短路线。

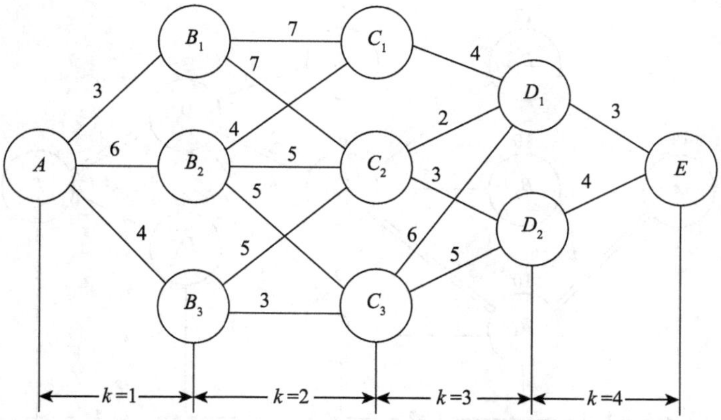

图 10-3 交通网络图

最短路线问题具有如下重要性质：若已经给定从始点 S 到终点 T 的最短路线，如图 10-4 中的实线所示，则从其上任一中间点 P 到终点 T 的部分路线也必然是 P 点到终点 T 的所有可选择的路线中的最短路线。

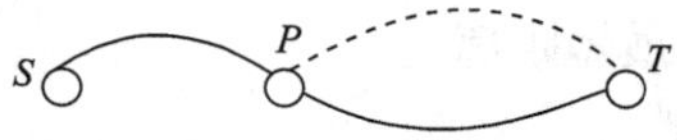

图 10-4 最短路线示意图

根据最短路线问题的这一重要性质，可以从最后一个阶段开始，由终点向始点方向逐阶段递推，寻找各点到终点的最短路线，当递推到始点时，就找到了始点到终点的最短路线。这种由后向前逆序递推的方法，正是动态规划通常采用的寻优途径，常用于解决运输规划中路线选择、物流渠道的设计及管道铺设等问题。

2）动态规划的逆序递推法

下面介绍用逆序递推的方法求解例 10-2 的最短路线问题。

首先把从 A 到 E 的全过程分成 4 个阶段，用 k 表示阶段变量，第 1 阶段，有一个初始状态 A，3 条可供选择的支路 AB_1、AB_2、AB_3；第 2 阶段，有 3 个初始状态 B_1、B_2、B_3，其中 B_1、B_3 各有 2 条可供选择的支路，B_2 有 3 条可供选择的支路。用 $d_k(S_k, S_{k+1})$表示在第 k 阶段由初始状态 S_k 到下阶段的初始状态 S_{k+1} 的支路的距离。例如，$d_3(C_2, D_1)$表示在第 3 阶段，由 C_2 到 D_1 的距离，即 $d_3(C_2, D_1)=2$。用 $f_k(S_k)$表示从第 k 阶段的 S_k 到终点 E 的最短距离。例如，$f_3(C_1)$表示从第 3 阶段的 C_1 到终点 E 的最短距离，$f_3(C_1)=7$。

图 10-3 中，过程的始点是 A，终点是 E。逆序递推就是逆着过程的行进方向，由终点到始点，一个阶段随着一个阶段地递推。

使用逆序递推法求解例 10-2，得到 A 到 E 的全过程最短路线为 $A \to B_3 \to C_2 \to D_1 \to E$，如图 10-5 中双线所示，最短距离是 14。

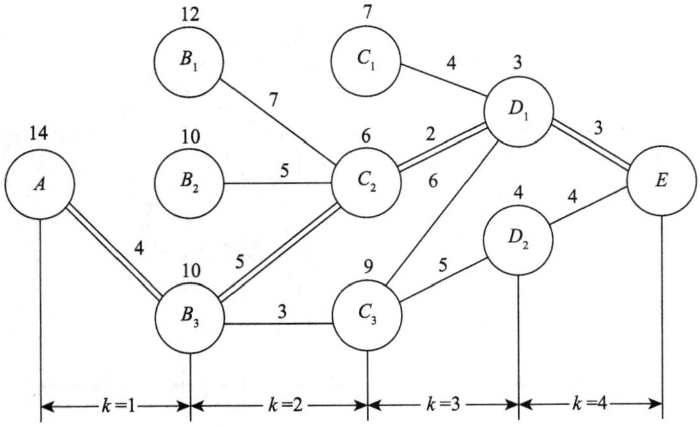

图 10-5 最短路径和最短距离

在使用逆序递推法求解过程中，在每个阶段中都求出本阶段各个初始状态到过程终点 E 的最短路径和最短距离，当逆序递推至过程的始点 A 时，便得到全过程的最短路径和最短距离，同时得到各中间点到终点 E 的最短路径和最短距离，如图 10-5 所示（节点上方的数字为该点到终点 E 的最短距离）。

3）动态规划库存控制模型

下面通过例题介绍各个时期需求量不同的确定型库存控制模型的动态规划解法。

例 10-3 某施工单位需要某品种物资，计划期为 8 个月，各月的需求量如表 10-2 所示。

表 10-2 需求量表 单位：件

指标	1 月	2 月	3 月	4 月	5 月	6 月	7 月	8 月
需求量	20	60	90	140	130	120	80	50

条件为订货后立即到货，不允许缺货。订货费 CS=50 元/次，保管费 CH=0.5 元/（件/月），$D(t)$表示第 t 个月的需求量，CS(t)表示第 t 个月的总订货费，CH(t)表示第 t 个月的总保管费，$R_i(t)$表示第 t 个月采用第 i 种方案的费用指标函数。

规定：①库存量为 0 时才订货。②当第 t 个月的保管费大于订货费，则第 t 个月的需求量不必提前订，即此需求量为提前订货量的上限，即 $CH(t) > CS(t)$，$D(t) > CS(t)/CH(t)=50/0.5=100$（件）时，不提前订货。③3 个月至少进货一次。

求：最佳的订货策略。

解：这里采用顺序递推的方法，用 $f(t)$表示从第 1 个月至第 t 个月的总费用。

t=1 月，必须进货，所以 $f(1)=R(1)=CS=50$（元）。

t=2 月，有以下两种情况。

（1）1 月进货，满足 1 月、2 月两个月份的需求，相应的费用为

$$R_1(2)=CS+CH(2)=50+60\times 0.5=80\text{（元）}$$

（2）1 月、2 月分别订货：

$$R_2(2)=f(1)+CS(2)=50+50=100\text{（元）}$$

则有 $f(2)=\min\{R_1(2),R_2(2)\}=R_1(2)=80$（元）。

$t=3$ 月，有以下 3 种情况需考虑。

（1）3 月订货（含至 2 月的最优方案）:

$$R_1(3)=CS(3)+f(2)=50+80=130\text{（元）}$$

（2）2 月订货（含 3 月需求）:

$$R_2(3)=CS(2)+CH(3)+f(1)=50+90\times0.5+50=145\text{（元）}$$

（3）1 月订货，满足 2 月、3 月的需求:

$$R_3(3)=CS(1)+CH(2)+CH(3)\times2=50+60\times0.5+90\times0.5\times2=170\text{（元）}$$

因此，至 3 月最低费用：$f(3)=\min\{R_i(3),\ i=1,2,3\}=R_1(3)=130$（元）。

按照规定，3 个月至少进货一次，且 $D(t)>100$（件）时，当月应进货，可知，4 月应订货 140 件，5 月也需订货，5～8 月进货量的确定方法类同。最终的订货策略见表 10-3。

表 10-3 运算结果表 单位：件

类别	1月	2月	3月	4月	5月	6月	7月	8月
需求量	20	60	90	140	130	120	80	50
订货量	80		90	140	130	120	130	
期末库存	60	0	0	0	0	0	50	0

二、仿真技术[①]

（一）计算机仿真方法在物流工程中的作用

仿真是利用一个模型来模仿实际系统所发生的运动过程并进行试验的技术。许多工程与技术问题都可以通过仿真试验来验证方案或规划能否达到预期的目标。如果达不到目标，可以及时发现问题，修改方案或规划，如此既省时、经济，又安全。

计算机仿真是指以计算机为主要工具，运行真实系统或预研系统的仿真模型，通过对计算机输出信息的分析与研究，实现对实际系统运行状态和演化规律的综合评估与预测。计算机仿真是分析评价现有系统运行状态或设计优化未来系统性能与功能的一种技术手段，它广泛应用于工程设计、航空航天、交通运输、经济管理、生态环境、通信网络和计算机集成等领域。

计算机仿真技术在物流工程中的作用主要体现在以下几方面。

（1）物流系统中装备设计过程中的计算机仿真。物流系统的稳定可靠的运作，离不开设备的保障。为满足经济合理的设计要求，设备的大型化、小型化已是目前各种物流装备的发展方向。因此，传统的经验设计方法已不能满足设计要求，需通过动态优化、智能化设计方法对其进行设计。为将分析结果清晰、及时地表达出来，就必须对物流装备进行计算机仿真，以尽可能把设计中的问题暴露出来，通过修改设计，将问题解决在设计阶段。

（2）物流装备的控制系统的计算机仿真。物流系统的自动化、智能化除了应有机械

① 张灵，沈正. 物流仿真. 北京：科学出版社，2015.

部分作为保障，良好的控制系统也是必需的。控制系统的功能实现及控制效果也需要通过计算机仿真，以便对控制系统的功能以及运行过程的稳定性、快速性和准确性做出评价和改进。

（3）物流系统规划与设计。在无实际系统时，把系统规划转换成仿真模型，通过运行模型，评价规划方案的优劣并修改方案，是系统仿真常用到的一种方法。其优点是在系统建成之前，便可对不合理的设计和投资进行修正，可避免对资金、人力、物力及时间的浪费。

系统仿真运行能准确地反映未来物流系统在有选择地改变各种参数时的运行效果，使设计者全面掌握规划与方案的实际效果。

（4）物料控制。在生产加工过程中，各工序的加工节奏一般是不一致的，为此物料供应部门与生产加工部门便存在矛盾。为确保物料及时准确供应，最有效的办法便是在工厂、车间设置物料仓库，在生产工序间设置缓冲物料库，以协调生产节奏。

（5）物料运输调度。物流系统一般包含若干运输车辆、多种运输路线。规划运输路线、保障运输路线的畅通和高效等，都是运输调度的工作内容，而系统仿真方法能较好地解决上述问题。通过建立运输系统模型及对运输调度过程的仿真，调度人员对所执行的调度策略进行检验和评价，就可采取比较合理的调度策略。

（6）物流成本估算。物流成本包括运输成本、库存成本、装卸成本。物流系统仿真是对物流整个过程的模拟。过程中的每一个操作的时间，通过仿真推进被记录下来。为此，便可通过仿真统计物流时间的花费，进而计算物流的成本。这种计算物流成本的方法，比用其他数学方法计算更简便、直观。与此同时，还可建立起成本与物流系统规划、成本与物料库存控制、成本与物料运输调度策略之间的联系。

（二）动态系统计算机仿真

1. 动态系统计算机仿真概述

动态系统计算机仿真是一门以系统科学、计算机科学、系统工程理论、随机网络理论、随机过程理论、概率论、数理统计和时间序列分析等多个学科理论为基础的，以工程系统和各类社会经济系统为主要处理对象的，以数学模型和数字计算机为主要研究工具的新兴的边缘学科。动态系统计算机仿真属于技术科学的范畴。

动态系统计算机仿真的目的是通过对动态系统仿真模型运行过程的观察和统计，获得系统仿真输出和掌握模型基本特性，推断被仿真对象的真实参数（或设计最佳参数），以期获得对仿真对象实际性能的评估或预测，进而实现对真实系统设计与结构的改善或优化。

根据仿真过程中所采用计算机的类型，动态系统计算机仿真可分为模拟机仿真、数字机仿真和模拟–数字混合机仿真。现在，数字仿真成了计算机仿真的主流。

2. 计算机仿真的基本过程

动态计算机仿真包括三个要素，即系统、模型和计算机。三者之间的关系如图 10-6

所示。仿真过程也相应地划分为三项基本活动：对象系统、模型实现和仿真实验。它们之间的关系如图 10-7 所示。由上述两图可看出，系统仿真本质上是一类面向（或对象）问题、基于模型的活动。仿真研究步骤示意图如图 10-8 所示，可划分为系统分析（图中①）、模型设计与确认（图中②）、模型实现（图中③）及仿真实验与仿真结果的分析评估（图中④）四大部分。

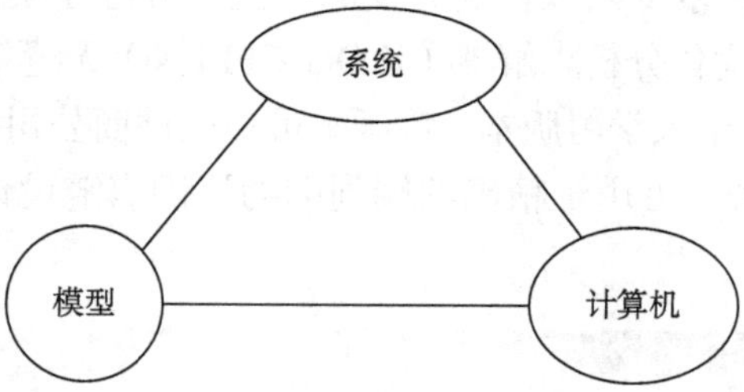

图 10-6　仿真三要素关系图

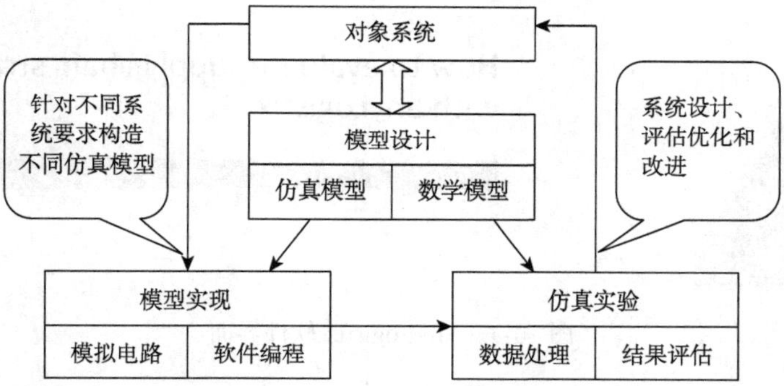

图 10-7　仿真的三项基本活动

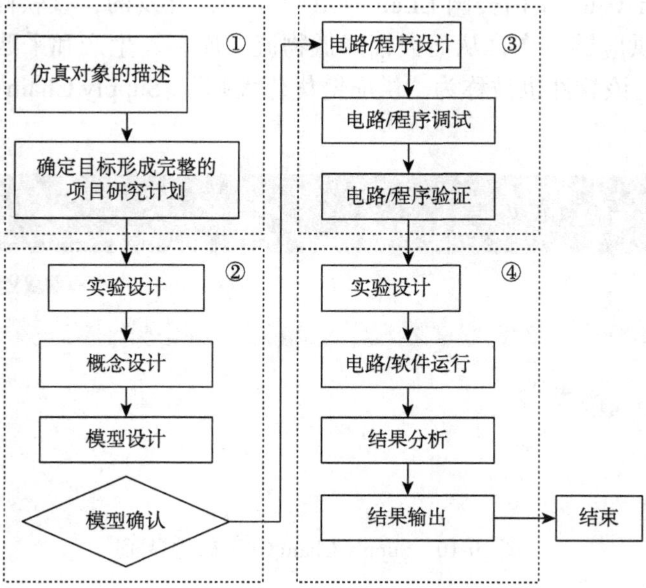

图 10-8　仿真研究步骤示意图

（三）物流工程仿真常用软件介绍

本节介绍两种目前主流的物流工程仿真软件，即 AnyLogistix 和 Supply Chain Guru。

1. AnyLogistix 软件

AnyLogistix 是一款由俄罗斯软件商开发的物流供应链建模仿真软件，能与著名的通用仿真软件 AnyLogic 和优化分析求解器（ILOG CPLEX）无缝集成。AnyLogistix 软件提供适用于初学者及学生的个人学习版本，该版本可在软件商公司主页上下载。AnyLogistix 集成分析和动态仿真方法，可用于精确的端到端物流供应链设计和分析，其软件界面如图 10-9 所示。

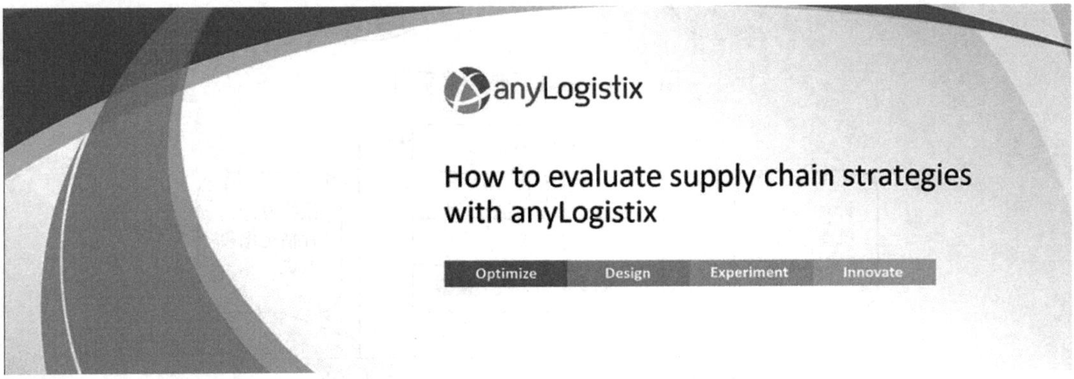

图 10-9　AnyLogistix 软件界面

2. Supply Chain Guru 软件

Supply Chain Guru 是由美国 LLamasoft 公司设计开发的，该软件能让企业迅速模拟并优化其物流供应链运作，从而大幅降低物流、库存、生产和采购成本、提高客户服务水平。因此，该软件也被称为“供应链优化大师”。Supply Chain Guru 软件界面见图 10-10。

图 10-10　Supply Chain Guru 软件界面

第三节　物流工程管理的方法

一、设施选址[①]

（一）设施选址的任务和意义

1. 设施选址的任务

设施选址就是要对可供选择的地区和地点的因素进行分析评价，力争达到场址的最优化。设施选择主要有以下两种。

（1）单一设施的场址选择。根据确定的产品（或服务）、规模等目标为一个独立的设施选择最佳位置。

（2）复合设施的场址选择。即为一个企业（或服务业）的若干个下属工厂、仓库、销售点、服务中心等选择各自的位置，目的是使设施的数目、规模和位置达到最佳。

2. 设施选址的意义

设施选址的好坏，对于生产力布局、城镇建设、企业投资、建设速度及建成后的生产经营等都具有重大影响。场址一旦确定，设施建设完工后，一般都无法轻易改动，如先天不足，会造成很大损失。但随着技术和经济的发展，场址有时也不得不适应形势的变化而改变。因此，设施选址应进行充分的调查研究与勘察和科学分析，不能凭主观意愿决定；选址工作也不能过于仓促，要考虑自身设施和产品的特点，注意自然条件、市场条件、运输条件的影响。

（二）设施选址应考虑的因素[②]

对于影响场址选择的因素，可根据它们与成本的关系进行分类。与成本有直接关系的因素，称为成本因素，可以用货币单位来表示各可行位置的实际成本值；与成本无直接关系，但能间接影响产品成本和未来企业发展的因素，称为非成本因素。设施选址考虑因素如表 10-4 所示。

表 10-4　设施选址考虑因素

成本因素	非成本因素
1. 运输成本	1. 社区情况
2. 原料供应	2. 气候和地理环境
3. 动力和能源的供应量与成本	3. 环境保护

① 方庆琯，王转. 现代物流设施与规划. 3 版. 北京：机械工业出版社，2018.

② 齐二石，霍艳芳. 物流工程与管理. 北京：科学出版社，2016.

续表

成本因素	非成本因素
4. 水供应	4. 政治稳定性
5. 劳工成本	5. 文化习俗
6. 建筑和土地成本	6. 当地政府政策
7. 税利、保险和利率	7. 扩展机会
8. 财务供应：资本及贷款的机会	8. 当地竞争者
9. 各类服务和保养费用	9. 公众对工商业的态度
10. ……	10. ……

（三）设施选址的步骤与内容

1. 设施选址的步骤

设施选址一般包括四个阶段，即准备阶段、地区选择阶段、地点选择阶段和编制报告阶段。设施选址流程如图 10-11 所示。

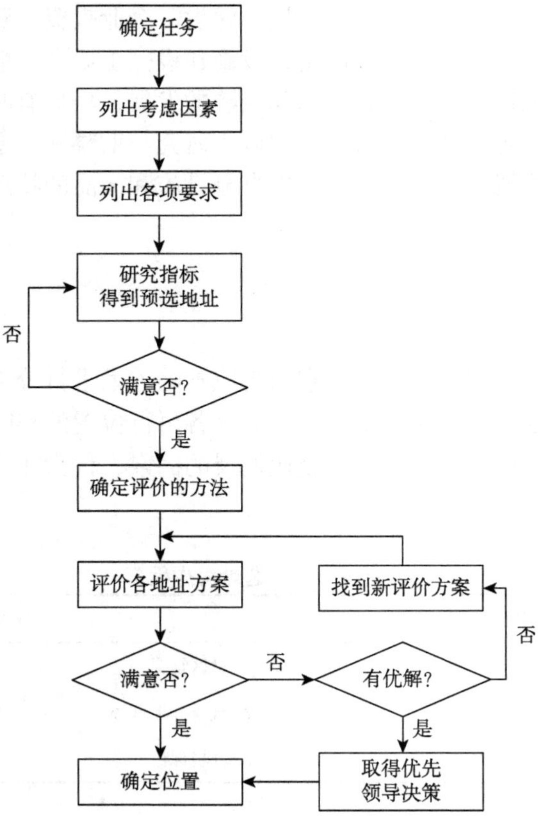

图 10-11 设施选址流程图

2. 设施选址报告的内容

设施选址报告包括以下内容。

（1）设施选址的依据（如批准文件等）。

（2）建设地区的概况及自然条件。

（3）设施规模及概略技术经济指标（包括占地面积估算、职工人数、概略运输量、原材料及建筑材料需要量等）。

（4）各场址方案的比较（包括自然条件、建设费用及经营费用、环境影响、经济效益等的比较等）。

（5）对各场址方案的综合分析和结论。

（6）当地有关部门的意见。

（7）附件（包括各项协议文件的抄件、区域位置、备用地、交通线路、各类管线走向及设施初步总平面布置图等）。

二、设施布置设计①

（一）设施布置设计的含义和内容

1. 设施布置设计的含义

设施布置设计是指根据企业的经营目标和生产纲领，在已确认的空间场所内，按照从原材料的接收，零件和产品的制造，成品的包装、发运的全过程，力争将人员、设备和物料所需要的空间做最佳的分配和最有效的组合，以获得最大的经济效益。

2. 设施布置的内容

设施布置包括工厂总体布置和车间布置。

工厂总体布置设计主要用于确定工厂各个组成部分，包括生产车间、辅助生产车间、仓库、动力站、办公室、露天作业场地等各作业单位和运输线路、管线、绿化及美化设施的布置问题，同时要确定物料的流向和流程、厂内外运输的连接及运输方式。

车间布置设计主要解决各生产工序、工段、辅助服务部门、储存设施等作业单位及工作地、设备、通道、管线之间的布置问题，同时也要确定物料搬运的流程及运输方式。

（二）设施布置的基本形式

1. 按工作流程形式分类

主要有四种基本形式：产品原则布置、工艺原则布置、成组原则布置和定位布置。

（1）产品原则布置。根据产品制造的步骤安排各组成部分。这种布置形式其设备、

① 伊俊敏. 物流工程. 5 版. 北京：电子工业出版社，2020.

人员按加工或装配的工艺流程顺序布置，形成一定的生产线，适用于少品种、大批量的生产方式。产品原则布置的优缺点见表 10-5。这种布置形式适用于如汽车装配线、食品加工和家具制造业等。

表 10-5 各种布置形式的优缺点

布置形式	优点	缺点
产品原则布置	1. 由于布置符合工艺过程，物流顺畅	1. 设备发生故障时将引起整个生产线中断
	2. 由于上下工序衔接，存放量少	2. 产品设计变化将引起布置的重大调整
	3. 生产周期短	3. 生产线速度取决于最慢的机器
	4. 物料搬运工作量少	4. 相对投资较大，因为在生产线上有的机器负荷不满
	5. 可做到作业专业化，对工人的技能要求不高，易于培训	5. 生产线上重复作业，易使工人单调乏味，产生厌倦
	6. 生产计划简单，易于控制	6. 维修和保养费用高
	7. 可使用专用设备和机械化、自动化搬运方法	
工艺原则布置	1. 机器利用率高，可减少设备数量	1. 由于流程较长，搬运路线不确定，运费高
	2. 可采用吊用设备	2. 生产计划与控制较复杂
	3. 设备和人员的柔性程度高，更改产品品种和数量方便	3. 生产周期长
	4. 设备投资相对较少	4. 库存量相对较大
	5. 操作人员作业多样化，有利于提高工作兴趣和职业满足感	5. 由于操作人员从事多种作业，需要较高的技术等级
成组原则布置	1. 由于产品成组，设备利用率较高	1. 需要较高的生产控制水平以平衡各单元之间的生产流程
	2. 流程通顺，运输距离较短，搬运量少	2. 如果单元之间流程不平衡，需要中间储存，增加了单元之间的物料搬运
	3. 有利于发挥班组合作精神	3. 班组成员需要掌握所有作业的技能
	4. 有利于扩大工人的作业技能	4. 减少了使用专用设备的机会
	5. 兼有产品原则布置和工艺原则布置的优点	5. 兼有产品原则布置和工艺原则布置的缺点
定位布置	1. 物料移动少	1. 人员和设备的移动增加
	2. 当采用班组方式时，可提高作业连续性	2. 设备需要重复配备
	3. 提高质量，因为班组可以完成全部作业	3. 工人需要具备较高的技能
	4. 高度柔性，可适应产品和产量的变化	4. 会增加面积和工序间储存
		5. 生产计划需要加强控制和协调

（2）工艺原则布置，又称机群式布置，是将同类设备和人员集中布置在一个地方的布置形式。例如，按车床组、磨床组等分区，各类机床组之间也保持一定顺序按照大多数零件的加工路线来排列。适用于多品种、小批量的生产方式。工艺原则布置的优缺点见表 10-5。这种布置形式的例子有单件小批加工车间、百货商店和医院。

（3）成组原则布置。这是成组加工的布置形式，介于产品原则布置和工艺原则布置之间。适用于中小批量生产。其布置的优缺点见表 10-5。

（4）定位布置。如果产品体积或重量过大过重，则把产品保留在一个位置上，设备、人员、材料都围绕着产品而转的布置方式，如飞机制造厂、造船厂等。其布置的优缺点见表 10-5。

2. 按生产系统功能布置分类

（1）储存布置，指在仓库或储藏室内安排各组成部分的相对位置。

（2）销售布置，对组成部分的布置只考虑便于产品的销售而不考虑其生产。

（3）工程项目布置，指对组成部分作一次性的排列。例如，开发建筑、拦河坝和公路等建设场地。已固定的设备，随着项目的进展，地点经常变动。

各类布置并不是割裂开来的，而是综合在一起的。例如，在地窖里储存葡萄酒或白酒，就不仅是作为库存功能的布置，也是按工作流程的布置。

（三）设施布置的定量分析

设施布置设计时要考虑众多因素。影响布置设计的最基本要素是产品（或材料或服务）、数量（或产量）、生产路线（工艺过程）、辅助服务部门、时间（或时间安排）。这五项基本要素是设施布置必不可少的基础资料，一般用五个英文字母来表示：P（product，产品或材料或服务）、Q（quantity，数量或产量）、R（route，生产路线或工艺过程）、S（supporting service，辅助服务部门）、T（time，时间或时间安排）。

（1）P 指规划设计系统所生产的产品、原材料、加工的零件、成品或提供服务的项目。此要素影响着设施的组成及其相互关系、设备的类型、物料搬运的方式等。

（2）Q 指所生产、供应或使用的商品量或服务的工作量。此要素影响设施规模、设备数量、运输量、建筑物面积等因素。

（3）R 是工艺过程设计的成果。它影响着各作业单位之间的关系、物料搬运路线、仓库及堆放地的位置等。

（4）S 指公用、辅助、服务部门。这些部门包括工具、维修、动力、收货、发运、铁路专用线、办公室、卫生站、更衣室、食堂、厕所等，这些部门是生产的支持系统，在某种意义上保证了生产能力。

（5）T 指在何时、用多长时间生产出产品。包括各工序的操作时间、更换批量的次数。这些都是影响仓储、收货、发运及辅助部门配合的因素。

有了上述五项基本要素，就可以着手布置设计分析了，但要完成布置设计，还必须收集和分析其他有关因素，包括城市规划、外部协作条件、交通运输条件、地质水文条件、自然条件以及关于职业安全和卫生、消防、环境保护、建筑、道路、通道等方面的技术规范、规程和标准等。

案例分析

三部门促交通物流融合提七大工程 聚焦智能物流

根据国家发展和改革委员会办公厅、交通运输部办公厅、中国铁路总公司办公厅联合发布的《推动交通物流融合发展近期重点工作及分工方案》，这将加快推动交通物流融合发展。重点工程包括交通物流枢纽、国家公路港网络、骨干物流通道、铁路集装箱联运、集装化标准化运输、交通物流信息服务和智能物流配送等。其中，智能物流配送工程将支持构建智能物流配送联盟、共享配送信息。而交通物流枢纽工程则包括完善全国综合交通物流枢纽布局，推进综合交通物流枢纽建设。骨干物流通道工程将加强物流大通道建设和推进多方式联合运输发展。铁路集装箱联运工程则致力于提高铁路集装箱运输比重和开行铁路集装箱列车。

1. 教学目的和用途

本案例用于管理学硕士和本科生学习企业管理学、物流系统规划、财务决策、物流工程、物流管理等课程时使用。通过案例使学生能够学会物流系统优化方法、设施布置技术、财务决策方法等。硕士和本科生主要是通过本案例的学习与讨论，学会利用物流系统规划设计相关工具和软件。教学目的为掌握物流网络优化理论与方法、物流计划设计与实施方案、物流时效保证计划等。

2. 启发与思考

（1）物流系统优化方法和原则有哪些?
（2）如何保证企业内部的物流运作绩效?
（3）物流网络优化与物流计划的重点分别是什么?
（4）物流系统优化的特点是什么?

3. 分析思路

本案例属于理论应用与分析型的教学案例，学生应重点分析物流网络优化与物流计划协调的问题，学会综合运用物流系统优化与设计的理论方法，综合运用物流系统优化模型。其次详细阅读案例资料，熟悉物流网络优化设计的框架，深刻认识物流网络与物流计划协调问题。SLP 法将研究设施布置问题的依据和切入点归纳为 P、Q、R、S、T 五个基本要素。采用 SLP 法进行企业总平面布置的首要工作是对各作业单位之间的相互关系做出分析，包括物流和非物流的相互关系，经过综合得到作业单位相互关系表。然后，根据相互关系表中作业单位之间相互关系的密切程度，决定各作业单位之间距离的远近，安排各作业单位的位置，绘制作业单位位置相关图。将各作业单位实际占地面积与作业单位位置相关图结合起来，形成作业单位面积相关图。通过作业单位面积相关图的修正和调整，得到数个可行的布置方案，然后采用加权因素对各方案进行评价择优，并对每个因素进行量化，以得分最多的布置方案作为最佳布置方案。

4. 理论依据

本案例的理论依据：物流网络优化理论、物流运营管理理论、物流系统规划与设计理论、企业财务管理理论。

5. 关键要点

物流网络优化方法，物流设施布置方法，物流路线优化设计。

6. 课堂计划

（1）建议教师先安排学生学习专业知识，并将本案例安排给学生学习，让学生重点思考提出的问题，对第2部分启发与思考中的问题进行逐条分析。

（2）本案例教学安排4课时。首先学生就思考问题进行分组讨论，并记录相关的结论，此部分20分钟完成。接着安排小组发言，学生就主要问题进行辩论，此部分30分钟完成。最后安排物流系统设计方案撰写，学生以小组为单位编制一份物流设施布局优化设计方案执行报告，此部分2小时完成，教师进行课堂评判。

本章思考题

1. 什么是物流工程？它是如何产生与发展起来的？什么是物流工程管理？
2. 物流工程在我国的发展状况如何？
3. 物流工程的发展趋势将主要体现在哪些方面？
4. 物流工程的内容包括哪些？其有哪些主要的特点？
5. 物流工程管理的技术主要有哪些？
6. 物流工程管理的方法主要包括哪些？
7. 我国物流工程管理的典型案例和成功经验有哪些？

第十一章

供应链管理

【思政案例导入】

习近平：产业链、供应链在关键时刻不能掉链子

2020 年第 21 期《求是》杂志发表了习近平重要文章《国家中长期经济社会发展战略若干重大问题》。如何打造自主可控、安全可靠的产业链、供应链？一起来看！

1. 疫情冲击暴露出我国产业链、供应链存在的风险隐患

这次疫情是一次实战状态下的压力测试。我国完备的产业体系、强大的动员组织和产业转换能力，为疫情防控提供了重要物质保障。我国口罩日产能从 1 月底 1000 万只提高到目前的 5 亿只。同时，疫情冲击也暴露出我国产业链、供应链存在的风险隐患。

为保障我国产业安全和国家安全，要着力打造自主可控、安全可靠的产业链、供应链，力争重要产品和供应渠道都至少有一个替代来源，形成必要的产业备份系统。

2. 努力重塑新的产业链

现在，全国都在复工复产，我们不应该也不可能再简单重复过去的模式，而应该努力重塑新的产业链，全面加大科技创新和进口替代力度，这是深化供给侧结构性改革的重点，也是实现高质量发展的关键。

一是要拉长长板，巩固提升优势产业的国际领先地位，锻造一些“杀手锏”技术，持续增强高铁、电力装备、新能源、通信设备等领域的全产业链优势，提升产业质量，拉紧国际产业链对我国的依存关系，形成对外方人为断供的强有力反制和威慑能力。

二是要补齐短板，就是要在关系国家安全的领域和节点构建自主可控、安全可靠的国内生产供应体系，在关键时刻可以做到自我循环，确保在极端情况下经济正常运转。

3. 加快数字经济、数字社会、数字政府建设，同时粮食和实体产业要以自己为主

我国线上经济全球领先，在这次疫情防控中发挥了积极作用，线上办公、线上购物、线上教育、线上医疗蓬勃发展并同线下经济深度交融。我们要乘势而上，加快数字经济、数字社会、数字政府建设，推动各领域数字化优化升级，积极参与数字货币、数字税等国际规则制定，塑造新的竞争优势。同时，必须看到，实体经济是基础，各

种制造业不能丢，作为14亿人口的大国，粮食和实体产业要以自己为主，这一条绝对不能丢。

4. 大力加强防灾备灾体系和能力建设

国民经济要正常运转，必须增强防灾备灾意识。天有不测风云，人有旦夕祸福。要大力加强防灾备灾体系和能力建设，舍得花钱，舍得下功夫，宁肯十防九空，有些领域要做好应对百年一遇灾害的准备。要坚持两条腿走路，实行中央储备和地方储备相结合，实物储备和产能储备相结合，国家储备和企业商业储备相结合，搞好军民融合储备。要优化应急物资品种和储备布局，要合理确定储备规模，全面加大投资建设力度。

5. 必须做强做优做大国有企业

在这次抗击疫情过程中，国有企业冲在前面，发挥了重要作用，在促进产业循环中也起到了关键作用。国有企业是中国特色社会主义的重要物质基础和政治基础，是党执政兴国的重要支柱和依靠力量，必须做强做优做大。当然，国有企业也要改革优化，但绝对不能否定、绝对不能削弱。要坚持和完善新型举国体制，不断增强领导力、组织力、执行力。

6. 必须维护产业链、供应链的全球公共产品属性

这次疫情防控使我们认识到，必须维护产业链、供应链的全球公共产品属性，坚决反对把产业链、供应链政治化、武器化。在国际经贸谈判中，要推动形成维护全球产业链供应链安全、消除非经济因素干扰的国际共识和准则，力争通过国际合作阻止打击全球产业链、供应链的恶劣行为。

资料来源：《习近平总书记：产业链、供应链在关键时刻不能掉链子》，http://www.qstheory.cn/zhuanqu/2020-11/03/c_1126690768.htm[2020-11-03]。

供应链管理出现于20世纪80年代，因其在压缩库存、降低成本、改善服务等方面所开辟的广阔空间备受瞩目，在发达国家迅速兴起。成功的供应链管理将原材料采购、产品设计、生产计划、物料管理、订货处理、存货控制、运输、仓储和顾客服务等活动协调与整合成一个无缝的过程，极大地提高了系统反应能力和客户服务水平。专家预言，现代市场竞争将从企业层面转为供应链与供应链之间的竞争，因此，供应链管理将处于新世纪企业管理理念与管理方式上的主流地位，企业组织、物流联盟、顾客服务、物流管理等这些曾经为人们熟知的概念将被赋予全新的含义。本章初步介绍供应链管理的概念，供应链管理运作的原则、机制及供应链管理方法。

引例：中国神华能源股份有限公司的可持续供应链管理

第一节 供应链管理概述

一、供应链与供应链管理

（一）供应链的概念

供应链这个名词译自于英文的“supply chain”，不同的学者从不同角度对其进行了界定。Stevens（史蒂文斯）认为通过增值过程和分销渠道控制从供应商的供应商到用户的物料流就是供应链。它开始于供应的原点，结束于消费的终点[①]；马士华和林勇提出供应链是围绕核心企业，通过对信息流、物流、资金流的控制，从采购原材料开始，制成中间产品及最终产品，最后由销售网络把产品送到消费者手中的将供应商、制造商、分销商、零售商直到最终用户连成一个整体的功能性网络结构模式[②]；美国供应链管理专业协会（Council of Supply Chain Management Professionals，CSCMP）将供应链定义为“供应链起始于未经加工的原材料，终止于最终顾客使用的产成品，它将多个产业联结在一起，包含从获取原材料到将产成品发送给最终用户的物流过程中发生的实物和信息的交换。所有供应商、服务提供商和顾客都是供应链中的环节”[③]；国家标准《物流术语》将供应链定义为：“生产及流通过程中，围绕核心企业的核心产品或服务，由所涉及的原材料供应商、制造商、分销商、零售商直到最终用户等形成的网链结构”[④]。本书把供应链界定为商品从原材料开始到最终到达消费者的整个过程中，参与该商品价值形成的上、下游企业相互连接所形成的网络。其主要含义包括：①商品的价值形成活动包括制造、加工、采购、配送、销售等活动，这些活动的目的在于为消费者创造和提供价值；②供应链的跨度从提供原材料的企业开始，经过制造商、分销商、批发商、配送中心和零售商中的全部或部分企业，最终到达消费者；③供应链中企业之间是上、下游的关系，这些企业按商品流动的顺序连接而成的网络便是该商品的供应链。

一条完整的供应链包括供应商（原材料供应商和零部件供应商）、制造商（加工厂或装配厂）、分销商（代理商或批发商）、第三方物流公司（储运公司或配送中心）、零售商（百货商场、超市、专卖店、便利店和杂货店等）及消费者。任何一个企业都必然处于某条供应链当中。在供应链中不仅有商品的流动，还有相关的物流、信息流和资金流的流动。

供应链是社会化大生产的产物，它以市场组织化程度高、规模化经营的优势，有机地连接生产和消费，对生产和流通有着直接的导向作用。

供应链是个动态系统，它包括不同环节之间持续不断的信息流、产品流和资金流。

---

① Stevens G C. Integrating the supply chain. International Journal of Physical Distribution and Logistics Management，1989，19（8）：3-8.

② 马士华，林勇. 供应链管理. 北京：机械工业出版社，2020.

③ CSCMP 2013 版术语。

④ 全国物流标准化技术委员会. 物流术语：GB/T 18354—2021. 北京：中国标准出版社，2021.

供应链的每个环节都执行不同的程序，并与其他环节相互作用和影响。因此，供应链具有以下主要特征。

（1）复杂性。由于供应链的组成环节的跨度（层次）不同，供应链往往由多个、多类型甚至多国企业构成，所以供应链的结构模式比一般单个企业之间的结构模式更为复杂。

（2）动态性。供应链会因企业战略和适应市场需求变化的需要，其中的不同环节常需要动态地改变和更新，这使得供应链具有明显的动态性。

（3）面向用户需求。供应链的形成、存在、重构都是基于一定的市场需求而发生的。在供应链的运作中，用户的需求拉动是供应链中信息流、产品或服务流、资金流运作的驱动源。

（4）交叉性。对于产品而言，每种产品的供应链都由多个链条组成。对于企业而言，每个企业既可以是这个链条的成员，又可以是另一个链条的成员，众多的链条形成交叉结构，增加了供应链协调管理的难度。

（二）供应链网络结构

对企业来说，清楚知道和了解其所在的供应链的网络结构是如何构成的无疑十分重要和关键，供应链中的核心企业不同，供应链网络结构会具有不同的特点。一个企业的供应链网络有三个主要的结构性因素：供应链的成员、网络的结构性维度和业务流程连接的类型。

1. 供应链的成员

当要决定网络结构时，首先必须找出谁是供应链的成员，将所有类型的成员都包括进来，否则可能导致整个网络变得高度复杂。供应链成员包括从原产地到消费地所有节点企业，核心企业通过供应商和客户直接或间接地连通所有企业。

当然，为了使非常复杂的网络更加容易管理，还有必要区分主要成员和辅助成员。供应链的主要成员是指所有那些自主管理的公司或战略业务单位；辅助成员是指那些仅仅为供应链主要成员提供资源、知识、公共设施或资产的公司和组织。

2. 网络的结构性维度

在分析、说明和管理供应链时，网络的三个结构维度是必不可少的，它们是网络的水平结构、垂直结构及供应链范围内核心企业的水平位置。

（1）水平结构。这是指跨越供应链的层次的数目。供应链可以很长，有数不清的层次；或者很短，只有很少几个层次。

（2）垂直结构。这是指每个层次中所出现的供应商/客户数量。一个企业可以有很窄的垂直结构，每个层次只有几家相关企业；或者很宽的垂直结构，每个层次有许多家供应商或客户。

（3）供应链范围内核心企业的水平位置。一个企业可以位于初始供应源或其附近，或位于最终的用户或其附近，或位于供应链两端之间的某个地方。

3. 业务流程连接的类型

贯穿整个供应链的所有业务流程非常之多和复杂，一般地，在供应链的成员之间可以识别出四种基本的不同类型的业务流程连接。

（1）受管理的流程连接，即核心企业认为是重要的、需要进行集成和管理的那些连接。

（2）受监控的流程连接。这些流程在其他成员企业之间得到适当的集成和管理，但对核心企业来说却很重要。因此，核心企业仅仅按必要的频率，监控或审核每个流程连接是如何得到集成和管理的。

（3）不受管理的流程连接，即核心企业不积极参与，或者是其重要性不足以让核心企业花费资源进行监控的那些连接。

（4）非成员流程连接。这是指供应链中核心企业的供应链成员与非成员之间的流程连接。非成员连接不被看作核心企业供应链结构中的连接，但是它们能够而且经常会影响核心企业及其供应链的运作绩效。

如上所述，企业供应链的网络结构如图 11-1 所示。

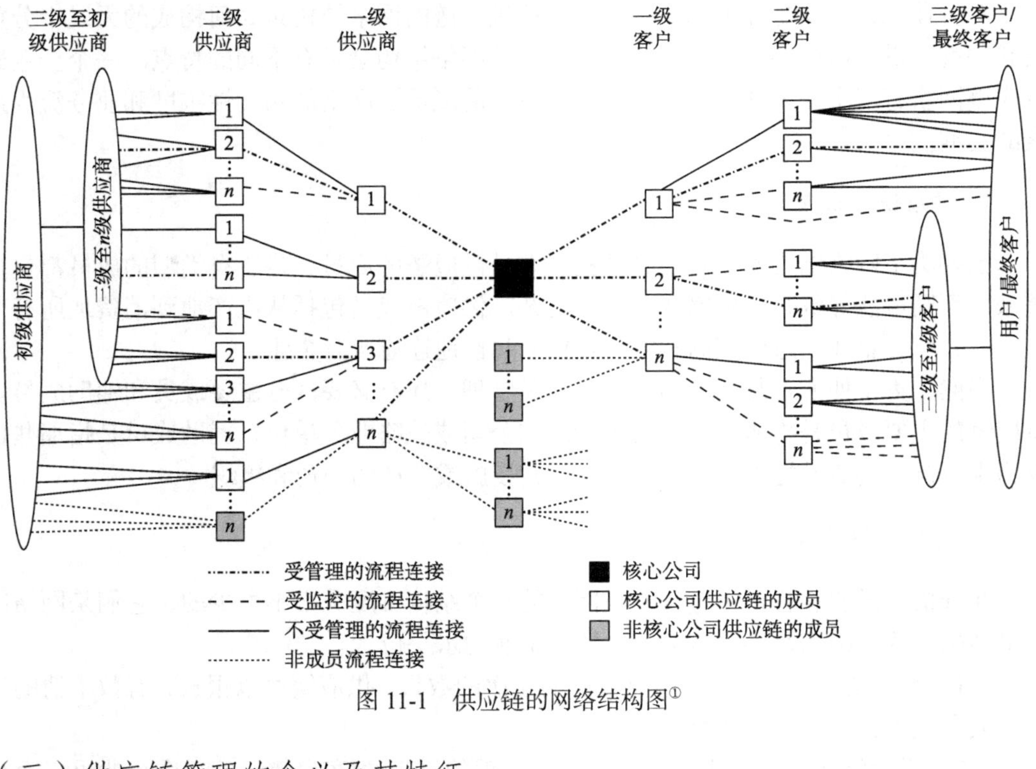

图 11-1 供应链的网络结构图①

（三）供应链管理的含义及其特征

20 世纪 90 年代以来，消费者的需求特征发生了前所未有的变化，全球经济一体化

① Lambert D M，Cooper M C，Pagh J D. Supply chain management：implementation issues and research opportunities. The International Journal of Logistics Management，1998，9（2）：1-20.

逐步显现，这些变化对企业参与市场竞争的能力提出了更高的要求。企业在全球市场的激烈竞争中被迫面对一个变化迅速且无法预测的买方市场和需求日趋主体化、个性化和多样化的消费者，原有的管理思想已不能完全满足新的竞争形势。企业必须努力降低成本，提高市场反应速度，同时给予客户更多的选择。单项制造技术和管理方法如 MRP Ⅱ、JIT 等仅局限于企业内部资源利用的局部优化，一切的优化工作均着眼于本企业资源的最优协调和利用，而要达到快速响应用户需求的目的，仅依靠一个企业所拥有的资源是不够的。从管理模式上看，"纵向一体化" 企业组织臃肿，在产品开发、加工、市场营销三个基本环节上呈现出中间大、两头小的 "橄榄形" 结构，致使企业无法快速响应用户的需求。有鉴于 "纵向一体化" 管理模式的弊端，越来越多的企业放弃了这种经营模式，随之是 "横向一体化"（horizontal integration）模式的兴起，即利用企业外部资源快速响应市场需求。例如，福特汽车公司的 Festiva 车就是由美国人设计，由日本马自达生产发动机，在韩国的制造厂生产其他零件和装配，最后再在美国市场上销售。制造商把零部件生产和装配都放在了企业外部，这样做的目的是利用其他企业的资源促使产品快速上市，避免自己投资带来的基建周期长等问题，赢得产品在低成本、高质量、早上市等方面的竞争优势。"横向一体化" 形成了一条从供应商到制造商的贯穿所有企业的 "链"。这条 "链" 上的企业必须达到同步、协调运行，才有可能使所有的企业都能受益。于是便产生了供应链管理这一新的经营与运作模式。

供应链管理是一种集成的管理思想和方法，它执行供应链中从供应商到最终用户的物流的计划和控制等职能。对于供应链管理的几种典型定义如表 11-1 所示。

表 11-1　几种典型的供应链管理的定义

作者	定义
Jones 和 Riley①	供应链管理是对从原材料到最终产品全部过程进行计划和控制的集成化方法
Christopher②	供应链管理是在向最终消费者提供产品的不同价值创造过程和活动过程中，上下游组织所连接形成的组织网络
Turner③	供应链管理是一种关注供应链中不同功能之间连接关系的技术（从原材料供应商到加工制造的不同单元到仓库最后配送到顾客手中）。通过对这种连接关系有效管理（尤其是对后勤与运输的管理），可以使企业获得更大的竞争优势
陈国权④	供应链管理是对整个供应链系统进行计划、协调、操作、控制和优化的各种活动与过程。其目标是将顾客所需的正确产品（right product），在正确的时间（right time），按照正确的数量（right quantity）、正确的质量（right quality）和正确的状态（right status），送到正确的地点（right place）（即 6R），并使总成本最小

本书采用国家标准《物流术语》对供应链管理的定义，即供应链管理是指从供应链

① Jones J T C，Riley W. Using inventory for competitive advantage through supply chain management. International Journal of Physical Distribution & Materials Management，1985，15（5）：16-26.

② Christopher M. Logistics and Supply Chain Management：Strategies for Reducing Costs and Improving Services. London：Pitman Publishing，1992.

③ Turner J R. Integrated supply chain management：what's wrong with this picture？. Industrial Engineering，1993，25（12）：52-55.

④ 陈国权. 供应链管理. 中国软科学，1999，5（10）：34-37.

整体目标出发，对供应链中采购、生产、销售各环节的商流、物流、信息流及资金流进行统一计划、组织、协调、控制的活动和过程①。

供应链管理是在现代科技的产品极其丰富的条件下发展起来的管理理念，它涉及各种企业及企业管理的方方面面，是一种跨行业的管理，并且企业之间作为贸易伙伴，为追求共同经济利益的最大化而共同合作。

首先，供应链管理是一种运作管理技术，它涉及企业生产、经营、管理的全部职能。这些职能包括市场营销、加工制造和财务，所有这些职能都以最佳的方式紧密地结合在一起，成为一个整体。在这个层面上的企业集成将使企业管理者能够将他们日常的、在竞争中起决定性作用的主要价值活动的运作连接在一起，并保持高度的协同。这种运作活动包括四个方面：一是输入物流，包括销售预测、库存计划、寻找外部资源和采购；二是处理活动，包括生产、增值处理、处理过程中的库存管理及产成品仓储；三是输出活动，包括产成品存货、顾客订单管理、外部和企业内的运输活动；四是物流系统计划、物流设计和物流控制。对供应链管理的运作进行高效管理，可以确保围绕着企业的战略目标，将所有的工作职能优化，并为顾客创造价值。

其次，供应链管理是物流一体化管理的扩展，其目的是将组织的物流职能和供应链中合作伙伴使用的对等职能的物流部分进行合并或紧密连接，以便将企业内部物流职能和外部供应商与顾客，或者第三方物流联盟连接在一起，形成一个完整的集成化系统。

最后，供应链管理的实际应用是以一个共同的目标为核心组织在一起的。最初，供应链管理被认为是一种关于加快物品和信息在供应通道中流动的运作管理活动，这种活动可以优化业务环节，并能使企业和供应链中的伙伴的活动保持同步，以在整个供应链中降低成本，提高生产率。然而这仅是供应链管理概念所涵盖的一部分，供应链管理应加入至关重要的战略层面。供应链管理包含加快发货速度、降低成本的方面，也包含利用新的管理方法和信息技术的力量，以便在针对市场具体需求的产品和服务方面实现重大突破。

供应链管理同时具备如下特征。

（1）管理目标呈现多元化特征和超常的性质。在传统的管理活动中，管理目标一般是针对现有问题来制定的，设计的管理行为主要着力于最终解决问题，因此管理的目标比较单一，以最终能解决问题为管理追求；供应链管理的目标则较复杂，它不仅追求问题的最终解决，而且还关注解决问题的方式，要求以最快的速度、最优的方式、最佳的途径解决问题。

（2）管理视域极大拓宽。管理视域代表着管理主体行为的活动范围。管理视域越窄，管理行为就越受限制，管理的影响力度也就必然越小。在集成思想指导下，供应链管理的视野得到极大的拓宽，过去那种围绕企业内某具体部门，或某个企业或某个行业的点、线或面式的管理疆域，现在已被一种更加开放的全方位、立体式的管理空间所取代。

（3）管理要素更加多样、包容度大大增加。在过去的管理活动中，人、财、物是基

---

① 全国物流标准化技术委员会. 物流术语：GB/T 18354—2021. 北京：中国标准出版社，2021.

本的管理要素。随着社会科技的进步，一方面，上述管理要素的内容不断演化更新；另一方面，各种新的管理要素也大量涌现，各种管理要素的重要性也相继发生转换。由于科技已上升为经济增长的主要推动力量，它在管理中的地位也变得至关重要。

（4）管理系统的复杂度增加、系统边界日益模糊。从本质上来看，企业供应链管理行为既是由企业内在本质所决定的并受企业支配的各项活动的总和，又是随着外界环境的变化而变化并受外在环境刺激所做出的各种决策和对策的反应。供应链管理行为所涵盖的不只是企业内部的技术行为，而是涉及一系列广泛而又复杂的社会经济行为。它融合了宏观与微观、纵向与横向、外部环境与内部要素的交互作用，并且彼此之间形成一个密切相关的、动态的、开放的有机整体。

二、供应链管理思想的发展

（一）供应链管理的发展阶段

从国际范围内来看，供应链管理是和工业化的普及紧密联系在一起的，其真正受到人们的重视也是在 20 世纪 90 年代以后。国际上对供应链管理的早期研究集中在供应链的组成、多级库存、供应链的财务等方面，主要解决供应链的操作效率问题。近来的研究主要把供应链管理看作一种战略性的管理体系，研究涉及所有加盟企业的长期合作关系，特别是集中在合作制造和建立战略伙伴关系方面，而不仅仅是供应链的连接问题，其范围已经超越了供应链出现初期的那种以短期的、基于某些业务活动的经济关系，更偏重长期计划的研究。简单来说，国际上供应链管理的发展大致可分为四个阶段。

第一阶段（1980～1989 年）。史蒂文思在 1989 年提出的供应链管理概念是一个集成的思想，包括在企业内部和企业外部集成。这段时期供应链管理还处于萌芽阶段，供应链的整个链条各相关成员之间的合作显得非常重要。

第二阶段（1990～1995 年）。这段时期供应链管理处于形成阶段，供应链各成员之间有时存在利益冲突，这种利益冲突导致整个供应链管理绩效不高，并削弱了整个供应链的竞争力。在这一阶段，问题主要出在信息流在向上传递时发生信息曲解现象，以及顾客的不满意现象。信息不能有效共享成为这一阶段企业提高竞争力的一个重要障碍。

第三阶段（1996～2008 年）。这一时期供应链管理处于强调建立合作伙伴关系阶段，有学者先提出了协调供应链（coordinated supply chain）的概念，主张各合作公司之间一致“协调对外”。随后，有学者进一步提出合作伙伴关系概念，强调与尽可能少的供应商合作，对合作伙伴的选择应该是分步骤的、考虑多种因素的综合评价过程，并保证合作的有效性。

第四阶段（2009 年至今）。这一阶段的研究趋势是供应链的数字化和自动化。这包括使用人工智能、物联网、区块链和其他先进的技术来提高供应链的效率、透明度和灵活性。这也意味着供应链管理需要更强的数据分析和技术能力。另外，因为新冠疫情和其他全球性的挑战，企业也开始重视供应链的韧性和可持续性。这包括建立一个可以抵御各种风险的供应链，以及一个可以满足社会和环境责任的供应链。

（二）供应链管理在中国的发展

在我国，供应链管理的发展要相对滞后一些，但一些相关的思想却早已形成。供应链管理在我国的发展也大致分为以下几个阶段。

第一阶段（1978 年以前）。这一时期我国的制造业相对落后，企业对“供应链”这个概念几乎是一无所知。企业要生产什么，往往不是自己决定，而是被原材料推动，直至将成品销售给客户。此时由于计划经济和短缺经济的条件，企业拼命争技改、抢项目、扩建厂房、更新设备，导致制造能力大量过剩，而销售和供应能力则很弱，这一时期的企业是典型的“腰鼓型”呆滞式企业。这个时期又被称作供应链的“推式”时代。

第二阶段（1979 ~ 1992 年）。中国的对外贸易蓬勃发展，在这个阶段，企业开始注意充分利用内部资源，客户的需求也逐渐成为影响企业经营活动的重要因素。在客户需求的“拉动”下，企业开始注意对整个经营活动（最初意义上的供应链）加以控制和管理。这一阶段又被称作供应链的“拉式”时代。

第三阶段（1993 ~ 2005 年）。中国的经济体制逐步由计划经济转变为市场经济，市场逐步繁荣，大部分商品已呈现过剩，产品质量等因素在竞争中的优势逐步减少，成本的竞争优势逐步体现出来。在这种情况下，企业不得不考虑如何从原材料采购开始就对成本加以管理和控制，以提高企业的整体效益，从而在激烈的市场竞争中立于不败之地。然而，这才刚刚开始了供应链内部集成的阶段。

第四阶段（2006~2012 年）。中国加入世界贸易组织后，跨国公司在中国设立的生产基地数量大幅增加，全球供应链开始向中国转移。中国供应链进一步优化，以适应日益复杂的多层次、多业态的供应链场景。此阶段推动了供应链管理的创新和应用，出现了一些优秀的供应链企业。

第五阶段（2013 年至今）：面对全球化竞争和经济下行压力，我国供应链管理逐渐进入整合阶段。企业开始通过合并、收购、战略联盟等手段加强供应链的整合和协同，形成规模效应和资源优化，提高市场竞争力。

随着互联网、大数据和人工智能相关技术的发展，各个领域都深受影响。各行各业对于大数据分析技术和数据科学的关注度越来越高，供应链管理也因此迎来了更多的机会。大数据技术在供应链中的应用价值主要在于实现商业增值、改进生产过程、提高产品质量等方面。大数据技术在供应链方面的应用也非常广泛，从行业来看，传统制造行业、电商零售行业、国家基础建设和电网供应链方面、农业等都有典型的案例。从供应链本身上来讲，案例有供应链成本控制、供应链上下游控制智慧化、物流供应链流程可视化、供应商优选策略及路径重构①。

---

① 王艺. 大数据技术对供应链管理的影响分析. 中国储运，2022，（1）：167-168.

第二节　供应链管理运作

一、供应链管理的流程与管理原则

（一）供应链管理中的基本流程

供应链的第一环节——制造商，制造商从原材料供应商处得到生产资料后将其加工成产品。然后，产品由供应链的第二环节也是最关键的一个环节——独家物流配送中心负责某一固定范围内的产品销售。接着又分流到供应链的第三环节——分销商，由其负责各大区域的销售工作。经过零售商的产品销售最终到达第四环节——消费者的手中。

供应链管理的实现，把原材料供应商、制造商、配送中心、分销商、消费者等在一条链路上的所有环节都联系起来进行优化，使生产资料以最快的速度，通过生产、分销环节变成增值的产品，到达有消费需求的消费者手中。这不仅降低了成本、减少了社会库存，而且使社会资源得到优化配置，更重要的是通过信息网络、组织网络实现了生产及销售的有效连接以及物流、信息流、资金流的合理流动。供应链管理中的基本流程如图 11-2 所示。

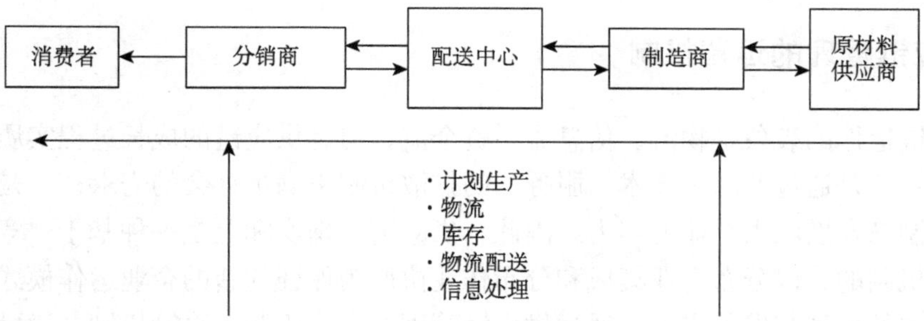

图 11-2　标准的供应链管理流程

供应链管理流程中的主要管理职能包括生产过程管理、营销管理、物流一体化管理及财务管理等。生产过程管理：管理生产过程，降低生产成本。营销管理：管理整个供应链的市场营销过程和销售过程，以及持续不断地提供客户价值。物流一体化管理：管理自供应商开始的物流，包括生产计划、采购和库存管理。财务管理：利用财务媒体，与供应商及客户一起管理资金流。

（二）供应链管理的基本原则

供应链管理的基本原则可以归纳为七条。

（1）根据客户需求的特性划分客户群。传统意义上的市场划分基于企业自己的状况，如行业、产品和分销渠道等，企业对同一区域的客户提供相同水平的服务。供应链管理则强调根据客户的状况和需求特性来决定服务方式与水平。

（2）设计企业的物流网络。根据客户需求，如供货时间、数量、地点和企业可获利情况，设计企业的物流网络。

（3）倾听市场的需求信息。销售和营运计划必须监测整个供应链，以便及时发现需求变化的早期警报，并据此安排和调整计划。

（4）时间延迟。由于市场需求的剧烈波动，距离客户接受最终产品和服务的时间越长，需求预测就越不准确，而且企业还不得不维持比较大的中间库存。在实施大规模定制化生产的时候，应运用柔性化生产技术合理确定客户订单分离点，先在企业内将产品主体加工结束，然后在接近最终零售点或消费地完成最终的装配、包装等作业。

（5）与供应商建立双赢的合作策略。单纯的输赢关系认为市场中的各个企业的竞争只出现一种结果，即一方损失而另一方受益。在这种观念下的供应链必然存在局部优化但供应链整体水平未达到最优的问题。因此，供应链的各个成员必须考虑双赢策略来避免资源的浪费。它们必须相信它们的合作关系与共同的未来会更好。

（6）在整个供应链领域建立信息系统。企业的信息系统不应该是封闭的，而应该是在整个供应链领域都能够实现标准的连接和信息的共享。

（7）建立绩效考核准则。企业应该在整个供应链的范围内建立绩效考核准则，而不应该仅仅依据个别企业建立局部、孤立的标准，供应链的最终验收标准是客户的满意程度。

二、供应链管理的运营机制

供应链运作的表象是物流、信息流、资金流，但是供应链的成长过程实质包含两方面的含义：一是通过产品（技术、服务）的扩散机制来满足社会的需求；二是通过市场的竞争机制来发展壮大企业的实力。因此，供应链管理实际上是一种基于“竞争—合作—协调”机制的，以分布企业集成和分布作业协调为保证的新的企业运作模式。企业在市场竞争中的成熟与发展之中，通过供应链管理的合作机制、决策机制、激励机制和自律机制等来实现满足顾客需求、使顾客满意以及留住顾客等功能目标，从而实现供应链管理的最终目标。

（1）合作机制。供应链合作机制体现了战略伙伴关系和企业内外资源的集成与优化利用。基于这种企业环境的产品制造过程，从产品的研究开发到投放市场，周期可以大大地缩短，而且顾客导向化程度更高，模块化、简单化产品，标准化组件，使企业在多变的市场中的柔性和敏捷性显著增强。

（2）决策机制。供应链企业决策信息的来源不再局限于企业内部，而是在开放的信息网络环境下，不断进行信息交换和共享，达到供应链企业同步化、集成化计划与控制的目的，而且随着网络的发展，企业的决策模式将会产生很大的变化，处于供应链中的任何企业决策模式都应该是基于内部网/互联网的开放性信息环境下的群体决策模式。

（3）激励机制。归根到底，供应链管理和任何其他的管理思想一样都是要使企业在21世纪的竞争中在“TQCSF”［T为time（时间），指反应快，如提前期短，交货迅速等；

Q 为 quality（质量），控制产品、工作及服务质量高；C 为 cost（成本），企业要以更少的成本获取更大的收益；S 为 service（服务），企业要不断提高用户服务水平，提高用户满意度；F 为 flexibility（柔性），企业要有较好的应变能力］上有上佳表现。缺乏均衡一致的供应链管理业绩评价指标和评价方法是目前供应链管理研究的弱点和导致供应链管理实践效率不高的一个主要问题。

（4）自律机制。自律机制要求供应链企业向行业的领头企业或最具竞争力的对手看齐，不断对产品、服务和供应链业绩进行评价，并不断地改进，以使企业能保持自己的竞争力和持续发展。自律机制主要包括企业内部的自律、对比竞争对手的自律、对比同行企业的自律和比较领头企业的自律。企业通过推行自律机制，可以降低成本，增加利润和销售量，更好地了解竞争对手，提高客户满意度，提高信誉，企业内部部门之间的业绩差距也可以得到缩小，从而提高企业的整体竞争力。

三、供应链管理的实施步骤

（一）制订供应链战略实施计划

实施供应链管理首先应该制订可行的计划，这项工作一般分为四个步骤。

（1）将企业的业务目标同现有能力及业绩进行比较，发现现有供应链的显著弱点，通过改善这些弱点，迅速提高企业的竞争力。

（2）同关键客户和供应商一起探讨、评估全球化、新技术和竞争局势，建立供应链的远景目标。

（3）制订从现实过渡到理想供应链目标的行动计划，同时评估企业实现这种过渡的现实条件。

（4）根据计划安排优先次序，并且承诺相应的资源。即根据实施计划，首先定义初期的供应链结构，使企业在与正确的客户和供应商建立的正确的供应链中，处于正确的位置；然后重组和优化企业内部和外部的产品、信息与资金流；最后在供应链的重要领域如库存、运输等环节提高质量和生产率。

（二）构建供应链

现代供应链的重心已向销售领域倾斜，在市场日益规范、竞争日趋激烈的情况下，建立供应链、推行供应链管理是企业必须采取的对策。企业可以采取如下主要措施建立供应链。

（1）明确自己在供应链中的定位。供应链由原材料供应商、制造商、配送中心、分销商及消费者等组成。一条富于竞争力的供应链要求组成供应链的各成员都有较强的竞争力，不管每个成员为整个供应链做什么，都应该是专业化的，而专业化就是优势。

（2）建立物流、配送网络。企业的产品能否通过供应链快速地分销到目标市场上，取决于供应链上物流、配送网络的健全程度及市场开发状况等。物流、配送网络是供应链存在的基础，一个供应链组建物流、配送网络时应该最大限度地谋求专业化。

（3）采用信息技术。从市场营销方式上看，少数生产企业处在生产引导消费的阶段，大量的生产企业则处于由消费引导生产的阶段。

（三）确定供应链协作安排

传统交易合作中，供应商之间相互压价固然有利于单个企业的成本控制，但相互协作则可以降低整个供应链的成本。合作在很大程度上取决于信息沟通，在整个供应链领域建立信息系统使企业与供应链成员的合作形成有效的途径，信息系统首先应该处理日常事务和电子商务，然后支持多层次的决策信息，如需求计划和资源规划，根据大部分来自企业之外的信息进行前瞻性的策略分析。合作的持续还要通过激励机制来保证，激励的重要措施是建立整个供应链的绩效考核指标。

（四）改造供应链流程

企业供应链改造首先要考虑的是应在哪个变化的部分投入努力，企业供应链流程改造基本上是从使命导向或问题导向来衡量的。使命导向追求差异化，问题导向追求效率，因此，前者的流程范围须根据使命重新厘清，后者的流程范围则相当清楚且容易确认。使命导向改造的重点是关键流程与整合；问题导向改造的重点则是流程分析与原因确认。在绩效指标方面，前者的绩效指标为修改或建立新的指标，后者的绩效指标为确认并了解差异目标。

企业若遇到新产品导入时效慢、交货准确率差、存货周转率低、产品成本过高等情况，就应当考虑进行企业流程改造，这属于问题导向认识方法，改造策略应是以新的做法维持竞争优势。

（五）供应链管理优化

企业要实现供应链战略，首先要对企业已有的供应链管理进行优化。供应链管理优化的程度体现在供应链管理的质量上，供应链管理质量取决于供应链成员合作的紧密程度，而这种紧密程度在很大程度上又取决于企业供应链合作成员所能共享的价值观。

1. 加强供应链成员合作的紧密程度

全球竞争、市场瞬息万变及科技进步，一方面为企业、顾客和供应商提供了成倍的选择机会，另一方面风险与不确定性也随之提高。优化供应链的目的在于优化从原料供应到最终客户的全部活动，从而创造最大价值。

2. 应用信息技术

随着信息技术的发展与管理思维的创新，利用互联网有效的供应链管理正在取代传统预测方法，成为企业赢得竞争优势的重要源泉。由于计算机和网络通信技术的快速发展，Web 技术、多媒体技术、数据仓库、数据挖掘、网上搜索引擎等使信息的浏览、获取、分析不再困难，以光纤网为骨干的互联网提供的连通性，使信息可以在世界范围内共享、传递。丰富、准确的信息使企业经营管理活动中的不确定性和盲目性大大降低，提高了其对瞬息万变的市场的快速应变能力。互联网是对企业经营具有诱惑力的渠道，它使电子商务完全成为可能。现在关于全球电子商务的体系、法律、管理的技术都在进一步完善，这些都为企业发展提供了一片广阔天空。

四、供应链物流运作与管理

供应链物流运作与管理

第三节　供应链管理方法

供应链管理理论的产生速度远远落后于具体的技术与方法。供应链管理最早多是以一些具体的运作技术和方法出现的。在供应链管理技术中，包括生产运作技术（如 ERP、生产延迟技术）、物流运作技术［如第三方物流系统、VMI、计算机辅助订货（computer assisted ordering，CAO）系统、通过式运输系统和 POS 系统等］、营销运作技术（如品类管理等）以及财务管理技术等已为许多企业在不同层次上所广泛采用。这里不具体讨论各种技术，主要介绍目前供应链管理中两种最常见的供应链管理方法：快速反应与有效客户反应。

一、快速反应

（一）快速反应的概念

快速反应是指企业面对多品种、小批量的买方市场，不是储备了产品，而是准备了各种“要素”，在用户提出要求时，能以最快速度抽取“要素”，及时“组装”，提供所需服务或产品。

快速反应是美国纺织服装业发展起来的一种供应链管理方法。它是美国零售商、服装制造商及纺织品供应商开发的整体业务概念，目的是减少原材料到销售点的时间和整个供应链上的库存，最大限度地提高供应链管理的运作效率。

快速反应要求零售商和供应商一起工作，通过共享 POS 信息来预测商品的未来补货需求，以及不断地监视趋势以探索新产品的机会，以便对消费者的需求能更快地做出反应。在运作方面，双方利用 EDI 来加速信息流，并通过共同组织活动来使得前置时间和费用最小。

快速反应的着重点是对消费者需求做出快速反应。快速反应的具体策略有待上架商品准备服务、自动物料搬运等。实施快速反应可分为三个阶段。

第一阶段，将所有的商品单元条码化，即将商品消费单元用 EAN/UPC（European article number/universal product code，欧洲商品编码/通用商品代码）条码标识，对商品贸易单元用 ITF-14（interleaved 2 of 5 barcode，14 位交叉二五码）条码标识，而对物流单元则用 UCC/EAN-128（Uniform Code Council/European article numbering-128 barcode，统一代码协会/欧洲商品编号-128 位条形码）条码标识。利用 EDI 传输订购单报文和发票报文。

第二阶段，在第一阶段的基础上增加与内部业务处理有关的策略。例如，自动补库与商品即时出售等，并采用 EDI 传输更多的报文，如发货通知报文、收货通知报文等。

第三阶段，与贸易伙伴密切合作，采用更高级的快速反应策略，以对客户的需求做出快速反应。一般来说，企业内部业务的优化相对来说较为容易，但在贸易伙伴间进行合作时，往往会遇到诸多障碍，在快速反应实施的第三阶段，每个企业必须把自己当成集成供应链系统的一个组成部分，以保证整个供应链的整体效益。

（二）快速反应方法的产生背景

20 世纪六七十年代，美国的杂货行业面临着国外进口商品的激烈竞争。20 世纪 80 年代早期，美国国产的鞋、玩具及家用电器的市场占有率下降到 20%，而国外进口的服装占据了美国市场的 40%。面对与国外商品的激烈竞争，纺织与服装行业在 70 年代和 80 年代采取的主要对策是在寻找法律保护的同时，加大现代化设备的投资。到了 80 年代中期，美国的纺织与服装行业是进口配额系统保护程度最重的行业之一，而纺织业是美国制造业生产率增长最快的行业。尽管上述措施取得了巨大的成功，但服装行业进口商品的渗透却在继续增加。一些行业的先驱认识到，保护主义措施无法保护美国服装制造业的领先地位，他们必须寻找其他方法。

1984 年，美国服装、纺织及化纤行业的先驱成立了一个“用国货为荣委员会”，该委员会的任务是为购买美国生产的纺织品和服装的消费者提供更大的利益。1985 年该委员会开始做广告，这提高了美国消费者对本国生产服装的信赖度。该委员会也拿出一部分经费来研究如何长期保持美国的纺织与服装行业的竞争力。1985 ~ 1986 年，Kurt Salmon 协会进行了供应链分析，结果发现，尽管系统的各个部分具有高运作效率，但整个系统的效率却十分低下。于是纤维、纺织、服装及零售业开始寻找那些供应链上的高成本活动。结果发现，供应链的长度是影响其运作效率的主要因素。

快速反应是零售商及供应商密切合作的策略，应用这种策略，零售商和供应商通过共享 POS 系统信息、联合预测未来需求、发现新产品营销机会等，对消费者的需求做出快速的反应。从运作的角度来讲，贸易伙伴需要用 EDI 来加快信息的流动，并共同重组他们的业务活动，以将订货前导时间和成本极小化。在补货中应用快速反应方法可以将交货前导时间减少 76%，如图 11-3 所示。

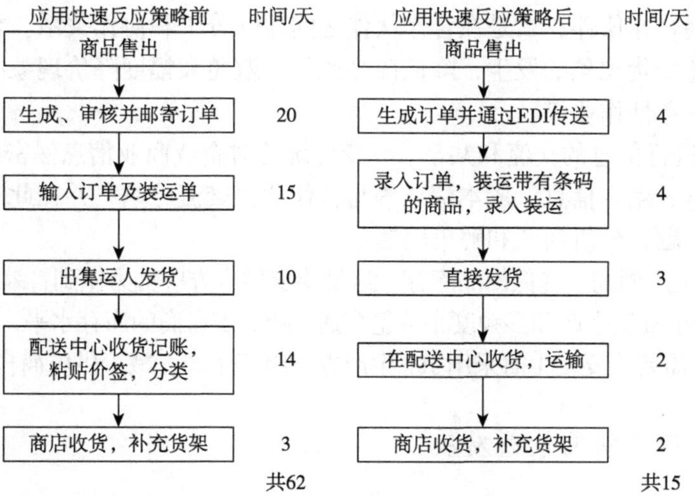

图 11-3　应用快速反应策略前后补货周期的比较①

（三）成功实施快速反应策略的关键要素

美国是快速反应策略的发源地，有许多企业已开始实施快速反应策略，并取得了成功。当然实施快速反应策略需要企业具备现代供应链管理理念，具备一定的管理条件。从对美国企业实施快速反应策略的实践可以总结出，成功实施快速反应策略需具备以下要素。

（1）改变传统的经营方式，革新企业经营意识。

第一，企业不能局限于依靠本企业独自的力量来提高经营效率的传统经营意识，要树立通过与供应链各方建立合作伙伴关系，努力利用各方资源来提高经营效率的现代经营意识。

第二，零售商在快速反应系统中起主导作用，零售店铺是快速反应系统的起始点。

第三，快速反应系统通过销售时点数据等销售信息和成本信息的相互公开与交换，来提高各企业的经营效率。

第四，明确快速反应系统内各个企业之间的分工协作范围和形式，消除重复作业，建立有效的分工协作框架。

第五，改变传统的事务作业的方式，通过利用信息技术实现事务作业的无纸化和自动化。

（2）开发和应用现代信息处理技术。这是成功进行快速反应活动的前提条件。这些信息技术有商品条码技术、物流条码技术、电子订货系统、销售时点数据读取系统、EDI系统、预先发货清单技术、电子支付系统、生产厂家管理的库存方式、连续补充库存方式等。

（3）积极与供应链各方建立战略伙伴关系。具体内容包括以下两个方面：一是积极

① Kurt Salmon Associates Inc. Management consultants：efficient consumer response. enhancing consumer value in the grocery industry. Washington D C：The Research Department，Food Marketing Institute，1993.

寻找和发现战略合作伙伴；二是在合作伙伴之间建立分工和协作关系。合作的目标定为削减库存，避免缺货现象的发生，降低商品风险，避免大幅度降价现象的发生，减少作业人员和简化事务性作业等。

（4）积极进行信息的交流和共享。改变传统的对企业商业信息保密的做法，将销售信息、库存信息、生产信息、成本信息等与合作伙伴交流分享，并在此基础上，要求各方在一起发现问题、分析问题和解决问题。

（5）缩短生产周期，降低商品库存。这是要求供应方应努力做到：缩短商品的生产周期；进行多品种小批量生产和多频度小数量配送，降低零售商的库存水平，提高顾客服务水平；在商品实际需要将要发生时采用 JIT 生产方式组织生产，减少供应商自身的库存水平。

（四）快速反应方法的最新发展

快速反应方法的最新发展

二、有效客户反应

（一）有效客户反应的概念

有效客户反应的应用始于食品杂货分销系统，指分销商和供应商为消除系统中不必要的成本和费用，给客户带来更大效益而进行密切合作的一种供应链管理方法。

要实施有效客户反应，首先，应联合整个供应链所涉及的供应商、分销商及零售商，改善供应链中的业务流程，使其最合理有效；其次，再以较低的成本，使这些业务流程自动化，以进一步降低供应链的成本和时间。具体地说，实施有效客户反应需要将条码、扫描技术、POS 系统和 EDI 集成起来，在供应链（由生产线直至付款柜台）之间建立一个无纸系统，如图 11-4 所示。这样才能确保产品能不间断地由供应商流向最终客户，同时，信息流能够在开放的供应链中循环流动。

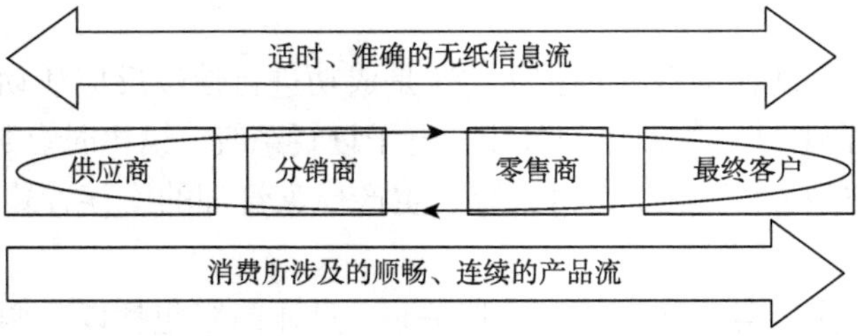

图 11-4 有效客户反应系统示意图

有效客户反应是一种运用于工商业的策略，供应商和零售商通过共同合作（如建立供应商、分销商、零售商联盟），改善其在货物补充过程中的全球性效率，而不是以单方面不协调的行动来提高生产力，这样能节省由生产到最后销售的贸易周期的成本。

通过有效客户反应，如计算机辅助订货技术，零售商无须签发订购单，即可实现订货。供应商则可利用有效客户反应的连续补货技术，随时满足客户的补货需求，使零售商的存货保持在最优水平，从而提供高水平的客户服务，并进一步加强与客户的关系。同时，供应商也可从商店的销售点数据中获得新的市场信息，改变销售策略。对于分销商来说，有效客户反应可使其快速分拣运输包装，加快订购货物的流动速度，进而使消费者享用更新鲜的物品，增加购物的便利和选择，并增强消费者对特定物品的偏好。

（二）有效客户反应的要素及实施原则

1. 有效客户反应的四大要素

有效产品引进、有效商店品种、有效促销及有效补货被称为有效客户反应的四大要素。

（1）有效产品引进：通过采集和分享供应链伙伴间时效性强的更加准确的购买数据，提高新产品的成功率。

（2）有效商店品种：通过有效地利用店铺的空间和店内布局，来最大限度地提高商品的盈利能力，如建立空间管理系统等。

（3）有效促销：通过简化分销商和供应商的贸易关系，使贸易和促销的系统效率最高，如消费者广告（优惠券、货架上标明促销）、贸易促销（远期购买、转移购买）。

（4）有效补货：从生产线到收款台，通过 EDI，以需求为导向的自动连续补货和计算机辅助订货等技术手段，使补货系统的时间和成本最优化，从而降低商品的售价。

2. 实施有效客户反应的原则

（1）以较少的成本，不断致力于向供应链客户提供更优的产品、更高的质量、更好的分类以及更完善的服务。

（2）有效客户反应必须由相关的商业带头人启动。该商业带头人应采用能代表共同利益的商业联盟模式取代旧式的贸易关系，而实现获利的目的。

（3）必须利用准确、适时的信息以支持有效的市场、生产及后勤决策。这些信息将以 EDI 的方式在贸易伙伴间自由流动，它将影响以计算机信息为基础的系统信息的有效利用。

（4）产品必须随其不断增值的过程，从生产至包装，直至流动至最终客户的购物篮中，以确保客户能随时获得所需产品。

（5）必须采用通用一致的工作措施和回报系统。该系统注重整个系统的有效性（即通过降低成本与库存以及更有效的资产利用实现更优价值），清晰地标识出潜在的回报（即增加的总值和利润），促进对回报的公平分享。

基于以上有效客户反应的运作过程如图 11-5 所示。

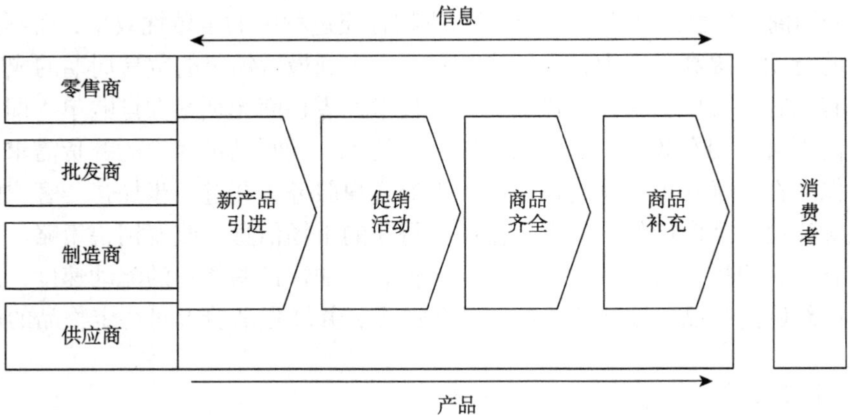

图 11-5 有效客户反应的运作过程

根据欧洲供应链管理委员会的调查报告，接受调查的 392 家公司，其中制造商实施有效客户反应后，预期销售额增加 5.3%，制造费用减少 2.3%，销售费用减少 1.1%，货仓费用减少 1.3%及总盈利增加 5.5%。而批发商及零售商也有相似的获益：销售额增加 5.4%，毛利增加 3.4%，货仓费用减少 5.9%，货仓存货量减少 13.1%及每平方米的销售额增加 5.3%。由于在流通环节中缩减了不必要的成本，零售商和批发商之间的价格差异也随之降低，这些节约了的成本最终将使消费者受益，各贸易商也将在激烈的市场竞争中赢得一定的市场份额。

对消费者、分销商和供应商来说，除这些有形的利益，有效客户反应还有着重要的不可量化的无形利益，如表 11-2 所示。

表 11-2 有效客户反应的无形利益

类别	无形利益
消费者	增加选择和购物便利，减少无库存货品
分销商	提高信誉，更加了解客户情况，改善与供应商的关系
供应商	减少缺货现象，加强品牌的完整性，改善与分销商的关系

（三）有效客户反应的实施方法

1. 为变革创造氛围

对大多数组织来说，改变对供应商或消费者的内部认知过程，即从敌对态度转变为将其视为同盟的过程，将比有效客户反应的其他相关步骤更困难，时间花费更长。创造有效客户反应的最佳氛围首先需要进行内部教育以及通信技术和设施的改善，同时也需要采取新的工作措施和回报系统。但公司或组织必须首先具备一贯言行一致的强有力的高层组织领导。

2. 选择初期有效客户反应同盟伙伴

对于大多数刚刚实施有效客户反应的公司来说，建议成立 2 ~ 4 个初期同盟。每个同盟都应首先召开一次会议，来自各个职能区域的高级同盟代表将对有效客户反应及怎样启动有效客户反应进行讨论。成立 2 ~ 3 个联合任务组，专门致力于已证明可取得巨大效益的项目，如提高货车的装卸效率，减少损毁，由卖方控制的连续补库。

以上计划的成功将增强企业的信誉和信心。经验证明：往往要经过 9 ~ 12 个月的努力，才能赢得客户足够的信任和信心，才能在开放的非敌对的环境中探讨许多重要问题。

3. 开发信息技术投资项目用以支持有效客户反应

虽然在信息技术投资不大的情况下就可获得有效客户反应的许多利益，但是具有很强的信息技术能力的公司要比其他公司更具竞争优势。

那些作为有效客户反应先导的公司预测：在五年内，连接它们及其业务伙伴之间的将是一个无纸的、完全整合的商业信息系统。该系统将具有许多补充功能，这些功能既可降低成本，又可使人们专注于其他管理以及产品、服务和系统的创造性开发。

案例分析

大数据背景下京东供应链的成本控制现状

京东商城是我国 B2C（business to consumer，企业对消费者）网络零售市场份额最大的电子商务网站之一，其在采购成本、库存管理成本、销售成本和配送成本方面通过大数据技术取得了一定的成果。京东利用大数据技术优化采购流程，降低采购成本；通过预测用户需求和货物周转率提高仓储效率，降低库存管理成本；通过个性化推荐和精准营销降低销售成本；通过智能物流技术提高履约效率，降低配送成本。这些措施帮助京东在供应链的管理中实现了成本的控制和效率的提升。通过大数据的应用，京东建立了智能化、自动化的商业应用完整体系，为用户提供高质量的购物体验。

1. 教学目的和用途

本案例用于管理学硕士和本科生学习物流管理、供应链管理、管理学、财务管理等课程时使用。通过案例使学生了解大数据和智慧供应链在降低成本和提升用户满意度中的应用。硕士可以就此案例对企业如何利用大数据手段降低企业成本进行讨论，并讨论供应链管理的未来发展方向。本科生主要是通过本案例的学习与讨论，认识大数据和智慧供应链的发展趋势。

2. 启发与思考

（1）京东如何通过大数据实现供应链成本的降低？

（2）京东雀巢联合预测补货系统有哪些成功经验，在现实中有哪些实际难题？

3. 分析思路

本案例属于理论应用与分析型的教学案例，学生应重点分析供应链的运作和管理的基本方法，必须学会综合运用管理学和经济学方法，讨论大数据情境下供应链的相关问题。其次详细阅读案例资料，熟悉有效客户反应的要素及实施原则。

4. 理论依据

本案例的理论依据：管理学、供应链管理、大数据应用等。

5. 关键要点

供应链管理，快速反应策略。

6. 课堂计划

（1）建议教师先安排学生学习专业知识，并将本案例安排给学生学习，让学生重点思考提出的问题，对第 2 部分启发与思考中的问题进行逐条分析。

（2）本案例教学 2 课时。首先学生就思考问题进行分组讨论，并记录相关的结论，此部分 30 分钟完成。接着安排小组发言，学生就主要问题进行辩论，此部分 20 分钟完成。最后安排供应链服务创新方案撰写，学生以小组为单位编制一份方案，此部分 1 小时完成，教师进行课堂评判。

本章思考题

1. 一个企业可以有多个供应链吗？为什么？
2. 企业供应链网络的结构性因素有哪些？试加以分析。
3. 供应链管理和传统管理有何区别与联系？
4. 当地的面包店，如何从供应链管理中获益？
5. 试述供应链管理的基本原则及其运营机制。
6. 企业如何实施供应链管理？
7. 供应链管理与物流管理之间的关系是什么？
8. 简述快速反应的概念及其实施策略。
9. 有效客户反应为什么具有优势？实施有效客户反应时要注意哪些问题？

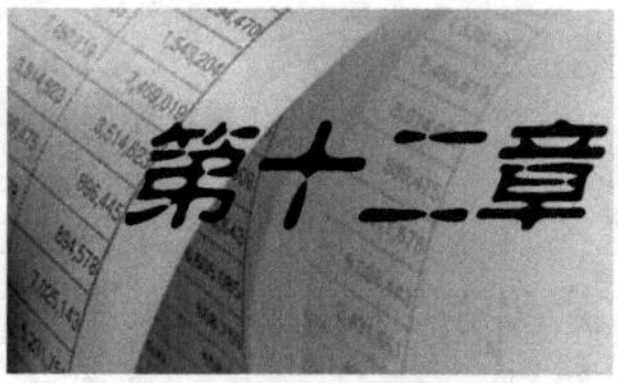

第十二章

制造企业物流管理

【思政案例导入】

大力弘扬劳动精神，勤于创造勇于奋斗

习近平强调，“劳动创造幸福，实干成就伟业。希望广大劳动群众大力弘扬劳模精神、劳动精神、工匠精神，勤于创造、勇于奋斗，更好发挥主力军作用，满怀信心投身全面建设社会主义现代化国家、实现中华民族伟大复兴中国梦的伟大事业”[①]。

劳动是人类的本质活动，劳动光荣、创造伟大是对人类文明进步规律的重要诠释。“民生在勤，勤则不匮”，中华民族是勤于劳动、善于创造的民族，中国人民是具有伟大创造精神、伟大奋斗精神、伟大团结精神、伟大梦想精神的人民。在几千年历史长河中，中国人民始终辛勤劳作、发明创造，今天，中国人民的创造精神正在前所未有地迸发出来，推动我国日新月异向前发展，大踏步走在世界前列；始终革故鼎新、自强不息，今天，中国人民拥有的一切，凝聚着中国人的聪明才智，浸透着中国人的辛勤汗水，蕴涵着中国人的巨大牺牲；始终团结一心、同舟共济，今天，中国取得的令世人瞩目的发展成就，更是全国各族人民同心同德、同心同向努力的结果；始终心怀梦想、不懈追求，今天，中国人民比历史上任何时期都更接近、更有信心和能力实现中华民族伟大复兴。正是靠劳动创造，我们拥有了历史的辉煌；也正是因为劳动创造，我们拥有了今天的成就。

习近平指出：“在我们社会主义国家，一切劳动，无论是体力劳动还是脑力劳动，都值得尊重和鼓励；一切创造，无论是个人创造还是集体创造，也都值得尊重和鼓励。”[②]在长期实践中，我们培育形成的崇尚劳动、热爱劳动、辛勤劳动、诚实劳动的劳动精神，丰富了民族精神和时代精神的内涵，成为中国共产党人精神谱系的重要组成部分。在神州大地上，人们深刻体会到，劳动没有高低贵贱之分，任何一份职业都很光荣；社会主义是干出来的，新时代是奋斗出来的，人民的幸福生活是靠一点一滴创造得来的；只要踏实劳动、勤勉劳动，在平凡岗位上也能干出不平凡的业绩。前进道路上，无论时代条

---

①《在“五一”国际劳动节到来之际 习近平向全国广大劳动群众致以节日的祝贺和诚挚的慰问》，http://jhsjk.people.cn/article/32093498[2021-04-30]。

②《庆祝“五一”国际劳动节暨表彰全国劳动模范和先进工作者大会隆重举行 习近平发表重要讲话》，http://jhsjk.people.cn/article/26921002[2015-04-29]。

件如何变化，我们始终都要崇尚劳动、尊重劳动者，都要发扬光大劳动精神。

今天，我们所处的时代是催人奋进的伟大时代，我们进行的事业是前无古人的伟大事业，我们正在从事的中国特色社会主义事业是全体人民的共同事业。全面建成社会主义现代化强国，实现中华民族伟大复兴的中国梦，根本上靠劳动、靠劳动者创造。伟大的事业需要伟大的精神，我们要在全社会大力弘扬劳动精神，贯彻尊重劳动、尊重知识、尊重人才、尊重创造的重大方针，树立辛勤劳动、诚实劳动、创造性劳动的理念，让劳动光荣、创造伟大成为铿锵的时代强音，让劳动最光荣、劳动最崇高、劳动最伟大、劳动最美丽蔚然成风。各级党委和政府要坚持以人民为中心的发展思想，充分调动广大劳动群众积极性、主动性、创造性，切实保障广大劳动群众合法权益，解决好就业、教育、社保、医疗、住房、养老、食品安全、生产安全、生态环境、社会治安等问题，不断提升广大劳动群众的获得感、幸福感、安全感，支持和激励广大劳动群众在新时代更好建功立业。

现在，党和国家事业空间很大，只要有志气有闯劲，每一个劳动者都可以在宽广舞台上展示自己的人生价值。面对这样一个千帆竞发、百舸争流、有机会干事业、能干成事业的时代，广大劳动群众一定要倍加珍惜、倍加努力。梦想属于每一个人，广大劳动群众要敢想敢干、敢于追梦。任何一名劳动者，无论从事的劳动技术含量如何，只要勤于学习、善于实践，在工作上兢兢业业、精益求精，就一定能够造就闪光的人生。全社会都要以辛勤劳动为荣、以好逸恶劳为耻，倡导通过诚实劳动来实现人生的梦想、改变自己的命运，任何时候任何人都不能看不起普通劳动者，都不能贪图不劳而获的生活。

越是美好的未来，越需要我们付出艰辛努力。在新征程上，更加紧密地团结在以习近平同志为核心的党中央周围，大力弘扬劳动精神，爱岗敬业、勤奋工作，锐意进取、勇于创造，不断谱写新时代的劳动者之歌，我们就一定能以劳动托起中国梦，以奋斗成就新光荣。

案例来源：《大力弘扬劳动精神，勤于创造勇于奋斗——论中国共产党人的精神谱系之二十》，http://sn.people.com.cn/n2/2021/1003/c378311-34942479.html[2021-10-03]。

第一节　制造企业物流管理理论

一、制造企业物流构成

制造企业物流是以购进生产所需要的原材料、零部件及机器设备等一切生产资料为始点，经过劳动加工，形成新的产品，然后到将产品供应给社会需要部门为止的全过程的物流形式。一般来说，制造企业物流系统由供应物流、生产物流、销售物流、回收与废弃物物流等子系统构成。每个子系统有相对的独立性，同时又紧密衔接，包含的物流活动及其管理内容呈现出各自的特性。我国的经济发展水平在不断地提高，对于公司管理方面，也逐渐从对基本的劳动力管理转化成为物流综合管理模式，其中，对于成本的管控就是物流企业关注的重点问题，通过各种方法，节省物流工作成本，提高运输效率①。

① 王永桐. 浅谈生产企业物流成本的优化与控制. 中外企业家，2019,（19）：21.

（一）供应物流

供应物流是为制造企业提供原材料、零部件或其他物料时所发生的物流活动[①]。它包括组织物料从供应商处送达本企业的企业外部物流和本企业仓库将物料送达生产线的企业内部物流。供应物流是保证企业生产经营活动正常进行的前提条件，具体包括一切生产资料的采购、运输、库存管理、用料管理和供应输送等。

1. 制造企业供应物流的特点

供应物流是企业为保证生产节奏，不断组织原材料、零部件、燃料、辅助材料供应的物流活动，这种活动对企业进行正常、高效率生产发挥着保障作用。企业供应物流不仅要实现保证供应的目标，而且要在低成本、少消耗、高可靠性的限制条件下来组织供应物流活动，因此难度很大。

2. 供应物流基本流程

制造企业供应物流的具体情况各不相同，但基本流程是相同的，一般有以下三个阶段。

第一阶段，取得资源。这个阶段的主要工作是物料的采购，为生产活动进行物质准备，保证企业按照事先制订的生产计划在组织生产的过程中可以获得需要的各种生产物资。

第二阶段，组织到厂物流。企业完成生产物资的采购后，并不意味着生产准备工作的结束，而恰恰相反，这只是准备工作的开始。取得的资源必须经过装卸搬运、储存、运输等物流活动才能到达企业。生产物资的运输和涉及几个环节的衔接问题——生产物资的供方与需方的物资交接、运输承运人与需求方的交接、物资运输方与储存方的交接等。

第三阶段，组织厂内物流。到达企业的物资，经工作人员确认后，在厂区继续移动，最后到达车间、分厂或生产线的物流过程。这个阶段的重点是物资的在库管理和厂内搬运，主要作用是协调企业生产活动与物料管理活动的统一，保证生产物资时间价值的实现。

（二）生产物流

生产物流是制造企业内部进行的涉及原材料、在制品、半成品、产成品等的物流活动[①]。企业生产物流的边界起于原材料、外购件的投入，止于成品仓库。

1. 生产物流的特点

企业的生产物流主要是实现加工附加价值的活动。企业生产物流一般是在企业的小范围内完成，当然，这不包括在全国或者世界范围内布局的巨型企业。因此，空间距离

---

① 全国物流标准化技术委员会. 物流术语：GB/T 18354—2021. 北京：中国标准出版社，2021.

的变化不大，在企业内部的储存是对生产的保证，而不是一种追求利润的独立功能，因此，时间价值不高。企业生产物流伴随加工活动而发生，实现加工附加价值，也即实现企业主要目的。所以，虽然物流空间、时间价值潜力不高，但加工附加价值却很高。

2. 生产物流体系

根据生产物流的特性，企业生产物流体系主要包括以下几个方面。

（1）生产工艺流程。工艺流程是技术加工过程、化学反应过程与物流过程的统一体。工艺流程有两种典型的物流形式：一是加工物固定，加工和制造操作处于物流状态，如建筑工程工艺、大型船舶制造等。二是加工和制造的手段固定，被加工物处于物流状态。

（2）工厂布置。工厂布置是指在工厂范围内，各生产手段位置的确定，各生产手段之间的衔接和以何种方式实现这些生产手段。具体来讲，就是机械装备、仓库、厂房等生产手段和实现生产手段的建筑设施的位置确定。

（3）生产物流设备。在生产物流作业环节和生产工序的衔接、配合中，生产物流设备的设计选型、运行保养、检测维修、改进等各项工作，也是企业生产物流管理的基础内容之一。生产物流设备的技术性能下降或故障必然会导致生产物流作业的不连续、不稳定，从而影响生产效率。

（4）生产物流节点。生产物流节点主要以工厂的各种物料仓库形式存在。一般按物品类别可分为原材料仓库、配件仓库、产成品仓库、半成品仓库、在制品仓库等。按节点的功能可分为总库和分库（或专用库）。

（三）销售物流

制造企业销售物流是企业在销售商品过程中所发生的物流活动[①]。销售物流活动具有很强的服务性，为满足客户的需求，销售物流与销售系统配合，共同完成产品的销售。

（1）产成品包装。包装是企业生产物流系统的终点，也是销售物流系统的起点。产品的包装通常分为内包装和外包装，也就是销售包装和运输包装。销售包装是与产品直接接触的包装，是企业销售工作的辅助手段，许多制造企业都通过销售包装来进行新产品推销的工作或企业形象的宣传工作。

（2）产成品储存。制造企业通过生产加工形成的产成品，通常都要进入产成品仓库。为保证客户需求能够得到及时、足量的满足，制造企业也需要保留一定数量的产成品库存来避免一些不确定因素所带来的经营风险。

（3）销售渠道选择。制造企业销售物流的起点是制造企业的产成品仓库，然后经过分销物流环节，完成长距离、干线的物流活动，再经过配送完成市区和区域范围的物流活动，最后到达企业、商业用户或最终消费者手中。制造企业销售物流活动与销售渠道密切相关。

---

① 全国物流标准化技术委员会. 物流术语：GB/T 18354—2021. 北京：中国标准出版社，2021.

（4）发送运输。无论销售渠道如何，也无论是用户直接取货，还是制造企业直接发货给客户，企业的产成品都要通过运输才能够到达客户指定的地点，保证按时将商品送到指定地点或客户手中，运输安全系数高，避免丢失、损坏等情况发生。

（5）信息处理。在物流领域中，信息是供应链管理的逻辑载体，它既包含在供应链的每一“环”内部，也存在于“环”与“环”的衔接中。作为供应链中重要一“环”的销售物流，把握好信息的采集、控制、产生和传递也是非常重要的。

（四）回收与废弃物物流

制造企业的回收与废弃物物流是一种包含了返品的回收、物料替代、物品再利用、废弃处理、再处理、维修与再制造等流程的物流活动。回收与废弃物物流发展日益受到社会关注，其物流成本直接影响着回收与废弃物物流企业的经济效益与社会价值[①]。

制造企业的回收与废弃物物流一般包括以下几个环节。

（1）收集。收集的产品包括来自最终消费者和中间商的产品退货及产品回收。

（2）检测和分类。由于产品的退回原因各异，相应价值也不相同，必须对收集的产品进行有效的检测，并据此进行分类，以确定合适的处理方案，这样才能进行后续处理。

（3）再处理。再处理是对回收产品或其零部件进行适当处理，以重新获取回收产品价值的过程。再处理又可以分为再使用、再制造和再循环三种方式。

（4）废弃处置。这一环节针对的是由于技术或经济上的原因而不能再利用的废旧产品或零部件。当这类废旧产品无剩余价值或剩余价值不能体现经济性和合理性时，将其进行无害处理，使其符合各环境指标，减少环境污染，从而构建环境共生型的企业发展模式。

（5）再分销。在这一环节中，企业将有使用价值的、经过再制造的产品投放到潜在市场并送到有此类需求的消费者手中。该步骤包括销售、运输和仓储等环节，并且过程与正向物流中的生产分销物流类似。

二、制造企业生产类型

制造企业门类众多，产品和服务千差万别，相应的工艺过程和生产策略等也各不相同。按照基本特征将其分类，以把握各种生产类型的特点和规律，是进行制造企业物流管理的基本前提。

划分制造企业生产的标准有多种。一般根据生产对象在生产过程中运动的连续程度，可以将制造企业生产分为流程式生产和离散式生产；按照产品的专业化程度，可分为大量生产、成批生产和单件生产；按照企业组织生产的特点，可以分为备货型生产和订货型生产。

---

① 陈林童，徐玲. 基于可拓创新方法的回收物流企业成本控制策略研究. 物流技术与应用，2021，26（10）：190-195.

1. 流程式生产和离散式生产

流程式生产是指物料连续、均匀地按照一定工艺顺序运动，在运动中不断改变形态和性能，最后形成产品的生产，往往是指原料经过一系列以改变其物理、化学性质为目的的加工——变性处理，获得具有特定物理、化学性质或特定用途的产品，如化工、冶金、造纸等产品的生产。

离散式生产是指物料离散、间断地按一定工艺顺序运动，在运动中不断改变形态和性能，最后形成产品的生产。离散制造的产品往往由多个零件经过一系列工序的加工最终装配而成，一般都包含零部件加工、零部件装配成产品等过程，是现代工业中最为典型的加工装配式生产类型，如机械、汽车、船舶、家具、电子设备、计算机、服装等产品的生产。

2. 大量生产、成批生产和单件生产

大量生产品种单一，产量大，生产重复程度高，在通常情况下，每个工作地都固定加工一道或少数几道工序，工作地专业化水平很高。

成批生产是指企业在一定时期重复轮换制造多种产品的一种生产类型，每种产品均有一定的数量，工作地点的加工对象周期性地重复。

单件生产又称单个生产，与大量生产相对立，生产品种繁多，每种产品只生产一台，生产的重复度低，工作地中所进行的工序经常改变，大多数设备和工具都是通用的。

3. 备货型生产和订货型生产

备货型生产（make-to-stock，MTS）是企业在市场需求预测的基础上，有计划地开发和生产。生产出的产品不断补充成品库存，通过成品库存来满足随时发生的用户需要。

订货型生产（make-to-order，MTO）是指企业根据按客户订单进行的生产。它是根据用户提出的具体订货要求后，才开始组织生产，进行设计、供应、制造、出厂等工作。

三、制造企业物流管理的发展

随着我国制造企业的快速发展，制造企业物流需求快速增长、规模快速扩大，占社会物流总额比重不断提高。制造企业物流的发展目标正在由加快销售、降低销售成本，向整体优化、提高企业效率、降低整体物流成本转变。制造企业的物流管理无论是在企业内部一体化物流方面，还是在外部供应链物流方面，都在不断提升和发展。

（一）内部生产物流管理的发展

随着制造业和计算机技术的发展以及定量分析方法的完善，企业内部生产物流管理得以不断发展以适应市场经济的挑战。

1. 从专业部门管理发展到全面综合管理

过去将生产物流管理称为物料控制，主要任务是对内供应生产所需的原材料和用品；而过去企业主管的主要精力集中在生产和销售方面，生产物流管理部门成为配合生产的辅助部门。

2. 从单纯的生产物料储备发展到生产物流 JIT 管理

在传统大批量生产模式下，为保证生产用料的需求，生产物流管理部门倾向于大量储备生产物料，因而造成较高的库存资金占用，生产物料浪费现象严重。在多品种小批量生产的由市场订单驱动的生产模式下，企业生产物流管理的目标主要集中在提高质量、降低成本、减少资金占用、支持销售、提供优良顾客服务水平等方面，由日本丰田公司首创的 JIT 系统在众多制造行业开始被广泛采用，生产物流 JIT 管理成为制造企业物流管理的一大趋势。

3. 从手工操作发展到机械化、自动化

过去企业内部物流活动多以手工操作为主，随着现代技术的不断进步，广泛采用起重机、叉车、吊车、动力输送机、集装箱、托盘、机械手、电动搬运车、自动分货机等通用或专用的自动化机械设备，大大提高了物流速度和运输的灵活性，减少了生产物流管理中的体力消耗，降低了装卸搬运时的生产物流损耗。同时充分利用机械设备，实现了规模作业，降低了整体的物流成本。

（二）制造企业物流外包的发展路径

传统制造企业一般都是大而全，小而精，物流也不例外。企业的物流活动包括物资采购、物资储存、厂内外运输等，基本上是自我封闭式管理，万事不求人，没有现代化的合作分工意识，在物流管理和运作上习惯于自成体系、自我服务，集中表现为集约化程度较低，内部物流基础设施规模较大。

依据物流运作外部化程度的高低和核心竞争力的强弱，制造企业物流外包的发展路径大致为：传统制造业向现代制造业转型—制造企业物流流程的内部整合—制造企业物流业务与主营业务分离—制造企业物流实施外包。

1. 传统制造业向现代制造业转型

现代物流服务的需求是随着现代制造业的发展而出现的，因此，现代制造业的发展是物流外包的必备条件。随着当代信息技术、先进制造技术和全球化的发展，制造业的发展技术、发展模式发生了较大的变化，现代制造业产生了。

2. 制造企业物流流程的内部整合

首先是企业采购、生产、销售等内部物流一体化，企业内部采购、生产和销售部门不单纯考虑部门利益，而是着眼于企业的整体利益，相互协调，密切合作。其次是实施企业流程再造。制造企业物流流程整合过程中必须经过组织结构再造、部门职能重新划分以及相关管理流程及管理权限的重新构建，在此过程中，组织结构再造以及与之相关的管理流程再造是实现内部整合的关键，从技术角度来看，制造企业物流流程的内部整合可以利用业务流程重组技术与ERP技术来完成。

3. 制造企业物流业务与主营业务分离

随着制造业核心业务的不断发展，物流业务作为生产性辅助业务，需要对之进行“主辅分离”，以进一步提高企业核心竞争力。

4. 制造企业物流实施外包

基于以上三个阶段的发展，制造企业已经具备了实施物流外包的条件，开始准备物流外包。通常来说，物流整体外包是物流外包程度最高的。目前，在我国很多制造行业中，能够将物流整体外包的企业仍然不多。

（三）制造业与物流业的联动发展

制造业物流发展是由制造业和物流业这两个行业的交织发展而成的。当制造业规模较小的时候，制造企业自身承担原材料采购、产品制造、商品销售及物流等所有活动，但由于规模的扩大、竞争和专业化分工的加剧，企业因为资源约束不得不将物流等业务外包，由此产生了制造、物流等活动的相对独立。

四、企业计划系统与物流管理

（一）MRP

MRP将企业产品中的各种物料分为独立物料和相关物料，并按时间段确定不同时期的物料需求量，从而解决库存物料订货与组织生产问题。其基本原理是按照基于产品结构的物料需求组织生产，即根据产品结构的层次从属关系，以产品零件为计划对象，以产品完工日期为计划基准倒排计划，按各种零件与部件的生产周期反推出它们的生产与投入时间和数量，按提前期长短区别各个物料下达订单的优先级，从而保证在生产需要时所有物料都能配套齐备，不到需要的时刻不会过早积压，达到减少库存量和占用资金的目的。

（二）MRP Ⅱ

MRP Ⅱ贯穿于企业生产制造的全过程，把企业长远发展宏观计划和企业接受订单确定要求的中层计划、产品计划，零部件和原材料等微观计划结合起来；把执行计划和阶段工作结合起来；把企业物流、信息流及资金流有机结合起来。

MRP Ⅱ把企业经营的主要信息完成了集成。在MRP的基础上向物料管理延伸，实施对物料的采购管理，包括采购计划、进货管理、供应商账务管理及档案管理和库存账务管理等。由于系统已经记录了大量的制造信息，包括物料消耗、加工工时等，企业在此基础上可以扩展到产品成本的核算、成本分析；MPS 和生产计划大纲的制定依据是客户订单，因此，企业向前又可以扩展到销售管理业务。

（三）ERP

美国 Garter Group 公司最早提出了 ERP 的概念，ERP 系统进一步扩展了管理范围，除了囊括 MRP\MRP Ⅱ系统的制造、供销和财务三大部分外，还集成供应链管理、基础数据管理、人力资源管理、物资管理、生产管理和决策管理等模块于一身，实现了对整个供应链信息和物流、资金流、信息流的全面集成管理。ERP 在功能和技术上超越了传统的 MRP Ⅱ，它是以客户驱动的、面向整个供应链管理的 ERP，从 MRP\MRP Ⅱ到 ERP 是管理思维的革命。

（四）JIT

JIT 生产的基本思想就是按照用户的订货要求，仅仅在需要的时间和地点，按照需要的数量，及时采购、生产真正需要的合格产品，既减少了制造过程中的种种浪费，降低了成本，控制了库存，实现了零库存目标，又使系统增强了对客户订货的应变能力。

五、约束理论与物流管理

（一）约束理论概述

约束理论根植于 OPT（optimized production technology，最佳生产技术），也可以说，OPT 是约束理论的前身。OPT 概念思想及方法技术是约束理论的基本组成部分。约束理论从最初作为制造企业管理、解决瓶颈问题的方法，到发展出以“产销率、库存、经营成本”为基础的指标体系，逐渐形成为一种面向增加产销率而不是传统的面向减少成本的管理理论和工具，并最终覆盖到企业管理的所有职能方面，成为一种通过对“约束条件”的持续性改善来提升系统（企业等）表现的内涵丰富的理论。

（二）约束理论的物流分析法

1. 生产物流分类

企业内部存在着人员流、资金流、信息流、物流。物流是企业流程中的重要组成部分，它历经采购原材料、制作毛坯、加工半成品、组装部件、总装产品及该过程中的物料传输、储存等活动环节。

2. 基于约束理论的生产物流计划与控制

约束理论是以九条原则为指导，通过 OPT 计划与控制系统具体落实其各种管理思想。OPT 认为，一个企业的计划与控制的目标就是寻求顾客需求与企业能力的最佳配合，一旦一个被控制的工序（即瓶颈）建立了一个动态的平衡，其余的工序应相继地与这一被控制的工序同步。OPT 的计划与控制是通过 DBR [drum（鼓）、buffer（缓冲器）和 rope（绳子）] 系统实现的系统。从计划和控制的角度来看，"鼓"反映了系统对约束资源的利用。对约束资源应编制详细的生产作业计划，以保证对约束资源的充分合理的利用。

第二节 汽车制造企业物流管理

一、汽车制造供应链及其特点

（一）汽车制造供应链的构成

汽车制造行业链条相对较长、关联性较紧密，包含多级供应商、部件的配套、设计研究、汽车的总装、下游的经销商、零售商和售后服务网络及物流运营等一系列的协同作业。汽车制造企业无法独立完成从零件生产、整车装配到最终把产品卖到客户手中的全过程，必须借助于汽车制造业形成的一整条汽车制造—销售—服务供应链。

（二）汽车制造供应链的特点

汽车供应链由整车制造商、原材料及零部件供应商、整车及零部件经销商等环节构成。随着现代汽车行业的发展，现代汽车制造供应链体现出以下特点。

（1）以整车装配企业为供应链的核心企业。整车装配企业作为供应链的物流调度与管理中心，担负着信息集成与交换的作用。

（2）供应链管理侧重于打造和维护优质供应链。核心企业专注于对供应链的优化整合、协调推进和战略合作伙伴关系的构建、供应链物流模式的创新、供应链上下游即供应商与分销商的管理，以及产、供、销关系的协调与控制等方面。

（3）供应链上各节点企业之间关系密切。汽车制造商和供应商伙伴间形成共同开发产品的组织，持久合作。供应商提供具有技术挑战性的部件；伙伴成员共享信息和设计思想，共同决定零部件或产品以及重新定义能够使双方获益的服务。

（4）采购和生产的全球化。汽车零部件成本占汽车总成本的六七成，削减零部件成本是汽车厂商普遍关注的问题。全球采购就是汽车整车厂商为降低成本而采取的供应链管理上的一个战略性变化。

（5）物流配送功能的专业化。原材料及汽车零部件供应商、汽车制造商的物流配送业务与其主业剥离，社会化、专业化的物流体系相比其他行业较为完善。

（6）信息技术的广泛应用。信息技术被应用于规划汽车供应链中的信息流、资金流、物流，构建电子商务采购和销售平台，通过应用各类先进的信息技术，做到供应链中的每个成员都能及时并有效地获取需求信息，从而做出及时响应，以满足顾客的需求。

二、汽车制造物流与供应链的发展

今天的汽车制造业正面临前所未有的市场竞争压力。一方面，汽车市场中的消费需求日趋个性化，且消费者要求能在任何时候、任何地点、以最低的价格和最快的速度获得所需的产品，从而使市场需求的不确定性大大增加。另一方面，汽车产业的国际化趋势也越来越明显，跨国公司生产和销售活动的地区化布局促进了各国比较优势的发挥，带动了汽车工业的全球化进程。全球化竞争也使得汽车行业供应链上的分工越来越专业化，跨国汽车公司的竞争方式也由过去的精细化管理，向产业链和价值链的整合与再配置转变，而其操作必然以供应链为载体。汽车物流与供应链新的发展趋势正在形成并发挥作用。

（一）汽车零部件供应商面临的挑战

由于整车厂纷纷按照价值链的原理对自身的制造供应链进行重组，而将大量的非核心业务剥离和外包，结果把越来越多的零部件制造和装配责任推给了独立的第一层供应商，并且提高了对所有供应商在服务和响应时间上的要求，迫使供应商必须做到能够快速响应来自整车厂的需求预测和生产计划变化，并且在流程和技术改进上做出投资，以确保其下游供应链上信息传递的准确性。在大多数情况下，供应商的这些努力必须得到整车厂在流程和技术上的协调与配合才能成功。

为了降低采购价格，整车厂不仅在和供应商的合同中增加了每年降低成本的要求和条款，也一直不断地致力于追求生产和采购的全球化以及对传统供应体系的改造。此外，作为采购方的汽车生产厂家开始更加关注零部件在整个生命周期的获取成本（包括物流、索赔、售后等所有环节的成本），而不仅仅只是零部件出厂时的价格。

（二）面向大规模定制的汽车制造企业供应链管理

大规模定制是为了满足用户的多样化需求从大批量生产方式发展而成的一种现代生产模式。这一方法要求整车厂和上下游合作伙伴一起，保持高度同步。可以发现，汽车行业的大规模定制对传统生产涉及的价值链进行了延展，从原来的“制造订单”为起点延伸到“开发订单”为起点。

大规模定制下的汽车企业供应链管理系统一般是由产品与工艺的协同设计平台、供应链的协同规划与响应平台和分布协同的售后服务平台构成。近几年物流技术高速发展，仓储、拣选设备可基本满足标准化的业务流程与作业对象要求。未来将在算法、系统策略层面进行优化与突破。例如，机器视觉技术，通过机器学习、深度学习算法的植入与升级，实现更智能的感知，将从外部获取的信息转化成数字化的信号，进而通过人工智能进行判断与决策，使各项拣选技术能够应对非标准化的流程与拣选对象，实现拣选柔性化、个性化；再如 AMR（autonomous mobile robot，自主移动机器人）技术，同样是通过后台的人工智能支撑实现路线的自主导航与自动规划，为拣选作业提供更高效的技术支撑；同时通过数字孪生技术，实现实际场景的虚拟数据及图像采集，利用算法校验拣选的准确性，实现效率优化和技术升级[①]。

（三）汽车供应链物流的发展

汽车制造业的迅速发展影响着整个供应链的全方位管理和运作，其对物流方面的需求也不断增加。汽车制造企业越来越注重对社会物流资源的综合利用，通过与物流业联动发展实现资源更好的整合，提高企业的生产运营效率。

随着我国市场经济行为的大范围渗透、市场机制的逐步完善、产业结构的调整升级，汽车制造业和现代物流业的互动关系越来越密切，并越来越受企业、学术界和各级政府部门的关注。

（四）汽车销售及售后市场服务导入电子商务新模式的趋势

电子商务在促进经济发展方式转变、保持经济创新活力等方面发挥着越来越重要的作用，毋庸置疑，电子商务也正以一种前所未有的速度，深刻改变着汽车经营环境和市场运作模式。汽车企业可以比以往任何时候都更直接地面向顾客终端（如 B2C），更及时地联络供应商和企业客户（如 B2B）、更密切地关注员工和企业内部进程。

三、汽车制造企业物流系统

（一）汽车制造企业物流的特点和要求

汽车制造企业物流是指汽车供应链上原材料、零部件、整车以及售后配件在各个环节之间的实体流动过程，其具有以下特性。

1. 技术复杂性

保证汽车生产所需零部件按时按量到达指定工位是一项十分复杂的系统工程，汽车的高度集中生产带来成品的远距离运输以及大量的售后配件物流，这些都使汽车物流的技术复杂性高居各行业物流之首。

2. 服务专业性

汽车生产的技术复杂性决定了为其提供保障的物流服务必须具有高度专业性：供应物流需要专用的运输工具和工位器具，生产物流需要专业的零部件分类方法，销售物流和售后物流也需要服务人员具备相应的汽车保管、维修专业知识。

---

① 高跃峰，王丽娜，高金宝. 汽车物流供应链下的零部件拣选策略研究. 物流技术与应用，2021，26（10）：126-130.

3. 高度的资本、技术和知识密集性

汽车物流需要大量专用的运输和装卸设备，需要实现“准时生产”和“零库存”，需要实现整车的“零公里销售”，这些特殊性需求决定了汽车物流是一种高度资本密集、技术密集和知识密集型行业。

物流系统的优化和顺畅，是汽车制造企业追求的目标。在市场主导的今天，顾客的个性化需求越来越大，汽车生产向多品种、小批量方向发展的趋势越来越明确。因此，汽车生产系统对物流保障系统的要求会更加苛刻。

第一，准时性要求。

生产线旁的物流位置有限，因此需要连续不断地向生产线准时供货，供货的准时性决定了生产的准时性。

第二，准确性要求。

汽车装配的准确性是整车装配质量的最基本保证。在一条装配线上，混流装配两个或两个以上平台、十几种配置的汽车。上万种零部件准确地送到消耗点，是物流系统运作的难点。

第三，柔性要求。

由于汽车消费市场的需求变化日益频繁，汽车制造企业越来越难以对市场做出准确的预测，造成生产计划频繁变动。因此，对物流系统的柔性就格外依赖。

第四，质量要求。

汽车零部件的质量是汽车质量的基本保证。零部件在运输、搬运、更换包装容器和仓储的物流活动中，必须追求物流服务的质量。

第五，降低供应链成本的要求。

现代汽车工业，是全球化市场特征鲜明的工业，是充分分工协作的工业。企业要健康长足发展，就必须发展与供应商、销售商和社会物流服务商的可持续发展的战略伙伴关系，共建利益平台，促进供应链向价值链有效转换，实质性降低物流系统成本，提高企业竞争力。

（二）汽车制造企业生产物流

汽车零部件供应物流又被称作入厂物流，是指汽车企业根据生产计划，将所需零部件以高质量和恰当的时间、恰当的成本从供应点运至汽车制造企业，以确保生产的正常运作。零部件供应物流是汽车制造企业物流管理的最关键领域，也是企业经营管理的重要环节之一。

汽车制造企业的生产加工过程包括零部件的加工和整车的装配。

1. 加工物流过程

在汽车制造企业中，零部件加工过程主要是将一种原材料以物理方式加工成所需要的零部件。在零部件生产加工中，原材料管理是生产的源头，原材料出现了问题，整个生产就无法正常开展。为确保正常生产，原材料库存管理必须严格、有序。

2. 装配物流过程

装配过程是将零部件装配成组件或最终产品的生产过程。汽车装配物流过程包含了车身焊装、涂装和总装三大工艺过程中实物移动的主线流和总成分装机械化输送的辅助流，辅助流还包含了同步配送零件（轮胎、线束、保险杠、座椅等）流。

（三）汽车制造企业生产物流计划与控制

企业生产物流管理的核心是如何对生产过程的物料流和信息流进行科学的规划、管理与控制。汽车制造企业通过合理制订生产计划使物流均衡化，同时减少库序、减少物流中间环节，可以有效地缩短生产周期，使进厂的原材料在较短的时间内，形成“成品”供给用户，更快地适应市场的变化，提高企业的竞争能力；同时，通过各种控制策略和控制方法使企业的原材料、中间在制品和成品库存在满足生产要求的前提下，把库存控制在合理范围内。

（四）汽车制造生产现场物流管理

1. 进货验收

进货验收就是工厂对供应商送达的零部件是否按照采购合同发包要求进行送货的确认、卸货和空容器的返空等系列活动，包括进货验收过程中送货车辆的正常安全运行、进货验收的作业效率以及异常情况下的快速应对处理。进货验收具体业务包括卸货、验收、容器返空等主要活动。

2. 收货场所设置

收货场所设置包括对送货车辆停靠点、验收区域、零件存放区域规划、空容器存放区域、验收办公室、人行通道等设置和规划。

3. 线边库管理

汽车总装线的线边库，并不是真正意义上的仓库，而是几个零部件料架，只放置所需要装配的零部件，线边库附近还有放置工装、记录表等小工作台或用品箱。线边库是生产物流与生产装配的交汇点，建立和管理应用好线边库，是汽车制造企业体现和实践精益生产与精益物流理念的重要环节。

四、汽车制造企业销售及售后服务物流

汽车销售物流是汽车制造企业产品销售活动过程的整车物流，而售后服务物流主要是汽车售后备件物流。销售及售后服务阶段的物流都具有极强的客户服务性，对于增强汽车制造企业的市场竞争力关系重大。

（一）整车物流

整车物流是汽车产销过程中的重要环节，是指从生产流水线下线的成品车辆，通过火车、轮船、大型拖车等运输工具将整车运往销售总库、各地分销库、4S店，最终到达消费者手中的一系列物流过程。其跟随汽车行业发展，从诞生到崛起到发展，经历了30多年时间，市场经历了前期的低速发展后，近十多年快速成长成熟①。

现阶段，整车物流正在从简单的商品车运输转变为以运输为主体，仓储、配送、末端增值服务为辅的新型物流。整车物流要按照客户订单对交货期、交货地点、品质保证等的要求进行快速响应和准时配送，其特殊性体现在如下方面。

受市场影响变化性强，需求波动大。整车物流与汽车零部件、原材料物流不同，零部件和原材料的物流是根据汽车制造商的生产计划安排物流，可以通过JIT方式实现零库存或者低库存。

整车物流技术水平要求较高。车辆不同于其他商品，其体积大，较重，形状不规则占用的空间大。车辆生产完成下线后，必须对其进行合理的物流操作，避免在移动过程中造成车辆划伤等影响商品质量的问题发生。

物流作业专业化。整车物流的固定资本投入较大，设备的专业化专用程度较高；整车在物流过程中几乎没有包装作业，仓储过程也很少，整个过程产品都处于运动状态且与外部环境直接接触，物流作业以专业员工（驾驶员）为主，作业过程单一，专业性很强。

物流风险大。整车属于单件高价值商品，目前多采用公路运输，由于运输线路长，而且许多地区路况复杂，在物流过程中的不可控性较大，任何货损和事故等造成的损失都将是巨大的。

（二）汽车售后备件物流

1. 汽车售后备件物流的重要性

汽车售后备件物流是指汽车使用过程中正常的保养、维修、大修，以及交通事故后的维修所需要的零部件物流服务。

对于汽车制造企业而言，汽车售后备件物流是售后服务的重要组成部分，其重要意义与汽车制造和销售同等重要。在日益激烈的汽车市场竞争中，新车销售的利润在不断降低，汽车售后备件物流及售后服务已成为汽车制造商增加效益的关键。

（1）对客户满意度的影响。在售后服务中，任何一个服务备件无法快速、准确地送至消费者手中都会导致严重的后果。

（2）对售后服务的成本的影响。售后备件物流运作和管理的难点在于需求不稳定且需求量小，导致难以预测，库存周转慢。

高库存一方面提高了客户满意度，但另一方面，由于汽车服务备件的SKU数量众多，其中某些部件价格昂贵，再加之产品生命周期缩短带来的贬值成本巨大，库存成本给售

---

① 黄钰婕. 为汽车物流产业赋能 助力企业智慧升级. 中国物流与采购，2022，(3)：48-49.

后服务带来巨大的压力。

（3）对客户购买行为的影响。市场上汽车服务备件价格居高不下，远远超出制造成本，正是其物流系统成本偏高的一个侧面反映。服务备件价格太高了显然影响消费者的购买行为。

2. 汽车制造企业售后备件物流运作流程

对于整车厂而言，售后备件物流的管理难度在于品类众多、单件物流量大，需要在实际运作中兼顾成本和效率。售后备件物流的运作环节主要包括采购、调拨、运输与配送。

（1）采购。基于各种备件的使用寿命、更换频次与数量等信息，整车厂对备件的采购规模和数量进行预测。

（2）调拨。售后备件物流的终端多为4S店或维修站，他们通过信息系统向整车厂发出订单。

（3）运输与配送。整车厂通常将备件运输外包出去。总体看，备件的配送速度较快，但是配送成本较高。

3. 汽车制造企业售后备件物流结构模式

（1）单中心库模式。在主机厂所在地或主要销售城市设立一个较大的备件配送中心（也称为中心库），储存所有车型需要的备件品种。

（2）分库模式。在全国设立分区域备件配送中心（也称为分库），储存服务区域市场所需的各车型的备件品种。

（3）中心库——分库模式。这种模式是前两种模式的结合，即中心库作为信息中心负责订单的接受和处理，各地分库根据中心库订单指令配送和接受备件，各地分库的库存量由中心库控制。

（4）渠道模式。渠道式即根据服务供应商的渠道设置来进行物流系统设计，类似于销售模式中的厂商—总代理—分销商的渠道传递，在每一级别中均进行一定量的备件储备，并根据实际情况随时调整。

（5）中心库—分库—渠道模式。这种模式是第三种和第四种模式的结合，即在中心库、分库和代理商处均储存备件。

五、汽车制造企业物流组织管理改善

（一）汽车制造企业物流组织管理范围

在从新产品导入与投产，生产计划与生产控制，物料计划、入场物流和交付，再到库存控制、整车物流以及售后服务件管理的整个供应链流程中，汽车制造企业物流组织管理职能范围很广。

1. 物料计划

物料计划主要职能是物料采购计划的制定和物料跟踪，确保正常生产有足够合乎规定的物料。

2. 物料供应

物料供应主要是负责对供应链的优化、整合；根据生产计划，安排组织好运输，跟踪运输状态，制订应急方案，保证物料按照准确的时间节点送到工厂，保证收货及库存转移的及时准确，并在运输过程中监督承运商的操作，确保操作符合要求，并进行供应物流成本控制。

3. 工厂物流规划

工厂物流规划主要是对工厂内物流进行合理规划，确定工厂物流运作模式、仓储区域、布置、库存大小、拉动接收及运输方式、人员设备配置等，调整并完善物流操作体系，以降低物流成本，提高物流响应速度。配合企业质量体系的认证及实施。

4. 现场管理

在整个汽车产业链中，有上万个零部件需要安装在一部汽车上，小到焊接的螺栓、螺母，大到顶棚、玻璃等，有效提高人机效率的现场质量管理成为整个供应链管理的重点[①]。现场管理包括组织开展物料接收配送、现场物流管理、生产服务工作，支持工厂生产。为确保现场安全、有效运行，制定标准操作程序，根据生产节拍有序地组织物料上线以保证流水线的顺利生产。管理现场供应商按规范、流程操作。

5. 库存控制

库存控制的作用包括：保障生产性物料的账、物相符，根据实际的业务操作制定、更新、监控库存相关流程，控制有关库存的所有操作以保证库存的准确性；负责生产零部件的收、发、存，将进出物料信息输入系统，协助库存管理及盘点工作；监督、协调所有库存账务的处理，解决财务等其他部门对于库存账务问题的疑问，对盘点分析进行最终审核并在系统过账；配合财务资产管理和审计工作等。

6. 生产协调与控制

协调市场与生产的差异；协调各个生产部门间的生产执行节拍差异，使生产均衡；监控生产计划实施，异常情况的及时沟通和汇报。

① 侯晓琪. 基于供应链下的汽车物流服务商效率管理提升——以大连某工厂为例. 物流工程与管理，2021，43（12）：58-60.

（二）汽车制造企业物流组织管理改善措施

汽车行业已步入供应链管理时代，为了提高供应链管理水平，相应的组织应该是扁平化的、快速的、灵活的。汽车企业需要重新思考如何设计内部人员的组织结构，以支持整个供应链的订单履行和订单交付的流程。对于这些跨部门的流程，需要进一步明确整个供应链的负责部门及其职责和权限，建立直接和间接的汇报关系以及跨部门功能团队以更好地衔接各个环节，实现在供应商管理和生产管理之间的集成以及在面向客户的组织和生产组织之间的集成，即实现产供销协同。

六、汽车制造企业零部件供应物流管理改善

（一）汽车制造企业零部件供应物流管理面临的问题

虽然，现在的汽车制造企业广泛推行准时采购、准时配送、循环取货等多种供应物流运作模式，但从我国汽车产业发展的实际来看，零部件供应管理还面临着以下挑战和问题。

1. 汽车零部件供应链流程冗长

国产件供应商过于分散，中国幅员辽阔，供应商分布在全国各地，沿海城市几乎都有汽车零部件制造厂，汽车物流供应链战线长达数千千米，这给汽车物流带来很大的不便。而且由于干线运输的可靠性差，各个整车生产厂附近常常都会设立较高的安全库存，以保证生产线上的供应。这不仅增加了流程时间和物流成本，而且也大大降低了系统的柔性，如果库存管理不够完善，有时甚至会出现零件的积压和报废。

2. 零部件物流运输协调调度和管理困难

现有汽车零部件物流运输市场的企业规模性、集约性都比较低，无法统一协调调度，造成管理难度大、物流环节资源配置效率低下，物流成本上升等问题。我国汽车零部件物流行业信息系统不够完善，及时性差。

3. 汽车零部件物流在运输过程中的安全性和可靠性问题

在从供应商向整车生产厂运输的过程中，不恰当的运输设备、运输装卸不合理等操作都会导致被运输汽车零部件的丢失或损坏，一旦出现突发状况，就可能直接影响到整车生产厂家的生产作业。

4. 汽车物流标准缺乏统一的标准

汽车物流零部件的品种多，尺寸和其他物理特性差异大。目前，虽然个别整车生产厂在推广物料容器具的使用，但是由于各个厂家的标准不统一，同一种物料向不同的整车生产厂供货时需要采用不同的物料容器具，这不仅导致供应商投资的巨大浪费，同时

也使得物料容器具推广工作难以开展。

（二）汽车制造企业零部件供应物流管理改善措施

1. 构造新型供应链体系

现代汽车工业是全球化市场特征鲜明的工业，是充分分工协作的工业。企业要健康长足发展，就必须发展与零部件供应商和社会物流服务商可持续发展的战略伙伴关系，共建利益平台，携手前进。

2. 积极整合零部件入厂物流运输

整车制造企业在整个供应链中起主导作用，因此要优化采购物流体系，整车制造企业必须起到牵头的作用，积极促进零部件入厂运输的整合，一方面可以降低运输成本，另一方面对企业的安全生产也能起到更好的保障作用。

3. 运输过程透明化

运输过程透明化理念主要指借助 GPS、互联网络、移动通信技术和数据库技术等手段，增加运输过程的控制力度、对货物状态的监控透明度以及通过对运输环节的掌控，减少冗余环节，降低运输成本，提高车辆运行效率，最大限度地满足客户要求。

4. 实现汽车零部件物流包装标准化

实现汽车零部件物流包装标准化给汽车制造企业带来的利益如下。

一是降低供应链的物流成本。

二是提高入厂搬运与装卸的效率

三是保护环境。

七、汽车制造企业生产物流管理改善

（一）汽车制造企业生产物流管理面临的问题

1. 汽车组装生产物流中的“连锁效应”明显

汽车是由各种零部件组装而成，各零部件加工过程彼此独立，并行生产。“连锁效应”是指任意零部件如果没有按时制造完成，一定影响相关总成件的制造完成，继而影响到部件的制造完成，在此相互连锁影响中，产品的生产计划被彻底打破，大量零部件的流动停滞，生产不能继续进行。

2. 生产组织不合理造成的物料库存控制和配送压力大

汽车制造企业一般有多条总装生产线，每条生产线又可生产多个品种，而且每条生产线的品种切换也非常频繁，为了满足多条生产线和多品种的需求，零部件供应商设置了大量的库存，当某一条生产线需求某一品种时，零部件供应商需按照计划及时从库房里分拣出需求的零部件，然后配送至需求地点，这就造成诸多问题。

3. 物流环境对生产环境和秩序影响较大

汽车生产中，被加工的物料必须依赖于输送机械、运输车辆、起重机械、搬运机械或人力，才能运送到各个加工设备位置。由车间生产设备布置不合理而导致的物流路线纵横交叉，运行节奏不协调，物流路线不合理的情况很容易出现，从而造成生产秩序的混乱。

4. 物流设备选择不当导致内部物流不合理

对于零部件在生产线与生产线之间或车间与车间之间的流动，一些企业往往习惯于选用笨重的物流车辆，这种方式需要大量的物流车辆和人员，同时物流倒运过程中经常出现由搬运不当造成的产品损坏，由于物流量大，地面交通非常拥挤，经常造成一些安全事故。

5. 生产不协调造成缓存区积压半成品

在产品的工艺流程中，各道工序应该协调一致，保持良好的节奏性。而在目前汽车制造企业内部常会出现这样的现象：上、下工序节拍不一致，上道工序完工的半成品流到下道工序时，必须在缓存区内等待较长时间才能进行加工制造，生产能力没有得到充分利用，最终都导致了产成品生产效率低下。

（二）汽车制造企业生产物流管理改善措施

伴随着汽车制造业的发展，汽车制造企业越来越意识到生产物流优化的重要性。在汽车制造企业，生产物流将逐渐成为精益生产的核心要素。

1. 加强工厂物流区域规划

物流区域规划决定了物流路径，是减少搬运、等待，同时具有防错，提高物流运作质量的作用。在区域规划过程中遵循精益原则，以建立“持续直线物流”为目标，减少物料流动过程中的不确定因素，使物流过程简洁、透明，使非增值活动最小化，缩短流通时间。

2. 重视工厂物流设施的改善

精益生产物流的建设同样需要新的投入，以期实现最终的目标——精益。在推进过程中对基础设施的改进是必不可少的，其中主要包括信息设施建设、包装容器改善、线边工位器具改善、物流设备改善、看板（呼叫）物流设施改善。

3. 加强生产的系统化管理

汽车制造企业精益生产的系统性决定了其系统要素之间的相关性。精益物流的推广与其他系统模块（生产模块、质量控制模块等）是密不可分的。

4. 建立车间管理信息服务平台

在统一平台上集成生产调度、网络报表质量控制、产品跟踪、设备故障分析等管理功能，使用统一的数据库和通过网络连接可以同时为生产部门、工艺部门、质检部门、物流部门等提供车间管理信息服务。

5. 通过节拍平衡解决生产不协调，缓存区积压半成品的问题

目前如何提高汽车制造企业流水线的整体效率，减少工序间的在制品，以及追求同步化生产越来越受到重视，企业生产过程中通常用平衡率这一量化的指标来评价一条流水线平衡性的高低。

第三节　家电制造企业物流管理

一、家电物流与供应链

（一）家电物流与供应链的特点

家电物流就是以家电产品为主要对象的物品及相关信息系统规划、运作和管理过程，重点是家电产成品的正向物流，也包括返修、回收等在内的反向物流。

家电物流与其他行业的物流相比有十分鲜明的特点。

（1）家电物流运作对象的单品价值一般较高，多数有精密的电子器件，运输过程颠簸与野蛮装卸等都可能造成电器故障与损坏。

（2）家电产品的销售季节性明显。

（3）大家电产品体积和重量比较大，对保管与搬运的条件要求较高，要求有一定的搬运技术。

（4）产品库存周转率低。

（5）需要健全的物流网络。

（6）家电物流运作直接与订单管理密切相关。

（二）家电物流供应链运作方式

对于家电产品而言，整条供应链包括以下几个节点：家电原材料供应商、家电产品制造商、销售终端和第三方物流供应商；这条供应链向上延伸有原材料供应商的供应商，向下延伸有经销商、消费者等。

家电产品供应链的运作方式有两种：推动（push）式和牵引（pull）式。

家电行业在规模扩大的同时，其市场竞争程度愈发激烈，在由价格竞争向产品竞争、服务竞争等领域延伸的过程中，对供应链与物流管理的要求也越来越高。

（三）中国家电制造企业物流运作模式

国内家电制造企业物流运作模式大致可以分为以下四类模式。

1. 海尔物流模式

海尔集团在激烈的市场竞争中逐渐认识到物流的重要性，因此在各大家电制造企业中可以说其是最早认识到物流的优势，也是最早对物流进行造势的商家，但是通过其表现来看海尔物流现在做得较好的还是内部物流方面，尤其是在整合采购资源方面，为企业降低了极大的采购成本。但是其外部商业物流做得不尽如人意。海尔物流号称在外部拥有车辆资源 10 000 余辆，但基本上都是为其自身服务，同行业其他家电制造企业绝不会将自己的物流交给海尔做，但海尔做其他行业，又没有任何经验可谈。事实验证了海尔物流正处在这样的尴尬境界，可以说迷茫是海尔物流发展走向的最好注解。

2. 安得物流模式

安得物流较海尔物流更加独立，美的是安得物流最大的客户。安得物流通过整合信息、选供应商、管理订单、仓储与配送以及运输管理等环节，实现供应链的协调和优化，以提供高质量的物流服务。仓储管理是安得物流的一项重要优势，其拥有较强的仓储管理能力。在干线运输和配送管理方面，安得物流也在不断改进和提升，虽然效果可能尚不够明显。

3. TCL 物流模式

TCL 与南方物流有限公司在 1999 年合伙成立广州 TCL 南方物流有限公司，TCL 以货源入股，而南方物流提供人、劳、资，这其实同样是一种资源主导的物流运作模式，其风险性小是其最大的特点。自 2002 年起 TCL 开始加强对物流模式的探索，后分别成立了物流管理部和物流运作部，前者主管规划设计，后者主管实际运作，这种改革是 TCL 逐步摸索和推进物流模式的变革，但不管是从 1999 年 TCL 与南方物流合伙成立广州 TCL 南方物流有限公司，还是到 2003 年的物流管理部和物流运作部成立，都充分说明 TCL 对物流的重视和随着企业的发展不断对其物流运作模式的定位进行调整。

4. 安泰达物流模式

广州安泰达物流有限公司（简称安泰达）是一家合资公司，它的出资人为中远、科龙、小天鹅三家企业，其中中远出资 60%、科龙和小天鹅各出资 20%。三家企业成立的物流公司是较为中立的一家物流服务公司，同时由于中远的主导地位，不仅为科龙和小天鹅服务，也为社会上多家家电制造企业服务。

二、家电生产的物流管理

对于家电制造商来说，占其总成本的 70%的零部件采购尤为重要，如何控制零部件的采购成本成为影响其生死存亡的关键因素。

1. 采购零部件分类

一般根据零部件的种类、技术要求及风险等级，把零部件分成四类：策略型零部件、杠杆型零部件、关键型零部件、战略型零部件。

2. 采购员工作内容

①制订采购计划；②选择、管理供应商；③确定采购价格；④分配采购比例；⑤物料齐套；⑥库存控制；⑦呆料的控制与处理；⑧处理供应质量问题；⑨付款；⑩合同管理。

3. 采购流程

零部件的采购流程如下：制订采购计划→选择供应商→签订采购合同→确定采购价格→分配采购比例→物料齐套→商品部检验（不合格重新来料）→按合同付款。具体流程如图 12-1 所示。

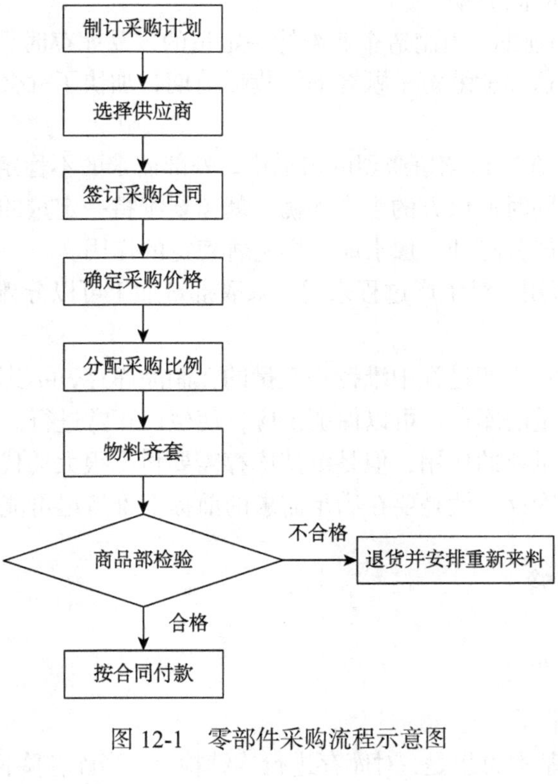

图 12-1　零部件采购流程示意图

三、家电生产库存控制

（一）库存的分类

通过对家电制造企业物流过程的分析可以看出，制造企业的库存可以分为原材料库存、在制品库存和产成品库存，各类库存的位置和状态如图 12-2 所示。

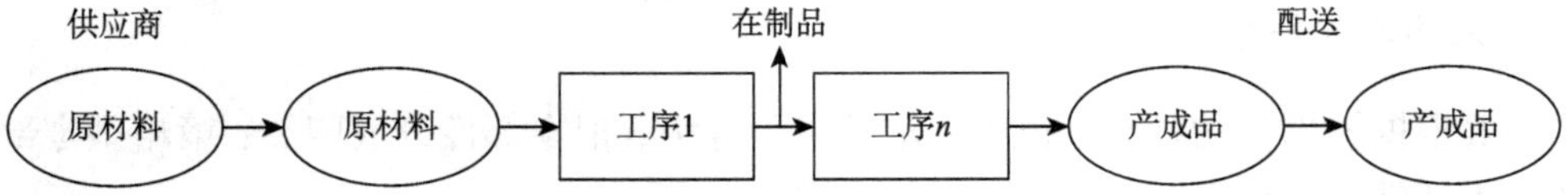

图 12-2 库存位置与状态

（1）原材料库存。原材料库存是指企业已经购买的，但是还未投入生产过程的存货。

（2）在制品库存。在制品库存是指已经投入但是尚未加工完成的半成品存货。

（3）产成品库存。产成品库存是指已经制造完成并准备装运发出和销售的存货。

（二）库存的功能

（1）增强生产计划的柔性。库存储备能减轻生产系统要尽早生产出产品的压力。

（2）克服原料交货的时间波动。在向供应商订购原材料时，有许多因素可能导致材料到达延误造成交货时间波动。

（3）缩短订货提前期。当制造企业维持一定量的成品库存时，顾客就可以很快采购到他们所需的物品，这样就缩短了顾客的订货提前期，加快了社会生产的速度，也使企业容易争取到顾客。

（4）稳定作用。在当代竞争激烈的市场中，外部需求的不稳定性是正常现象，要在保证满足需方要求的同时使供方的生产均衡，就需要维持一定量的成品库存。成品库存将外部需求和内部生产分隔开，像水库一样起着稳定的作用。

（5）分摊订货费用。对生产过程来说，采取批量加工可以分摊调整准备费用，但批量生产就会产生库存。

（6）防止中断。在生产过程中维持一定量的在制品库存，可以防止生产中断。同样，在运输途中维持一定量的库存，可以保证供应，使生产正常进行。

尽管库存有如此重要的作用，但是维持库存需要付出很大的代价，而且高库存一般没有必要。我们研究库存，就是要在满足需求的前提下维持尽可能低的库存水平。

（三）库存控制策略

1. 订货点检查策略

1）（Q，R）策略

（Q，R）策略的基本思想是：对库存进行连续检查，当库存降低到订货点水平 R 时，即发出一个订货，每次订货的数量保持不变，都为固定值 Q。该策略适用于需求量大、缺货费用较高、需求波动性很大的情形。

2）（R，S）策略

（R，S）策略也是连续性检查类型的策略，也就是要随时检查库存状态，当发现库存降低到订货点水平 R 时，开始订货，订货后使最大库存不变，即为常量 S。

3）（t，S）策略

（t，S）策略是每隔一定时期 t 检查一次库存，并发出一次订货，把现有库存内水平补给到最大库存水平 S，如果检查时的库存量为 I，则订货量为 $S-I$。如此周期性地检查库存，不断补给。

4）（t，R，S）策略

（t，R，S）策略是（R，S）策略和（t，S）策略的综合，有一个固定的检查周期 t，最大库存量 S，固定订货点水平 R。

2. ABC 分类库存管理

ABC 分类法又称为 ABC 分析法或重点管理法，主要思想是对不同的库存物品采用差异化的管理方法，按重要程度将库存物品分为三个等级，即重要程度高的库存——A 类，重要程度一般的库存——B 类，以及重要程度低的库存——C 类。针对不同级别的库存物品，分别进行管理和控制。ABC 分类库存管理等级见表 12-1。

表 12-1　ABC 分类库存管理等级

类型	重要程度	全部库存占比	年成本占比
A	特别重要	15%	70%~80%
B	一般重要	30%	15%~25%
C	不重要	55%	5%

3. VMI

VMI 即供应商管理库存，就是指由供应商管理用户库存，该方法以通过双方密切合作形成的交付货物的方式为基础。

VMI 系统的实施需要以下几个步骤。

（1）需求预测计划。

（2）建立销售网络管理系统。

（3）建立供应商与分销商的合作框架协议，即补货配送计划。

实施 VMI 系统，不仅可以降低供应链的整体库存水平，降低供应链成本，而且可以保证零售商能获得较高的服务水平、改善资金流，同时，与供应商共享信息变化也使其可以获得供应商的更高信任度。

4. 联合库存管理

联合库存管理是一种基于协调中心的库存管理办法，是解决家电行业供应链系统中由各节点企业的相互独立库存运作模式导致的需求放大现象，提高供应链同步化程度的一种有效的库存控制方法。

地区分销中心的实质是将分销商的一部分库存转移过来进行管理，从而起到联合库存管理的功能，基于此我们对现有供应链进行扩展和重构，就形成了以协调为指导中心的联合库存管理，具体如图 12-3 所示。

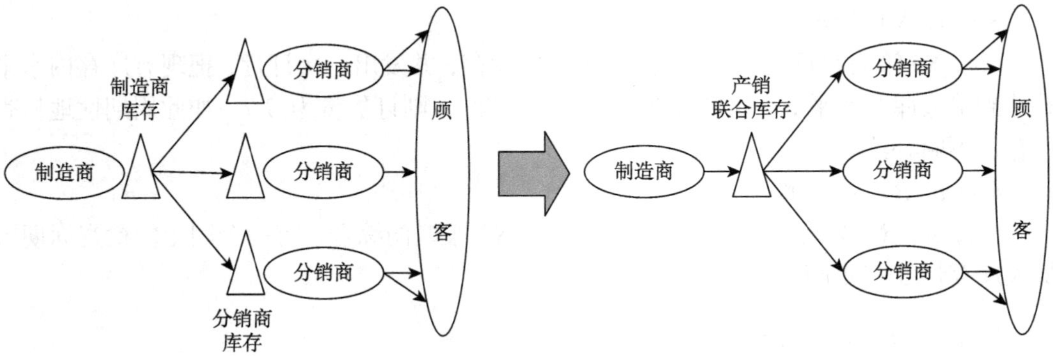

图 12-3 联合库存管理示意图

联合库存同传统的库存管理模式相比，具有以下优点。

（1）减少了供应链中的需求扭曲现象，降低了库存不确定性，提高了供应链的稳定性。

（2）为实现供应链的同步化运作提供了条件和保障。

（3）制造商和分销商通过信息共享对库存进行联合管理，以库存信息为联系的中介平台，有利于发现供应链管理中存在的缺点和问题。

（4）为实现零库存管理、准时采购和精细供应链管理提供了运作平台与技术理论基础。

（5）制造商和分销商共同管理库存，协商库存内控制策略，进一步体现了供应链管理整体资源共享和风险分担的原则与特点。

5. 协同规划、预测和补给

协同规划、预测和补给（collaborative planning，forecasting & replenishment，CPFR）模型，是 20 世纪 90 年代末出现的一种新的供应链管理技术，是一种协同式的供应链库存管理技术，同 VMI 和联合库存管理相比，它能同时降低销售商的存货量，增加供应商的销售量。

四、家电生产物流信息管理

（一）物流信息管理的功能

物流信息化的目的就是要使输入最少，即物流成本最低，消耗资源最少，而作为输出的物流服务效果最佳。衡量物流信息管理效益的指标如下：①满足生产计划所需物料，同时降低物料库存率，降低库存成本；②在生产过程中，对生产车间所需的物料能够快速地进行配送，并保证物料运送的快捷、准确；③保障物流活动流畅，物流信息管理系统能够及时反馈信息。

物流信息管理应实现下列功能。

（1）仓储管理：包括成品或在制品入库物料在库移动、物料在库保管、核查、出库等管理环节。

（2）配送管理：这里的运输仅指企业内部，包括出库单证的生成、配送部门记录，配送路线制定、车间货到签收等环节。

（3）生产加工：在生产过程中，详细记录生产过程中各道工序上的物料使用状况，及时掌握物料的耗费，及时补充物料。

（4）包装管理：产品入库前需要经过换装、分装、再包装等活动。包装管理还要根据全物流过程的经济效果具体决定包装材料、强度、尺寸及包装方式。

（5）财务管理：涉及成本核算、运费计算、未收钱款管理、银行结算等部分。

（二）信息需求的原则

（1）信息的及时性：要实现企业物流管理的及时化，就必须实现物流信息采集的及时化。通过及时性数据的输入，企业管理人员可以确切地掌握物流的流向。

（2）信息的准确性：信息的准确性是信息系统实施的基础。物流信息必须精确地反映当前和定期的物流活动，以衡量生产所需物料的水平，准确性可以解释为物流信息管理系统的报告与实物计数或实际状况相比所达到的相同程度。

（3）信息的完整性：信息录入的完整性是信息系统实施的根本保证。信息的完整性体现了物料信息的来源和流向，实现了对生产过程的全面监控，有利于企业物料资源计划的制定、在制品管理等。

（三）物流信息管理的实现技术

1. 条码技术

条码技术是在计算机应用实践中产生和发展起来的一种自动识别技术，它所倡导的是数字化管理思想。

2. GIS

GIS 集计算机图形和数据库于一体，包括空间数据输入系统、空间数据储存和检索系统、数据处理和空间分析系统、数据和图形输出系统。

3. RFID

RFID 是一种无线通信技术，可以通过无线电信号识别特定目标并读写相关数据，而无须识别系统与特定目标之间建立机械或者光学接触。

4. 物联网技术

物联网是新一代信息技术的重要组成部分，也是“信息化”时代的重要发展阶段。

5. Handle 标识解析系统[①]

Handle 标识解析技术具备独特的信息管理机制和安全防护机制，运用 Handle 标识解析技术可以实现数据的高效查询、管理和共享，能够有效破解现阶段家电供应链的编码体系不统一、信息传递不及时和协同效率低等难题，促进家电供应链上数据资源的全面流通、高精度集成和创新应用。未来，随着 Handle 在家电供应链上应用的不断深入，家电供应链的行业竞争力将显著提高。

五、家电制造企业逆向物流管理

家电制造企业逆向物流管理

案例分析

资阳汽车零部件厂商一天 12 趟物流发成都

资阳市经济和信息化局副局长卢忠明表示，2020 年以来，资阳市 42 个制造业同城化重点项目完成投资 68.4 亿元，工业产品的配套共享加快推动。典型项目包括四川羽佳模塑有限公司与成都一汽大众、沃尔沃、川汽野马供应链合作，以及资阳高新区打造的“中国牙谷”口腔产业集群已签约 72 户知名企业。资阳市将继续推进成资制造业同城化项目的落地，加强与成都市的对接合作，促进成资制造业一体化发展。

1. 教学目的和用途

本案例用于管理学硕士和本科生学习物流管理、营销管理、管理学、战略管理、绩效管理等课程时使用。通过案例使学生了解国内外生产制造型企业在物流、仓储、制造、订货等方面的专业知识，并且能够区分不同行业之间物流运输的异同点并做到举一反三。硕士可以就此案例对传统型企业如何进行物流管理优化进行讨论。本科生主要是通过本案例的学习与讨论强化理论知识。

2. 启发与思考

（1）汽车制造企业在零部件供应中应采取哪些方法进行优化？
（2）家电生产公司的物流成本控制的特点是什么？给我们带来了什么启示？

① 周志勇，任涛林，张仲敏，等. 家电行业工业互联网标识解析应用研究——标识解析在家电供应链中的应用. 中国仪器仪表，2020，(11)：42-47.

3. 分析思路

详细阅读案例资料，本案例属于理论应用与分析型的教学案例，学生应重点分析企业绩效评价问题，学会综合运用管理学和经济学方法，讨论生产制造企业物流运输的相关问题。

4. 理论依据

本案例的理论依据：管理学、绩效管理、财务管理。

5. 关键要点

供应商管理、逆向物流。

6. 课堂计划

（1）建议教师先安排学生学习专业知识，并将本案例安排给学生学习，让学生重点思考提出的问题，对第 2 部分启发与思考中的问题进行逐条分析。

（2）本案例教学安排 2 课时。首先学生就思考问题进行分组讨论，并记录相关的结论，此部分 30 分钟完成。接着安排小组发言，学生就主要问题进行辩论，此部分 20 分钟完成，学生以小组为单位编制一份方案，此部分 1 小时完成，教师进行课堂评判。

本章思考题

1. 汽车制造产业的供应链有哪些特点？
2. 试述汽车物流的特点及物流运作要求。
3. 结合我国汽车行业的实际，论述如何改善汽车企业零部件供应物流运作与管理。
4. 中国家电制造企业物流运作模式有哪些？各自有什么特点？
5. 家电制造企业物流信息管理新技术有哪些？
6. 如何进行家电制造企业逆向物流的管理？

第十三章

商业企业物流管理

【思政案例导入】

诚信物流，构筑企业美好未来

在社会主义市场经济体制下，商业企业的物流管理已经超越了简单的货物运输和仓储管理，它涉及供应链的优化、客户需求的快速响应、成本控制以及服务质量的提升等多个方面。在这个过程中，信用的重要性日益凸显。信用不仅是商业道德的体现，更是企业可持续发展的基石。本案例将深入探讨一家名为“诚信商贸”的商业企业如何在物流管理中坚守信用原则，通过详细剖析其运营策略和管理实践，来展现社会主义核心价值观在商业领域中的实际应用。

诚信商贸，作为一家历史悠久的商业企业，自成立之初就确立了以诚信为核心的经营理念。经过多年的发展，企业已经从一家小型零售店发展成为拥有多个分销中心、覆盖广泛区域的商业巨头。在企业的发展历程中，物流管理始终被视为提升竞争力的关键环节。为了实现高效、准时的物流配送，诚信商贸不断投入资源，完善物流体系，力求在激烈的市场竞争中保持领先地位。

1. 准时配送的严格承诺与实践

在商业竞争中，时间就是金钱。诚信商贸深知这一点，因此对客户做出了准时配送的严格承诺。为了实现这一承诺，企业不仅在物流配送车辆、仓储设施等硬件方面进行了大量投入，还引入了先进的物流信息管理系统。这一系统能够实时监控货物的运输状态，确保每一笔订单都能在规定时间内准确送达客户手中。这种对时间的敬畏和对承诺的坚守，充分展现了企业的诚信精神。

2. 货品质量的严格把控与保障

诚信商贸非常清楚，货品质量是赢得客户信任的关键。因此，在物流管理的每一个环节，企业都设立了严格的质量检查制度。从货源的采购开始，就有专人进行质量把关，确保进入物流体系的商品都是合格且优质的。在存储和运输过程中，企业也采取了多种措施来防止货品受损或变质。这种对货品质量的全方位把控，不仅保证了客户的消费体验，也进一步巩固了企业的信用地位。

3. 周到细致的售后服务体系

诚信商贸认为，售后服务是检验企业信用的另一重要环节。因此，企业建立了一套完善且高效的客户服务体系。当客户在收到商品后遇到任何问题或疑虑时，售后团队都会迅速响应并提供专业的解决方案。这种以客户为中心的服务理念不仅消除了客户的后顾之忧，还大大提升了企业的品牌形象和客户忠诚度。

诚信商贸通过与供应商建立长期稳定的合作关系并签订严格的合同条款来确保供应链的可靠性和稳定性。这种基于信用的供应链管理策略不仅降低了企业的运营风险还提高了整个供应链的运作效率。同时，企业也积极与下游客户保持密切沟通及时了解市场需求和反馈以便更好地满足客户的期望与需求。正是由于诚信商贸在物流管理中始终坚持信用为本的原则，企业不仅赢得了客户的广泛赞誉还获得了市场的长期认可，这种信誉的积累也为企业带来了显著的竞争优势和稳定的客户群体。许多老客户不仅自己长期选择诚信商贸作为首选购物平台，还积极向亲朋好友推荐这一品牌。这种口碑传播的力量使得诚信商贸的市场份额持续扩大，品牌影响力不断提升。

第一节　商业企业物流管理概述

一、商流与物流的概念

商流是商品流通的一部分，而商品流通是以货币为媒介的、从生产领域到消费领域的商品的一个转移过程。商品流通是生产过程的一种延续，是通过商品所有权的转移来实现商品价值的一种活动。

物流指根据实际需要，将运输、储存、装卸、搬运、包装、流通加工、配送、信息处理等基本功能实施有机结合，使物品从供应地向接收地进行实体流动的过程。

广义商品流通包含商流与物流，投入物流的劳动是生产性劳动，因为它是生产过程在流通过程延续的劳动。商流与物流的互相分离，一般有以下几种情况。

商流在前，物流在后。物流是在商流之后完成的。商品的预购就是如此，实行商品预购，首先是买卖双方的一系列交易活动，如商务谈判、签订合同、交付订金或预付货款等。

物流在前，商流在后。商品的赊销就属于这种情况。在商品赊销的条件下，买者不是先付货款，而是先取得商品。商品实体首先发生包装、装卸、运输、储运等物流活动。过一个时期，才实行付款和结算，商流是在物流之后完成的。

商流迂回，物流直达。例如，在商流中，产品的所有权多次易手，但产品实体可能从最初的售卖者直接送达最终的购买者。在这种场合，商流是曲线迂回地进行，但物流则不需要迂回进行，而是直达供货。

只有商流，没有物流。至少有以下两种情况。一是建筑物、房产的买卖。所有权出现多次的转移，但这所大楼依旧岿然不动，根本没有物的流通。二是商品的投机活动。在投机活动中，由商品变为货币和由货币变为商品可以进行多次，由一个投机者手里转移到另一个投机者手里，商流不断地进行，但商品却可以沉睡在仓库里。除此以外，也还有只有物流而没有商流的现象。我国农村农民家庭副业中的自给产品，就是这种情况。马克思在《资本论》中说："虽然社会产品不作为商品流通，也不经过物质交换来进行分配，但是运输业还是起着重要的作用。"

商业领域的物流是指商品被生产出来以后，通过销售进入最终消费的物流活动，即生产企业发货到商贸企业销售，再到顾客最终消费的物流活动。商业领域物流活动的目的是在遵循商品流通客观规律的条件下，实现商品在时间和空间上的优化配置。建立商贸流通的双向互动体系，利用互联网优势，整合商流、物流、信息流和资金流，使"四流"结合更加紧密，相互依托，共同发展，促进商贸流通一体化①。

（一）商业批发业的物流

批发企业是为进一步转售或加工大批商品而从事买卖行为的业务经营机构。批发企业处于商品运动的起点或中间阶段，它是商品流通的"入海口"。

随着流通体制改革的深入，批发公司的储运货源变化较大，储运设施出现了忙闲不均、利用率不高的问题。加之批发环节设置不尽合理，使得商品的迂回、重复、倒流等不合理运输现象时有发生。这种情况很不适应形势发展的需要，批发公司的"枢纽"作用没有得到充分的发挥，必须进行改革。这样批发公司与物流公司的相对分离又统一于商业公司之中，使商业公司成为商品流通的枢纽，起到"蓄水池"和"调节器"的作用。

（二）零售业的物流

零售企业是以直接供应消费者用作生活消费或供应给社会集团作为非生产性消费为基本任务的商业企业。零售企业的业务过程，就是商品从流通领域最终进入消费领域的过程。因而零售企业处于商品流通的最终阶段，是商品流通的"出海口"。

在商流与物流合一的条件下，我国的百货商店、专营商店的物流活动——收货、检验、暂时保管、分类、发货等职能，均由零售企业的售货员承担。由于企业的物流设施极其分散并且条件简陋，有限的物流设施得不到充分有效的利用，形不成集合力。

二、商业企业概述

商业企业指的是以盈利为直接经济目的的专门从事商品流通活动和提供商品服务的独立的经济组织。

（一）商业企业的特征

1. 以商品的购、销、运、存为基本业务

商业企业的这一特征是与生产企业比较而言的。生产企业主要是借助机器和机器体

---

① 纪良纲，王佳淏."互联网+"背景下城乡商贸流通一体化模式研究.经济与管理，2020，34（2）：77-84.

系对原材料进行加工，使之生产出符合社会生产和人民生活需要的产品。而商业企业则主要是通过对商品的购进和销售以及因此而必需的运输和储存业务，完成商品由生产领域到消费领域转移的过程，满足消费的需要。商品的购进、销售、运输、储存也是流通过程中的四个基本环节。

2. 对经营的商品基本上不进行加工或只进行浅度加工

在通常情况下，商业企业的主要职能是组织商品的流通，实现商品的使用价值和价值。与生产企业不同，它们对经营的商品基本上不进行加工或只进行浅度加工。大部分商品，特别是生产资料中的机电产品和大部分消费品，经过流通过程，其使用价值和外部形态不发生变化。

3. 实现商品使用价值的运动和价值形态的变化

生产企业通过对原材料和半成品进行加工、制造，改变其内部结构、外部形态和物理化学性能，从而形成新的使用价值。商品的使用价值保持不变，商品的价值在商流（购进和销售）中也保持不变。在这一过程中，商业企业要投入一定的物化劳动和活劳动，从而发生一定的流通费用。

4. 商业企业的“商业利润”主要来自生产企业的让渡

商业企业的“商业利润”由让渡利润、追加利润、级差利润、转移利润和管理利润构成，而让渡利润是基本形式和最主要的组成部分。生产企业向商业企业让渡“商业利润”是在双方的竞争中实现的。竞争的结果是双方的资金利润率趋向平均，让渡顺利进行，达到双赢。

5. 经营周期短，资金周转快

商业企业与生产企业相比，经营周期较短，资金周转较快。这是因为：商业企业在资金周转过程中，少了生产这个环节。尽管不同生产企业的生产周期不同，但同商业企业相比，从总体上看，其经营周期较长，资金周转较慢。同生产企业相比，商业企业流动资金占资金总量的比重较大。商业企业对经销的商品基本上不进行加工，免去了加工机械和厂房的支出，资金除部分用于物流环节中仓储、运输机械的购置外，其余大部分垫支于经销的商品。所以，在商业企业的资金结构中，流动资金占的比重较生产企业要大。

6. 商业企业比生产企业更接近市场

生产企业的主要精力在于产品的制造和技术的改进。尽管在市场营销观念的影响下，生产企业也开始重视和研究市场，但同流通企业相比，它与消费者和用户直接打交道的机会毕竟要少。商业企业一端联系着生产企业，一端联系着消费者和用户，是生产与消费的桥梁和纽带，在市场当中居于中介地位。商业企业信息灵、反应快，引导着生产和消费，可大幅度降低市场交易成本。

商业企业整体的运作主要是其经营系统来进行的。而商业企业的经营系统是由商业企业内部的若干相关的经营要素、经营环节、经营部门及外部环境等集合而成的并具有特定功能的有机整体。商业企业管控资金流安全风险，能够为企业健康发展和资金安全提供重要保证，能够促进商业企业获得长期发展[①]。企业对资金流的安全管控的实质是一个对企业的经营过程进行组织、协调、控制的综合过程。

（二）商业企业的类型

1. 按所有制和所有制实现形式分类

按所有制分类，商业企业可分为两类。一是公有制商业企业，不仅包括国有商业企业和集体所有制商业企业，还包括混合所有制企业中的国有与集体成分；二是非公有制商业企业，包括私营商业企业、混合所有制商业企业。

按所有制实现形式分类，商业企业分为国有独资有限责任公司、股份有限公司、有限责任公司、集体所有制商业企业、股份合作制商业企业、三资商业企业等六类。

2. 按顾客结构和商业链中的位置分类

1）批发企业

批发企业是向生产企业或其他批发企业购进商品，以大宗的、整批的交易批量，供应零售企业或其他批发企业用作转售或者供应生产企业用作进一步加工并销售的商业企业。

批发企业按经营商品的不同，可以分为日用工业品批发企业和农副产品批发企业。

日用工业品批发企业包括石油、纺织品、针织品、五金、交电、化工、农业生产资料、百货、文化用品、废旧物资等专业批发企业。可采用代理商、配送中心、交易市场、物流中心等形式。

农副产品批发企业是经营农副产品的批发企业，经营的重点是采购农副产品。基层采购企业包括设立在县内的基层供销合作社等各类采购企业，主要负责采购农副产品。中间采购供应企业主要负责将基层采购企业采购的农副产品调运给工业企业或供应给城市零售企业。

2）零售企业

零售企业是以商品直接供应居民用作生活消费或供应集团单位用作非生产和生产消费的商业企业。它处于商品流通的终点，是处理直接消费的商业环节。

业态是指细分市场面向某类目标顾客购买水平与习惯的商店营业形态。

有店铺零售业态：食杂店、便利店、折扣店、超市、仓储会员店、百货店、专业店、专卖店、购物中心、厂家直销中心。

无店铺零售业态：电视购物、邮购、网上商店、自动售货亭、直销、电话购物等零售业态。

商业企业的特点如表 13-1 所示。

---

① 秦小利. 论商业企业资金流安全风险管控机制建设. 审计与理财，2021，(8)：27-28.

表 13-1　商业企业的特点

企业类型	销售对象	销售数量	销售结果
零售企业	居民或社会集团单位	零星	商品流通过程终止
批发企业	商业企业或生产企业	大批	商品流通过程结束

（三）商业企业物流管理特点与流程

从商业企业物流需求的本质上分析，物流需求具有如下显著特征。

1. 派生性

商业企业物流需求是贸易企业经营活动派生的一种次生需求。物资的流动是由于社会生产和社会消费的需要，它受生产力、消费水平、运输仓储设施等因素的影响。

2. 复杂性

商业企业物流与社会生产、经济活动有着密切的联系，经济的发展、消费水平的提高、价格的变化、服务质量的改变等都会使商业企业物流需求发生改变；人们消费习惯的不同，物流基础设施的制约以及企业间的相互影响又会使物流需求在一定趋势变化的基础上发生波动。

3. 时间性

不同的经济建设和发展阶段对商业企业物流的需求不同。物流需求量的大小与区域经济发展水平和速度有着直接的关系，同时，现代科技更新周期的不断缩短、人们消费观念的日益变化、物流政策的不断完善，也增强了物流需求随时间变化的敏感性。

4. 空间性

同一时间段、不同局部区域商业企业物流需求的空间分布各不相同。商业企业物流需求的空间分布影响着物的流量和流向，对物流规划中区域物流中心、配送中心的合理规划有着巨大影响。

商业企业物流是商业企业围绕着企业所经营的商品而展开的进、销、调、存、退等环节，包括商品采购物流、企业内部物流、销售物流及商品退货物流。商业企业物流管理一般流程和商业企业物流流程分别如图 13-1 和图 13-2 所示。

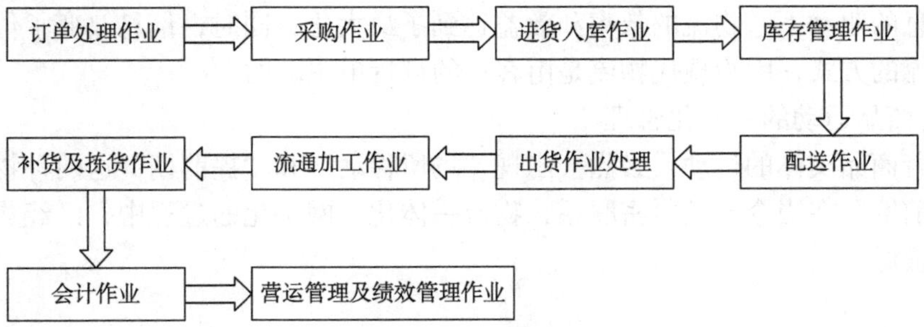

图 13-1　商业企业物流管理一般流程

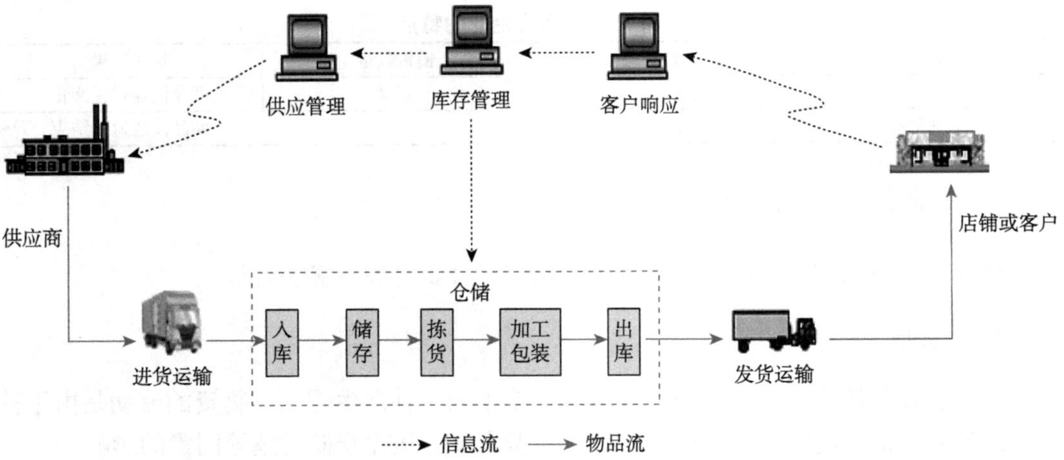

图 13-2　商业企业物流流程

（四）商业企业物流管理目标与要求

1. 商业企业物流管理目标

1）以提高客户满意度为第一目标

物流起源于客户需求，离开了客户需求，物的流动就会变得盲目。因此，在客户需求的驱动下，物沿着供应链从上游的供应商向下游的客户流动。客户需求成为驱动物流的原动力。

2）着重整个流通渠道的物流运动

商业企业物流是商业企业围绕着企业所经营的商品的进、销、调、存、退等环节而展开的物流活动，包括商品采购物流、企业内部物流、销售物流及商品退货物流。

3）以整体最优为目标

通过对企业各个部门的理论分析，可以感受到现代物流综合了企业各个部门的职能，以实现整个企业和整个流通渠道资源最优化为目的。

4）既注重效率又重视效益

商业企业物流管理不仅追求物流体系中的增值能力，更注重物流活动过程中的增值服务能力，把客户满意度作为衡量物流运营能力的标准。

5）以信息为中心的实需对应型的商品供应体系

在信息的驱动下，物流的效率和效益达到了最大化；同时，信息改变了传统的由预测驱动物流的方式，因为现代物流是由客户的订货单驱动的。

6）对商品运动的一元化管理

伴随着商品实体的运动，必然会出现“场所移动”和“提前期”这两种物理现象。其中“提前期”在当今产销紧密联系，物流一体化、网络化的过程中，已经成为一种重要的经营资源。

2. 商业企业物流管理要求

商业企业物流管理是指为了实现商业企业确定的物流目标，提高向消费者和用户供应商品的效率，而对商业企业物流进行计划、组织、指挥、监督和协调的活动。商业企业物流管理有如下几点要求。

1）规模适当化

对商业企业所处的地理位置、周围环境、服务对象，特别是物流量的多少，包括货物品名、数量、流向等，都要进行详细调查和预测。综合分析研究，以确定物流规模。

2）运送及时性

商业企业要根据货主的要求，及时运输和配送，按客户提出的时间和地点，把商品迅速送到收货地或用户手中，以赢得信誉。在商业企业物流管理中，必须要很好地考虑到运输、配送的功能，如运输工具的配备、运输路线的选择、运输环节的安排等。

3）库存合理化

保持一定的合理库存，是商业企业的一项重要任务，因此要给予特别重视。就销售物流来看，批发企业或物流中心必须保持一定的合理库存量。不然，商品储存过多，会造成积压，压占资金；而储存过少，又要脱销，并失去销售机会，影响商业企业的经济效益。因此，商业企业物流管理必须要强化这一功能，及时反馈。

4）费用合理化

在市场经济日益发展，物流技术不断革新，物流业激烈竞争的情况下，一切商业企业物流活动都要求节省费用。在商业企业物流活动中，各个环节之间都存在着一种相互矛盾、相互制约的关系。要正确处理好这种关系，才能实现物流费用合理化的要求。

5）高水平服务

一般认为物流业是属于第三产业的范畴，是后期、供应和服务性的行业。所以对商业企业物流管理要求来说，必须要强调其服务性。无论运输、包装、配送等，每日每项物流活动都要尽量使顾客满意，并要不断研究新问题，开发新技术，增加新的服务项目，为社会提供高质量的服务。

6）经济效益好

一个独立的商业企业，要进行物流管理，其最终经营目标仍然是取得最佳的经济效益：以最少的投入，取得同样的产出；或以同样的投入取得最大的产出。所以在进行商业企业物流管理时，必须把物流经济效益放在首位。

第二节　批发零售企业物流管理

一、批发企业物流管理

（一）批发企业概述

批发指向其他批发或零售单位（含个体经营者）及其他企事业单位、机关团体等批量销售生活用品、生产资料的活动，以及从事进出口贸易和贸易经纪与代理的活动，包括拥有货物所有权，并以本单位（公司）的名义进行交易活动，也包括不拥有货物的所有权，收取佣金的商品代理、商品代售活动。

批发企业类型包括：农、林、牧产品批发，食品、饮料及烟草制品批发，纺织、服装及家庭用品批发，文化、体育用品及器材批发，医药及医疗器材批发，矿产品、建材及化工产品批发，机械设备、五金产品及电子产品批发，贸易经纪与代理。

商品流通渠道或商品分销网络是供应链网络中的一部分，典型的商品分销渠道是生产企业—批发企业—零售企业—消费者。批发企业在商品分销过程中所起到的作用可以类推到供应链领域。具体而言，批发企业在供应链中承担的功能包括以下几方面。

（1）批发企业是连接生产企业和零售的中间环节。作为供应链网络的中间环节，批发企业可以起到协调生产领域与消费领域的作用，其基本业务是大批量采购与分批量销售，即从上游生产企业或其他批发企业手中大批量采购商品，经过重新分配与包装或者进一步深加工，再将商品转售给下游的零售企业或其他的批发企业、团体机构。

（2）现代批发企业在供应链中发挥着重要的物流功能。批发企业可以承担所有的物流功能，事实上传统批发企业也一直在承担着其中部分功能，但由于技术手段的落后，不能够将这些功能集成起来、低成本高效率地实施，现代化的第三方物流企业和零售企业的配送中心常常取代批发企业来实现这些功能。

（3）批发企业在分销渠道中还承担着一系列的服务功能。

①融资服务。批发企业可以通过提前订货、预付货款的方式为供应商提供融资支持，也可以以应收款项的方式预先供货给零售企业，待商品出售后再进行结算，这是批发企业为零售企业提供的最为常见的零售支持服务。②信息沟通功能。批发企业居于商品分销渠道的中间环节，掌握着对生产企业和零售企业都十分重要的信息。一方面，批发企业可以向生产企业提供有关消费市场的最新动态，帮助企业生产出适销对路的产品；另一方面，也可以向零售企业提供有关产品生产的状况、存货信息或者新产品、新品牌的信息等。③管理咨询服务，如人员培训、建立财务监控和存货控制系统等，以帮助零售企业提高某些方面的业务能力。

（二）批发企业物流要求

1. 减少社会物流费用

批发企业物流应节约流通成本，减少交易费用，合理配置社会资源，减少重复投资，取得规模经济。

2. 有效衔接购销物流平衡

批发企业物流应协调生产与消费，使之有效对接。在销售过程中，批发企业可以在产品生产和使用的时间、地点的差异上建起沟通的桥梁。像批发企业这样的渠道中介所担任的归整、协调功能对经济活力有着至关重要的作用。

3. 增强批发企业的购销服务能力

从法律上来看，批发企业的存在是由于它们执行了商品的增值功能；从经济上来看，批发企业的存在是基于它们对客户的服务。

4. 批发购销双方易于保持稳定的合作关系

一般来说，批发交易的对象是专门的经营者和使用者，其每次购进商品的种类和数量变化不大，基本稳定，这就使交易双方易于确立长期稳定的合作关系。当然，对于批发企业来说，尽管批发交易易于与客户保持长期稳定的合作关系，但加强与客户之间的交流和感情联络，有效维护与客户之间的良好合作关系，是必不可少的。

（三）批发企业库存管理优化

1. VMI

VMI 的思想就是一种建立在采购商和供应商之间的协作方案，以寻求对双方来讲都是最优化的库存管理思路，在共同的相互协作的目标架构下由供应商管理库存，在这样的整体架构下采购商和供应商互相督查与改进库存相关策略，形成优化的库存管理状态。

2. 联合库存管理

联合库存管理是一种在 VMI 基础上发展起来的供应商与用户权利责任平衡和风险共担的库存管理方式，体现了战略供应商联盟的新型企业合作关系。联合库存管理的主要策略是满足分布在全国的各分销中心的供应和联合库存控制。

3. 多级库存优化与控制

供应商管理库存和联合库存管理都是针对供应链上的一段链条进行优化，联合库存管理是一种进行部分优化整合的联邦式的库存设置模式。而要想进一步提升全局化库存管理和整体库存管理优化与控制，就必须采用供应链资源的全局性优化，也就是多级库存优化与控制方法。

4. 协同计划预测调整系统

协同计划预测调整系统是一种协同式的供应链库存管理技术，它能降低销售商的存货量，增加供应商的销售量，该模式下各供应链合作伙伴通过建立顾客情报系统和销售网络系统，应用一系列的技术模型等共同管理业务和共享信息，提高预测的及时性和准确性，最终达到降低库存水平、提高工作效率和客户满意度的目的。

二、零售企业物流管理

零售企业指从工农业生产者、批发贸易业或居民购进商品，转卖给城乡居民作为生活消费和销售给社会集团作为公共消费的商品流通企业。

零售包括商品或服务直接销售给最终消费者供其非商业性使用的过程中所涉及的一切活动。零售业主要是指从事零售业务的行业。

（一）业态类型

1. 超级市场

超级市场是一种开架销售、自助服务、低成本、低毛利的零售商店，它是为更方便地满足消费者对食品和家庭日常用品的种种需求而创建的一种新的零售形式。超级市场一般以经销食品和日用品为主，有的大型超级市场还兼营化妆品、文具、五金、服装等商品。

2. 便利店

便利店是一种以经营最基本的日常消费用品为主，规模相对小，位于住宅区附近的综合商店。由于便利店能随时满足消费者的即时需要，所以商品的价格相对较高。目前，便利店的经营者认为根据居民的生活特点和需求，大概每一万人口应配备一家便利店。

3. 连锁商店

连锁商店是指由许多中小企业通过组织上和经营上的联合而形成的联营网。连锁商店的经营业务在不同程度上受总店的控制。其主要特点在于其管理制度相对标准化，规模适当、数量较多、分布面广，能获得规模经营的声誉，通过大量采购能降低进货成本，市场信息比较充分，利于随时了解消费者的需求变化，做出相应的变动。

零售企业主要有以下几方面特点。

（1）零售企业与生产企业的本质区别在于资产的专用性向资产的通用性转化。

（2）通过创造更加有效率的市场，零售企业专业化大于“交易的生产”，大大降低了市场交易及合约的谈判成本。

（3）零售企业的订购性生产特征，有效地实现了专业化的规模扩张。

（二）物流运作模式

目前学术界对物流模式概念的理解存在着狭义和广义两种观点。狭义观点认为：企业物流模式是不同物流主体产生的商品实体的不同运动形态，其划分标志是“谁”运作和“谁”管理物流活动。

在目前的零售企业物流中，供应商主导的物流模式占据主导地位，大部分零售企业使用了两种以上物流模式，即使是相同的物流模式，各个企业的具体操作方法也不是相同的。

零售物流决策包括四项内容：①谁承担配送任务？②经过几个环节进行配送？③选择怎样的信息传递方式？④在什么时间配送和每次配送数量是多少？因此以零售物流模式概念为基础，按照配送主体、物流环节数、信息流标准、配送时间及数量四种分类原则对企业的物流模式进行分类，具体如表 13-2 所示。

表 13-2　零售物流模式的划分

划分标准	类型
配送主体	1. 供应商配送 2. 自建物流配送中心配送 3. 第三方物流配送 4. 共同配送
物流环节数	1. 供应商→顾客 2. 供应商→店铺→顾客 3. 供应商→配送中心→店铺→顾客
信息流标准	1. 信函 2. 电话 3. 互联网 4. 传真
配送时间及数量	1. 定时配送 2. 定量配送 3. 定时定量配送 4. 定时定量定点配送 5. 即时配送

（三）零售企业物流要求

1. 转变落后观念并树立现代物流管理的新理念

现代物流管理以供应链管理思想为核心，围绕核心企业，通过对信息流、实物流和资金流的控制，使供应链上的企业达成长期稳定的合作。这与传统的物流管理相比已经发生了很大改变。快速采用领先技术的企业可以占据发展先机，增强数字能力，在品牌建设、市场拓展、产品生产、物流仓储等环节善用先进技术，通过数字化转型解决疫情背景下零售业面临的问题[①]。

2. 正确选择物流配送模式

连锁零售企业应该根据企业经营所处的不同阶段和规模以及自身的发展实力进行选择，确定真正适合自身发展的物流模式。

（1）中小型连锁企业可以采取以外包为主的物流模式。

（2）向供应链发展，加强与供应商合作。

（3）大型连锁企业自建物流配送中心并辅以外包，建立综合的物流配送模式。

3. 积极应用现代技术加快物流现代化步伐

采用条码技术和 RFID 技术；用自动识别技术，快速有效地收集、处理信息；采用自动化立体仓库，用多层货架储存货物，以巷道堆垛搬运车存取货物，并通过周围的装

① 张欣欣. 数字化浪潮下我国零售企业变革趋势及框架. 商业经济研究，2021，(23)：109-112.

卸搬运设备在通信系统和计算机的控制下，实现入库存取自动化；采用自动分拣系统；注重广泛使用电子票签拣货系统；采用计算机智能化技术；把供应商、配送中心、商场的产、供、销三者组成网络与有效客户反应结合，使传统的企业内信息系统发展到企业间资讯系统、供应链上中下游进行垂直水平整合。

4. 加快企业物流信息管理系统的构建

连锁企业物流有关的信息系统，包括企业内部的管理信息系统，与供应商进行数据交换系统或电子订货系统。企业物流信息管理系统的建立和完善，有利于实现供应商、分销商之间的供需数据及时共享，是大大提升企业核心竞争力的关键一环。越来越多的零售企业开始应用数字技术，建立起一整套客户、门店、营销、采购、仓储等相关联的全渠道数字化系统，并为消费者提供更具个性化的数字化商品和服务[①]。

5. 加强物流人才培养力度，提高物流人才综合素质

企业成立自己的培训机构，对员工进行定期的培训或轮训，使其了解各自岗位的要求及在整个物流系统中的作用，并及时进行科学的反馈。对配送中心管理人才集中进行计算机应用和现代化物流理论知识的系统培训。与各高等院校、研究单位合作，联合培养、引进高素质的物流管理和连锁经营的专业人才。积极向国内外在物流方面表现突出的企业进行学习，借鉴其在物流管理方面的先进经验。

（四）零售企业物流管理重点

零售企业物流管理重点

第三节　电子商务企业物流管理

一、电子商务企业物流管理概述

（一）电子商务的概念

电子商务是以现代信息化技术为手段，集信息流、资金流、物流于一体，高效便捷地实现网上商务活动的全过程，包括了解商情、商务撮合、收发订单、物流配送、保险、支付等一系列的商业活动。

① 董璐燕，朱烨丹. 数字化转型对零售企业经营绩效的影响——渠道集中度视角. 商业经济研究，2022，(4)：26-29.

（二）电子商务企业的物流要求

1. 市场服务一体化

物流是一项系统工程。物流系统是由运输、包装、装卸、储存、管理等众多子系统组成的多目标函数、动态的、庞大的、人机结合的复杂系统。对于这样一个系统工程，只有通过集中度较高、诸多功能协调较好、各行业相互联系的网络化的物流市场的一体化服务，才能提高物流效率。

2. 市场服务个性化

电子商务的一个特殊功能就是“定制服务”，实现“定制服务”的前提条件是生产和物流的柔性化。它要求物流系统能够根据用户“多品种、多批次、多流向、多方位、多价位、多周期”的不同服务价格、不同服务方式进行个性化物流服务。

3. 市场服务标准化

现代市场交易与流通是建立在标准化基础上的。商品质量有标准，商品市场准入有标准，商品标识有标准，商品交易方式有标准，商品包装有标准，商品保存有标准，商品装卸有标准，商品运输有标准……物流企业在服务过程中要保证每个环节都能按照标准进行服务。

4. 市场服务信息化

电子商务要求物流系统具有较强的信息收集、处理及传输能力。它能及时收集、整理、反馈货物市场商品的供应状况及发展态势；它能将收集的信息数据库化和代码化及数字化；它能保证物流信息传递标准化和实时化。

5. 市场服务代理化

综合物流代理是第三方物流的模式之一。这种模式是指由一家代理公司负责电子商务交易中供求双方实现商品使用权转移的全部物流业务活动。代理公司在服务经验、服务能力、服务理念、服务成本上的优势，能保证整个物流的优质、高效，从而不仅使供需双方摆脱了烦琐的多方委托的物流业务，还可以有效地降低生产和消费成本。

6. 市场服务强效化

电子商务的交易方式，使商流的时空大大缩短，进而要求物流时空也大大缩短。这就对商品流通的范围（空间）和速度（时间）提出极限挑战。从而对商品在较大范围内实现快捷、准确、及时、低成本的流通不断提出新的要求，不断挑战极限，不断追求强效。

7. 市场服务链条化

物流包含运输、包装、装卸、仓储等诸多必不可少的环节，为实现物流整体的功能与效率，必须打破部门、地区、行业互相分割的局面，实现相互合作、相互负责，共建现代化、市场化、产业化的物流产业。

8. 市场服务理念现代化

电子商务的发展对物流的概念提出新的内涵。在计划经济体制下的物资流通中，商流的实现是主要的，物流往往被肢解为几个分散独立的互不相干的环节，而不被重视。而实际物流业是一个综合服务业，其综合服务能力表现为：物流各环节的服务能力；各种物流资源的整合能力；综合物流代理商的经营能力；供应链管理能力在服务理念上，不仅要重视商流服务，更要重视物流服务，不仅要重视各环节服务，更要重视综合服务。

二、电子商务企业物流模式

（一）电子商务企业物流模式分类

1. 自营物流模式

自营物流模式是指企业对自身的物流活动直接进行组织与管理的模式。自营物流模式有利于实现物流网络服务与实体服务的衔接，一体化程度较高。

在自营物流模式下，电子商务企业能更好地控制物流运营流程、提高服务质量、加快周转速度、获取准确及时的物流信息。

2. 第三方物流模式

第三方物流模式是由独立于物流服务供需双方之外且以物流服务为主营业务的组织提供物流服务的模式。第三方物流企业能运用各方社会资源实现其规模经济，在其优势区域内，第三方物流企业能加大并完善对物流网络体系的建设。由此，通过第三方物流公司，电子商务企业能纵深扩大客户对象的范畴。

3. 物流联盟模式

物流联盟是两个或两个以上的经济组织为实现特定的物流目标而形成的长期联合与合作的组织形式。联盟双方在相互合作的同时，仍保持各自的相对独立性。

（二）电子商务企业物流模式比较

静态的、单一的物流模式已很难保证企业实现不同时期、不同发展阶段的物流战略目标，电子商务企业必须摒弃这种物流策略。电子商务企业物流模式比较见表 13-3。

表 13-3　电子商务企业物流模式比较

项目	自营物流模式	第三方物流模式	物流联盟模式
优点	（1）能够直接控制物流资产和物流职能，保证物流系统的可靠运行； （2）有利于企业掌握对顾客的控制权，提高企业竞争力	（1）对物流为非核心竞争力的企业来说，强化集中企业的核心能力； （2）减少固定资产投资，转嫁物流经营和管理风险； （3）降低物流成本，提高企业战略、战术的灵活性	（1）降低企业物流成本； （2）扩大其物流区域覆盖范围，并完善物流体系； （3）打造专业化、高水准的物流队伍，提供优质化的物流服务
缺点	（1）需要企业建立完善的物流系统，人财物投资大； （2）如果缺乏专业物流管理人才，物流投资和管理风险将增大； （3）对物流为非核心竞争力的企业来说，会削弱企业的核心能力	（1）对企业的关键物流活动失去控制； （2）存在着物流外包违约的风险； （3）削弱了同顾客之间的联系，不能为客户提供个性化的服务； （4）客户关系和企业经营战略信息有外泄的风险	（1）对物流控制能力降低； （2）客户关系管理失衡； （3）增加管理难度； （4）企业间联盟失败存在不良后果

（三）电子商务企业物流模式选择要点

1. 专注核心竞争力

专注于自己的核心竞争力是企业获取竞争优势的保证。市场竞争日趋激烈，促使各个企业不得不将主要精力放在核心业务上，而将物流业务外包，以求节约和高效。对电子商务环境下物流模式的选择，要考虑到物流经营日益复杂，要求尽量发挥第三方物流的专业优势，而非开发企业内部能力，否则因达不到专业化而最终缺乏规模优势。

2. 考虑企业物流资源

对于开展电子商务的制造商、批发商、零售商，如果拥有完善的流通渠道包括物流渠道，那么就可以利用原有的物流资源，承担电子商务的物流业务。对于不具备前者先天条件的电子商务公司，自建物流配送体系或寻找可利用的物流资源进行结盟、兼并，都需要付出更多的人力、财力、物力。

3. 注意电子商务发展的阶段

在电子商务发展的初期和物流、配送体系还不完善的情况下，不要把电子商务的物流服务水平定得太高。另外，可以多花些精力来寻找、培养和扶植物流服务供应商，让专业物流服务商为电子商务提供物流服务。

4. 权衡物流成本与物流服务

在电子商务环境下物流模式的选择过程中，既要考虑易于成本控制的物流结构模式，又要能满足对物流服务，以致对增值服务提出更高要求。大数据背景下电子商务服务模式创新，需要在大数据核心技术应用、服务内容及业务结构等多个方面做好深度优化，逐步围绕大数据技术开发及新技术引入开展规划布局，使大数据背景下电商服务模式创新，能切实满足产业发展的多元化需求[①]。

5. 信息化的程度

信息流是物流正常运行的保证。国外物流发展的经验表明，现代化的物流是建立在整个社会信息化高水平的基础上的。目前随着物流作业机械化程度的提高，物流运作效率的瓶颈就是物流信息的传播速度了。电子商务环境下物流模式应侧重物流信息现代化的整合。

6. 网络化的程度

电子商务交易的无边界性要求物流具有很强覆盖市场的能力。电子商务环境下物流模式中的物流中心、配送中心的布局要考虑到对市场的服务能力。

7. 柔性化的程度

电子商务环境下物流模式必须满足电子商务“多品种、小批量、多批次”的要求，建立分散化、个性化物流中心不失为一种行之有效的办法，但要降低成本并提高运营效率。

（四）电子商务企业物流管理的重点

（1）综合性。从其覆盖的领域上看，电子商务企业物流管理涉及商务、物流、信息和技术等领域的管理；从管理的范围看，它不仅涉及电子商务物流企业，而且包括物流供应链上的各个环节；从管理的方式方法看，它兼容传统的管理方法和通过网络进行的过程管理与虚拟管理。

（2）新颖性。电子商务企业物流体现了新经济的特征，它是以物流信息为其管理的出发点和立足点。电子商务活动本身就是信息高度发达的产物，对信息活动的管理是一项全新的内容，也是对传统管理的挑战和更新，我国对互联网的相关管理手段、制度和方法均处于探索阶段，对进行在线管理，也需要物流企业的共同努力。

（3）智能性。电子商务企业物流的实物位移自动化、半自动化程度高，物流供应链过程处于实时监控之中，而物流系统中的传统管理内容，如人事、财务、计划和物流控制等全部都是智能化管理。故电子商务物流管理的重点是这些自动化、智能化的设计创造过程。

（4）信息化。物流信息化是电子商务的必然要求。信息化是一切的基础，没有物流的信息化，任何先进的技术设备都无法在物流领域得以应用，物流信息化表现为物流信息的商品化、物流信息传递的标准化和实时化、物流信息储存的数字化等。

（5）自动化。自动化的基础是信息化，自动化的核心是机电一体化，自动化的外在表现是无人化，自动化的效果是省力化，另外还可以扩大物流作业能力、提高劳动生产率、减少物流作业的差错等。物流自动化的设施非常多，如自动分拣系统、自动存取系

① 梁永年. 企业电子商务物流配送模式选择管窥. 中国物流与采购，2021，(22)：87-88.

统等。这些设施在发达国家已普遍用于物流作业流程中。

（6）网络化。网络化的基础也是信息化，网络化有两方面的含义，一是物流配送系统的计算机通信网络，包括物流配送中心与供应商、配送中心与顾客联系的计算机网络；二是企业内部网。物流的网络化是物流信息化的必然趋势，是电子商务时代物流活动的主要特征之一，信息技术和通信技术的发展为物流网络化提供了良好的外部环境。

（7）柔性化。物流的柔性化是为了实现"以顾客为中心"理念而在生产领域提出的，柔性化的物流是适应生产、流通与消费的需求而发展起来的一种新型物流模型，其实质是将生产、流通进行集成，根据需求端的需求组织生产、安排物流活动。

第四节　跨境电子商务企业物流管理

一、跨境电子商务及其发展

（一）跨境电子商务的概念

跨境电子商务是指不同国家和地区的交易主体，借助跨境电子商务平台进行谈判签约、完成支付清算，并利用跨境物流进行商品配送的一种全球性商务活动。

（二）我国跨境电子商务企业模式类型

根据跨境贸易的交易主体的不同，将跨境电子商务分为 B2B 跨境电子商务、B2C 跨境电子商务和客户对客户（customer to customer，C2C）跨境电子商务三种。这三种模式类型又可进一步细分为以下四种类型。

（1）传统跨境大宗交易平台（大宗 B2B）模式：为境内外会员商户提供网络营销平台，传递供应商或采购商等合作伙伴的商品或服务信息，并最终帮助双方完成交易，收取会员费和营销推广费。

（2）综合门户类跨境小额批发零售平台模式：独立第三方销售平台，不参与物流支付等交易环节，收取交易佣金，此外还包括会员费、广告费等增值服务费。

（3）垂直跨境小额批发零售平台（独立 B2C）模式：批发零售平台，同时自建 B2C 平台（含物流、支付、客服体系），将产品销往境内外，销售收入构成主要收入来源。

（4）专业第三方服务平台（代运营）模式：不直接或间接参与任何电子商务的买卖过程，而是为行业不同、模式各异的从事小额跨境电子商务的公司提供通用的解决方案，为客户提供后台的支付、物流及客户服务，以及涉外法律顾问等模块服务。

（三）跨境电子商务业务在物流环节的主要问题

1. 跨境物流体系不合理

目前，跨境物流体系建设不合理主要体现在跨境物流的基础设施建设不完善。国内物流发展水平仍落后，主要体现在物流基础设施相对落后。其中，一个重要原因是，从事跨境电子商务业务的卖家多为中小企业和个人，在物流设施配置上能力有限，因此，在设备配置、仓储建设等各方面，目前绝大部分的卖家都只具备最基本的条件，如人工拣选货、普通平房的仓库等。

2. 物流信息化程度低

信息化是我国发展电子商务物流产业的重要基础，而当前跨境物流的信息化程度还不到位，突出的表现是跨境物流企业的信息处理能力水平较低。在跨境电子商务中，各种物流信息的资源整合能力还不够强，信息的通信渠道还不够通畅，信息的完整性还得不到保证，这些问题都直接或间接地影响到跨境电子商务的发展。

3. 海关监管条件严苛

目前,我国海关对进出口货物的监管政策仍然是基于之前的大宗进出口贸易而设定，如单票的报关、单票办理退税等。之前以邮件形式，或以商业快件形式发运小宗商品，或者自用物品的情况占比非常小。但是，跨境电子商务业务的大发展使得进出口邮件或者商业快件急剧增加，从业务量和货值总额上均呈现爆发性的增长，原有的监管政策一方面给以邮件或商业快件形式进出口的货物在监管上增加了环节和成本；另一方面政策的不完善，也导致了部分应缴税款的遗漏。

4. 物流成本高

目前跨境电子商务业务采用的主要物流方式是快递，跨境快递业务一般采用航空形式发运，无论是商业快递，还是邮政速递业务，单件货物的物流成本相对于成批量进口货物的单件成本来说都是成倍增加的。物流成本的居高不下在一定程度上影响了货物的市场竞争力，也就在一定程度上阻碍了跨境电子商务业务的快速发展。

5. 转运速度慢，客户体验差

目前主要的跨境快递分为商业快递和邮件两种，商业快递多是由自主运营全球快递网络的商业公司运作，全球一张网，货物转运与衔接比较高效，以 DHL、UPS 等大型跨境快递公司为代表，这些快递的转运时间在 2~7 个工作日不等。而基于全球邮政网络运行的邮件业务，也分为普通邮件和特快邮件两种，受到广大卖家喜爱的多是运费低廉，但同时转运速度很慢的邮政业务，如邮政小包业务。

6. 物流人才缺乏

由于中国的电子商务行业整体大发展是在 21 世纪初,整个行业发展只有二十年左右的时间，而跨境电子商务业务大发展更是只有五六年的时间，很多卖家都是边摸索边发展，没有成功的案例可循。

综上所述，我国跨境电商与跨境物流发展之间存在差异，跨境物流难以满足跨境电商市场对商品运输的要求，尤其是在配送、海关、运输、仓储等快递服务上缺少衔接，需求国（地）物流、境际快递和境内快递也缺少衔接协调，这严重影响了我国国际经济贸易的发展①。

二、跨境电子商务企业物流改善策略

（一）建立电子商务企业物流战略联盟

电子商务企业单独自营物流会增加企业的物流成本，但是，从规模经济效益来讲，跨境电子商务企业之间可以进行物流合作，建立物流战略联盟。由多个跨境电子商务企业分别在境内外各成立一个物流仓储中心，联盟的会员可以将货物运输至境内配送中心储存，境外买家下单后，境内配送中心根据发货指令发货至境外配送中心，境外配送中心再根据送货指令将货物配送至跨境买家（图 13-3），反之亦然。

图 13-3　物流战略正向运作示意图

（二）选择境外仓储

境外仓储基于电子商务企业的实际需求，主要有自营和外包两种形式。外包仓储是目前跨境电子商务企业应用的主要物流运作方式，通过境外仓储专业供应商为其提供境外仓储服务，并为其配送商品服务完成交易。从成本方面考虑，对于跨境电子商务企业来说是较为符合其需求的一种物流运作方式。

（三）探索新的物流第三方物流企业模式

第三方物流企业一般要求具有一定规模的物流设施设备，如库房、站台、车辆、吊车等，还必须不断地更新维护其信息系统等，建立之初的投入往往是非常大的，我们应该充分利用当今资本市场和金融市场相对发达的背景，加强与外资的合作，或者是通过资产重组、并购、收购、委托代理等形式，创新管理方式，运用已经成熟的物流管理经验与技术，提高物流水平，为客户提供高质量的服务，探索新的跨境第三方物流新模式。

---

① 郭薇，李雪. 跨境电子商务物流模式的创新对策及发展趋势分析. 商展经济，2022,（2）：18-20.

（四）利用物流成本资源强化物流营销的手段

电子商务企业通过改善物流服务质量提升企业核心竞争力，而随之出现的是公司物流管理成本的上升。现代管理理念认为应当把物流管理成本当作可以有效利用的资源，强化物流活动与管理对营销的积极作用，吸引更多的目标客户。

（五）持续物流信息管理系统的建设

电商企业的物流信息管理系统是电子商务平台的重要组成部分，是企业正常运营的基础和保障。由于从事电子商务跨境业务，物流信息管理系统包含了诸如通关、检验等与全球性物流相关的功能模块，并且与电子商务的电子支付、客户关系管理等其他环节存在着千丝万缕的联系，系统结构较为复杂，应该设计低耦合、高聚合的可叠加升级的功能型模块，便于通过模块整合或深度开发进行系统功能的完善与扩充；另外，要加强物流信息管理系统与物流联盟的多个合作方以及银行、海关等政府机构系统的关联，定期对信息系统进行应用评估。

（六）重视电子商务物流人才和知识的培养

人才是未来电子商务物流发展的关键，物流技术的应用、物流方案的设计与实施都需要物流人才的支持。电商物流领域应该打破藩篱，广纳其他行业的物流人才。同时，加强本企业物流管理人员物流业务知识培训，重视培养“复合型”人才，进一步适应我国现代物流管理和发展的需要。

案例分析

德邦快递——三级指挥调度系统

德邦快递是一家成立于1996年的直营式物流民营企业，主要提供大件快递、联动快递、物流、跨境、仓储和供应链服务。企业已在上海证券交易所上市，通过标准化的服务和统一的形象和操作标准，不断提供专业的服务。德邦快递注重信息化发展和精细化管理，已实施线上化、数字化，通过大数据分析和管理，实现了智能调度和风险预测。通过系统建设和数据挖掘，德邦快递取得了显著效果和经济效益，带动了物流行业的发展，提升了客户体验，并降低了运营成本和风险。信息化技术的应用不仅对企业自身有益，还对员工安全和客户满意度有积极影响。德邦快递将继续推广信息化技术，提升服务质量和市场竞争力，实现经济效益和社会效益的双赢。

1. 教学目的和用途

本案例用于管理学硕士和本科生学习物流管理、营销管理、管理学、战略管理、绩效管理等课程时使用。通过案例使学生了解现代商业物流企业应如何提升物流水平，对现有的物流方式进行改进与反思，并结合最新的发展变化对物流方式做出有效调整。

2. 启发与思考

（1）现代电子商务企业应如何进行物流优化?
（2）零售企业当下物流痛点是什么？给我们带来了什么启示?

3. 分析思路

本案例属于理论应用与分析型的教学案例，学生应重点分析现代物流企业的行业痛点，学会综合运用管理学和经济学方法，讨论公司应该如何推陈出新结合最新研究理念给出相应的方法。

4. 理论依据

本案例的理论依据：管理学、物流管理、商业管理。

5. 关键要点

人才体系，采购管理，指标体系。

6. 课堂计划

（1）建议教师先安排学生学习专业知识，并将本案例安排给学生学习，让学生重点思考提出的问题，对第 2 部分启发与思考中的问题进行逐条分析。
（2）本案例教学安排 2 课时。首先学生就思考问题进行分组讨论，并记录相关的结论，此部分 30 分钟完成。接着安排小组发言，学生就主要问题进行辩论，此部分 20 分钟完成，最后学生以小组为单位编制一份方案，此部分 1 小时完成，教师进行课堂评判。

本章思考题

1. 全球化对商业企业物流管理的影响是什么?
2. 在物流业务中采用技术和自动化解决方案如何提高效率和降低成本?
3. 批发和零售企业如何根据需求进行库存管理以最大化利润?
4. 在快速变化的市场中，批发零售企业如何确保供应链的敏捷性和灵活性?
5. 电子商务企业在物流方面面临的主要挑战是什么?
6. 如何利用物流和配送网络优化电子商务订单的处理与交付?
7. 跨境电子商务企业在物流流程中如何克服国际贸易的挑战，特别是关税、海关和跨国运输问题?
8. 在跨境电子商务中，如何构建具有国际竞争力的物流网络，以满足不同国家和地区的需求?

第十四章

现代企业物流绩效管理

【思政案例导入】

中国港口是衔接双循环、服务新发展格局的重要枢纽节点和战略资源，像一串串发光的珍珠，镶嵌在沿海沿江漫长的岸线上，发挥着地尽其用、联通世界、创启未来的范本作用。

新时代加快港口发展方式绿色转型，成为整合生产全要素创新发展的引擎，成为全面贯彻落实习近平生态文明思想的生动场景。

我国港口绿色低碳水平总体与世界发达国家港口处在同一水平。

进入21世纪以来，特别是党的十八大以来，港口的绿色低碳发展，在发展理念转变、政策体系完善、技术标准制定、技术创新应用、“龙头”港口企业示范引领等方面持续发力，取得积极成效。

一是绿色低碳发展顶层设计不断完善。按照《交通强国建设纲要》《国家综合立体交通网规划纲要》相关战略部署，陆续发布《减污降碳协同增效实施方案》《绿色交通“十四五”发展规划》，同时制修订了《绿色交通标准体系（2022 年）》《绿色港口等级评价指南》《水运工程节能设计规范》等标准规范，全面推动水运绿色低碳发展。

二是以港口为关键节点的绿色运输组织方式占比稳步提升。大宗货物水路运输量及占比不断提高，全国铁水联运量连续三年增长超过15%，运输结构持续优化，各种交通运输方式深度融合，综合运输效率有效提升，全行业减污降碳成效明显。

三是港口环境污染防治成效显著。煤炭筒仓、煤棚等新型设施得到推广应用，港区雨污水循环利用水平大幅提升。国能黄骅港建成世界最大储煤筒仓群、建成“两湖三湿地”生态水系统、率先建立生态环境智能管控平台；天津港率先打造国内首个“近零碳”智慧码头，推进花园式港口建设；中国交建积极推动绿色基础设施建设和绿色智能装备制造。长江经济带船舶与港口污染防治专项行动成效明显，多部门长效机制有效建立。

四是港口新能源清洁能源得到推广应用。风能、光伏、氢能、热泵技术等在港口得到很好应用。青岛港构建风光氢储一体、多能互补的现代能源体系；宁波舟山港致力于建设清洁用能体系；北部湾港牵头组建零碳港口研究中心；中国船舶创建绿色制造体系和绿色产品体系，打造新能源清洁能源船舶。全国主要港口五类重点专业化泊位岸电设施覆盖率达75%；长江大型游轮和客运码头基本实现了岸电全覆盖、全使用，岸电设施逐步实现常态化应用。

五是船舶清洁能源加注有效实践。长江干线船舶LNG加注能力基本形成，上海港和深圳港实现超大型集装箱船对船LNG加注，港口甲醇加注也在积极推进。

从国内发展形势看，港口的绿色低碳发展是贯彻落实国家战略的“必由之路”。从国际航运发展趋势看，港口绿色低碳发展是适应航运绿色低碳转型的“国际之路”。从国际典型港口发展看，港口绿色低碳发展是适应港口内在发展的“未来之路”。我国港口发展应顺应绿色低碳发展新趋势，坚持科技赋能，走好人港相宜、港城一体、港航协同、产业融合发展之路，更好发挥港口在“与世界相交、与时代相通”中的“先锋官”作用，为加快建设交通强国、航运强国做出新的更大贡献。

资料来源：《突出四个协同 发挥港口绿色低碳引领作用》，http://www.chinawuliu.com.cn/xsyj/202307/12/611148.shtml[2023-07-12]。

第一节　物流绩效管理概述

一般认为，绩效是指组织和其子系统（部门、流程、工作团队和员工个人）的工作表现和业务成果。而绩效管理就是管理者通过一定的方法和制度确保组织及其子系统的工作表现和业务成果能够与组织的战略目标保持一致并促进组织战略目标实现的过程。良好的物流组织，必须带来好的物流绩效，而对物流绩效的有效管理，也必然会促进物流管理水平的不断提高。

一、物流绩效管理的含义

（一）物流绩效

从绩效的基本含义思考物流活动的绩效问题，可以认为，物流绩效就是一定时间内物流活动所创造的价值，是指物流活动中一定量的劳动消耗和劳动占用与符合社会需要的劳动成果的对比关系，即投入与产出的比较。结合企业物流管理的需要来认识，物流绩效的含义是指企业物流行为与行为过程及其所创造的物流价值和经营效益。企业物流绩效既是企业物流行为及其行为过程的表现，也是企业实现物流价值和经营效益的反映。

（二）物流绩效管理

物流绩效管理，是指在满足顾客服务要求条件下，对物流绩效的一切管理工作的总称，即在物流运作全过程中对物流绩效的产生、形成所进行的计划、组织、指挥、监督和调节。

由于物流的功能要素众多，又贯穿企业经营的全过程，与企业经营的其他子系统联系紧密，相互作用和制约，物流绩效管理具有以下几个方面的特点。

（1）物流绩效管理是一个完整的系统。物流绩效管理不仅仅是物流绩效的评价和考核，还包括物流绩效目标的制定、沟通管理、控制和改进等诸多过程。如果企业只重视物流绩效评价，而忽略物流绩效管理过程中需要贯彻的理念、需要掌握和使用的相关管理方法与技能，则在绩效管理实施中会遇到很多困难和障碍，企业的绩效管理水平也就只是在低层次徘徊。

（2）物流绩效管理既是一种战略性管理，又是一种具体的物流运作监控和改进。在当今多变的、激烈的市场竞争中，物流对企业实现其战略目标的影响力越来越大。物流绩效管理必须从战略的高度来协调物流目标与其他经营目标，遵循战略管理的思想、原则，构建绩效管理的方法体系。

（3）物流绩效管理的难点在于物流绩效的衡量和评价。由于物流活动具有过程复杂性和形成多样性等特点，长期以来，物流绩效的衡量缺乏行之有效的标准。而只有科学合理的物流绩效衡量和评价，才能够正确判断企业的实际经营水平，提高企业的经营能力，进而增加企业的整体效益。因此，不同的企业需要根据自身的经营领域、经营目标、运作流程和物流运作特点，探索建立起适合自己的物流绩效衡量标准和评价体系。

（4）物流绩效管理不只是局限于企业组织内部，也是供应链绩效管理的重要组成部分。

二、物流绩效管理的原则与目的

（一）物流绩效管理原则

现代企业进行物流绩效管理必须遵循三个原则。

（1）追求物流绩效与满足顾客需求的统一。现代物流绩效是在满足顾客需求的前提下产生的。顾客需求是现代企业从事物流服务的基础，直接决定和影响着现代企业的物流绩效。必须通过专业化、现代化的物流服务才能达到双方降低成本、提高经营管理水平的目的，建立一种伙伴关系，并实现利益的“双赢”。

（2）近期物流绩效与远期物流绩效的统一。现代企业不仅要重视近期的物流绩效，更要重视长远的物流绩效。物流技术设备的采用需要一次投入相当的资源，而作用是渐进的和长期的。另外，现代企业与客户之间建立的是一种长期的、专业化的物流服务伙伴关系，需要现代企业将近期物流绩效与远期物流绩效的统一。

（3）物流绩效与社会效益的统一。现代企业的物流活动，不仅要考虑经济因素，更要考虑政治因素和社会因素。现代企业在物流活动中，要充分考虑物流对环境的影响，减少对环境的破坏与污染，实现物流绩效与国家法规、产业政策的统一，实现物流绩效与社会效益的统一，在和谐的生态环境和低资源占用的情况下确保人类社会和经济的可持续发展[①]。

---

① 潘娅媚. 造纸业绿色物流绩效评价研究. 造纸装备及材料，2021，50（4）：65-67.

（二）物流绩效管理的目的

由于物流绩效表现的多样性，物流绩效管理的目的不是追求某一方面绩效的最优，而是整体物流绩效的合理化。现代企业对物流系统进行设计、调整、改进与优化，以降低物流成本，提升物流服务水平，并通过物流成本与物流服务之间的平衡，获取良好的物流绩效。由此，企业物流绩效合理化的目的主要包括以下三点。

（1）提升物流服务能力，创造更多的物流价值。现代企业在物流发展进程中，物流绩效的合理化需要通过物流服务创新提高物流服务水平，来扩大市场业务量，改变现代企业原有物流服务构成，以更优质的服务创造更多的物流价值，创造更多的物流增值价值。

（2）创新物流管理方式，有效降低物流成本。现代物流运作系统是由多个环节组成的，在维持和改进物流服务的状况下，通过创新物流管理的制度、方式和方法，科学地解析物流成本构成情况，有针对性地采取管理手段，有效地降低物流成本，实现物流绩效的合理化。

（3）搭建信息共享平台，减少信息沟通成本。物流企业应根据实际情况建立并完善信息沟通渠道，实现供应链上下游间的资源流通；还可以依托大数据技术建立互联互通平台，提高信息化程度，简化沟通环节，提高沟通效率，加强不同企业之间的合作关系，促进企业协作运行；物流企业需要与供应链中各企业共享基础设施，节约运营资金，从而降低物流成本，实现提高物流绩效的目的[①]。

三、物流绩效管理的内容

目前，对于企业物流绩效管理的研究尚不系统，还没有形成一个比较统一的管理框架和体系。从时间上看，绩效有短期与长期之分，具体管理者因为有任职时间等限制，一般追求组织短期绩效；从指标特性看，绩效为便于组织考核管理而多以具体、定量与显性指标为主，追求可操作性与客观性；从过程性看，绩效指标在较长时间内保持不变，相对稳定静止[②]。根据现有的绩效管理理论和方法，物流绩效管理的主要内容大体包括物流绩效目标、物流绩效标准、物流绩效计划、物流绩效评价、物流成本控制和物流绩效改进等六个方面。在简要介绍这六个方面的基本内容外，本章后面选取物流绩效评价、物流成本控制和物流绩效改进三个重要内容做详细介绍。

（一）物流绩效目标

物流绩效目标是指企业在物流绩效管理过程中期望达到的成果。它为整个物流绩效管理设置了一个可见和可实现的未来，为物流基本运作的设计和选择指明了努力的方向，是物流绩效计划和策略制定的基本依据。

① 孙晓波，骆温平. 供应链整合与客户服务运作绩效的关系. 中国流通经济，2014，28（2）：76-82.

② 李勇辉，白利鹏，王莉. 中国城市物流绩效评价与竞争力实证研究. 河南社会科学，2020，28（3）：65-75.

企业在一定时期的物流绩效目标是企业物流战略的具体体现。企业为了实现其物流绩效目标,通过对客户要求和内部资源的分析而制定重大物流管理决策并加以贯彻实施。物流绩效目标既包括战略性目标，如成本最小、投资最少和服务改善，也包括物流各环节、各流程的具体运作目标，如运输、仓储、配送、订单处理等作业绩效目标。因此，物流绩效目标具有与组织目标的一致性、绩效目标的平衡性与全面性、绩效目标的积极性和可行性等特点。

在现代企业管理理论中，目标设定的方法很多。从管理和控制的角度，常见的主要是传统的自上而下的目标设定和基于目标管理法的目标设定。从具体绩效目标的制定来看，最简单的方法就是以历史绩效和基准绩效为基础，设定一定的改进百分比作为绩效目标。而基于标杆管理的绩效目标设定是一种新发展起来的更为行之有效的绩效目标设定方法。

（二）物流绩效标准

物流绩效标准是运用标准管理手段，设立一系列物流绩效指标，围绕运输、储存、装卸、包装以及物流信息处理等物流活动制定、发布和实施有关活动绩效方面的标准，并按照绩效标准和工作标准的配合性要求，统一整个物流系统的绩效标准的过程。物流绩效标准的设计和选择对整个物流系统的绩效和运作的影响甚大。如果没有标准体系，就缺乏衡量标杆，也就没有物流绩效。

物流绩效标准体系的建立是物流绩效管理中的重要环节。在具体绩效管理中，一般从物流职能角度来划分企业物流绩效标准体系，主要包括顾客服务标准体系、运输绩效标准体系、仓储绩效标准体系、配送绩效标准体系、库存绩效标准体系等。

物流绩效标准的制定需要考虑的因素有很多。例如，物流绩效标准必须与公司总体战略一致；标准必须关注顾客需求和期望；需要选出那些对企业意义重大的标准；关注过程；平衡方法的使用；对物流绩效进行有效衡量的技术的运用等。

而在制定了物流绩效标准以后，物流绩效标准实施也是十分重要的。物流绩效标准在企业中完全落实需要相当长的一段时间，时间的保证对实施来说很关键。同时，标准的实施应该得到高层管理者的支持，此外，营销和销售经理也应该参与进来，宽广的支持基础（包括销售管理者、市场研究部门、制造部门）是必要的。在标准实施中，还有一点必须得到充分重视，就是标准建议必须转化为员工能够理解的操作细节。

（三）物流绩效计划

物流绩效计划就是根据社会的需要以及企业的自身能力，确定出企业在一定时期内的绩效目标，通过计划的编制、执行和检查、协调和合理安排企业中各方面的经营和管理活动，有效地利用企业的人力、物力和财力资源，取得最佳的经济效益和社会效益。

绩效计划是绩效管理的起点和基础，强调以组织目标为导向，并分解为可操作的具体方法和方案，可以更好地与绩效管理其他环节相融合，从而达到更高的管理效益，促进组织核心目标的实现。从静态的角度看，物流绩效计划就是一个关于工作目标和标准的契约；从动态的角度看，物流绩效计划就是管理者和员工共同讨论以确定物流部门绩效评价期内应该完成什么工作和达到什么样的绩效的过程。

从计划的广度来看，物流绩效计划是一个战略计划与作业计划的统一；从计划的时间框架来看，物流绩效计划是一个短期与长期计划的统一；从计划的明确性来说，物流绩效计划是一个具体性与指导性计划的统一。因此，物流绩效计划在企业管理中的作用很大，是管理者开展物流绩效管理活动的有力依据，为有效的物流成本控制提供了标准和尺度，也是管理者降低风险、掌握主动的手段，是管理者提高各部门效益的重要方法。

物流绩效计划的编制同其他计划工作程序相类似，依次包括：对历史物流绩效进行评估、确定物流绩效目标、确定备选方案、评价备选方案、确定方案、拟订辅助计划、计划预算几个方面。

物流绩效计划的实施，需要多方面系统的支持，需要平衡各项绩效管理业务的关键性，需要预先建立绩效评估系统有助于避免数据结构重复执行，避免造成时间和资金上的浪费，要保证好计划实施的实时监控，确定一切所需数据来源，保证企业获取所需的绩效数据。

（四）物流绩效评价

物流绩效评价就是以有效满足物流需求为目的，通过客观定量标准与主观效用行为测定物流绩效的活动过程。具体地说，物流绩效评价是对物流价值的事前计划与控制以及事后的分析与评估，以衡量企业物流运作系统和活动过程的投入与产出状况的分析技术和方法。

从企业物流运作管理需要出发，物流绩效评价的目标就是对整个物流运作管理过程的监督、控制和指挥。物流绩效评价的目标首先表现为追踪现行物流系统绩效并不断与以往物流系统进行比较分析，主要就服务水平和物流成本的要素分析向管理者提供绩效评估报告。其次就是依据物流系统的标准化体系进行实时控制，追踪现行物流系统运作绩效，改进物流程序，及时调整运作方式。最后就是通过物流绩效评估来评价物流组织和物流人员的工作绩效，实现更优化物流运作效率。

物流绩效评价是物流绩效管理中的重点和难点。企业要进行科学合理的物流绩效评价，需要明确物流绩效评价对象，建立物流绩效评价指标体系，选取具体的物流绩效评价标准，采用适当的物流绩效评价方法，对物流绩效评价过程进行有效的组织，最终提交物流绩效评价报告。其中，物流绩效评价指标体系的建立对物流绩效管理起着关键性的作用。

（五）物流成本控制

物流成本控制是指对物流绩效计划实施的实际成效经过信息反馈与预定的物流绩效目标进行对比、评价，检验两者的差别、偏差并及时采取措施进行纠正以达到完成物流绩效目标的目的。物流成本控制既具有一般控制系统的共性，又具有战略控制的特点。在物流系统中，管理者根据客户服务和成本对计划中的物流活动（运输、仓储、库存、物料搬运和订单处理等）进行控制。物流成本控制不仅要控制企业内部的实施环节，还要反映外部环境的变化对战略实施的影响。

物流成本控制要根据物流绩效评价标准，建立起绩效反馈和监控体系。在物流管理中，不但要求有畅通的绩效信息反馈机制，还要求有使员工了解自身绩效水平的各种绩效管理手段，其最重要的实现手段就是管理者与员工之间的有效沟通。除此之外通过对数据的收集和分析了解不同消费群体偏好，及时调整运营策略，减少经营风险。流通组织数字化转型后，整体供应链中资源、信息和服务流动更高效，在提升供应链响应速度的同时实现各节点成本有效压缩[①]。

（六）物流绩效改进

物流绩效改进是指企业按照绩效改进计划，通过管理人员与员工的双向沟通和辅导，所做的一切改进物流绩效的活动。绩效改进是绩效评价的后续应用阶段，是连接绩效评价和绩效控制与下一循环计划目标制定的关键环节。

第二节　物流绩效评价概述

在欧美等发达国家和地区，绩效评价正逐步成为企业管理的一项重要议程。而物流绩效评价作为现代物流运作系统和活动过程的一种分析技术与方法，也越来越受到人们的关注和重视。通过物流绩效评价，企业既可以分析和评估现代企业资源素质与能力，确定物流发展战略，又能够提出和追踪物流运作目标及完成状况，并进行不同层次和角度的分析，为物流成本控制和绩效改进提供依据。

一、物流绩效评价指标体系

物流绩效评价指标体系的构建是保证物流绩效评价合理性的关键之一。长期以来，物流绩效评价缺乏较为完整的评价体系。日本的企业结合自身的特点，以整体物流成本最小化、顾客服务最适化、企业利益最大化为目标将物流绩效评价的重点放在了不断降低成本上。美国的企业则侧重进行综合绩效衡量。国内外众多学者也对物流绩效评价指标选取和指标体系的构建进行了理论与实证的分析研究，这些对企业构建物流绩效评价指标体系具有一定的参考和指导意义。

（一）国内外关于物流绩效评价指标体系的研究

1. 国外关于物流绩效评价指标体系的研究

Gunasekaran（古纳塞卡兰）等所提出的物流绩效评价体系，将绩效评价指标与战略、

---

① 姜文锐. 流通组织数字化转型对供应链绩效的影响分析. 商业经济研究，2021,（20）：25-28.

战术与运作三个层次相联系。绩效评价指标所关注的焦点已经由成本导向转向成本与其他方面功能相结合，如顾客满意度、资产利用率、生产率及质量。Toni（托因）与 Tonchia（汤奇亚）对 115 家意大利企业进行了实证研究，发现在大多数企业中，传统的成本类绩效评价指标（如存货的主要监视指标、成本指标与生产率指标）与新型的非成本类指标（如质量、反应时间、绩效与柔性）之间存在着明显的不同。一个好的企业绩效评价体系包括了财会体系、制造计划及控制体系以及战略计划体系。

Harding（哈丁）构建了一个物流绩效衡量的分类矩阵，使用了三个标准：对顾客的重要性、企业绩效以及改进的成本/时间。这一分类设计的重点在于当顾客服务改进对企业造成财务影响时，允许企业识别对物流绩效产生影响的领域。当成本/时间因素为资源时，所有的物流绩效指标都是顾客导向的。

Brewer（布鲁尔）与 Speh（斯佩）将 Kaplan（卡普兰）与 Norton（诺顿）的平衡计分卡法在物流领域内进行了应用。他们所建立的体系为物流实践者通过使用平衡计分卡(blanced score card，BSC)来连接供应链管理中相互联系的观念提供了便利。Brewer 与 Speh 讨论了 Kaplan 与 Norton 所提出的平衡计分的四个方面，并进行了相应的调整。这四个方面是供应链管理目标、顾客利益、财务利益以及供应链管理改进。每个方面都与相应的平衡计分卡项目相对应。体系指标则与这些构成要素一一相关。

Donald J. Bowersox（唐纳德 · J. 鲍尔索克斯）认为企业物流绩效衡量分为内部绩效衡量、外部绩效衡量、综合供应链绩效衡量三个方面，并列出了相应的绩效指标以及制造商、批发商和零售商使用各项指标的百分比。内部绩效分为五大类物流绩效指标，包括物流成本绩效指标、物流客户服务绩效指标、物流生产率绩效指标、物流资产管理绩效指标和物流质量绩效指标。外部绩效通常从客户感觉和最佳实施基准两个方面来评价。综合供应链绩效则从客户满意度/质量、时间、供应链成本、资产等四个方面进行评价。

Donald Waters（唐纳德 · 沃特斯）认为，对物流进行评估的绩效指标，一是间接指标，主要是财务指标，如资产收益率、投资回收期和利润贡献等；二是一般性指标，包括能力和利用率指标和生产率指标；三是物流作业指标，如运输作业绩效指标、仓库作业绩效指标等。

Donald H. Ballou（唐纳德 ·H. 巴鲁）提出了企业在正常商业活动中应使用三个关键性绩效评估报告：成本—服务报告、生产力报告和绩效表。并列出了企业实物供应和实物分拨成本评估项目、客户服务衡量指标和生产力衡量指标。

Edward Frazelle（爱德华 · 弗拉泽尔）提出了一套完整的物流业绩衡量体系与物流评分体系。物流业绩衡量体系分为四大类：物流业绩的财务衡量、物流业绩的生产率衡量、物流业绩的质量衡量、物流业绩的周期衡量。物流业绩衡量的二级分类标准是物流运作领域，包括客户反应、存货计划与管理、供应、运输和分销、仓储或分销中心运作。物流业绩衡量体系的设计基于以上四类衡量指标和五个运作领域，形成物流业绩衡量指标矩阵。

供应链研究的权威机构 PRTM（Pittiglio Rabin Todd & McGrath，咨询公司）在 SCOR（supply-chain operations reference，供应链运营参考）模型中提出了度量供应链绩效的

11 项指标：交货情况、订货满足情况（包括满足率和满足订货的提前期）、完美的订货满足情况、供应链响应时间、生产柔性、总物流管理成本、附加值生产率、担保成本、现金流周转时间、供应周转的库存天数和资产周转率。目前，供应链委员会的 170 多个成员企业在使用该评价指标。

2. 国内关于物流绩效评价指标体系的研究[①]

张铎等[②]从物流系统的角度建立了物流绩效综合评价指标体系，其指标的选择是按物流系统水平结构加以划分的，并且形成了具有递阶层次结构功能的评价指标体系。

郎会成和蔡连侨[③]认为物流绩效指标体系主要由物流工作成果指标、物流工作消耗指标、物流工作效率指标三项子指标体系构成。

王娟和黄培清[④]建立了物流绩效的财务评价指标体系，主要考虑了四个方面的指标：与商流结合的物流绩效的财务评价指标，主要包括销售净利率、销售毛利率、应收账款周转率及应收账款周转天数；与资金流相结合的物流绩效的财务评价指标，主要包括存货周转率、存货周转天数及营业周期；反映物流投入效果的财务评价指标，主要包括总资产周转率、净资产周转率；反映物流、商流与资金流综合绩效的财务评价指标，主要有一个指标，即净值报酬率。

魏新军[⑤]认为，现代物流绩效的衡量实质是现代企业物流能力、竞争能力、发展能力的衡量，并且选择了七个一级指标，即物流成本费用、客户服务、生产率、资产衡量、质量、适应外界环境能力及客户满意程度。

王勇和杨文慧[⑥]从成本、效率、风险和客户管理四个方面建立了物流绩效评价指标体系，其中从风险这一角度考虑物流绩效评价指标是一种创新。

马红艳等[⑦]根据哈佛商学院 Kaplan 提出的“全方位绩效看板”，将物流企业绩效评价指标体系分为四个方面：内部绩效、服务满意度、财务盈利、发展潜力。其中，每个方面又有若干二级指标，财务盈利的每个二级指标又包含若干三级指标。

（二）物流绩效评价指标体系的要求

评价指标是实施绩效评价的基础，任何评价行为都要运用一定的指标来进行，经营绩效取决于诸多因素，具有综合性特征，一般情况下，单一的指标难以反映全面，因而实施绩效评价必须构建一个反映经营绩效各个侧面的由一系列相关指标组成的评价指标体系。合理的评价指标体系应满足下列要求。

---

① 范春梅，辛若朋. 物流绩效评价研究现状综述. 物流技术，2004，(9)：16-19.

② 张铎，林自葵. 电子商务与现代物流. 北京：北京大学出版社，2002.

③ 郎会成，蔡连侨. 物流经理业务手册～掌握工作方法与技巧的捷径. 北京：机械工业出版社，2001.

④ 王娟，黄培清. 物流绩效的财务评价系统. 物流技术与应用，2000，(3)：27-28.

⑤ 魏新军. 模糊聚类方法在物流绩效衡量中的应用. 物流技术，2003，(8)：29-32.

⑥ 王勇，杨文慧. 关于企业物流管理绩效评价体系的探讨. 商业研究，2003，(4)：163-165.

⑦ 马红艳. 张光明，盛永祥. 评价物流企业绩效的效用理论方法. 华东船舶工业学院学报（自然科学版），2003，(12)：78-83.

1. 符合绩效评价目的和评价内容的要求

选取的指标应具有明确的经济含义，能够从不同侧面反映企业绩效的实质，指标体系从整体上能够涵盖绩效评价内容的所有方面。是选取指标的出发点，据此形成的指标框架反映评价的实质。

2. 各项指标相互间具有较高的独立性

指标之间若存在较大的相关性，必然造成指标内容所反映的信息重叠。

3. 信息的冗余度低

较高的信息冗余会导致评价对象之间差异显示不灵敏。统计分析的目的就是在初步确定的指标框架基础上剔除一些指标，得到最小指标集，使最终的评价指标集中指标之间具有较大的独立性和较低的信息冗余度。一方面减少评价工作的数据收集量和计算量，另一方面增加评价的灵敏度。

4. 正确处理评价指标设计中的关系

（1）指标量化的“悖论”关系。指标量化过程中的“悖论”关系是指：一方面管理者大力推崇顾客关系，经营效率等非财务指标，而另一方面大多数公司却不能建立起一套有效的相关指标体系来支持其战略，尽管大多数管理者高度重视并期望得到这些信息，但却很难提高信息的质量；一方面评价指标存在着重要性与度量的差异，导致某些评价指标重要但难以定量分析，另一方面评价指标存在着度量与使用的差异，导致某些指标重要、可以度量但难以形成相应的目标并作为决策的基础。

（2）财务指标与非财务指标的关系以及非财务指标之间的关系。财务指标反映的是一个阶段的经营成果，而非财务指标则反映了经营的过程，同时也决定了未来的财务绩效指标的质量。人们对于非财务指标的研究往往将其分离开来，但实际上，各种非财务指标之间往往不是相互独立存在的，它们之间有着很强的相关度。如果忽略了它们之间的相互补充或者相互替代的关系，就会将绩效的评价引向歧途。

（3）各评价指标不同意义在评价指标体系中协调与统一的关系。在物流绩效评价指标体系中，各指标的经济意义彼此不同，表现形式也不一样，有的是绝对指标，有的是相对指标，还有的是平均指标；对评价对象的作用趋向也不一致，有的是越大越好，有的是越小越好。因此各个指标之间不具有可比性，各个指标在企业中的重要性也有所不同。在物流绩效评价指标体系中，必须通过无量纲处理和赋权处理进行协调和统一。

（三）物流绩效评价体系的指标内容

1. 成本评价指标

物流绩效的最直接的反应是完成特定运作目标所发生的真实成本。物流在企业价值增值、收入增加、资本消耗和费用控制的过程中扮演着越来越重要的角色，因此，物流财务业绩对企业财务业绩的影响越来越大。在评价和改进企业财务业绩时，评估和改进物流财务业绩非常重要。

（1）每个订单反应成本，用于衡量订单处理成本花费多寡，其计算方法为总订单反应成本除以每年处理的订单数目。总反应成本包括用于订单处理和订单状态沟通的人力成本、通信费用和场地租借费用。

（2）平均库存管理成本，用于衡量库存管理成本花费多寡，其计算方法为总存货成本除以平均库存量。总存货成本包括存货持有成本、人力成本、办公场地租借成本和存货管理系统费用。

（3）每份采购订单的采购成本，用于衡量采购成本花费多寡，其计算方法为总存货成本除以平均库存量。总采购成本除以采购订单数量。总采购成本包括在计划、批准、实施和跟踪订单的过程中发生的人力费用、场地费用、系统费用和通信费用。

（4）每平方米仓储成本，用于衡量仓储管理成本花费多寡，其计算方法为总仓储成本除以总仓储面积。总仓储成本包括人力成本、场地成本、物料搬运系统成本和信息处理系统成本。

（5）平均每标准吨商品运输成本，用于衡量配送成本花费多寡，其计算方法为年运输总成本除以年配送商品总标准吨数。总运输成本包括进出货运输成本。

（6）物流费用，主要指人力成本，但也包括通信费用、进出货运费、燃料费用、第三方费用和场地租借费用。

（7）总物流成本，是物流活动中涉及的费用和资本成本的总和，主要包括总反应成本、总存货成本、总采购成本、总运输成本和总仓储成本。

（8）物流成本—销售比例，显示衡量物流成本的相对指标，其计算方法为总物流成本除以公司收入。

2. 资产评价指标

资产评价的焦点在为实现物流目标而对投入设施和设备的资本以及用于存货的流动资本的使用。物流设备、设备和存货是一个公司资产的重要组成部分。资产评价指标着重对如存货等流动资本如何能快速周转，以及固定资产如何能产生投资报酬率等方面进行评价。

（1）库存周转率，可用来检验公司营运绩效，以及作为衡量现今货品存量是否适当的指标。库存周转率可用总销售收入与平均存货价值之比或总存货售价与平均存货水平之比表示。

（2）呆滞商品比例，用来测定货品耗损造成资金积压的状况的指标，计算方法为呆滞商品销售金额除以库存金额。

（3）配送车运转率，用于衡量车辆运用状况，计算方法为配送总车次除以总车数与天数的乘积。

（4）物流资产价值，是物流系统各部分（包括仓储、物流设施、运输车队、物流搬运系统、物流信息系统等）所使用的资产的价值总和。

（5）物流资产回报率，其简单算法是将公司利润除以物流资产价值，该比例可以用来比较物流资产回报和总资产回报，以及其他部门资产回报的差异。

（6）物流资产周转率，用于衡量物流资产的总使用率，将公司收入除以物流资产投资额可以得到物流资产周转率。

（7）物流附加值，与公司经济附加值的计算方法类似，即将物流资本费用从公司税后收益中扣去。根据斯通·斯图沃特的理论，经济附加值是预测未来股东价值的最佳指标，因此物流附加值是反映物流对未来股东贡献的最佳指标。

3. 生产率评价指标

生产率是一种使用最广泛的绩效评估指标。最广泛的评估是使用总生产率，它把企业物流运作整个流程中的吞吐量和资源使用量联系起来。由于操作上的一些困难，几乎没有哪个组织使用总生产率，而宁愿使用局部生产率或单因素生产率。

（1）每人每小时处理订单数，用于衡量订单处理的效率。其计算方法为每人每天已完成订单总数除以物流员工每天工作小时数。

（2）平均每日订单数，根据这一指标可以观察每天订单变化情形，据以研究客户管理策略及业务发展状况。其计算方法为订单数量除以工作天数。

（3）每人每小时处理采购订单数目，用于衡量采购订单人员处理效率。其计算方法为采购订单总数除以处理采购订单时间。

（4）每人每小时处理的货物单元数，用于衡量存货管理人员货物处理效率。其计算方法为每人每天处理货物单元总数除以物流员工每天工作小时数。

（5）储区面积率，是衡量厂房空间的利用率是否恰当的重要指标。储区是物流中心或企业仓库不可或缺的部分，因而掌握储区占整个物流中心厂区或仓库面积的比率，可使整体作业更顺畅。其计算方法是储区面积除以物流中心建筑面积。

（6）储位容积使用率，是用以判断储位规划及使用的料架是否适当，以有效利用储位空间的重要指标。其计算方法为存货总体积除以储位总容积。

（7）单位面积保管量，也是用以判断储位规划及使用的料架是否适当，以有效利用储位空间的重要指标。其计算方法为平均库存量除以可保管面积。

（8）人均配送量，用于评估配送人员的工作分摊重量及其作业贡献度（配送量），以衡量配送人员的能力负荷与作业绩效；同时判断是否应增添或删减配送人员数量。其计算方法为配送量除以配送人员数。

（9）平均每车次配送重量，用于评估配送车辆的产能负荷，以判断是否应增减配送车数量。其计算方法为配送总重量除以车辆总数。

4. 质量评价指标

质量指标是指向全过程评估的最主要的指标，它用于确定一系列活动的效率而不是个别的活动。物流质量是一个整体概念，它是现代企业根据物流运作规律所确定的物流工作的量化标准与根据物流经营需要而评估的物流服务的顾客期望满足程度的有机结合。

（1）订单输入准确性，其简单算法是将按客户要求输入的订单数除以总输入订单数。

（2）商店退货率，这一指标的应用目的在于检测公司货品销货退货情况，以便尽早谋求改善。其计算方法为顾客退货数除以出货量。

（3）订单满足率，是得到满足的订单数（即无更替或延迟订单）与订单总数之比。

（4）订单预测准确率，预测准确性最常用的衡量指标为预测误差的代数偏差和比例、平均绝对偏差和比例、标准偏差。

（5）存货准确率，其简单算法是将无差错仓库储位数除以仓库储位总数。

（6）准时运抵比例，其简单算法是将货物在预定时间内送达的订单数除以总订单数。

（7）货物损坏比例，其简单算法是将在途中货物完好无损的订单数除以总订单数。

5. 反应时间评价指标

（1）订单输入时间，是指从接到订单开始直到订单输入完毕处理的时间。如果是邮件订单，它包括在途时间、订单输入等待时间和订单输入时间；如果是传真订单，则包括传真发送时间、订单等待时间和订单输入时间；如果是电话订单，则包括等待客户时间、谈话时间、订单输入时间；如果是电子订单，则仅仅是指订单传送时间。

（2）订单处理时间，是指从订单处理系统开始处理订单直到订单被送往仓库开始拣货的这段时间。它包括客户信息验证时间、客户信用度审核时间、发送订单计划时间、等候订单成批送往仓库的时间。

（3）采购订单循环周期，是指从向供应商发出订单开始到货物送达指定地点为止的这段时间。

（4）仓库内订单循环周期，是指订单送达仓库管理系统开始到订单拣货完毕等待运送的时间。它包括送货计划之前的订单计划、拣货、集合、包装、堆放时间。

（5）在途时间，是指订单送货准备完毕到货物送达客户指定地点的时间。它包括货物装载时间、在途时间和客户处卸货时间。

（6）总物流循环周期，是指从接受客户订单开始到将货物送达客户的时间。总物流循环周期的减少意味着企业物流响应时间的减少，这是衡量竞争优势的一个重要的绩效指标，也是企业竞争优势的来源之一。它直接与客户服务互相影响从而决定企业竞争力，包括订单输入时间、订单处理时间、采购订单循环时间、仓库内订单循环时间和在途时间。

6. 供应链密切度指标

企业物流的竞争很大程度上要依赖于企业与其供应商、分销商及零售商合作的密切程度。该类指标包括以下几方面。

（1）顾客满意度，用于衡量上游组织的所有产品对下游客户一系列需求的实现程度。没有满意的顾客，企业物流战略就不能被认为是有效的。这一指标通过问卷调查来获取。

（2）畅销品到货率，用于衡量下游组织对关键产品的需求满足程度。计算方法为到货的畅销品金额（数量）除以所需畅销品金额（数量）。

（3）缺货率，这一指标用来反映存货控制决策是否得宜，是否调整订购点与订购量的基准。其计算方法为接单缺货数除以出货量。

（4）供应商订单满足率，用于衡量下游企业对上游企业产品满足总体情况。其计算方法为满足采购需求的供应商数量除以供应商总数。

（5）供应商价格变动率，用于衡量上下游企业间的价格协调状况。其计算方法为前一年供应商商品价格除以该年供应商商品价格。

（6）企业占供应商业务的比重，用于衡量下游企业对上游企业而言的业务合作状况重要程度。企业占供应商业务的比重，反映企业对于供应商的重要程度，也是决定供应商与企业之间合作关系的一个因素；企业占分销商业务的比重，反映企业对于分销商的重要程度，同时也影响分销商与企业之间的合作关系。其计算方法为与供应商来往业务数额除以供应商业务额。

（7）供应链信息沟通水平，用于衡量上下游企业之间的信息交流状况，为定性指标，通过专家评价给出相应水平。供应链信息沟通水平，反映企业与其供应商和分销商之间的信息共享的程度，是供应链集成、消除不确定性和提高企业物流效益与效率的关键因素。

二、物流绩效评价标准和方法

（一）物流绩效评价标准

（1）计划标准，是评价物流绩效的基本标准。以计划标准为尺度，可以将物流绩效实际达到的水平同计划指标进行对比。反映了物流绩效计划的完成情况，并在一定的程度上表明了现代企业的经营管理水平。

（2）历史标准，以历史标准为尺度，可以将物流绩效指标实际达到的水平同历史同期水平或历史最高水平进行对比，观察这种指标是否达到了最佳状态。这种纵向的对比，能够反映出物流绩效指标的发展动态及其方向，为进一步提升物流绩效提供决策依据。

（3）行业标准，用国际或国家同行业达到的先进水平作为评价物流绩效的尺度。这种横向的对比，便于观察和表明现代企业本身所处的位置，便于发现差距，可以作为现代企业制定物流发展战略的基础。

（4）顾客标准，用顾客对现代企业物流运作服务的评价和满意程度来衡量现代企业的物流绩效。顾客的满意程度是评价现代企业物流运作服务水平的关键要素，是现代企业改进和提高物流服务水平的依据。

（二）物流绩效评价方法

物流绩效评价方法

三、物流绩效评价的基本过程

评价是指根据确定的目的来测定评价对象系统的属性，并将这种属性变为客观定量的计分或者主观效用的行为。评价过程包括确定评价工作实施机构、制订评价工作方案、获得评价信息、进行评价计分、形成评价结论、撰写评价报告、评价工作总结等。

（1）确定评价工作实施机构。评价组织机构直接组织实施评价，评价组织机构负责成立评价工作组，并根据选聘有关专家组成专家咨询组。如果委托社会中介机构实施评价，先同选定的中介机构签订委托书，然后由中介机构成立评价工作组及专家咨询组。无论谁来组织实施评价对工作组及专家咨询的任务和要求应给以明确。

（2）制订评价工作方案。由评价工作组根据有关规定制订物流企业评价工作方案，经评价组织机构批准后开始实施，并将其交送专家咨询组的每位专家。

（3）获得评价信息。获取现代企业物流绩效评价的信息应该获取有关评价客体、评价主体与参照客体的信息。①获取评价客体的信息。客体的存在是不以人的意志为转移的，但对客体信息的筛选却以人的目的、知识水平、信念、经验、情感为基础，因此信息解释不可能是完全客观的、唯一的。②获取评价主体的信息。实质上就是把握评价主体的需要，把握主体需要有三个层次：需要—愿望—需求。只有把握了主体需要的发展趋势和规律，才能把握价值关系的约束条件，把握评价客体满足评价主体需要的约束条件及多样化趋势。要使评价所引导的实践活动符合目的，就必须把握评价主体的未来需要，及这种需要之所以产生的条件。③获取参照客体的信息。参照客体，是可以被评价者用来比较评价客体在同类客体中地位的客体。从可能性上说，可与评价客体形成比较的客体，都是评价客体的参照客体，而与不同参照客体相比较时，评价的结论会是不同的。评价的结论除受到评价客体、评价主体信息的左右，还受到参照客体信息的制约。

根据评价工作方案的要求及评分的需要收集、核实及整理基础资料和数据。选择物流行业同等规模的评价方法及评价标准值。收集连续三年的会计决算报表，有关统计数据及定性评价的基础材料，并确保资料的真实性、准确性和全面性。

（4）进行评价计分。运用计算机软件计算评价指标的实际分数，这是物流绩效评价的关键步骤。按照核实准确和会计决算报表及统计数据计算定量评价指标的实际值。根据选定的评价标准，计算出各项基本指标的得分，形成“企业物流绩效初步评价计分表”。利用修正指标对初步评价结果进行修正，形成“企业物流绩效基本评价计分表”。根据已核实的定性评价基础材料，参照绩效评议指标参考标准进行评议指标打分，形成“企业物流绩效评议计分汇总表”。

（5）形成评价结论。将绩效基本评价得分与物流产业中相同行业及同规模的最高分数进行比较，将四部分内容的分析系数与相同行业的比较系数进行对比，对企业物流绩效进行分析判断，形成综合评价结论，并听取企业有关方面负责人的意见，进行适当的修正和调整。

（6）撰写评价报告。评价报告主要内容包括评价结果、评价分析、评价结论及相关附件等，送专家咨询组征求意见。评价项目主持人签字，报送评价组织机构审核认定，如果是委托中介机构进行评价须加盖单位公章。

（7）评价工作总结。将评价工作背景、时间地点、基本情况、评价结果、工作中的问题及措施、工作建议等形成书面材料，建立评价工作档案，同时报送企业备案。

四、物流绩效评价的实施与控制

（一）树立科学的物流绩效评价观念

物流绩效评价对降低企业物流成本，改善管理效率起着举足轻重的作用。鉴于此，一方面企业应当注重加强对企业的文化氛围的建设，在企业内部推广全面成本管理的思想，使企业员工对全员参与物流成本管理和物流风险管理的重要性有一个充分的认识，供应链合作创新有利于减少研发成本和风险、激发供应链企业的共同创造力，提升新产品开发绩效[①]，并将这种认识带入到实际的工作中，使成本节约和风险规避成为企业员工自觉自愿的行动；另一方面将物流管理同人力资源管理结合，将物流的绩效评价同员工的奖酬挂钩，鼓励管理人员到现场进行监督。

（二）加强物流绩效评价的组织工作

首先是物流的数据收集系统的建设，因为目前我国多从成本角度考虑物流的绩效，所以数据来源多由会计报表归纳，过程烦琐而且数据的时效性差，不能实时反映物流的状态，所以如果要从成本、风险、效率和客户满意程度来考虑物流的绩效那么就应当建立一个更为灵活，反应迅速的物流数据归集系统。

其次是在人员配备方面，可以考虑设立专门的物料经理或者设立比目前的库管员权限更大的物流绩效评价操作员的职位来保证物资供应，保证物料按质、按量、按计划正常流动，满足客户和市场的需求，降低成本和库存量，提高库存的周转次数，加速资金周转。如果公司的规模较小那么可以通过专业的管理咨询公司对企业内部物流进行定期的绩效评价和提出解决方案。

（三）采取行之有效的控制方式

首先，加强对物流的预算管理。制订物流成本的中期和长期成本计划，利用系统论的方法将物流相互联系的各个环节组合成为统一的整体，并将供货商和用户纳入系统管理之中。物流的预算管理包括对物流的成本预算管理、对物流效率的预算管理以及物流风险的预期。

其次，对物流实施标准化管理，不但物流的尺寸、物流的操作规程和方法要尽量标准化，而且物流绩效评价体系也应当标准化。如果没有国际标准，在这种情况下，虽然各个行业由于生产经营的差异性，各企业的物流管理很难用统一的标准来衡量，但是却可以利用物流环节的运输、储运、储存、装卸、搬运等的一些行业定额指标，对照企业

① 阮国祥. 跨组织即兴与供应链合作创新绩效：网络惯例和网络权力视角. 科技管理研究，2021，41（24）：118-124.

生产条件对历年的物流环节的物流成本进行统计分析，从中找出每一种处于最有效输出和保管状态下的物流成本，并以此为基准参照同行业和同类型的产品的平均物流成本来制定比较合适的衡量标准。

再次，利用系统论的方法对物流进行全局与局部并重的控制。由于上一阶段的物流的绩效与下一阶段的物流绩效是相关的，也就是说本阶段的物流成本是相邻阶段的物流衔接成本和本阶段物流的成本。

最后，进行物流管理的创新，加强对物流的风险管理。有计划且有目的地自主研发相关技术，对为数不多的具有创新研发能力的大企业给予鼓励，带动中小型物流企业创新技术，加快我国物流行业的发展[①]。如果前一阶段疏于对物流进行控制那么就会造成后续阶段物流风险像滚雪球一样上升。例如，如果在物资采购阶段，采购人员同供应商勾结购进质量不能满足生产需求的产品，那么有可能会导致生产线的停顿，生产线的产品会堆积在仓库中使库存成本攀升，这就是“雪球”效应。

第三节　物流成本的构成与控制

增加企业利润有扩大销售和降低成本两个最基本的方法。对物流企业来说，降低成本比扩大销售（物流量）更为有效，因为在这一过程中不仅降低了成本，而且有助于提高管理水平，提高物流质量，从而进一步扩大物流量。控制物流成本在物流管理中具有重要地位，是物流成本控制的重要内容。

一、企业物流成本的构成

物流成本是指产品在空间位移（含静止）过程中所耗费的各种劳动和物化劳动的货币表现。由于物流活动贯穿于企业活动的全过程，包括原材料物流、生产物流、从工厂到配送中心再到用户的物流，包装、装卸搬运、储存、流通加工等各个活动中的费用都计作物流成本。但是，企业财务数据计算的物流费用只能反映物流成本的一部分，有相当数量的物流费用是不可见的。日本早稻田大学西泽修对这一现象提出了“物流冰山”学说，向外支付的物流费用只是冰山的一角，而大量的物流费用是在企业内部消耗的。

按照国家标准《企业物流成本构成与计算》（GB/T 20523—2006）的要求，企业物流成本构成包括企业物流成本项目构成、企业物流成本范围构成和企业物流成本支付形态构成三种类型。

（一）企业物流成本项目构成

企业物流成本项目由物流功能成本和存货相关成本构成。

① 宋科. 电子商务环境下的物流管理创新策略探讨. 中小企业管理与科技（上旬刊），2021，（4）：73-74.

1. 物流功能成本

（1）运输成本：一定时期内，企业为完成货物运输业务而发生的全部费用，包括从事货物运输业务的人员费用、车辆（包括其他运输工具）的燃料费、折旧费、维修保养费、租赁费、养路费、过路费、年检费、事故损失费、相关税金等。

（2）仓储成本：一定时期内，企业为完成货物储存业务而发生的全部费用，包括仓储业务人员费用，仓储设施的折旧费、维修保养费、水电费、燃料与动力消耗等。

（3）包装成本：一定时期内，企业为完成货物包装业务而发生的全部费用，包括包装业务人员费用，包装材料消耗，包装设施折旧费、维修保养费，包装技术设计、实施费用以及包装标记的设计、印刷等辅助费用。

（4）装卸搬运成本：一定时期内，企业为完成装卸搬运业务而发生的全部费用，包括装卸搬运业务人员费用、装卸搬运设施折旧费、维修保养费、燃料与动力消耗等。

（5）流通加工成本：一定时期内，企业为完成货物流通加工业务而发生的全部费用，包括流通加工业务人员费用、流通加工材料消耗，加工设施折旧费、维修保养费、燃料与动力消耗费等。

（6）物流信息成本：一定时期内，企业为采集、传输、处理物流信息而发生的全部费用，指与订货处理、储存管理、客户服务有关的费用，具体包括物流信息人员费用、软硬件折旧费、维护保养费、通信费等。

（7）物流管理成本：一定时期内，企业物流管理部门及物流作业现场所发生的管理费用，具体包括管理人员费用、差旅费、办公费、会议费等。

2. 存货相关成本

（1）资金占用成本：一定时期内，企业在物流活动过程中因持有存货占用流动资金所发生的成本，包括存货占用银行贷款所支付的利息（显性成本）和占用内部资金所发生的机会成本（隐性成本）。

（2）存货风险成本：一定时期内，企业在物流活动过程中所发生的物品损耗、毁损、盘亏以及跌价损失等。

（3）存货保险成本：一定时期内，企业在物流活动过程中为预防和减少因物品丢失、损毁造成的损失，而向社会保险部门支付的物品财产的保险费用。

（二）企业物流成本范围构成

物流成本按物流活动的范围可分为供应物流成本、企业内物流成本、销售物流成本、回收物流成本和废弃物物流成本。

（1）供应物流成本：指经过采购活动，将企业所需原材料（生产资料）从供给者的仓库运回企业仓库为止的物流过程中所发生的物流费用。

（2）企业内物流成本：指从原材料进入企业仓库开始，经过出库、制造形成产品以及产品进入成品库，直到产品从成品库出库的物流过程中所发生的物流费用。

（3）销售物流成本：指为了进行销售，产品从成品仓库运动开始，经过流通环节的加工制造，直到运输至中间商的仓库或消费者手中的物流活动过程中所发生的物流费用。

（4）回收物流成本：指退货、返修物品和周转使用的包装容器等从需方返回供方的物流活动过程中所发生的物流费用。

（5）废弃物物流成本：指将经济活动中失去原有使用价值的物品，根据实际需要进行收集、分类、加工、包装、搬运、储存等，并分送到专门处理场所的物流活动过程中所发生的物流费用。

（三）企业物流成本支付形态构成

企业物流成本包括委托物流成本和自营物流成本两大类。根据我国会计核算惯例，自营物流成本按支付形态可分为材料费、人工费、维护费、一般经费和特别经费。

（1）材料费：主要包括资材费、工具费、器具费、低值易耗品摊销以及其他物流消耗等。

（2）人工费：主要包括工资、福利、奖金、津贴、补贴、住房公积金、职工劳动保护费、人员保险费、按规定提取的福利基金和职工教育培训费等。

（3）维护费：主要包括土地、建筑物及各类物流设施设备的折旧费、维护维修费、租赁费、保险费、税金、燃料与动力消耗费等。

（4）一般经费：主要包括除以上材料费、人工费和维护费的办公费、差旅费、会议费、通信费、水电费、煤气费及其他杂费等。

（5）特别经费：指与存货相关的物流成本费用，包括存货资金占用费、物品损耗费、存货保险费等。

二、物流成本的控制

（一）不同经济主体的物流成本控制

1. 生产商原材料供应与生产物流的效率化

原材料及零部件成本削减。对于生产厂商而言，通过削减包括原材料和零部件供应成本等广义费用进而大幅削减物流成本是提高生产厂商物流绩效的主要方法之一。当要将原材料及零部件供应成本降低时，并不仅仅是指降低进货成本，因为单纯降低进货成本极易产生购入原材料或零部件质量下降。因此，在既要降低物流成本又要保证原材料的质量时要采用一系列方法。

（1）对于同类零部件应尽量做到设计上的标准化，这样一方面降低了零部件的生产成本，另一方面做到通过大量进货降低进货价格。

（2）在开发新产品的过程中，设计、物资供应、生产、经营、会计部门应合作，根据市场需求开发低成本的新产品。

（3）在大量外购原材料的情况下，应经常对外购成本进行分析，建立起合理的价格购入体制。

（4）积极推进共同进货体制。生产物流成本的合理化，在产品的制造过程中，与生产相关的劳务费及其他经营等都是成本控制的重要内容。除此以外，工厂内的生产要有序进行，防止因工序之间不流畅或不协调产生较高的物流费用，借此削减产品生产成本。

2. 运输业应提高产品运输配送的效率

运输企业控制物流成本的方法如下：①各运输企业协力降低成本；②运输业间的共同配送；③向货主建议通过共同配送削减运费；④接受货主企业的全权委托。

3. 货主企业降低成本

货主企业通常采取招标方式削减运费。因此，货主企业不仅要求运输企业降低运费，还要通过不断改善现有的物流体制以降低物流成本。

（二）物流成本控制的具体方法及原则

（1）不同形态的物流成本控制。不同形态的物流成本是指将物流成本按支付形态计算物流成本。按支付运费、支付保管费、商品材料费、本企业配送费、人工费、物流管理费、物流利息等支付形式来进行归类。这样归类，企业可以很清楚地掌握物流成本在企业整体费用中处于什么位置，物流成本的哪项费用偏高等问题。

（2）不同功能的物流成本控制。不同功能的物流成本控制是将物流费用按包装、保管、装卸、信息、物流管理等功能进行分类，通过这种方式把握各功能所承担的物流费用，进而着眼于物流不同功能的改善和合理化，特别是算出标准物流功能费用后，通过作业管理，正确设定合理化目标。在计算出不同功能物流成本的构成比、金额等之后，将其与往年数据进行比较，从而明确物流成本的增减原因，找出改善物流成本的对策。

（3）不同适用范围的物流成本控制。适用范围不同的物流成本控制是指分析物流成本适用于什么对象，以此作为控制物流成本的依据。例如，可将适用对象按不同商品、地域、顾客进行划分。按分公司营业点来把握物流成本，有利于对各公司或营业点进行物流费用与销售额、总利润的构成分析，从而正确掌握各分支机构的物流管理现状，及时加以改善；按不同顾客控制物流成本，有利于全面分析不同顾客的需求，及时改善物流服务水准，调整物流经营战略；按商品管理控制物流成本，能使企业掌握不同商品物流成本的状况，合理调配、管理商品。

由于实际运营中物流情况复杂多变，降低物流成本的方法也是多种多样、变化不定，但是一般要遵循以下原则。

（1）加快物流速度，扩大物流量原则。物流速度越快，物流量越大，其成本越小。从物流速度与流动资金需要量的关系来看，在其他条件不变的情况下，物流速度越快，所需流动资金越少，从而减少资金占用，减少利息支出，使物流成本降低。

（2）减少物流周转环节原则。尽可能减少流通环节和节约物流时间，尽可能直达运输，尽可能减少物资集中和分散，这样能加快物流速度，降低物流成本。

（3）采用先进、合理的物流技术原则。采用先进、合理的物流技术是降低物流成本的根本措施。它不仅能加快物流速度，增加物流量，还能减少物流中的损失。

（4）改善物流管理，加强经济核算原则。实现管理现代化是降低物流成本的最直接有效的方法。在具体实施过程中，采用岗位责任制，加强经济核算，实行目标管理等都是行之有效的措施。

第四节 物流绩效改进

一、物流绩效改进思想

物流绩效改进是指物流企业按照绩效改进计划，通过管理人员与员工的双向沟通和辅导，所做的一切改进绩效的活动。绩效改进计划是指根据绩效评估的反馈结果，制定的采用一系列具体行动来改进下属的工作安排，包括做什么、谁来做和何时做等内容的安排。绩效改进是绩效考核的后续应用阶段，是连接绩效考核和下一循环计划目标制定的关键环节。供应链协同对于物流绩效改进也意义重大，供应链协同分成供应链纵向合作与供应链横向竞合两个指标。供应链纵向合作程度越高，企业的成本递减效应和资源整合效应就会越好，企业的容错性和信息更替都会得到大幅度提升；供应链横向竞合环境越好，企业的危机感越强烈，企业产品更替速度就会越快，企业绩效也会越来越好[①]。

（一）绩效改进的传统思维

为了有效改进绩效，企业往往都设定一系列目标明确的、尽可能量化的目标，并设计实现目标所需的组织结构和运作程序与之相配合。绩效目标的设立，主要表现为以下两种形式。

（1）基于企业自身的绩效标杆。这往往是以企业已实现的绩效成果为基础，追求绩效水平的不断提高。例如，某公司去年绩效目标中的顾客满意度为90%、按时交货率为95%，那么，新设计的绩效目标可能就是顾客满意度为93%、按时交货率为99%。这种方式称为纵向绩效标杆，是最简单且易操作的方式。只要找出绩效提高的关键因素，并不断提高绩效标准，就可以取得较有效的绩效改进和发展。

（2）基于竞争对手的绩效标杆。既然基于企业自身的思维无法有效保证企业绩效的持续改进，增强竞争优势，“击败或超越竞争对手”的思维方式就自然引起企业的关注。因此，企业在分析自身优劣势和竞争对手的优劣势的基础上，建立以竞争对手的某些指标为努力目标的绩效改进思路，这种方式称为“横向绩效标杆”。与前一种方式相比，这种思维方式较能适应不确定性的外部环境，因此，企业绩效改进目标的实现就可以有效增强企业的竞争能力。

---

① 王可心，程春梅. 供应链柔性视角下供应链协同与企业绩效关系研究. 辽宁工业大学学报（社会科学版），2022，24（1）：39-42.

（二）绩效改进的新思维——价值创新

企业绩效的持续增长，关键在于能否满足顾客的需求。换言之，要有效改进绩效，不应拘泥于企业自身或受制于竞争对手，而要以顾客需求和市场分析为起点，以最大限度满足顾客和市场需求为目标，实现价值提供的最大化。

（1）击败竞争对手并非竞争的目的，取得竞争优势关键在于能否提供创新性的价值。绩效改进的传统思维往往促使公司与竞争对手进行优势和劣势的比较，通过“强化优势、改进劣势”，以图击败竞争对手，标杆管理的提出也迎合了这种认识。新的绩效改进思维并不否定对竞争对手的分析和研究，但认为不应盲目地模仿竞争对手，同时也不应盲目地以竞争对手作为标杆，而应提炼出能够实现价值创新的主要因素，据此形成绩效改进目标。

（2）正确识别顾客和市场的共性需求。企业往往进行市场细分来识别顾客的个性化需求，并通过提供产品和服务的方式来满足这些需求。与这种重视需求差异所不同的是，价值创新思维则把注意力聚焦于绝大多数顾客认为有价值的共性需求上。如何满足这些有价值的需求，构成了企业价值目标的核心内容。

（3）以“从零开始”的思维来重组和激活公司的现有资源和潜能。不少企业根据现有的资源和能力来确定努力的方向和绩效改进的目标。而价值创新思维则认为，为了满足“有价值的共性需求”，应如何突破现有资源的限制，从零开始，通过创造性的活动来重新配置资源、激活潜力。换言之，公司不应该被它的现状所限制，它思考问题的方式应该是：如果一切重新开始，应该如何去做。

二、物流绩效改进途径

（一）组织重构与绩效改进

1. 组织目标的重新建立

组织目标应该反映组织的竞争优势、新的服务和新的市场，对于各种产品、市场和服务的重点取向以及生产投入资源和希望从中得到的回报。所以企业建立明晰的组织目标，有必要遵循以下基本要求。

（1）将组织目标建立在企业所在产业的关键成功因素的基础上。

（2）组织目标来自竞争和环境监测信息。

（3）组织目标在任何情况下都是可以计量的。

（4）对于所要了解的组织目标和以组织目标为导向的人都是清楚明确的。

2. 设计行之有效的组织结构

组织重组可以遵循如下两阶段过程。

（1）分析并重新设计企业的物流运行系统。有研究表明，绩效改进最大的机遇在职能部门的交叉界面上，这些关键界面包括新产品构思从营销到研发部门的信息传递、新产品从研发部门到生产部门的交接以及客户订单信息从销售部门到财务部门的传输等。

（2）重新界定企业内部的物流报告关系，清晰彻底地在企业内部对第一职能的角色进行沟通，确保职能部门的产出不会发生重叠，保证所有流程产出和测评指标都在职能部门的责任中得以反映，体现责、权、利的结合，从而改善新运行系统的工作效果和效率。

3. 进行组织层次的管理

（1）目标的设立要源于企业的战略，同时促进其他职能实现各自的目标。如果企业不能够建立目标体系以反映某项职能对整个企业的期望贡献，就会导致部门间无法沟通协调，不能共同提高企业的物流绩效。

（2）定期获取客户反馈，通过目标体系中设定的衡量标准跟踪绩效的实际状况，向相关子系统反馈绩效方面的信息。当绩效水平脱离目标时，采取正确的纠偏行动并重新设定目标体系，以确保企业对内外部状况的适应性。

（3）要有充足的人员和资金来实现目标，并且资源要得以适当的分配，保证企业物流各项职能均能达到预先设定的目标，从而实现企业整体的期望绩效指标。

（4）意识到各职能部门之间的有效协调沟通是实现企业物流目标的重要途径，管理人员要注意各个职能之间的输入流和输出流，将大量的时间用于确保界面的顺畅。

（二）价值分析与绩效改进

随着社会经济和科学技术的发展，市场需求的变化日益加剧，产品生命周期缩短，顾客需求表现出强烈的个性化特点，对服务过程的时效性要求越来越强，对服务水平的要求越来越高。这些变化使得企业必须面对一个更为不确定的外部环境，增加了企业经营管理的风险。为提高企业的竞争能力，适应不断变化的市场需求，企业不仅要重视内部的运作绩效，而且要加强同上下游伙伴企业间的联系与合作，形成高效运作的供应链。所以，激烈的市场竞争已经由单纯的企业间竞争演化成整条供应链之间的竞争。企业参与供应链协同创新的主要动机是希望通过与供应链伙伴的战略性合作，实现优势资源互补，提高创新效率，最终获得卓越的绩效，由此绩效评价是企业管理中的一项重要过程①。这就要求供应链各阶段中的经济实体能够不断提高运作的绩效水平，加强合作，促进节点企业之间的功能整合，形成强强联合的竞争优势，为顾客创造出更为优质的产品，提供更为高效的服务。保持企业员工之间的高度协同是提高企业绩效的重要途径。企业进行数据信息和知识等资源的整合，实现信息共享，有利于提高企业财务、市场、运营等绩效。只有保持密切的协同关系，才能够提高企业供应链的信息可视化水平，从而精准把握客户需求，满足客户②。

分销阶段直接面向最终用户，通过提供一系列相互连接的服务作业，向顾客转移产品物化价值，同时进一步增加产品所包含的非物化价值，其绩效水平直接影响整个企业

① 解学梅，陈佳玲. 供应链多维协同创新与企业绩效：一项元分析的检验. 管理工程学报，2022，36（2）：20-36.

② 徐德安，曹志强. 大数据分析能力、供应链协同对零售企业绩效的影响. 商业经济研究，2022，（1）：38-41.

的获利能力及竞争优势。分销过程的绩效水平取决于作业的有效性、规范性和技术性，并受到相关人力因素的影响。

1. 目前供应链分销阶段存在的问题

（1）企业在分销活动中较多关注企业利润、市场占有率等经济指标，没有真正把通过自身的经营运作，增加客户价值作为经营的目标，会忽视顾客满意度，难以获得持久的顾客忠诚。

（2）在对分销阶段增值过程和非增值过程的界定中，没有考虑顾客因素，造成界定模糊和错误，使得管理措施失效，既造成分销资源的浪费，又影响作业过程的顾客增值效果。

（3）同生产阶段相比，分销阶段总体运作缺乏科学性和技术性，知识含量较低，较多依靠经验。企业不能通过和顾客的互动交流，不断获得新的知识，并提炼上升为理论体系，成为企业的知识资源。

（4）由于企业内部缺乏知识共享，分销人员难以不断获取客户服务的全新知识和技能，在为客户提供分销服务的过程中，不能创造性地使用企业已有的知识资源，影响了客户服务水平。

（5）经营管理方法粗放，没有有效地运用市场细分策略，不能充分把握最终目标顾客的消费特征，没有提供个性化分销服务及产品。

2. 基于价值链的绩效改进

（1）分销阶段作业过程的增值性分析。传统价值链管理认为，只有涉及产品形态转化的生产过程才是增值过程，而类似运输、仓储等供应链分销阶段的基本过程为非增值过程。但是，从价值形成的角度分析，价值链中所有价值的形成均经过一定的作业过程并消耗相应的资源，从而产生相应的成本。若使顾客价值最大化，就须将整体意义上的产品销售给客户，即为顾客提供完善的服务过程（如运送等），并从事相应的服务支持作业（如为防止缺货而设置必要的库存）。这些过程形成的成本会以价格的形式转嫁给顾客，当顾客以适宜价格购买产品并获得相应服务时，说明顾客认可了所有服务过程形成的价值（包括有形价值和无形价值），即这些过程创造了顾客价值，应为增值过程。

（2）选择作业过程的标杆学习对象。对分销过程进行分解，并明确分销阶段过程的性质后，可以利用标杆方法进行绩效改进。标杆方法是以领先的企业或过程为标杆或基准，通过资料收集、分析比较、跟踪学习等一系列规范化活动，持续改进绩效。标杆对象分为三类：内部标杆、行业标杆、工艺标杆。选择同行业中与本企业总体情况最为相似的领先企业为标杆，通过学习消除差距，改进绩效。在作业层和动作层，由于行业间差异较小，标准化程度较高，可以选择工艺标杆。工艺标杆是从具有相同工艺特点的所有先进工艺操作中选择的。

（3）基于标杆学习的绩效改进途径。通过标杆学习改进绩效水平就是在保证顾客价值最大化的前提下，以标杆作业为参照，消除非增值作业，提高增值作业过程的技术性和规范性，重组作业内容和顺序，使作业流程更为科学，减少作业的资源消耗，提高增值作业的增值能力。利用标杆学习改进绩效水平，不仅在于以标杆为参照可以减少资源消耗、规范作业过程，还在于以标杆为基础能够创造新的增值过程。

■ 案例分析

如何用平衡计分卡对物流部门进行绩效评价

国家烟草专卖局姜成康局长指出“在现代物流建设中要突出抓标准的贯彻实施，抓管理水平提升，抓人员素质提高，努力降低成本费用，提高效率效益，增强企业竞争实力”。结合姜局长的要求，如何运用科学的方法和先进的理念，建立一套定性与定量相结合的综合评价标准体系，实现对配送中心整体运行的多层次、多方位的绩效评价，对于减少评价过程中的随意性因素，实现绩效分明，形成一套长期有效的激励和约束机制具有十分重要的意义。

平衡计分卡法，是绩效管理中的一种新思路，适用于对部门的团队考核。在 20 世纪初由哈佛商学院的卡普兰和诺朗诺顿研究所所长诺顿发展出的一种全新的组织绩效管理方法。它将企业战略目标逐层分解转化为各种具体的相互平衡的绩效考核指标体系，并对这些指标的实现状况进行不同时段的考核，从而为战略目标的完成建立起具有可靠的执行基础的绩效管理体系。其把对企业业绩的评价划分为四个部分：财务、客户、经营过程、学习与成长。它不仅是一个指标评价系统，而且还是一个战略管理系统。

平衡计分卡法的实施关键是把企业经营战略转化为一系列的衡量指标，具体到烟草商业物流部门，我们可把组织战略转化为财务、客户服务、内部业务流程、学习四个方面的衡量指标。

（1）财务指标。主要选取三个指标：单箱物流费用、预算执行情况、卷烟残损额。

（2）客户服务指标。主要选取指标：零售客户有效投诉次数。

（3）内部业务流程指标。主要选取四个指标：卷烟到货确认及时性、卷烟入库扫码率、分拣差错率、内控规范执行情况。

（4）学习指标。主要选取指标：培训计划完成率。培训计划完成率是指物流中心按计划完成宣传贯彻《烟草行业物流标准体系》等标准，提高各类员工素质，制订全年教育培训计划，制作培训手册，以及以实施分拣、仓储、配送三大作业环节为主的培训，组织形式多样的考试，并严格落实到具体月份。

1. 教学目的和用途

本案例用于管理学硕士和本科生学习物流管理、营销管理、管理学、战略管理、绩效管理等课程时使用，使学生能够学会用平衡计分卡思想和方法分析公司在财务、客户、内部流程和学习与发展等四个方面的战略目标和对应的考核指标。硕士可以就此案例进行讨论传统型企业如何实施平衡计分卡。本科生主要是通过本案例的学习与讨论，设计 BSC 的基本考核指标。

2. 启发与思考

（1）企业在应用平衡计分卡法进行物流绩效评价时应该注意什么问题？
（2）烟草公司的物流成本控制的特点是什么？给我们带来了什么启示？

3. 分析思路

本案例属于理论应用与分析型的教学案例，学生应重点分析企业绩效评价问题，必须学会综合运用管理学和经济学方法，讨论公司实施平衡计分卡法的相关问题。详细阅读案例资料，对于企业内部绩效管理框架必须熟悉，了解平衡计分卡法指标体系的构建方法。

4. 理论依据

本案例的理论依据：管理学、绩效管理、财务管理。

5. 关键要点

平衡计分卡，绩效管理，指标体系。

6. 课堂计划

（1）建议教师先安排学生学习专业知识，并将本案例安排给学生学习，让学生重点思考提出的问题，对第 2 部分启发与思考中的问题进行逐条分析。

（2）本案例教学安排 2 课时。首先学生就思考问题进行分组讨论，并记录相关的结论，此部分 30 分钟完成。接着安排小组发言，学生就主要问题进行辩论，此部分 20 分钟完成。最后安排企业平衡计分卡法指标体系方案撰写，学生以小组为单位编制一份方案，此部分 1 小时完成，教师进行课堂评判。

本章思考题

1. 如何理解物流绩效管理？物流绩效管理的目标是什么？
2. 物流绩效管理包含哪些内容？
3. 企业如何构建科学的物流绩效指标体系？
4. 运用平衡计分卡法进行企业物流绩效评价和管理时应注意什么问题？
5. 现代企业物流成本包含哪些主要内容，如何控制企业的物流成本？